人道主义的呼唤

（第一辑·1983—1995）

邓朴方　著

华夏出版社

图书在版编目(CIP)数据

人道主义的呼唤. 第一辑,1983—1995/ 邓朴方著.
- - 北京:华夏出版社, 2006.03(2021.9 重印)
ISBN 978 - 7 - 5080 - 3957 - 2

Ⅰ.①人… Ⅱ.①邓… Ⅲ.①残疾人 - 社会保障 - 中国 - 文集
Ⅳ.①D669.69 - 53

中国版本图书馆 CIP 数据核字(2006)第 005478 号

人道主义的呼唤(第一辑·1983—1995)

著　　者　邓朴方
责任编辑　贾洪宝
封面设计　殷丽云

出版发行　华夏出版社有限公司
印　　装　三河市少明印务有限公司
版　　次　2006 年 3 月北京第 1 版　2021 年 9 月北京第 4 次印刷
开　　本　880 × 1230　1/32
印　　张　16.75
字　　数　438 千字
定　　价　39.00 元

华夏出版社有限公司　社址:北京市东直门外香河园北里 4 号　邮编:100028
网址:www.hxph.com.cn　电话:010 - 64663331(转)
投稿互动:986762145@qq.com, 010 - 64672903

若发现本书有印装质量问题,请与华夏出版社有限公司读者服务部联系调换。

出 版 说 明

《人道主义的呼唤》第一辑是在华夏出版社一九九九年三月出版的同名图书的基础上修订而成，收录了邓朴方同志一九八三年九月至一九九五年《中国残疾人事业“八五”计划纲要》完成期间有关人道主义、残疾人事业和残疾人工作的部分文章、演讲、报告、谈话、讲话、函电、答记者问等，计一百零四篇。原书一九九六年以后的十六篇编入《人道主义的呼唤》第二辑。

收录文章基本保持原貌，有些另设了标题，有些做了少量整理和订正，出版前均经作者本人审定。

文章出处必要时以题解形式注明；需要说明的地方或做随文说明，或加脚注；反复出现的专用词语如国际组织、文献、人物、事件、活动等，在书末附录里予以解释。

本次重印，对个别文章的篇名、文内标题、附录词条、多处文字及脚注等做了调整修订。

目　录

残疾人事业的兴起 标志着中国社会的进步[①]

（一九八三年九月一日）

我们党和人民群众有着血肉联系。从最初的工人运动关心工人疾苦，到土地革命与农民群众打成一片，从来就是与人民群众保持着密切的联系，从各个方面关心群众、动员群众的。由于我们党从来代表着人民群众的利益，和人民群众有着这样密切的联系，终于迎来了中华人民共和国的成立。新中国成立以后，五十年代初期，我们国家的经济建设发展较快，人民生活有了提高。我们党把关心群众的疾苦作为重要的工作来做，每个党员、每个干部都把关心群众当作自己的责任。可以说那一段是我们的黄金时代。但是后来我们偏离了党的"八大"制定的路线，无限制地扩大阶级斗争，不适当地搞生产关系的变革，把经济建设和其他工作作为次要的工作，关心群众的疾苦就放在更次要的位置上。

十一届三中全会以来，进行了艰苦的拨乱反正工作，以经济建设为中心，坚持四项基本原则和改革开放。随着经济发展，提高人民生活水平已成为当前和今后一个时期我们党的重要目标，并且正在逐步变为现实。人民群众的价值观念也发生了重大变化。人民要求过上更好、更有意义的生活，残疾人也要求过上更好、更有意义的生活。在这种形势下，我们的党和政府，本着最大限度地关心人民群众的原

① 这是邓朴方同志在建立中国康复研究中心专家讨论会上的讲话摘要。

则,开始了残疾人福利基金会和康复研究中心的筹备工作。中央领导同志支持我们,社会各界支持我们,广大医务人员支持我们,卫生部、民政部更是热心指导和支持我们。所有这一切说明,残疾人事业的兴起,标志着我们国家的兴旺,标志着我们社会的进步。

康复研究中心的规划和设计,应当以我国现有的经济条件为基础。既要先进,又要符合国情。标准不能太高,但要体现我们国家的进步,不要刚建好就落后了,既要引进外国的先进技术,又要发扬光大我们民族的优良传统和我们自己的先进技术,使康复中心成为一个先进的"中心",有特点的"中心"。希望专家同志们发挥自己的专长,以创造性的劳动披荆斩棘,开拓前进。

广大残疾人希望"中心"早日建成。我们的一位工作人员在马路上碰到一位手摇轮椅车的残疾人,他听说要建立康复中心,急切地说:"你们要快啊,不要等我进了棺材,康复中心才建成。"这句话一直像鞭子一样抽打着我。它提醒我们,广大残疾人还没有得到他们应得的康复,还没有获得应有的支持和帮助。这是对我们工作的鞭策。希望大家也以此鞭策自己。

我希望,中国残疾人将不再是一个弱者,也不只是受到人们的怜悯与同情;我希望看到,他们同健全人一起,以顽强的意志投身国家建设,推动社会前进。

开创残疾人工作的新局面[①]

（一九八四年三月十二日）

一、中国残疾人福利基金会筹备组的成立

党的十一届三中全会以来，中国的经济建设发展得非常好、非常快，残疾人福利工作也出现了前所未有的新局面。党中央重申，把满足人民群众日益增长的物质和文化需要作为社会主义生产的目的，强调经济建设和改善人民生活的密不可分的关系。这就把残疾人的生活、教育和劳动就业问题提到议事日程上来了。社会各界人士逐步认识到宣传和实行社会主义人道主义具有十分重要和迫切的意义。非人道的理论和行为应当被人们唾弃。社会主义精神文明建设的深入进行、五讲四美活动的广泛开展、张海迪先进事迹的宣传、国际交流的扩展、“国际残疾人年”活动的逐步展开等等，使人们进一步开阔了眼界，增进了对残疾人问题的了解。社会上越来越多的人要求给残疾人更多的关心帮助。广大残疾人也更加自觉地要求学习，要求工作，要求为社会做出自己的贡献。所有这一切，汇成一股巨大的力量，推动着社会的文明与进步。党的十二大提出全面开创社会主义现代化建设的新局面，残疾人的福利工作也面临着改革和开创新局面的任务。

近年来，民政部、卫生部收到了残疾人大量信件，他们纷纷要求

① 这是邓朴方同志向中国残疾人福利基金会第一次理事会所做的关于基金会筹备工作情况的报告摘要。

成立相应的组织,以解决他们的问题。一九八三年三月,残疾人代表倡议发起成立中国残疾人福利基金会,得到民政部、卫生部领导的大力支持。四月,由李维汉、胡子昂、季方、赵朴初、黄鼎臣、华罗庚、张邦英、吴作人等八位同志向全国政协提出提案,并向民政部提交倡议书①,另有黄家驷等十二位同志②向卫生部提交倡议书,共同提出建立中国残疾人福利基金会和中国康复研究中心。为了动员社会各界人士的力量,减轻国家负担,推动残疾人事业的开展,一九八三年六月,民政部、卫生部联合向国务院提交相应的报告。八月,遵照民政部党组指示,基金会筹备组在北京成立。十一月,国务院批复了民政部、卫生部的报告,使基金会筹备工作全面展开。

二、基金会的基本建设工作

基金会筹备组自成立以来,经过七个多月紧张的工作,完成了主要的筹备任务,包括组织建设、会徽设计、款项试募、康复中心筹建等。同时与国外有关方面建立了初步联系。

(一)筹备组在民政部、卫生部的领导和支持下,与社会各界包括党政军的一些部门、各民主党派、企业界、外交界、文化界、宗教界、法律界、医疗卫生界和社会福利界进行了广泛的接触。其中有工人、干部、医生、护士、工程技术人员以及各方面的专家。筹备组广泛宣传残疾人福利工作的重要性,宣传建立基金会和康复中心的目的和意

① 指《关于建立残疾人康复研究中心和成立中国残疾人福利基金会的倡议书》,同年四月他们在第六届全国政协一次会议上写成提案,转送国务院研究落实。同时,林月琴等三十一位全国人大代表在第六届全国人大一次会议上提出《关于建立中国残疾人康复研究中心和成立中国残疾人福利基金会的议案》。

② 指黄家驷、孙衍庆、吴蔚然、吴阶平、杨克勤、魏龙骧、吴之康、冯传宜、曲绵域、王亦聪、陈仲武、郭子恒等专家。

义，得到了人们的普遍理解和同情，使筹备工作得以顺利进行。筹备组从零开始，调集人员，配备干部，准备办公用房以及汽车、家具、办公用品等等，这一切，都是依靠各部门的支援才一步步做到的。

（二）筹备组围绕成立大会做了大量工作。通过对基金会各种问题的研究，并吸取同类组织的经验，经过十几次大的修改，拟定了基金会章程。在确定会徽设计原则的基础上，经过多方征集，在一百多份图案中选定了基金会的会徽。现在，各项准备工作已经就绪，可以按照预定计划，于三月十五日召开基金会成立大会了。

为了扩大基金会的影响，大会前后要掀起一个宣传高潮。制订了"宣传提纲"，定于三月十三日召开中外记者招待会，介绍基金会有关事项，回答记者们提出的问题。三月十五日，在政协礼堂举办图片展览，展出残疾人事业的图片。大会期间，北京各大报刊、通讯社、电台、电视台都将刊登和播发基金会成立大会的消息，《人民日报》发表社论。三月十一日至十四日，首都一些文艺团体和著名演员将为残疾人举行三场义演。成立大会以后，由吴作人同志发起，全国七十余名著名画家将为基金会捐赠优秀作品并举办展览。由赵朴初同志发起，各地书法家将为基金会捐赠书法作品。各报刊将陆续发表反映残疾人生活的专访和报道。由基金会拍摄的纪录影片《向命运挑战》也将完成，在全国发行。基金会的图片展览也将公开展出。

我们相信，通过这样的宣传，将进一步引起社会各界对残疾人的关注，并有利于基金会今后工作的开展。

（三）康复研究中心的筹建工作进展顺利。一九八三年，成立了康复研究中心筹备组。九月，召开了康复中心规划设计专家讨论会。卫生部部长崔月犁、民政部部长崔乃夫到会做了重要讲话。致公党中央主席黄鼎臣特地从外地赶回北京，参加会议并讲了话。在会上，各方面专家对康复研究中心方案进行了全面的研究。此后，专家们还在北京和外地进行了较大范围的考察，为康复中心制订了初步的机构设置和人员配备方案。北京市副市长张百发两次主持康复中心设计和建筑方面的会议,有力地推动了康复中心的筹建工作。目前,征地任务基本完成。设计工作正在进行,争取上半年确定设计方案。筹备组已着手抽调业务骨干,组建领导班子,制订国内外业务培训计划和装备计划。整个康复中心预计在一九八七年建成。

三、基金会的筹款工作

筹备组首先对国内外的情况做了初步的调研,从了解我国经济体制和改革方向入手,与有关部门和人士探讨了在我国募集资金的各种可能的方式,然后进行一些试募工作。截至今年二月底,共有十三个单位和个人捐赠人民币一百五十五万四千多元,实物二百七十余件,折合人民币八万余元。其中,首都钢铁公司捐赠一百万元,燕山石油化学总公司捐赠五十万元。仅有一百多人的集体企业海淀锅炉厂也捐赠了一万元。对捐赠者,我们都回赠了感谢信,并准备在成立大会后,赠送纪念性收据和证书。通过试募,取得了一定的成果,并且为基金会今后开展募捐工作积累了经验。特别要指出的是,朱学范副委员长首倡为残疾人发行附捐邮票,经邮电部和民政部研究,国务院批准,决定在今年内发行残疾人附捐邮票一套四枚,总计一千万套,四千万枚,计捐款八十万元。发行附捐邮票,必将进一步影响和动员社会各界都来关心残疾人事业。

四、基金会的对外工作

去年八月以来,基金会筹备组先后同来华访问的西德、美国、菲律宾、加拿大等外国友好人士和回国探亲的港澳同胞举行了座谈,向他们介绍了基金会的宗旨和任务。他们表示支持我们的工作,有的表示愿向本国、本地区有关团体和友好人士宣传我们的事业,以争取更广泛的支持和帮助。

由基金会筹备组成员李正率领的中国伤残人工作考察团，参加了一九八三年十二月十二日在塞浦路斯召开的发展中国家脑瘫管理会议。筹备组代表在会上所做“脑瘫预防和管理在中国”的发言，博得了与会代表的好评。

今年二月十九日，应国际康复会会长方心让先生的邀请，由李正率领的访问团赴香港，同方心让先生商谈了我国接受国际康复会《八十年代复康宪章》和中国残疾人福利基金会加入国际康复会①的问题。会谈取得了圆满成功。方先生接受了我们的条件，我们以国家会员资格加入国际康复会。台湾以中国－台北或中国－台湾的名义保留会员资格。访问团同时与方先生商定，我们参加今年六月在里斯本召开的国际康复会第十五届世界大会。这些对外友好活动，是基金会对外工作的良好开端，有利于对外关系的发展。

基金会筹备组还做了另外一些工作。对建立福利工厂、福利商店、康复旅馆以及福利基金的增值途径等问题也进行了探讨。

基金会筹备组的工作之所以能够顺利进行，首先是因为党的关怀和社会的支持。中央许多领导同志十分关心基金会。社会各方面在筹备组遇到困难时主动给予帮助，不论是工厂、机关，还是个人，到处都向我们伸出热情的手。这一切鼓舞着我们每一个工作人员。

基金会的工作能够顺利开展，也和工作人员的努力分不开。我们的同志团结战斗，不为名不为利，不计较个人得失，不怕困难。他们夜以继日地工作，不论酷暑、严寒，四处奔波。他们以创造性的劳动，赢得了社会的尊重和同情，使基金会的工作广泛开展起来。

现在基金会筹备组已经完成了历史使命，基金会即将成立。希望大家共同协作，努力实现基金会的宗旨和任务，为振兴中华贡献力量！

---

① 国际康复会一九九二年十二月改用“康复国际”译称。

中国残疾人福利基金会宣传提纲①

（一九八四年三月）

一、残疾人问题是不容忽视的社会问题

（一）世界上一切生物群无不由健全者和残疾者共同构成。自从人类社会出现迄至今日，残疾人一直伴随着健全人同时存在。

残疾人是指由于心理状态、生理功能、解剖结构的异常或丧失，而导致其部分或全部失去以正常人的方式从事某项活动的能力，因而在社会生活中不能充分发挥正常作用的人。

残疾是病伤的直接结果，其原因是多种多样的，包括灾害、事故、战争、贫困、犯罪、公害、遗传、污染、中毒等。随着人类社会的进步，可以在一定程度上和一定范围内控制残疾的发生和发展，但不能完全消除它。

残疾人的问题是人类社会的固有问题。从古至今，社会一直面临着对残疾人如何认识、如何对待的问题。

（二）由于对残疾人衡量标准的差异，以及人口普查统计中的问题等等原因，对残疾人的数字统计难于准确。据联合国有关组织对部分人口进行剖面抽样调查的结果，全世界残疾人的数量约为五亿以上，在多数国家中，残疾人约占人口总数的百分之十，社会人口中至少有百分之二十五的成员因残疾人的存在而受到不利影响，由此可见，残疾人是人类社会中不可忽视的一部分。

---

① 这是邓朴方同志主持制订的第一个残疾人工作宣传提纲。

据有关部门估计,中国现在至少有两千万以上残疾人。如果根据联合国的一般估计来推算,中国残疾人的数字还会更大。中国有十亿人口,居世界首位,而各国残疾人在人口总数中所占比例的差异不会很悬殊,所以有理由相信,中国是世界上残疾人口最多的国家,残疾人的问题影响着数以亿计的中国人。这是一个严峻的现实。这也决定了中国残疾人福利工作在世界同行中的地位。这就要求我们对残疾人问题进行认真研究并做出有效反应。

(三)残疾对人们的影响是多方面的,残疾使残疾人在认识环境、独立生活、行动、工作、参与社会生活和经济自立等方面受到不同程度的不利影响。因此,他们在政治、经济、文化、教育、就业、社交、生活、家庭、婚姻等方面遇到困难。

残疾还使残疾人的家庭、亲属、邻友和社会受到牵连。残疾人的存在影响着人类社会的各个方面。

(四)残疾人虽因残疾受到不良影响,但多数残疾人可以通过种种方式在不同程度上弥补这些损失。

残疾人可以通过辅助器械进行活动。例如,盲人使用拐杖,肢残者使用假肢,瘫痪者使用轮椅。随着科学技术的进步,各种辅助器械将更加丰富和有效,更加便利于残疾人。

残疾人还可以通过努力,使其健康部位的能力充分发挥作用,弥补残疾带来的损失。例如,盲人的听觉和触觉灵敏;聋哑人的视觉敏锐;行动不便者,思维能力往往较强。

特别要指出的是,许多残疾人经受并顶住了残疾的不幸打击,更加热爱生活,珍惜生活,身处逆境却奋然向上,勇于同命运搏斗。他们往往锻炼出更坚强的毅力和意志。

无数事实证明,多数残疾人不仅具有劳动能力,而且其聪明才智也不低于健全人。其中的优秀分子,在毅力和才干方面甚至超出许多健全人,在工作中取得很大的成绩,做出很大的贡献,成为社会中的先进分子。

(五)凡是健全人所需要的一切物质生活和精神生活,残疾人也同样需要,而残疾人因其自身残疾的存在,还有特殊需要。

每个残疾人都希望最大限度地恢复自己的生产、生活能力。这样,他们需要得到有效医疗和康复,需要各种补偿功能的特殊器械,需要在公共设施配置等方面为残疾人提供特殊的设备。

每个残疾人都希望自己的生活和事业在社会上更有意义和价值。这样,他们要求在社会上发挥作用,履行义务,并做出贡献,也要求和其他人建立相互尊重、相互关心的友好关系。

为此,社会应当尽可能地创造条件,使残疾人顺利地进入社会,参与社会生活,使他们和健全人一样享有成长、学习、劳动、就业、创造、爱和被爱的权利。

(六)人们对待残疾人的态度因社会情况和个人情况的不同而有很大差别。

歧视残疾人的问题,是阶级社会特别是封建社会的产物。它是人压迫人、弱肉强食的社会关系的产物。目前,这种现象在我国仍不同程度地存在着。

仅仅怜悯残疾人仍是没有把残疾人摆在与自己平等地位的心理表现。而理解残疾人,尊重残疾人,给残疾人以必要的支持和帮助,才是健全人应尽的社会责任,也是高尚品德的表现。残疾人是人民之中平等的一员,多数残疾人和健全人一样有丰富的内心世界,有坚强的品格,有为祖国做出贡献的要求。只有对残疾人有正确的全面的认识,才能确立对残疾人的正确态度。

(七)残疾人究竟是成为社会的负担,还是成为社会前进的一支力量,是一个不容忽视的社会问题。社会对此问题做出的不同反应,将导致不同的结果。

一个进步的社会应该做出积极的努力,为解决残疾人问题创造并提供各种必要的条件,包括设置残疾人福利基金,发展残疾人事业。

社会福利基金来源于社会物质产品的再分配。社会福利事业的性质和发展水平,取决于生产关系的性质和生产力发展水平,取决于国家和社会在财力、物力等方面支持的程度。自然,它也受到社会政治制度和意识形态的影响。

积极开展残疾人社会福利事业,有利于调动广大残疾人的社会积极性,有利于发挥残疾人所蕴含的聪明才智和巨大能量,使残疾人成为社会生产和社会进步的一支力量。这对于解放受残疾直接或间接影响着的广大人民的生产力,对于社会的安定团结,对于社会物质文明和精神文明的建设,也都将起到巨大的促进作用。

二、新中国的残疾人福利工作

(一)中华民族自古以来就有着关心扶助残疾人的优良传统和美德,这主要是广大劳动人民在生产生活中长期形成的一种道德风尚。历代统治者为维护统治,也为残疾人做过一些工作,但其范围、规模与作用都受到历史条件的限制,其价值和意义都是极为有限的。广大残疾人因其残疾的影响,遭受比一般劳动者更深的压迫、剥削和歧视,他们挣扎在社会的最底层。

(二)中国人民在中国共产党的领导下,推翻了帝国主义、封建主义和官僚资本主义的统治。中华人民共和国建立以后,广大劳动人民翻了身,残疾人也获得了解放。他们的情况发生了根本的变化:第一,在政治上获得了和健全人一样的主人翁的地位,享受应有的公民权利和义务。第二,在经济上有了可靠的生活保障,并且有参加各种力所能及的劳动生产和各项工作的可能与机会。第三,在精神面貌上有了显著变化。他们摆脱了剥削阶级的精神奴役,日渐增长着共产主义的思想觉悟。新中国成立以后,在党和政府的关怀下,随着社会主义建设的发展,各种残疾人的福利事业在全国逐步发展起来。

(三)发展残疾人福利事业最根本的条件是国家的保证。它表现在三个方面:第一是立法保证。《中华人民共和国宪法》规定:"国家和社会保障残废军人的生活";"国家和社会帮助安排盲、聋、哑和其他有残疾的公民的劳动、生活和教育"。第二是行政领导的保证。残疾人福利事业的范围很广,它在党和政府的统一领导下,分别由各有关部门主管或联合管理。民政部门负责对社会上有生活困难的残疾人进行定期或不定期救济。卫生部门负责开展各项致残疾病的防治工作与康复工作。教育部门负责举办对残疾人进行特殊教育的学校。文化体育部门负责推动各项残疾人的文化体育工作。劳动人事部和民政部都安排了残疾人的生产、工作。目前,有些大中城市的残疾人已有百分之七十左右得到就业安排,有的城市已经基本解决了这个问题。第三是具体设施的保证。这主要指兴办各种残疾人福利事业单位。如伤残军人学校,伤残军人休养院,特种病疗养院,盲童学校,聋哑学校和社会福利院。在分散安排残疾人就业的同时,还在全国举办了一千六百余所社会福利工厂,安排盲聋哑残人员就业,在各省、市、自治区共建了三十五所假肢工厂,还建有假肢科学研究所,每年为残疾人生产各类产品十二万件以上。

(四)集体经济的保证对开展残疾人福利事业有着极为重要的意义和广阔的前景。集体经济蕴藏着丰富的力量可供解决大量的残疾人福利问题,在我国广大的农村,一切有劳动能力的残疾人都由集体经济组织安排在适当的劳动岗位上,失去劳动能力的残疾人则由集体经济组织给予"五保"(保吃、保穿、保住、保医、保葬)待遇。在城市,全国有八千六百多个街道的集体生产单位安排残疾人就业,一些厂矿企业等单位也组织本单位的残疾人和待业青年一起,兴办集体所有制的生产单位。在中国社会主义制度日益完善和发展的过程中,社会集体组织开展残疾人福利事业的力量和优越性,正在愈来愈明显地表现出来。

(五)群众互助的保证是开展残疾人福利事业用之不竭的源泉,闪耀着共产主义思想的光辉。我国人民历来有扶助残疾人的传统美德,社会主义制度的建立,新的生产关系的形成,赋予这种美德以崭新的社会主义人道主义的内容。关心帮助残疾人的行为日益广泛,并被人们视为美德和义务。一些青少年常年坚持每天背负残疾青少年上学的事迹,使人为之感动。许多城市的街道居委会组织居民、学生、机关、团体和各行各业服务单位的人员,成立为残疾人服务的包护组,承担了残疾人在生活、生产、学习各方面需要扶助的事务。这种比较完善的组织制度更加显示出残疾人福利事业在广泛的群众基础上有着美好的前景。

(六)国家的保证,集体的保证,群众的保证,这三方面的结合,正是建立具有中国特色的残疾人福利事业的标志。在中国,残疾人福利事业和整个的社会福利事业一样,都不是单纯依靠物质保证,而是在它的基础上,重视依靠精神文明的作用,残疾人福利事业在国家采取根本保证措施的条件下,随着社会主义、共产主义事业的发展,逐渐显示出愈来愈强的社会性和群众性。

三、中国残疾人福利基金会的成立

(一)党的十一届三中全会从根本上冲破了长期"左"倾错误的严重束缚,果断地把党和国家的工作重点转移到经济建设上来,在各个领域推行改革方针,社会生活生气勃勃。在党和政府的关怀下,在全国大好形势的带动下,中国残疾人福利工作得到了迅速的恢复和发展,出现了前所未有的新局面。

党明确提出把满足人民群众日益增长的物质生活和文化生活的需要作为社会主义生产的目的,强调经济建设和改善人民生活的重要意义,这就把残疾人的生活和劳动问题提到党和国家的议事日程上来。

党和人民群众深刻认识到,宣传和实行社会主义人道主义,具有重要的迫切的现实意义,非人道的理论和行为遭到人们的唾弃。

建设社会主义精神文明的深入进行,“五讲四美”活动的广泛开展,对张海迪先进事迹的宣传,对外开放,国际交流,国际残疾人年的活动等等,使人们进一步开阔了眼界,增加了对残疾人和残疾人问题的了解,社会上有更多的人要求了解有关残疾人问题的情况,社会上有更多的人要求给予残疾人以更多的关心和帮助。与此同时,广大残疾人也更加自觉地要求学习,要求为社会做出更多的贡献。所有这一切已汇成一股巨大的力量。

在党的十二大提出全面开创社会主义现代化建设新局面的号召下,残疾人的福利工作正面临着进行改革和开创新局面的任务。顺应社会和群众的需要,为调动和鼓励各种积极力量,一些社会组织应时而生。如:中国康复医学研究会、中国伤残人体育协会等面向残疾人的社会组织和福利基金会组织,它们以空前的活力表明,社会福利组织在“四化”建设中发挥积极作用是可能的和必要的。

为活跃中国社会主义福利事业,为使更多的残疾人得到帮助,中国残疾人福利基金会诞生了。

(二)近年来民政部、卫生部接到大量残疾人的信件,他们纷纷要求成立相应的组织,以解决他们的问题。一九八三年三月,残疾人的代表倡议发起成立基金会,得到民政部、卫生部领导的大力支持。

四月，社会各界二十位知名人士向政府送交两份提议书。

六月，民政部、卫生部联合向国务院递交了关于成立中国肢体伤残康复研究中心和中国残疾人福利基金会的请示报告。在六届人大和六届政协第一次会议上，百余位代表分别提出关于残疾人利益的一系列议案、提案。

八月，基金会筹备组成立。

十一月，国务院批复了民政部、卫生部的请示报告，并拨款两千六百万元建设康复中心。

一九八四年二月，经过七个多月的紧张工作，筹备组完成了基金会必要的筹备工作，包括：组织建设、章程草拟、会徽设计、款项募集等，并初步与国外有关方面建立了联系。与此同时，康复中心筹建工作已加速进行。

中国残疾人福利基金会是得到中国政府承认的全国性社会福利团体，它将本着爱国主义和社会主义人道主义精神为中国残疾人服务。

基金会将在中国共产党领导下通过下列任务实现其宗旨：贯彻中华人民共和国宪法精神，使中国残疾人得到社会的尊重和帮助，使之能以平等的权利和义务参与社会，促进中国残疾人福利事业发展。

第一，呼吁社会关心残疾人的劳动、生活、康复医疗和教育，争取有关方面制订相应的法律和规定。

基金会将开展宣传工作，促进人们了解、接近和关心残疾人，以便他们能够进入社会生活的各个方面。基金会同时鼓励那些帮助残疾人的健全人，使他们继续这一有益的活动。

基金会将争取国家通过立法确保残疾人在教育、就业、医疗和使用公共设施诸方面拥有与健全人实际上的同等机会，享受社会经济发展的成果，基金会还将争取政府通过各种渠道把残疾人福利事业纳入国家的社会发展计划。

第二,举办残疾人福利事业。

随着残疾人福利基金的积累充实,基金会将根据自己的力量逐步兴办为残疾人服务的各项福利事业。

基金会首先在北京创办中国肢体伤残康复中心。其主要任务是对肢体残疾人员进行功能训练,辅以必要的治疗,使之最大限度地恢复生活自理和一定程度的劳动能力。康复中心将从研究的角度开展这方面的工作,康复中心将采用现代技术,中西医结合,积累经验,为在全国建立各种不同形式的康复中心和建立符合中国情况的残疾人康复体系打下基础,推动康复事业的现代化。

基金会将以康复中心为骨干,根据需要和可能,逐步兴办各种康复设施。基金会还将推动为康复事业所需要的教育与科研工作,培养康复专业人员,并向广大群众宣传康复常识。

基金会还将推动为残疾人提供服务的各种公共设施的设置和改造。基金会将在力所能及的范围内,逐步兴办各种面向残疾人的教育、文化、体育和服务设施。

第三,筹集、管理和使用残疾人福利基金。

基金会将在国内外进行广泛的募捐,把分散在社会上的资金以灵活多样的形式集中起来,为国家减轻负担。

基金会将严格管理基金,统筹兼顾,合理安排,使之用于最合理、最有利于残疾人的地方。基金会的重大经济活动,将纳入国家计划。

第四,开展残疾预防的宣传教育。

残疾预防是从根本上减少残疾发生的重要手段,它所包括的范围很广,如防止工伤和交通事故、控制污染、优生优育、卫生防疫、对可能致残的疾病给予及时的治疗、建立巩固的家庭关系与稳定的社会生活环境,以及有关预防措施的宣传教育等等。

预防残疾工作是一项范围广泛、规模巨大的工作,需要国家和整个社会进行长期的努力。基金会将研究这个问题,并配合有关部门开展宣传和教育,促进残疾预防工作。

第五,开展与港澳、海外华侨,国外友好团体和人士以及国际残疾人组织的友好往来和相互合作。

基金会将开展与国外残疾人在文化、艺术、体育等多方面的友好往来。基金会将在为残疾人服务的技术领域与国外进行交流和合作,相互学习。基金会将与国际上同类组织进行交往,开展友好活动。基金会欢迎来自各方面的帮助。基金会的活动将增进中华民族的团结和各国人民的友谊。

中国残疾人的社会福利事业是社会主义物质文明建设和精神文明建设的一个组成部分,它有赖于社会的理解和支持。目前,中国残疾人福利基金会正处于创建时期,缺少经验,一切都在探索之中,希望得到各方面的关注、支持和赞助。基金会将为残疾人福利事业的发展,为国家富强昌盛,为民族繁荣兴旺,为早日实现"四化"做出积极的努力和贡献。

中国残疾人福利基金会的性质与宗旨①

（一九八四年三月十三日）

中国残疾人福利基金会将于三月十五日在北京正式成立。

基金会是中国政府批准的全国性的社会福利团体，它将本着爱国主义和社会主义人道主义的精神，为中国残疾人服务。

基金会的宗旨，是贯彻中华人民共和国宪法精神，使中国残疾人得到社会的尊重和帮助，以平等的权利参与社会生活。

基金会的任务是，呼吁社会关心残疾人的劳动、生活、康复、教育，争取有关方面制订相应的法律和规定，全面发展残疾人事业，筹集、管理和使用残疾人福利基金，开展残疾预防的宣传教育，开展与港澳同胞、海外华侨、国外友好团体和人士以及国际残疾人组织的友好往来和相互合作。

① 这是邓朴方同志在北京中外记者招待会上的讲话摘要。

基金会的队伍建设①

（一九八四年三月十五日）

残疾人事业是光荣的事业、文明进步的事业，是社会主义事业必不可少的组成部分。

基金会要做好残疾人福利工作，不但需要依靠党，依靠政府，争取社会各界的支持，而且需要建设一支有觉悟、有干劲、有知识和全心全意为残疾人服务的队伍。有了这样一支队伍，基金会的工作才能朝气蓬勃、充满活力，才能贯彻基金会的宗旨，完成基金会的任务。

这支队伍应该用人道主义思想武装起来，宣传和实行社会主义的人道主义。这个队伍的成员，要有高尚的职业道德，以为残疾人服务为荣。要有为残疾人献身的精神，想残疾人之所想，急残疾人之所急，成为残疾人诚挚的朋友。要增强事业心，埋头苦干，通过千千万万件平凡细小的具体工作，去体现社会主义的人道主义。

这支队伍应该用现代科学文化知识武装起来。为了发展残疾人康复事业和社会福利生产，解决残疾人在文化、教育、社交、生活、家庭、婚姻等多方面的特殊困难，这支队伍必须逐步配备各种专门人才，包括医生、教师、工程技术人员、管理人员、法律工作者和社会科学工作者等等。我们要逐步把现代科学技术和文化成果运用到残疾人事业中来，使残疾人福利事业和祖国的"四化"事业协调前进。

---

① 这是邓朴方同志在中国残疾人福利基金会成立大会上的讲话摘要，彭真、王震、胡子昂、崔乃夫、崔月犁等中央领导参加成立大会并发表讲话。

这支队伍还必须深入群众,深入社会。基金会的生命力来自广大群众和社会各界的支持,基金会要扎根于群众之中,善于从群众和社会中汲取力量。我们真挚地欢迎社会各界的志士仁人和专门人才参加基金会的工作,欢迎离退休老干部、老工人和老知识分子参加我们的行列。同时,我们也要充分发挥和依靠残疾人自己的力量。广大残疾人中间蕴藏着巨大的能量,他们能够在社会生活中发挥积极的作用,应该吸收残疾人参加基金会工作。

总之,基金会要把队伍建设看作推动各项工作的关键,始终不懈地抓下去。

我相信,只要我们搞好队伍建设,那么,在党和政府的关怀和社会各界的支持下,我国残疾人事业必将出现一个更加兴旺的局面,我国残疾人也一定能够在社会主义物质文明和精神文明建设中发挥更大的作用。

高等院校应当录取残疾考生①

（一九八四年八月十七日）

邓朴方：基金会成立不久，还没来得及抓残疾人上大学的问题。有的残疾青年考分到了五百四十多分，能够自理生活，学校仍不录取，影响面很大。最近很多残疾青年给我来信，大多数都是反映达到分数线而学校不予录取的问题。北京大学原来收了一名残疾青年，后来发现他有残疾，又退了回去。有个残疾青年考了五百四十分没录取，他说，旧社会，人们能凭自己的本事上大学，现在为什么不行？有位残疾青年参加出国研究生考试，有十九个名额，他考了第五名，但未被录取，因为有人认为，残疾人出去有失体面。美国有一个女孩子叫海伦·凯勒，失聪失明，还能考入哈佛大学读书，难道在我们社会主义国家反而不能吗？残疾人上大学是否就给国家增加负担了呢？据了解，残疾人学习非常勤奋、刻苦。凭体力，残疾人是不如健全人，但他们的智力不比健全人差，甚至还超过健全人。有些大学教授也乐意把知识传授给残疾青年。关键在领导。关键在认识。

过去我们不讲人道主义，只讲阶级斗争，现在中央决定把工作重点转向经济建设，发展生产力，改善人民生活。我们招收残疾青年，符合中央的精神，符合人道主义原则，也符合社会主义公正与平等的原则。现在提倡三好学生，“三好”中有一条是身体好。假如健全学

---

① 这是邓朴方同志就高等院校招收残疾考生问题同教育部副部长黄辛白、学生司司长李键和全国招生办公室负责人杨学为等同志的谈话。

生因病缺课,残疾学生反而每天上课,你说谁身体好?大学招收残疾人,今年不行,明年行不行?明年不行,后年行不行?只要教育领导部门有个明确意见,他们就有希望。我们是社会主义国家,总要解决这个问题吧!江苏有个残疾青年,一九八一年考了四百七十分,一九八三年考了五百四十七分,一九八四年考了五百四十三分,一直未被录取。这样的事发生在我们国家,听起来令人痛心。

黄辛白:你们有没有什么具体想法?

邓朴方:能不能先开个电话会议,争取今年录取一部分残疾考生?

李键:从长远考虑,招收残疾人要制定一个标准。我们社会主义国家应当解决这个问题。

杨学为:我同日本人谈到我国在招生方面对少数民族的照顾,他们很佩服。他们说,他们在这方面对残疾人有很好的照顾。对此,我无话可说。

黄辛白:残疾人往往身残志不残。有些残疾青年学习非常刻苦……

李键:现在学校有挑选的余地,一百个名额给一百二十个去挑,谁都不挑残疾人。有的地方是先填表,后体检,残疾人连考试的机会都没有。江苏和北京都提过,想办专门的班招收残疾人,现在还没办成。

杨学为:残疾人上大学存在毕业分配问题。现在大学生是国家包分配,学校担心残疾毕业生分配不出去。学校提出,只要毕业后有人要,他们就收。

邓朴方:大学的毕业分配制度也要改革,应当不分残健按德才和成绩公平分配。我们要求给残疾青年一个公平竞争的机会,招生和分配都应当这样。当然,从根本上解决问题,不是一天两天的事情。

黄辛白:我谈几点意见。第一,立刻发一个通知给各省市招生办,要录取合格的残疾考生;第二,有些省市已经招收了残疾人,要作为典型报道,发表评论;第三,基金会现有材料发到省市核实,够条件的要录取,不够条件的也要回话;第四,毕业分配问题,我们一起同劳动人事部商量解决,民政部参加更好。

邓朴方:基金会也可以安排一些残疾毕业生。

李键:现在对身体条件的要求不合理,这对招生和分配都有影响。

杨学为:如果每个省都办一两个班招收残疾人,局面就不一样了。

邓朴方:今年底或明年初是不是共同研究一下,要从根本上解决问题。现在先把基金会收到的考生材料给你们。要发通知录取残疾人,同时收集一些招收残疾人的材料登报,发表评论。高校残疾人班一定要办。每省办一两个班恐怕一时办不到,明年至少应当在全国范围内办一两个专门的残疾人班。

黄辛白:先让北京办。如发生毕业分配问题,请劳动人事部安排。

邓朴方:最好下星期一就找劳动人事部。

李键:明天先给各地发电报,收集材料。把基金会的材料也转下去,让他们核实,招收没招收都要给个答复。

邓朴方:办残疾人班的问题,我们再进一步研究。感谢各位的理解和支持。希望明年情况会有所改观。

中国残疾人福利基金会的任务[①]

（一九八四年八月三十一日）

今天，我们中国残疾人福利基金会访问团应香港复康联会和华润公司的邀请，前来香港参加《捐赠画展》的有关活动，对此我们感到十分荣幸。我们能在这个记者招待会上和大家见面，也感到非常高兴。谢谢诸位的光临！

我们此次来港，首先要向各界介绍基金会，介绍祖国大陆，让大家了解祖国和基金会。其次是要广交朋友，不但要和老朋友欢聚，而且要结识更多新朋友。第三，希望了解香港社会和香港同胞。第四，争取香港各界人士对中国残疾人福利基金会的支持。

众所周知，残疾人的问题是世界各国政府都关心的问题。我们认为：一个国家，不论其社会制度如何，要得到多数人的拥护，就应该关心人民的生活和疾苦，尤其是关心社会上最困难的人——残疾人的福利问题。也可以说，对待残疾人的态度是反映一个国家道德水平、文明程度的标准之一。

中国政府历来关心残疾人的社会问题，中华民族自古就有扶助残疾人的传统美德。随着中国建设的发展，残疾人的福利事业正在全国普遍地开展。

《中华人民共和国宪法》第四十五条明确规定："国家和社会帮

---

① 这是邓朴方同志率中国残疾人福利基金会访问团访问香港时在记者招待会上的讲话，原载一九八四年九月一日《大公报》。

助安排盲、聋、哑和其他有残疾的公民的劳动、生活和教育。”遵照宪法精神，政府各部门分别承担了残疾人的治疗、教育、康复、就业和文化体育工作。在全国范围内举办了一千六百余所社会福利工厂，安排盲聋哑人员就业；兴办了许多残疾人学校、残疾人休养院、特种病疗养院、盲童学校、聋哑学校和社会福利院。在省、市、自治区共建立了三十五所假肢工厂，还建有假肢科学研究所，每年为残疾人生产着各类产品。

集体经济的发展为残疾人福利事业开拓了广阔的前景。在我国广大农村，有劳动能力的残疾人都由集体经济组织安排在适当的劳动岗位上，失去劳动能力的残疾人则由集体经济给予“五保”待遇。在城市，全国有八千六百多个街道办的集体生产单位安排残疾人就业。在这类工厂中，凡残疾人数达到职工总数的百分之三十五，国家即给予免税。

另外，群众互助也是做好残疾人工作的基本保证。除了大量的自觉的群众互助外，许多城市的街道居委会组织居民、学生、机关、团体和各行各业服务单位的人员成立了为残疾人服务的包护组，承担残疾人在生活、生产、学习等各方面需要扶助的事务。

总之，国家的保证，集体的保证，群众的保证，这三方面的结合，正是建立具有中国特色的残疾人福利事业的标志。

随着残疾人福利事业的发展，为了更广泛地动员社会和各界人士的力量，更好地为残疾人服务，在人民代表大会和政府的关怀下，中国残疾人福利基金会于今年三月十五日在北京正式成立。它的成立标志着我国残疾人社会福利事业的发展进入了一个新的阶段。这个阶段的主要特点是：在政府的帮助和支持下，广泛动员社会力量，采取多种形式、多种渠道为两千多万中国残疾人①充分

① 一九八七年第一次抽样调查之前，中国两千万残疾人是推测数字。

参与社会生活,平等分享经济和文化进步的成果铺平道路。

中国残疾人福利基金会是得到中国政府承认的全国性的社会福利团体。它将本着爱国主义和人道主义精神为中国残疾人服务。基金会的宗旨是贯彻中华人民共和国宪法精神,使中国残疾人得到社会的尊重和帮助,使之能以平等的权利和义务参与社会,促进中国残疾人福利事业的发展。

基金会的任务是:

第一,呼吁社会关心残疾人的劳动、生活、康复医疗和教育,争取有关方面制订相应的法律和规定。

基金会将开展宣传工作,促进人们了解、接近和关心残疾人,以便他们能够进入社会生活的各个方面。基金会同时鼓励那些帮助残疾人的健全人,使他们继续这一有益的活动。基金会将争取国家通过立法确保残疾人在教育、就业、医疗和使用公共设施诸方面拥有与健全人实际上的同等机会。

第二,举办残疾人福利事业。

随着残疾人福利基金会的积累充实,基金会将根据自己的力量逐步兴办为残疾人服务的各项福利事业。基金会还将推动为残疾人提供服务的各种公共设施的设置与改造,并在力所能及的范围内,逐步兴办各种面向残疾人的教育、文化、体育和服务设施。

第三,筹集、管理和使用残疾人福利基金。

基金会将在国内外进行广泛的募捐,把分散在社会上的资金以灵活多样的形式集中起来。基金会将严格管理基金,统筹兼顾、合理安排,使之用于最合理、最有利于残疾人的地方。

第四,开展残疾预防的宣传教育。

预防残疾的工作是一项范围广泛、规模巨大的工作,需要国家和整个社会进行长期的努力。我们将研究这个问题,并配合有关部门开展宣传和教育,促进这一工作的进行。

第五,开展与港澳同胞、海外华侨、国外友好团体和人士以及国际残疾人组织的友好往来和相互合作。

我们将开展与国外残疾人在文化、艺术、体育等多方面的友好往来。在为残疾人服务的技术领域与国外进行交流和合作。基金会欢迎来自各方面的帮助。基金会的活动将增进中华民族的团结和各国人民的友谊。

我们所从事的事业是崇高的事业,光荣的事业,人道的事业。正因为如此,中国残疾人福利基金会在半年来得到了国内外友好团体、友好人士以及国际残疾人组织的热情支持和积极帮助。

到目前为止,国内已有一百九十二个单位和两万多个个人为基金会捐款;有八十五个文艺团体为基金会进行募捐义演近一百场次。祖国各地的干部、工人、农民、解放军战士、职员、学生、儿童纷纷来信、汇款,表达他们对中国残疾人的深厚情谊。中国美术家协会为我会筹款在北京举办了《捐赠画展》。近百名知名美术家为中国残疾人福利基金会事业的发展挥毫作画,一往情深。

在国际上,一些国家和地区的友好人士准备或已经给予基金会以各种援助。特别要指出的是,我们与港澳同胞开展了各种合作。如前不久,香港著名歌星奚秀兰小姐在风行唱片有限公司等的积极赞助下,应邀为中国残疾人福利基金会义演获得了很大的成功。在此,我代表中国残疾人福利基金会向所有给予我们热情支持和帮助的国内外友好组织和人士表示衷心的感谢和崇高的敬意。

更重要的是,今年四月,国际康复会会长方心让先生率领国际康复会代表团访问了北京,并向国务院领导递交了国际康复会的《八十年代复康宪章》。

今年六月,在里斯本召开的第十五届国际康复会世界代表大会上,中国残疾人福利基金会作为正式的中国代表被国际康复会接纳为会员。至此,中国残疾人福利基金会又以新的面貌出现在国际舞台上。我会先后派出了五个代表团和考察团到日本、美国、加拿大、葡萄牙、希腊、塞浦路斯、香港等七个国家和地区进行了参观和考察,与十五个国家和地区的康复组织建立了联系,结交了不少朋友,学习了不少知识。这无疑将对我国康复事业的发展产生巨大的影响。

当前,中国残疾人福利基金会正在北京建造一座"中国肢体伤残康复研究中心"。这个中心的主要任务是对肢体伤残人员进行功能训练,辅以必要的治疗,使之最大限度地恢复生活自理和一定程度的劳动能力。康复中心将从研究的角度开展这方面的工作。中国残疾人福利基金会这次在香港举办的《捐赠画展》是我会加强同港澳友好组织和友好人士密切联系和合作,并得到他们积极支持的一次文化活动。我相信,通过这次画展,不但能够加强我国艺术家之间的交流,同时也一定会增进基金会与香港地区残疾人组织以及各界友好人士之间的交往。我也相信,中国残疾人的社会福利事业一定会得到香港各界的支持。

目前,基金会正处于创建时期,像襁褓中的婴儿一样需要社会各界的爱护和支持。我们的工作还在探索中,我们需要学习,需要抱着谦虚好学的精神去学习。我们要向香港康复机构学习,向全世界具有先进经验的康复事业组织学习,取长补短。基金会将为中国和世界残疾人福利事业的发展,为国家富强、人民康乐,为中华民族繁荣昌盛做出积极的贡献。

答香港记者问①

（一九八四年八月三十一日）

记　者：大陆残疾人数是怎样统计出来的？两千万的数字从何而来？

邓朴方：残疾人数的统计，在任何国家都是比较困难的。因为人口面比较大，中国有十亿人，在统计的时候是有技术问题的；什么样的算，什么样的不算，很难作为一个普查项目来实现，所以中国目前还没有一个普查数字，有的只是一些部门的抽样调查。比如说在一个省，一个城市的街道，农村的城镇或乡村，做个局部调查，再根据这个数字进行推算，估计两千万是一个偏低的数字。

记　者：在两千万残疾人中，“文革”致残的有多少？

邓朴方：对不起，这个我还不掌握。

记　者：中国残疾人福利基金会今后有何计划？

邓朴方：这个刚才我已经讲了一下。

记　者：今后如何加强香港与内地康复机构的联系？

邓朴方：这个……（向方心让）方先生啊，这就看我们怎样做了。

方心让：我们有好的开始，以后当然要慢慢努力去做。

记　者：你对香港的福利制度有什么意见？认为有什么需要改善的？

邓朴方：我现在了解还不多，但觉得有一点是有些差别的，就是

---

①　这是邓朴方同志率中国残疾人福利基金会访问团访问香港时在记者招待会上接受采访的记录。原载一九八四年九月一日《大公报》。

大陆有很完善的劳动保护制度,我在香港还没听说有这种劳动保护制度。如果在这方面有改善,我想对香港的伤残人士是很大的福音。

记　者:你对香港的福利制度有什么印象?能不能和内地做些比较?

邓朴方:我觉得在方先生的领导下,香港的福利事业有很多优点,值得我们学习,尤其是利用各种民间力量,把事情做得更活,社会力量动员得更多,包括人力、物力和财力。中国的方式呢,以前都是政府做。作为民间组织应怎样发挥作用?那就看今后中国残疾人福利基金会的成绩了。

记　者:你来了香港几天,有什么感受?

邓朴方:昨天有记者问过我,我回答说比我想象的好。今天有报纸说是“样样好”,这不太恰当。这是语言障碍造成的,所以我今天讲话慢一些。

我觉得香港在短短的一二十年里发展得很快,已经成为贸易、金融的中心。香港不但是五百万人对香港的贡献,也是对中国人的贡献。我来到这里以后感到非常自然,非常和谐,尤其是跟方心让先生的合作,和张建华总经理的合作,感到非常融洽。我希望在以后的日子里,我能更多地看香港,有更深的印象,以便日后做好我们的工作。

记　者:你认为资本主义社会有什么可以吸收以加速中国的四个现代化?

邓朴方:我想资本主义的很多东西、很多内容,对中国的四个现代化是有帮助的,比如说科技的发达,工作的效率。中国还是个由半封建半殖民地国家发展起来的社会,所以很多资本主义的东西进入大陆,包括生产力、高度的科技成果、良好的经营管理,都是对四个现代化有益的。

记　者:来港以后,有什么事情和人物令你印象深刻?

邓朴方:首先第一个是方先生。我们是老朋友了,也不是认识一天,但这次方先生为我们做的安排,对我们的帮助,都给我深刻的印象。

另外,我还见到了其他的康复界人士,他们工作的卓有成效,对我来说,印象都是深刻的。当然,我们还见了其他方面的人物,比如说,昨天我见了港督尤德先生,我发现,尤德先生对香港的康复工作还是很有认识的,也愿意做这样的事情,对此我感到欣慰。

记　者:你现在了解到的香港社会是怎样的?你觉得香港同胞与国内同胞有何分别?

邓朴方:首先有一条是相同的:香港同胞和国内同胞都是中国人,都是黄皮肤、黑头发。区别嘛,国内整体的社会情况,一般是生活上都得到保障,所以节奏还不太紧张;香港同胞的生活节奏是比较紧张一点。哪一个比较好呢?我看嘛,既要有生活保障,也要生活紧张起来。

记　者:你会不会把你在香港的所见所闻告诉你的父亲?

邓朴方:我想这个问题很简单。我做的是福利事业,他做的是政治工作,可能性质差别大一点。

记　者:到目前为止,你对香港社会和香港同胞有什么了解?回去后会把这些了解转告有关部门吗?

邓朴方:了解说不上,皮毛之见恐怕也发挥不了什么作用,不过香港的人民——五百万人民——建立香港经济繁荣的贡献,我想这点是肯定的。

记　者:为什么希望了解香港和香港同胞?这是你此行的目的吗?你会不会和邓小平主任谈你的感受?

邓朴方:我想香港同胞既然是中华民族的一员,我们都是中国人,但我们好像离得比较远一些,加强互相了解,对将来中华民族的大团结,对将来祖国统一强大,都是有好处的。

记　者:邓先生,请谈一下个人的生活、工作情况及年轻时有什么志愿?有没有考虑从政?"文革"带给你的创伤是怎样克服的?

邓朴方:关于我的过去,其实很简单。上学,小时候比较淘气;随着学历的增长,觉得应该贡献自己的力量,努力为社会多做点事情。我大学是学物理的,年轻时是我想当个物理学家,现在是不太可能了。

至于"文化大革命",这个疯狂时代已经过去了,它留下的创伤需要全国人民共同来克服。对我来说,就是感觉到有一点,如果不做点事情,内心觉得非常空虚,所以我就尽自己能力做点事情。现在我也是伤残人士了,所以做这个工作还是比较适合的。

记　者:对"四人帮"有什么看法?

邓朴方:对"四人帮"的看法在座诸位都相同吧?现在恐怕没有人说"四人帮"是好人了吧!这种人也是历史形成的,是作为中国长期以来封建制度所产生的一种余孽,不过是以极"左"的旗号打出来的。对"文革"的看法是已经彻底否定。

记　者:"文革"的极"左"路线是否一去不复返了?

邓朴方:我想这个问题可以谈谈。我来到以后很多人问我九七年的问题,繁荣的问题,中国政治上会不会有变动?这是大家担心的问题。这种担心不是没有道理的,但也说明一个问题,这样的担心起码是对中国大陆的真实情况还缺乏一种了解。在"文革"以后,中国共产党大力拨乱反正,搞开放、搞改革,恐怕这种势力在中国是一个非常强大的力量,这是汹涌澎湃的浪潮。那么不拥护改革的有没有?不拥护开放的有没有?也有,但这种人并不多,在中国广大人民群众当中,对"文化大革命"都是深深地厌恶,所以要是谁要再来走"文革"的路线,再搞极"左",在中国是吃不开的,会遭到很强大的力量的反对。就拿我本人来说,也是不允许的。所以中国政策的稳定性,我自己是一点也不怀疑的。

记　者:邓先生有没有考虑过从政?

邓朴方:我以前想当物理学家,现在是社会福利家,无论什么家,恐怕都和政治有点联系。就说我来以后,大家问我的问题不也都是政治问题吗?恐怕这也和政治有点联系,是主观联系或是客观联系,跟从政是两回事儿。

记　者:可不可以讲些有关你的学习和生活情况?

邓朴方:恐怕我是个不大有味道的人,所以我的学习和生活没有什么戏剧性。

记　者:你这次来港,令尊大人有没有托你给香港同胞带口信?

邓朴方:我来港的时候没有跟他说。

记　者:你回去后会不会谈胡汉辉先生邀请你父亲来港的事?

邓朴方:我昨天也碰到这个问题。胡先生提出这个问题,我当时说,许家屯同志了解他的意愿比我了解更有用。

记　者:邓小平是否会来香港访问?

邓朴方:这个他自己决定,我不了解这个情况。

记　者:邓小平主任在中国政坛有三起三落的记录,这对你和你的家人有没有直接的影响?

邓朴方:作为一个名人的儿子,有时候我觉得有一种心理压力,恐怕三起三落对我们影响很大。前一起落,那时候我还没有出生;后面的两个起落,是有直接影响。中国从几千年封建社会下来,还有残存的封建势力,总喜欢把老子和儿子连在一起,这种事情是不正常的,这要经过长期的斗争才能排除。

记　者:对你是否有心理压力?

邓朴方:当然是有的了!顺利的时候,朋友多,奉承的人也多,我就很讨厌这种事情,总希望能够有一个正常的环境来发挥自己的作用,不要靠什么势力来做事情。当然,这叫作“热”,热也热得难受。那么在“落”的时候,当然受到各种各样的非难和挫折就更大。我认为这也是不公平的,这叫作"冷",冷得可怕。所以我总想,如果我们中国能够把封建残余势力扫除干净,人们能够有正常发展的途径,我觉得是很好的。

记　者:请邓朴方先生谈谈对香港前途问题有什么看法!

邓朴方:对香港前途,我不是政治家,作为一个普通的中国人,也是应该看到香港是有前途的,而且香港的繁荣稳定是一定的。我为什么这么说呢? 首先,作为香港这样一个经济和贸易发达的城市,它是有必要存在下去的。不但对香港人重要,对全国人民也是重要的,对英国、美国等其他国家也是重要的。这就是繁荣和稳定必然继续下去的基础。作为中国政府,对香港繁荣稳定是有诚心的,这点也是一个重要的因素。除了有基础和有诚心以外,还有一条就是要有现实的态度。对现实的问题,有现实的态度,这也是中国政府方面愿意香港繁荣稳定的因素之一。那么作为港人愿不愿意香港繁荣稳定?我想回答是肯定的。大家都能够努力合作,采取真诚的现实的态度,我想香港的前途是没有问题的。

记　者:请你对国内的政治制度下点评语。

邓朴方:恐怕又涉及社会主义和资本主义了。我认为社会主义是在一个国家一种现实的基础上自然发展起来的。尤其在中国,它得到了中国人民大多数的支持,大家愿意生活在这样一个制度之下。这个制度不是从资本主义发展起来的,而是从半封建半殖民地的社会上发展起来的,这里面就有封建的残余。所以在社会主义里有两点,一点是和封建残余作斗争,要消灭封建残余;另外就是对资本主义的一些腐朽没落的东西进行批判。社会主义社会还是能够使人民群众充分发挥自己的聪明才智,在一个合理的社会里面把自己的国家建设成一个繁荣富强的国家。我的信心还是很大的。

记　者:邓先生,你来港时曾提及要让港人了解中国的新气象,究竟所指的是什么?

邓朴方:中国大陆的新气象,刚才我也说了一些,希望香港的记者先生和女士们,要真正了解中国内部发生的变化才能得出正确的结论:中国内部的改革和开放势不可当;中国人民愿意把自己的国家建设得更富强,愿意改变自己的生活状况。现在中国人民都在努力做这个事情。你们看,北京这几年,建设发展相当大、相当快,高楼天天在建起来。其他地方只要努力做,认真做,只要不搞极"左"的那一套,那么,中国的发展繁荣是没有问题的。

残疾人事业体现着崇高的人道主义精神[1]

（一九八四年九月二十八日）

大家从各地来，把各地的改革新风带到了北京。我希望大家本着改革的精神建设康复研究中心，做好康复研究中心的工作。

这是一个为残疾人服务的机构。残疾人问题是伴随着人类社会的发展而产生的，也是社会上比较突出的问题。残疾人事业发展的程度，是国家生产力发展水平、社会文明程度的一个反映。也许可以这样说，通过残疾人事业，可以看出一个国家是进步兴旺，还是落后倒退。所以，这个事业有很重要的政治意义。我们讲社会主义好，究竟好在什么地方？人家看到你们残疾人受歧视，就业就不了，入学入不了，那么你这个社会主义制度优越在什么地方呢？同志们之中有很多共产党员、共青团员，还有积极分子，我们应该在这方面树立一个明确的政治观念。这是我要讲的第一点。

第二点，我们的事业体现着高尚的社会主义人道主义精神。中国共产党从创建以来一直就是为解放人民群众而搞工人运动、农民运动的，把劳苦大众解放出来，这就是人道主义精神的体现。我们为残疾人服务也体现了这一点。如果我们不为人民做事，还搞革命干什么？博爱是资产阶级口号，但我们并不是笼统反对讲博爱的，如果我们讲博爱，是指爱人民，为绝大多数人的利益包括残疾人的利益服务，这有什么错？做到这一步，说明我们的人道主义发展到一个相当的深度和广度了。所以我讲，康复事业是人道主义事业。

---

① 这是邓朴方同志在中国康复研究中心（筹）迎新大会上的讲话。

第三点,我们的事业是爱国主义事业。中国从一八四〇年以来,就一直受列强的凌辱。我们的民族、国家和人民受尽了苦难。由于历史的原因,我们的国家现在还比较落后,国民经济还不发达。近二三十年,在我们闭门"斗、斗、斗"的时候,国外已迅速地发展起来。他们做到的许多事情,目前我们还没有做到。那么是不是外国人做到的事情我们中国人做不到呢? 应该说,外国人能做到的,我们中国人也能做到。我们中国人并不比外国人差,我们有几千年的文明史。我们每一个中国人,尤其是每个青年,应该有这样的志气,使我们的国家富强起来,自立于世界民族之林。资本主义国家能做到的事情,我们社会主义国家也能做到。康复事业国外起步比我们早,康复中心已经到处都是了,我们现在才建第一个,而且还要三年以后才能建成。建成以后做出成绩又要几年。为了改变这种落后状况,我们必须以"民族脊梁"的劲头,异乎寻常地拼命工作,加快步伐。

第四点,讲讲献身精神。搞残疾人事业,是需要有献身精神的。要从内心到行动体现出对残疾人的爱护和尊重,要尽最大的努力去帮助他们。康复事业作为残疾人事业的组成部分,当然也需要有献身精神,而且,为康复事业献身是值得尊敬的。我们的前辈很有这种精神,我们应当向他们学习。在国外,一个普通的家庭妇女能够出来为康复事业工作,宗教界一个修女能够一辈子做这项工作,我们的共产党员、共青团员,我们社会主义时代成长起来的新一代,为什么不能呢? 我觉得我们完全可以超过她们。现在条件比较苦,苦是暂时的,过几年房子建成了,条件好了,在大楼里工作,到那个时候还要不要艰苦奋斗,要不要献身精神呢? 还得要。所以说献身精神、艰苦奋斗不只是一个时期、一个地方需要,而是长期需要的,每个岗位都需要。尤其是从中专、大学毕业的学生,刚刚从学校跨入社会,这是个很大的变化。艰苦的实际工作同学校生活是完全不同的,希望大家处理好这个问题,使这个阶段成为你一生中辉煌的、值得纪念的峥嵘岁月。

为残疾人事业贡献我们的一切力量[①]

（一九八四年十月十日）

我今天主要和大家谈谈残疾人福利基金会的事业是一个什么样的事业，基金会的工作人员应当具备什么条件及如何提高我们自己的问题。我的讲话是抛砖引玉，想使大家对这个问题进行深入的研究和讨论，以便集思广益，把中国残疾人福利事业推向前进。

一、基金会的事业是一个什么样的事业

基金会的事业，简单来说是为残疾人服务，使残疾人在康复、教育、就业、生活、社交、婚姻等方面能够取得和健全人同等的机会，在社会上发挥自己的力量，成为社会发展的动力。这些是残疾人的要求，也是我们义不容辞的责任。

（一）我们的事业是社会主义的事业。

人类历史的发展，从原始社会到奴隶社会，再到封建社会、资本主义社会，一层比一层更高级，一层比一层更进步。社会主义社会，应该是比资本主义社会更加进步的社会。从世界范围看，所有的社会主义国家，特别是中国，并不是由发达的资本主义国家进入社会主义社会的，而是由比较落后、生产力发展水平比较低下的社会进入社

① 这是邓朴方同志在中国残疾人福利基金会全体干部会议上的讲话。原文载于一九八四年十二月七日《人民日报》。

会主义社会的。我国长期处于封建社会，帝国主义入侵后逐渐变成了半封建半殖民地的社会。我们就是在这样一个基础上进入社会主义社会的。在社会主义建设开始时，无论是生产力的发展水平，还是人民的生活水平，都比发达资本主义国家落后，不是落后一点，而是落后多少年、几十年。在如此落后的基础上怎样建设社会主义，一直是我们国家的一个大课题。具体到残疾人的福利事业，就要考虑作为支撑点的经济、政治、文化等因素，要有一个现实的眼光。除此之外，还要看我们怎样做。党的十一届三中全会之后，经过了全面的拨乱反正，工作重心从片面强调阶级斗争转到经济建设上来。在经济建设问题上，也从过去只讲生产不讲生活的片面观点转到发展生产是为了不断提高人民的物质和文化生活水平的轨道上来。随着人民生活水平的提高，社会福利事业被提到更重要的地位。

社会福利事业是非常敏感的、引人瞩目的问题，人们往往从它的发展水平去看一个国家是先进还是落后。我们做得好，就能为社会主义增添光彩；做得不好，人们就会说社会主义不好，共产党不好。所以，我们每个同志都应该认识，我们的工作有着很强的政治性。我们的工作虽然只是社会主义事业的一部分，但确实是社会主义事业不可缺少的部分。我们许多同志到过资本主义国家，看到人家的残疾人穿得整齐，而我们中国的残疾人却穿得破破烂烂，拄着破拐，坐着手摇三轮车。这就是一个社会形象问题。我们一定要树立坚定的信念，改变这种形象。

但是，这种社会形象不是凭我们的主观意愿就能改变的。譬如，我们要做事，但手里没有钱怎么办？我们要提高人们的认识水平，旧的传统观念影响还很大怎么办？我们的经济建设比发达资本主义国家落后许多，我们国家还存在大量的封建意识，它的影响还很深。这就向我们提出，社会主义怎样战胜封建主义，怎样比过资本主义。我们基金会的工作人员多数是共产党员、共青团员,也有很多党和团的基本群众,我们要搞社会主义,就有一个战胜对手、提高自己的任务。这个任务相当艰巨,每走一步都要付出很大努力。

这次我到香港去,人们看到中国成立了残疾人福利基金会,认为中国对残疾人重视了,很高兴。当然,我们过去为残疾人做了大量工作,但没有宣传好。我这次就宣传宣传。我对香港朋友说,新中国成立以来,组织残疾人生产自救,建立了福利工厂和社会福利院、儿童福利院、伤残军人休养院等,对职工有公费医疗,政府对社会福利事业有一定的制度保障,虽然我们的水平不高,但有保证。这一点是站得住的。香港的经济发展和人民生活水平比较高,但从社会福利事业的总体来看,我们在某些方面具有自己的特色。我们改革开放刚刚起步,一旦我们迈开了步伐,是任何力量都无法阻止的。

(二)我们的事业是人道主义的事业。

我们讲人道主义,是社会主义的人道主义。从历史来看,人道主义的某些内容古已有之。从原始社会抓来俘虏就杀到奴隶社会把俘虏当作牲畜使用,从奴隶社会把人当作牲畜使用到封建社会把人当作有人身依附关系的劳动者使用,都是一个进步。在封建社会末期,随着资本主义生产关系的产生和发展,资产阶级在思想战线上首先提出的是人文主义,后来发展成为一个完整的人道主义思想体系。这个人道主义对战胜神权、教权,战胜封建主义具有非常强的革命性。这是资产阶级对人类的一个贡献。随着资本主义的发展,人道主义的作用有所不同,一方面是资产阶级用它作为麻痹人民的工具,另一方面也有其现实意义,即在人道主义的口号下,确确实实有一批真诚的人道主义者实践他们的理想,做了许多有益于人类的事。几百年来,资产阶级对人道主义进行了广泛的宣传,从孩子爱猫爱狗开始,到宣传爱人。爱人,在我国孔子的时候就提出来了,但作为一个理论体系,是西方资产阶级提出来的。

人道主义作为一种世界观和伦理道德,在资本主义国家的人民群众中的影响是很广泛很深刻的。在我国,资本主义生产关系没有得到充分发展,西方资产阶级的精神财富也没有真正地系统地进入,资产阶级思想的影响是存在的,不能忽视。但是同样不能忽视的事实是,在我国,封建主义的影响更深更大。封建主义和资本主义比起来,是更残酷的,非人道的,所以在对残疾人的看法上,中国的基础是比较落后的。我们一些顽劣的孩子见到残疾人一瘸一拐地在路上走,就跟在后面用砖头砍,要不就起哄。不只是孩子,甚至我们的一些干部也看不起残疾人。咱们基金会的一位领导同志调来的时候,一些朋友对他说:“你干什么不行,非到那里干什么?”很看不起我们这个工作。但是,和这个同志谈判的美国一个商人知道他要到基金会工作时,说这是一个高尚的职业。我们共产党一些有知识、懂政策的干部在这一点上还不如一个美国商人。这不是个别问题,而是反映了我们社会人道主义的教育没有广泛深入人心。这说明了,人们头脑中的封建主义残余并没有被新的社会主义的觉悟所取代。

我们也不能不承认,新中国成立后对人道主义不正常的批判,对这种教育起到了阻碍作用。事情很奇怪,我们共产党做了很多人道主义的好事情,而给人的形象却是不要人道主义。我们开始搞工人运动、农民运动,不就是因为工人、农民受压迫,生活太苦了吗?不就是要使他们生活得更好吗?我们搞土改、搞合作化,使几亿农民能在自己的土地上耕种,吃饱穿暖,这不就是最大的人道主义吗?虽然我们也讲革命的人道主义,但所指范围很窄。我们对人道主义的不正常的批判,在国际上和我们的工作中造成的影响是不好的。实际上,我们自己做了好事,却给自己脸上抹黑,把大旗让给别人去扛。

当然,社会主义人道主义和资产阶级的人道主义有区别,但是也有联系,有继承性。我们很多革命先驱,不就是由人道主义者进步成为共产主义的吗?列宁说:“在马克思主义里绝没有与‘宗派主义’相似的东西,它绝不是离开世界文明发展大道而产生的故步自封、僵化不变的学说。”①他还说:“仅靠摧毁资本主义,还不能填饱肚子。必须取得资本主义遗留下来的全部文化,用它来建设社会主义。”②显而易见,人道主义的一些合理的部分我们也应当明确地继承下来。相反地,我们一些同志对资产阶级人道主义的批判,往往不是站在马克思列宁主义的立场、观点上,而是站在封建主义的立场上去批判的。即使口头不这样说,实际上也是受封建主义思想影响的。“文化大革命”搞的就是以“大民主”为先导的封建关系,是宗教狂热。大量的非人道的残酷行为就是在那时产生的。当时,大家却以为这是搞革命,是搞社会主义,实际上这和革命根本不相容,当然也绝不是什么社会主义的东西,而是搞的封建主义。这是真正值得我们深思的。

所以,我们这个事业作为人道主义事业,就是要显示人包括残疾人的价值,恢复并维护人的尊严,让理性、文明成为生活的主导,从而使每一个人都能生活得好,特别是那些处于最困难地位的残疾人。这是我们基金会要做的事。我们不能总让人们说资本主义好,社会主义不好,要用实际行动证明共产党人是讲人道主义的,我们最根本的一条就是为绝大多数人谋福利。我觉得,这就是最现实的人道主义。

此外,我们还有一个宣传和实践社会主义的人道主义的问题。既然我们底子薄,那我们就更应该宣传,用这个武器反对封建主义。我们有很多为人民服务、舍己为人的战士,他们的行为是很高尚的。

---

① 见《列宁选集》第二卷第44页,一九七二年十月,人民出版社。

② 见《列宁全集》第二十九卷第50页,一九七二年十月,人民出版社。

譬如说,一个人淹在水里了,我们的同志跳下去,牺牲了自己,救活了别人,这就是人道主义思想,也表现了这些同志的共产主义觉悟。希望大家都来宣传这个问题。

(三)我们的事业是爱国主义的事业。

我们中华民族五千多年的历史中,有很多可以引为自豪的东西。在人类历史发展的长河中,我国的社会生产力和科学技术的发展在古代曾经处于世界领先地位。但是,经过长期的封建社会,经济与社会发展几乎处于停滞状态。而近几百年来,西方资本主义迅速发展,科学技术、生产力开始超过中国。一八四〇年之后,中国开始了受屈辱的历史。这种屈辱一直沉重地压在中国人民身上。这是每个中国人都应牢牢记在心里的。

现在,中华人民共和国成立虽然已经三十五年,但我们很多地方还不如人家,例如社会福利事业的某些方面还不如发达的资本主义国家,也不如苏联。这就向我们提出一个问题,外国人能做到的,中国人能不能做到?我们中华民族是不是就比不上其他民族?我们有些人出国回来之后,说:“外国多好,我们中国有什么东西?”我本人就不服这个气。我们中华民族是一个勤奋、勇敢、有智慧的民族,我们有自立于世界民族之林的能力,有能力用实际行动来为中华民族争这口气。当然,要达到这个目的,我们要比别人有更坚强的毅力,付出更大的努力,进行更艰苦的奋斗。我们每个同志都要认真想一下这个问题,自己应当为中华民族做些什么。在社会福利事业方面,我们的差距是相当大的。这对于我们民族的形象有很大损害,因此我们要始终以爱国主义精神来激励自己。我们大家心里要装着我们的国家,装着中华民族。中国是有希望的。

(四)我们的事业是改革的事业。

党的十一届三中全会之后,我国的社会主义建设走上了正确的轨道,提出了对外开放,对内搞活的正确方针。这里面贯穿着一个基本精神,就是改革。不实行改革,社会主义就无法存在和发展。这个观点已逐渐为国人所接受。作为基金会来说,没有三中全会,就没有它的存在。按以前的政策,基金会是不会成立的。三十年前有个“救济总会”,后来还不是消失了。三中全会之后,我们认识到,解决人民生活的困难,光靠政府不能完全解决,不能把各方面都照顾到,必须动员社会,发挥整个社会的人力、物力和财力的作用。基金会从萌发到成立,就贯穿了改革的思想,就是要动员社会力量,把残疾人的福利事业搞上去。因此,我们的事业是紧紧地和三中全会的精神连在一起的,我们的工作做得好不好,直接关系到改革的形象。

总起来讲,我们基金会的事业是社会主义的事业,是人道主义的事业,是爱国主义的事业,又是改革的事业。这个事业值得我们付出自己的一切。

二、基金会的工作人员应当具备什么条件

我在基金会成立大会上的讲话中说过:“我们基金会工作需要建设一支有觉悟、有干劲、有知识和全心全意为残疾人服务的队伍。”首先是有觉悟。就是要有社会主义、共产主义觉悟,有事业心。我们做事要热心、真心,对自己的工作和各种社会现象才能有所“觉”,再认真地有条理地想,才能有所“悟”,有了“觉悟”才能更加自觉地做事,而不是让别人催促着去做。其次是有干劲。同志们都很有干劲,希望大家继续保持这股干劲。不只是一时有干劲,要长期有干劲;不只

是顺利时有干劲,遇挫折时更要有干劲。第三是有知识。我们不仅需要大量的专家、教授、工程师和各方面的专业人员,而且每个人都要有知识。就目前来说,基金会工作人员的素质和知识水平(包括理论水平和政策水平)还有待提高。我曾劝许多同志要多读点书。书本里有知识,工作实践中也有知识。要使每个同志有独当一面的能力,就必须用知识来武装。须知,知识就是力量。第四是全心全意为残疾人服务。要做到全心全意,恐怕不是一件容易的事。记得一九五八年,"大跃进"时,人们真是全心全意、干劲十足地办事。当然,那时路线不对。但就群众来讲,那种奋斗精神却是可贵的。残疾人是社会中最困难的人,他们需要我们的全力帮助。只有树立了高度的事业心和责任心,我们才能全心全意地为他们服务。这个要求比较高,但我相信大家是能向这个方面努力的。

除了这四点之外,我要特别强调几个问题。

(一)要有献身精神

不论是什么社会,具有献身精神的人都是那个社会的强大支柱。古今中外,不论是神话传说还是真实的社会历史中,都有大量具有献身精神的志士。女娲补天力竭而死,就是为了造福人类。为了给人类寻找食物,发展农业,神农氏尝百草之滋味,一日而遇七十毒。西方传说中的普罗米修斯,把火种盗给人间,而自己却被镣铐锁在高加索的山崖上,每天被鹰啄食肝脏。这些都是献身精神。历史上有献身精神的人多得不可胜数,尤其是在共产主义事业中,为人类解放事业献身,已成为每个革命者的义务。从对敌斗争的英勇牺牲,到和平时期的兢兢业业、鞠躬尽瘁,无不体现了伟大的献身精神。这一切都应当是我们的榜样。我们每个同志应当不为名,不为利,一心一意地为残疾人工作。我在康复中心讲过,资本主义国家受宗教宣传的修女都可以把自己的一生贡献出来,我们用辩证唯物主义和历史唯物主义武装起来的共产党员、共青团员会比修女差吗?基督教的思想基础是“原罪”论,宣传人生下来就有罪。为了赎罪,要受神的召唤,神叫怎么做就怎么做。这是唯心主义。而我们共产党人搞唯物主义,应当自觉地为人类的解放事业、为共产主义而献身。奥斯特洛夫斯基说:“人最宝贵的是生命,生命属于人只有一次。人的一生应当这样度过:当回忆往事的时候,他不会因为虚度年华而悔恨,也不会因为碌碌无为而羞愧;在临死的时候,他能够说:‘我的整个生命与全部精力,都已经献给了世界上最壮丽的事业——为人类的解放而斗争。’”我们应当具有这种精神。

(二)要有科学性

有了全心全意为残疾人服务的思想,还不能使我们的工作走上正常的、高效率的轨道,这里有个科学性问题。要讲科学性,首先就要讲实事求是的原则。实事求是是最具有科学精神的,就是不说假话,不凭主观意志办事,而是根据事实办事,根据客观规律办事。这是马克思主义的精髓。我们的同志办每一件事,都要考虑方向及计划性、条理性,还要考虑周密的实施措施,这些都要求有科学性。科学性还包括科学的管理、科学的领导方法和工作方法。有了科学性,我们基金会每个同志的能力就会大幅度提高。

(三)每个工作人员都要廉洁奉公、不谋私利。

这在我们“工作人员守则”中已经写了,现在特别提出这个问题,就是因为全国人民和国外的人都在看着我们,看我们到底干什么,而且通过我们看我们的党。还因为社会福利事业本身,就应当具有高度的廉洁标准。香港宗教组织救世军的一个成员在弱智中心当院长,每月生活费两千港币,而副院长的薪金是一万多。这里面有基督教的献身精神,也有廉洁的一面。因而搞社会福利事业,为残疾人服务,被看成高尚的事业。搞救济、福利而谋私利,在封建社会都是不能允许的。大家都知道"陈州放粮"的故事,那是要杀头的。我们每个从事残疾人福利事业的同志应该自觉约束自己的行动,严格执行廉洁奉公的纪律,同时还要谦虚谨慎,讲原则也讲团结。

对基金会工作人员的要求,我想到的就是这些。大家还可以再提。如果要求不是过高,那就朝这个方向努力。我们的"工作人员守则"是每个人必须做到的,没有打折扣的余地。

三、怎样提高我们的素质

工作水平的提高,要靠提高我们每个工作人员的素质和工作能力。怎样提高? 无非是两条,一条是学习,另一条是实践。首先,每个同志都应认真学习政治,学习政策,学习文化,提高自己的思想修养和专业水平,提高认识问题和解决问题的能力。高尔基说:"书籍是人类进步的阶梯。"所以,我希望基金会全体工作人员都要多读点书。第二,要在工作实践中提高。如果我们注意这个问题,每做一件事都总结一下,就能提高;如果做完事就睡大觉,那一定不会提高。这就是主观努力不努力的问题。希望同志们在学习和工作实践中不断提高自己的水平。

最后,我还要强调一点,那就是我们每个工作人员都要与残疾人保持密切的联系。我希望每一个人都能有意识地交一些残疾人朋友,为他们服务,从他们中汲取精神营养。英雄安泰失去了大地母亲的支持,也就失去了力量的源泉。这点大家切切不可忘记。

我相信,经过大家努力,一定能取得长足的进步。

残疾人要自强自立，成为社会前进的动力[①]

（一九八四年十月二十六日）

今天，我很高兴来参加贵校成立一百一十周年庆祝活动。刚才参观了校史展览，很受教育。这是我国第一所盲童学校，它在新中国成立前后的巨大变化，特别是几十年来在党和政府领导下为祖国为人民做出的贡献，令人感叹，令人振奋。同学们和老师们以高度的社会主义觉悟和顽强的毅力，克服种种困难，在学习和工作中取得了优异成绩，这种精神令人钦佩。

我自己也是一名残疾人。残疾人要有勇气面对生活，面对现实，要有自强自立的信念，不要成为社会的包袱，而要成为社会前进的动力。盲人作家郑荣臣的事迹说明了这一点，他是我们大家学习的榜样。

我国有优越的社会制度。几十年来，学校培养出大批优秀的社会主义建设者，有工人、技术员、管理人员和各方面专家，今天听说还有一个盲人翻译，这是难能可贵的。今年九月我去香港，总督对我说，香港培养盲人翻译还在准备试验阶段。可是我们现在就有了盲人翻译家。我们应当充分发挥自己的优势，把我国残疾人的教育、康复、劳动就业、社会福利等事业推向世界一流水平。

---

① 这是邓朴方同志在北京市盲童学校建校一百一十周年庆祝大会上的讲话摘要。

迎接挑战，把握机遇，发展我国康复事业[①]

（一九八四年十二月十七日）

我国医学史上第一次大规模的康复医学学术讨论会开幕了。这表明，两年前才起步的我国现代康复事业，已开始呈现欣欣向荣的局面。这次学术交流，必将推动我国康复医学的发展。

康复医学是造福我国残疾人乃至全国人民的一项事业。康复事业的发展必将推动我国的现代化建设。康复工作者应该得到社会的尊重和爱护。

目前，我国正处在蓬勃发展的新阶段，党的十二届三中全会提出了新的改革任务和课题，我们的国家和人民面临着新的挑战和机遇。我以为，挑战首先体现在把眼光从国内转向国外，使我们看到国外几十年来康复医学的发展。国外这方面工作做的时间长、范围广、内容深，这对我国形成了外部的压力。这就是挑战。从国内看，由于我国残疾人数量随着人口的增长而日趋增加，由于平均寿命延长而使社会逐渐老龄化，由于人民生活水平普遍提高而日益重视生活质量，这些都将造成对康复事业的广泛需求，这是社会对我们的压力，也是挑战。从康复医学的现状看，我们的设备和经费短缺，水平不高，经验不足，而广大群众又缺乏对康复事业的认识和必要的康复知识，康复医学急需努力奋起。这种需求和现实状态的矛盾造成了压力，这同

---

① 这是邓朴方同志在首届康复医学学术讨论会上的讲话摘要。

样是挑战。

康复医学的发展也有许多机遇。

我们国家的发展和改革,为康复医学的繁荣创造了条件。国家的发展将不断地为康复医学提供新的物质条件和精神条件,中国的改革使这样一门新的科学比较容易纳入我国医学体系。

社会上对新思想、新科学的态度是积极热情的。这就便于向广大群众,向决策机构进行宣传和呼吁,为康复医学很快地在全国铺开打下一个良好的基础。

卫生部、民政部领导对康复医学高度重视,使我们有可能通过行政渠道推动这一工作。

目前世界上康复医学已经发展到一定水平,我们可以利用现代科学的成果和经验少走弯路。例如,我们及时确立了全面康复的概念,并且从开始就重视社区康复,等等。

我国几千年的医学传统,为现代康复医学的发展提供了条件。在祖国医学中康复占相当比重,我国古代康复医学水平曾经走在世界的前列。1949 年以来,中医和中西医结合的工作有了很大成就,这就有可能发展具有中国特色的康复医学,也有可能使我国康复医学在世界上占有特殊的地位。

我国目前具有一整套基层医疗网络,利用这些网络推动康复医学的发展,可以使康复工作普及、深入到全国,这就为基层康复即社区康复提供了发展的条件。

面临这样的挑战和机遇,如果我们采取正确的对策,就有可能使康复医学尽快走上全面发展的轨道。

首先,要大力宣传康复的作用和意义,普及康复知识。

第二,要发展康复医学队伍。目前我国有很多专家,还有一批积极分子,但还是远远满足不了工作的需要。面对国家发展的新局面,这个队伍要抓紧扩大和充实，为今后几十年康复医学的发展打下基础。

第三，研究、比较各种不同流派，选择自己的道路。我赞成兼收并蓄，各有侧重，使康复医学有比较全面的发展。

第四，搞好康复医学的合理布局，统筹规划。在同样的人力物力条件下，力争少花钱多办事，收到较高的效益。

第五，提倡中西医结合，发展中医康复，坚持走中西医结合的道路。

第六，充分利用现有的医疗队伍、设备和机构，有计划地发展康复业务。

最后，以较快速度开设一批康复病床，使康复医学研究尽快进入临床实践。

总之，只要我们认清形势，善于把握机遇，勇于迎接挑战，我国的康复医学事业就一定会有光明的前途。

劳动就业与教育
是提高残疾人社会地位的关键[①]

（一九八四年十二月二十一日）

解决残疾人就业问题是提高残疾人社会地位的关键。党的十二届三中全会提出，我们党和国家面临的新任务就是改革。改革的目的就是要使全国人民在新体制下，经过个人诚实的劳动，富裕起来。残疾人也要在这个过程中富裕起来。近年来民政部门大力抓了残疾人的就业问题，但是，还有相当一部分残疾人被划在不能安排之列。按照我们的观点，除极个别的“植物人”外，没有什么残疾人是没有劳动能力的。只要社会创造适合的条件，他们都能为社会做出贡献。这项工作涉及面相当大，我们一定要协助有关部门做好。这是今后工作的一个重点。

解决残疾人教育问题是残疾人就业的重要前提条件。目前，我国的残疾人教育事业还很落后。在农村，不少残疾人还是文盲，还没有接受义务教育。在高等教育方面，有的规定还不合理，有歧视残疾人的现象。我们还没有在全国范围内开展残疾人的职业教育。特殊教育的规模和水平也远远不能满足需要。由于残疾人文化水平低，他们在工作、就业方面必然遇到困难。这个问题必须下大力气解决。这是发展残疾人事业中一个具有战略意义的关键问题。

---

① 这是邓朴方同志在中国残疾人福利基金会举办的迎新联欢会上的讲话摘要。

弱智儿童也能成长为社会有用之才[①]

（一九八四年十二月三十日）

我国弱智儿童教育，最近这些年取得了一些进展。这是政府和社会对残疾儿童的关怀，也说明社会的认识水平和文明程度提高了，显示了我们民族的进步和希望。自然，这也是社会主义人道主义思想的实践和发展。这项工作是非常有意义的。我相信，各方面会进一步重视这项工作，社会将越来越关心这项工作，这项工作一定会得到更大的发展。

在新年来临之际，我首先代表主办单位向孩子们表示衷心的祝贺，祝他们幸福、愉快。

弱智儿童同其他儿童一样，也是祖国的花朵，同样应当受到教育，而且应该受到特别良好的教育。弱智儿童也是人类的一员，社会主义大家庭的一员。大量事实证明，只要抓好教育，抓好早期干预，弱智儿童同样能够成为对社会有用的人才。

我们的孩子们一定要有志气，有信心，相信自己能够成功。也要相信我们的家长和老师，与他们一起，共同为自己的发展开创新路。也要相信我们的社会一定会创造条件，让弱智儿童更好地学习、成长和发展。弱智儿童一定要坚强，不怕困难，要比别的孩子们付出更大的精力，刻苦学习，更好地生活。我们要勇敢，要开朗，要敢于说自己想说的话，乐于说自己想说的话，敢于做自己应该做的事，乐于做自

---

① 这是邓朴方同志在弱智儿童联欢会上的讲话摘要。

己应该做的事。我们还要团结友爱、互相帮助,形成一种良好的风气。还要与其他的孩子们搞好团结。相信若干年以后,每个弱智儿童一定能够成长为一个有益于社会、有益于人民的人。

我还要代表主办单位向我们的家长表示新年的问候。弱智儿童的家长比其他家长担负更重、更多的责任。许多家长在这方面做得很好。我们的家长是值得尊重的。大家看到,弱智儿童的能力,经过老师和家长密切配合的训练,是可以得到发展的。通过教育和训练,他们的能力完全可以得到相当好的开发。就像大家说的那样,只要多下功夫,一定会使他们成为有用的人才。

孩子们是纯真的、善良的。他们的感情非常真挚。我们对他们应该倍加爱护。我觉得各位老师、各位家长这种牵动心肠、发自肺腑的爱,一定会获得理想的效果,一定会使得孩子们健康成长。我相信,建立和发展这种充满爱的关系,一定会使孩子们的成长有一个更好的环境。

从事弱智儿童教育的教师,是在艰苦的环境里从事着极辛苦、极有意义的工作,为开发弱智儿童的能力做出了贡献。希望有关部门更加重视这方面的宣传。希望所有的同志都能尊敬我们的老师,给他们创造条件,使他们更好更专心地工作。祝愿老师们在新的一年里发挥更大的作用,取得更大的成绩。

怎样在群众中站稳脚跟[1]

（一九八五年三月十五日）

中国残疾人福利基金会从成立到今天，已经整整一年了。一年来，基金会的工作得到了党和政府的亲切关怀和社会各界的大力支持，也得到了广大残疾人的广泛支持。很多德高望重的革命前辈和基金会的名誉理事，非常积极、热情地支持我们，指导、帮助我们做好工作。尤其是王震同志，经常关怀我们，主动出主意，想办法。我们的理事，在日常工作中也发挥了十分重要的作用。正因为这样，我们才能初步打开工作局面。这充分说明，我们的党、我们的国家和我们的人民，对残疾人的工作越来越重视了，对残疾人的帮助越来越多了。我想这是我们做好工作的根本保证。

在过去的一年里，基金会的同志们工作是很积极的，无论是宣传工作、组织工作、国际交往工作，还是筹集资金和为残疾人服务的工作，都取得了一定成绩。大家都说基金会的工作做得不错，站稳了脚跟。对这个问题怎么看？我看是，初步站住了，但并没有站稳。基金会要在中国社会中充分发挥作用，在群众中站稳脚跟，还需要我们做很多工作。

那么，基金会怎样才算站稳了脚跟呢？我看主要有三条：

第一，要看基金会是不是与广大残疾人密切地结合在一起了。

---

① 这是邓朴方同志在中国残疾人福利基金会第二次理事会上的讲话。原载于一九八五年三月十八日《社会保障报》。

广大残疾人好比是水,基金会是鱼;有水,鱼才能游,才能生活。所以我们的工作一定要和广大残疾人密切地联系在一起,替他们呼吁,为他们做事。这样,基金会才有明确的方向,才有力量,才能得到广大残疾人的拥护。只有得到了广大残疾人的拥护,才能说基金会站稳了脚跟。

一年来,我们和残疾人进行了广泛的联系,但是还很不够;给残疾人做了一些事,但并不多,残疾人真正得到的实惠还是很少的。今后几年,我们在这方面要多下功夫,使我们完全和残疾人融合在一起。

第二,要看基金会是不是融合在中国社会里面。基金会成立了,大家都很赞成。这个组织的活动是不是和整个的社会有机地结合在一起了呢?现在还不能这样讲。整个社会的结构,是一环套一环,上下左右,环环紧扣。基金会要与各个环节都挂上钩,这不是一朝一夕的事情,需要做大量的工作。譬如,我们基金会现在还没有一个稳定的经济来源,我们的工作计划还没有真正纳入国家的国民经济和社会发展计划,我们的基金筹集和使用还没有一个稳定的渠道,等等。适应改革的新形势,解决这一系列问题,使基金会和整个社会融合在一起,成为社会中不可缺少的一部分,基金会的运转才是自然的、平稳的,而不是单靠人为的推动;只有这样,基金会才能真正在社会上站稳脚跟。

第三,要看我们是不是广泛动员了社会力量。基金会的正常运转,一是本身要有一个高效率的工作班子,切实地进行工作;一是要向全社会呼吁,动员大家共同来做这项工作。基金会就是那么几十个人,能力再强也做不了多少事。它的主要任务,就是呼吁党和政府,呼唤整个社会,其中包括残疾人自己,来发展这个事业。我们的办法是走群众路线,有钱要办事,没有钱也要办事,要通过社会来办,通过群众来办。总之，要通过基金会这样一个小组织，把各方面的人力、物力和财力动员起来，建设有中国特色的残疾人事业。

要做到上述几条，是不容易的，也不是一两年能够做到的，需要若干年的艰苦奋斗。我们一定要经过大量的艰苦的工作，推进这一事业，使得基金会的工作在几年之后有一个新的局面，新的面貌。总而言之，基金会的工作要能够正常运转，在社会上充分发挥作用，就必须做到和残疾人有机地结合在一起，和整个社会有机地结合在一起，并经常地呼唤和推动社会做各种各样的事情。这也就是说，通过基金会这种形式，使得中国的残疾人事业由“封闭型”走向“开放型”，由原来完全靠政府做，变成由大家来做，开辟一条发展这项事业的新的道路。只有到那个时候，我们才能够说，基金会对中国社会做出了贡献。

我们一定要在自己的队伍里树立全心全意为残疾人服务的观念，搞好自身的思想建设、组织建设，在党和政府的领导下，在革命老前辈的带领下，在全国残疾人的积极参与下，把基金会的事业推向前进。

用人道主义精神教育青年[①]

（一九八五年六月）

这是一本以当代残疾青年的真实经历为题材的集子，我高兴地把她推荐给全国的青年朋友们。

这些文章，从不同的侧面展示了残疾青年的精神风貌。当然，不管这里选入的青年具有怎样的代表性，在我国几百万残疾青年中，也只是少数。这当中，有知名度很高的、大家熟悉的人物，也有初次见面的新朋友；有刚毅顽强、苦学成才的青年知识分子，也有诚实劳动、乐观进取的城乡个体户；有天天与我们擦肩而过的年轻工人，有天真纯朴的农村小伙子，也有画家、医生、运动员。从文体上看，有人物通讯、报告文学，也有出自残疾青年之手的自述性散文。

这本书的出版是一件好事。我们过去出版残疾人的书籍太少了。报纸和期刊近几年在宣传先进残疾青年的工作上是做了努力的。但写那些出了成绩、出了名的人比较多，反映普普通通的“小人物”的文章极少。

我们的确应当把尽量多的成功者的事迹宣传出去，今后也要继续这样做。让残疾青年以及所有奋斗着的青年多得到一些振奋人心的消息，这是有必要的，这可以使他们看到希望，看到光明，从中汲取力量。可是，在现实生活中，绝大多数残疾青年，虽然也在苦苦追求，但由于种种原因，他们没有做出惊人的成绩，甚至一辈子也出不了名

---

① 这是邓朴方同志为《生命啊生命》一书所作的序言。

（健全青年又何尝不是如此呢）。那么，我们的宣传工作、我们的文艺作品，是否因为他们没有名气就冷落他们，不去表现他们的追求、奋斗呢？我想这是不应该的。

写先进人物，对读者固然有教育意义；写普通残疾青年的普通生活，价值何在呢？它将潜移默化地启发人们的良知，启发人们尊重人、理解人、关心人，这是一项更基本的教育——人道主义教育。宣传“人才”的意义，正是以宣传“人道”为基础的；离开人道主义，那么，对人才的宣传就成了难以理解的事情。这本集子，试图多选一些写“小人物”的文章，但还不够。我们期待着越来越多的作者走到普通残疾青年中去，热情地、真实地表现他们的情感、他们的希望。

这本书选收的十几篇作品中，不乏慷慨激昂的高歌，它们对读者的鼓舞作用是显而易见的。也有一些文字，在有的朋友看来，可能有一种低沉、压抑的感觉。要如实地反映生活，就不能回避心灵的创伤，更何况这里反映的是残疾青年的生活。我不知道多数读者如何理解他们，但我敢说，一个残疾青年，他能用文字表达出来的痛苦，绝不会超过他内心真实痛苦的十分之一！更多的隐痛，他自己吞了下去而不愿写出来，有些是根本无法用语言文字表现的啊！从整体上说，这类文章从另一个角度给人以启示和激励，它们的作用，是别类文章所不能替代的。我相信，朋友们能理解这种感情。因为，不论残疾青年还是健全青年，都是青年，而青年的心，是相通的。

青年，早一点懂得理解人、尊重人、平等地对待每一个人，这不是一件小事情。如何对待身有残疾的朋友？每一个即将或开始跨入社会生活的青年，都会从这里学到做人的起码准则。毋庸讳言，因为受残疾影响和环境障碍，残疾人的思想、感情有别于一般健全人。有些在一般人那里不成问题的事情，他们却另有自己的看法。比如“关心爱护残疾人”这样一句话，在健全人看来可能觉得一般化，而残疾人则看得比较重,残疾人更看重对他们的尊重,更强调他们的独立的人格。有些"好心人"并不了解这一点。更不用说,社会上还有一些根本不尊重、也不想理解残疾人的人了。我本人就曾碰到过各种各样的面孔。

存在这种落后现象的原因,主要是长期封建社会的影响,在群众当中造成了歧视残疾人的不健康的意识。再一个原因是普遍的文化修养不高。旧的社会意识在我国有着深厚的基础,甚至影响着我们先进的阶级和政党。我们曾是长期按"左"的口径批判人道主义,长期按"左"的口径宣传教育青年。这个错误恶性发展,加上别的原因,终于在六十年代酿成了"文化大革命"。反过来,"文化大革命"又更集中、更大规模地破坏了我们民族优良的传统道德、文化。它给我国社会经济造成的损失是巨大的,它给我们道德、文化带来的祸害是难以估量的!

青年人要学习用人道主义精神对待各种人,这是重要的一课。当然,这并不意味着要让健全青年也来体会残疾青年的痛苦,当然也没有必要对健全青年们说:"该知足了,世界上还有比你更不幸的人呢!"青年人不满足现状,不懈地追求更为幸福的明天,这是他们的权利,也是他们的优点。但是,要求他们从现在起就打下一个人道主义的底子,从而具备较强的社会责任感,也是不可或缺的。

当前,经济体制改革工作正在稳步地、深入地发展,我们正在努力建设现代化的社会主义社会,同时,广大青年朋友正以极大的兴趣在探讨着现代人的素质问题。在这个时候扫除旧观念的残余,树起新思想的旗帜,是历史的必然。一个现代青年,不能囿于自己的小圈子,而应知道得更多,应能理解各种各样的心理和思想感情,理解各个不同层次的人们,以适应千姿百态的新的社会生活,进而担负起主人翁的责任。人道主义精神与青年成长的关系是如此密切,既关系思想意识上的完善，又关乎知识面的拓展，是青年们能否跟上并推动社会进程的重要因素。如果不解决这个问题，而是到了他们成年之后，到他们主宰社会的时候再进行人道主义的教育，那就有些晚了。搞得不好，我们走过的弯路还会重复。可见，这不仅是青年的问题，也是整个社会的问题。

这本小书诞生在经济体制改革深入发展的时候，不是偶然的。书中几篇文章都直接反映了改革给残疾青年的生活、思想带来的新变化。我们欣喜地看到，多数残疾青年在这个深刻变革中没有张皇失措，而是逐步调整自己的生活，更新自己的观念，在社会生活中找到了新的立足点，走上了为社会做贡献的新道路。

愿这本书成为他们在新征途上前进的鼓号！愿倡导新思想的书籍成批地涌现在社会主义文艺的百花园中！

顺应时代进步，为残疾人排忧解难①

（一九八五年十月十九日）

在历史上，无论是中国，还是外国，都有残疾人得到政府照顾的事实。两千多年前，战国时期的齐国就有把残疾人、老弱者养起来的记载。后来的历代封建王朝，在社会救济方面，也都多多少少做了一点工作。随着资本主义的兴起，打出了“自由、平等、博爱”的旗号，逐步形成人道主义的思想体系，对残疾人工作做得更多些。这就是说，不论是在封建社会，还是在资本主义社会，都把这项工作看成是缓和阶级矛盾、稳定社会的一个方面。一九四九年以后，开始对一些社会问题进行清理，禁赌、禁娼、禁烟。与此同时，把老弱孤寡残收养起来，后来成立了儿童福利院、养老院。随后，举办了一批伤残军人疗养院。为组织广大残疾人生产自救，还举办了生产合作社。我们办这些事情的出发点是为人民服务，在性质上与旧社会根本不同。

今天来看，这项工作，是根据当时经济发展水平来做的，虽然有了新的气象，但不可能做得很多。后来，由于盲目搞“大跃进”、“反右倾”，紧跟着又是“文化大革命”，使我们国家在政治上经济上遭受了巨大的损失。残疾人福利工作也受到很大损失，这在四川也是可以看到的。成都市原来有个很漂亮的儿童福利院，占地二十多亩，建筑面积一万多平方米，林彪的一号通令下来，说要搬迁出去，该院就

① 这是邓朴方同志在四川省委召集的市、地、州和省级有关部门负责人会议上的讲话摘要。四川省委书记杨汝岱等领导同志参加了会议。

被成都某工厂占有了,直到现在没有归还。现在的儿童福利院挤在一个破楼里边,娃娃们连个活动的地方都没有。在那里我还看到一个孩子得了肝炎,无法隔离,这情况就很严重了。国务院有个通知,要归还,但就给人家几十万元和几亩地算了结。这个事情恐怕说不通吧?

我国的社会福利有一套比较完整的结构,包括国家、集体和家庭三个层次。国家把救济、救灾管起来了;还办了一批福利工厂,办了一些特殊教育学校;对职工实行了公费医疗和退休养老制度;伤残军人由国家抚恤和安置。从目前来说,社会福利工作主要是靠国家负担起来的。集体也负担了一部分,比如,农村的敬老院和五保户,乡镇、村、街道和居民委员会的福利工厂等;城市里还有群众包护组帮助残疾人解决困难,也是集体负担的。再一个层次是家庭,我国的家庭是比较稳定的,很多家庭把残疾青少年负担下来了。1949 年以后因病致残或因伤致残的孩子基本上都在家里养着,福利院只收没有直系亲属的孩子。现在,福利院开始收一些自费的残疾人入院,实际上也是家庭在负担。三十多年来,这套体系对于稳定社会起到了重要的作用。

十一届三中全会以来,中国发生了很大变化,这就对社会福利和残疾人工作产生了新的要求和压力。现在,人民的生活水平有了明显提高。如果大家都穷,有饭吃也就满足了,现在大家的收入都在逐步提高,这就拉大了一般群众和残疾人的距离,这一点大家已经看到了。对外开放了,我国和国外一些发达国家比,差距也很大。资本主义国家的社会保障工作做得相当周到,他们失业人员的救济标准,比我们拿工资的还高。美国最低工资标准一小时三美元。它还有一套社会保障制度,是配套的。看了这些东西,又是一个压力。现在,一些工厂借口竞争、提高经济效益,让残疾人回家。四川在这方面还做得比较好,如解雇残疾工人要经上级批准。有些地方,确实有变相解雇残疾人的,给本来就很困难的残疾人雪上加霜。随着改革开放,残疾人开始了一种新的觉醒,要求与健全人有平等的机会为社会主义祖国做贡献。大家的认识水平提高了,就产生了新的不满足和新的压力。

在这种情况下,社会福利工作就应该为残疾人就业更好地创造条件,使他们跟上社会发展的步伐。但是,中国经济的发展水平一时还很难满足这方面的要求。首先要搞好经济建设,然后逐年增加一点社会福利方面的费用。我听说四川有些地区还在减少民政经费,这就更难了。你原来的水平就低,再下降怎么得了。当然,总的来说,政府现在一下很难拿出大批的钱来增加民政经费。在这种情况下,就提出了另一条路子,这就是社会化管理的路子,成立残疾人福利基金会也是出于这种考虑。

残疾人福利基金会搞什么呢?就是协助政府,动员社会,为残疾人平等参与社会生活做些事情。这是一种新的路子。政府当然还是主体,但是应更多、更深入地动员社会支持。关于残疾人问题,我想,除了吃饭、穿衣等基本要求外,他还有其他要求。最基本的要求是要参与社会生活为社会做贡献。这就要康复、要接受教育、要就业。我觉得这个要求是正当的。但是,由于社会提供的条件不够,使很多残疾人不能得到必要的康复、受到应有的教育、充分发挥自己的才能为社会做贡献。这就出现了矛盾,形成了残疾人问题。

国际上有这么一种惯例,看一个国家的物质文明水平,就看你对残疾人怎么样。眼光就盯在这儿。不光看你的国民经济总产值多少,还要看你残疾人工作搞得怎么样。在北京有个笑话,有个总统夫人来中国,要看儿童福利院,但我们实在拿不出像样的单位,就请人家看了儿童医院。对待残疾人的问题,反映了一个国家的物质文明水平和精神文明水平,反映了一个国家的文明进步程度。我们这样说,不是要求在一个早晨就把这项工作搞上去。这是不实际的。但是,根据我们的条件,现在确确实实能做更多的工作。不需要花很多钱。重要的是从思想上认识这项工作的重要性。

我们中国是有两千多年封建历史的国家,封建主义是很残酷的,尽管它比奴隶制度进步,但比资产阶级人道主义,要落后很多。资产阶级搞了几百年的人道主义,在群众中形成了一套思想道德体系,从小就进行这方面的教育,认为人道主义是一个崇高的原则。我们缺乏这方面的教育。过去笼统地、简单化地批判人道主义,搞得人人自危、关系紧张,造成了很大损失。现在,我们要大讲社会主义人道主义,大家应该珍惜这面旗帜。社会主义人道主义更加具有广泛性、现实性、真实性。我们应当广泛进行这方面的宣传教育。过去我摇着轮椅到街上去,就曾遇到一些孩子围着起哄。我的很多残疾人朋友,也常受到侮辱。这在我们社会主义国家是很不应该发生的。如果领导干部的认识提高了,带头宣传、实践人道主义,关心、帮助残疾人,很多工作上的问题就好解决了,社会风气也会逐渐改变,残疾人问题也会逐步得到解决。

残疾人遇到的问题,第一是生活保障问题。很多残疾青年现在还没有生活来源,靠父母养活,有的靠哥嫂养活。我到浙江看了一个福利厂,那里的残疾人职工每月只发十八元工资,这在五十年代可以过得去,现在连伙食费都不够。所以,即使已就业的,也不能说他们的生活问题已经解决了。还有相当一部分残疾人的生活没有解决。

第二是教育问题。这次我和保卫边境作战的英雄谈了谈。有位盲人史光柱,是四川兵,我问他有什么要求?他说希望受教育,学盲文,学一技之长。好几个英模都要求学习。现在,整个残疾人的教育水平低于健全人,为残疾人办的盲聋哑学校,数量严重不足,使得这些人无法就学。一些重点中学不愿收残疾人,怕影响高考录取率。我们的高校,对残疾人关了门,不让残疾人参加。有一位残疾青年,母亲把他抛弃了,父亲与他相依为命,希望这个孩子有出息,千方百计供他上学。到了高考,分数也够,就是不录取,绝望的父子相继上吊死了。还有个残疾青年,由于高考上了分数线不录取,又受了点家里的压力,走投无路,吃药自杀,尽管抢救过来了,但内脏受了损伤,残疾更重了。新疆有一残疾青年高考成绩五百多分,在新疆考第一名,报考数学系,就是不录取。虽然他两腿不等长超过三公分,但生活完全能自理。他写信给数学研究所副所长、老科学家陆启铿。陆老的残疾比他严重,在旧社会上过大学,是我国有名的科学家。这个学生在信中写道,陆老你在旧社会能够上大学,为什么在社会主义的新中国我反而上不了大学呢?所以,这不是一个具体问题,这是个政治影响问题。

去年教育部发了两个紧急通知,各省市都录取了一批残疾学生进入大学,四川和北京是最差的,录取的比例最小。今年修改了标准,但新的标准,还没有得到认真贯彻。我们的信访组也做了调查,四川又是倒数第一。为什么别的省市能够解决,四川就不能解决呢?同样的政策嘛!大学不让考,中学怕影响升学率就不愿意收,这是一环套一环的。更严重的是农村的残疾儿童,上学就更没保证了。谁都看到,搞了承包以后,有些人不愿意上学了,大约三百多万残疾儿童没有上学,这也是很大的问题。请我们的父母官一定注意一下这个事情。如果我们现在不把残疾人的教育搞上去,那么,随着社会进步,随着新技术的发展,这部分人就会越来越由于不适应而脱离社会,脱离现代化。到了那个时候就会造成更大的困难,造成更大的社会问题。

第三个是就业问题。前两年民政部、劳动人事部和各地政府推动了一下，发展比较快，但差距仍然很大。我们的口号是让残疾人以平等的机会进入社会。就业不充分，不稳定，怎么平等“进入社会”呢？这里有职业培训问题，为残疾人创造劳动条件问题、无障碍环境问题。最根本的，还是要有平等对待残疾人的思想，要实践人道主义，把残疾人当人（不是二等公民）看。有了这个思想，各种问题都好解决了。上街，马路上有个这么高的台阶，轮椅上不去。很多公共建筑没有走轮椅的坡道和方便残疾人的设施。残疾人不能上剧场，不能到邮局，不能到政府机关，不能到商店、旅馆、机场和其他公共场所，这怎么能“进入社会”呢？不能“进入社会”，怎么参加生产劳动，怎么就业呢？现在比较发达的国家，都有法律规定，凡公共建筑都必须有为残疾人提供方便的设施，否则，就不许你建。不久我们国家也要订这样的法律，这是肯定的。现在我希望我们的父母官们注意这个问题。如果在你这里修建什么公共设施，是不是提醒一下设计部门和审查部门，请他们为残疾人想一想。你用笔画上两笔就解决了。（杨汝岱：我们今后的新建筑就把它考虑进去，不然的话，以后再去改就麻烦了。）是的，以后再去改造，浪费就大了。

这是说，残疾人就业问题、平等参与问题，涉及社会各个方面，中国残疾人福利基金会希望全社会都来重视、关心。还有一个康复问题，这是先行的一个问题，因为这是平等参与的前提。医疗后的康复，在国际上看得很重，在我们国家还是个新问题，连什么是康复都还不太清楚。这怪不得大家，因为封闭啊，不交流不知道啊！人总是要老的，要生病的，生了病就有一个康复的问题，残疾了，更有一个康复的问题，以便最大限度地恢复功能，补偿缺陷。总的来说，残疾人遇到的问题涉及各个方面，希望我们的党委、政府了解这一方面的情况，首先解决认识问题，制定法令措施，综合治理。

残疾人事业不仅仅是福利事业，它首先是一项“社会工程”。我们的社会过去只是为健全人考虑的,应该说,那是个有缺陷的社会。社会是人人的社会,包括残疾人。这就要重新设计、重新建设我们的社会,这就是社会系统工程了。

我看了西德一些资料,西德变化很大,但有几样东西是不变的,就是社会发展和经济发展的几个基础的东西。其中有平等、自由竞争的原则,有安全的原则。安全的原则,就是一个人在社会生活中的安全感。不仅是指你出门会不会被人捅一刀子,主要是失了业有救济金,残疾了生活有保障,社会环境不断改善,等等。有了安全感,整个社会就会稳定,就能促进经济、社会的发展。它把安全感看作是社会和经济发展的基本要素之一。

这个问题,我们国家也开始重视了。我们以前搞五年计划,只讲经济发展多少,现在把社会发展提出来了,这是我们几十年痛苦的教训和经验的总结。现在我们的父母官感到压力大,就是因为三十多年的"欠账"要今天来还,特别是社会发展方面的欠账太多,其中包括社会保障和社会环境的改善,这里面就有残疾人工作这一块。我们多年来基本上没有盖宿舍,没有搞公路建设,没有搞基础设施建设。多年来工业企业包括福利工厂没有认真进行技术改造,以至工艺落后、产品老化是普遍问题。福利院、福利设施没有什么大变化就更不用说了。现在要逐步改造。(杨汝岱:城市工作的压力最大,很多方面不行,过去根本就没有考虑这类问题。)这个教训,是很深刻的。以前经济一紧张,就下命令不能盖楼、堂、馆、所,你的电影院就建不起来,群众的文化生活就解决不了,那些小青年的精力无处发泄,就会胡闹。在北京,就有一些人在街头下象棋、打扑克、瞎折腾、起哄,使社会精神文明受到很大影响。

现在提出经济发展、社会发展要协调进行,这是吃够了苦头以后认识到的。今年,劳动人事部等部门在研究社会保障问题,在"七五"

计划的建议这个文件上,就以比较多的篇幅肯定了社会保障工作在我们国家的地位。在我们国家还从来没有把社会保障提到这么高的地位。近些年,要在社会保障上花很多钱,我看也不可能。但探索新的社会保障系统的雏形还是可能的。理顺了工作关系,随着经济的发展,社会保障就能在一个比较好的基础上建立起来。这个阶段,一定要妥善安排社会福利工作,积极开展残疾人工作。我希望通过我们的努力,把事情办好一点,这对社会将起很大的稳定作用。

今天,我就介绍这么一点情况,希望大家在自己的地区,自己管辖的工作范围内,把这些工作做好,为我国经济和社会的协调发展,做出更大的贡献!

残疾人康复是我们共同的事业①

（一九八六年二月二十三日）

我们这次会议的主要议题是从医学、法学、社会学、心理学、运动医学、生物工程学的角度探讨残疾人的康复问题。在西方，近年来随着经济文化和科学技术的发展，残疾人的康复工作已经取得了显著的成绩，在座的诸位外国朋友都曾为此做出巨大的努力。在我们中国，康复事业是既古老又年轻的事业。说古老，是因为两千多年前，我们的祖先已应用心理学、针灸、按摩、体疗和气功等方法促进患者的功能恢复。这些传统的康复手段至今仍在广泛流传着。说年轻，是因为现代康复事业在中国还只有短暂的历史。新中国成立三十多年来，在我国政府的关怀下，从农村到城市，建立了三级医疗保健网，建立了疗养院、福利院、福利工厂、假肢工厂和特殊教育学校等一系列设施，在残疾的预防，残疾人的康复、教育、就业和婚姻等方面也做了不少事情。但是，要赶上世界先进水平，我们还有许多事情要做，还有很长的路要走。

我们需要学习现代康复医学的理论和方法，继承祖国的传统医学，发展中国的康复事业。从某种意义上说，这次报告会就是学习国外先进经验的具体体现。诸位外国朋友从世界各地来，带来了你们的经验、知识和技术。在当今这个信息社会中，你们所传递的这些有关世界康复新进展的信息，对我们将是十分有益的。由于我国的现

---

① 这是邓朴方同志在中国第一届国际康复学术会议上的欢迎词。

代康复事业还只有短暂的历史,我们未能组织中国的专家来发表学术报告。但是与会的人员中有许多是我国从事残疾人康复事业的专家和学者,你们将有机会与他们一起,在这座象征中美友谊的大厦里进行讨论;你们还将有机会在中国参观一些从现代康复医学角度来看尚不完善的康复设施。我们也将向诸位介绍关于中国现代康复事业的概况。这些都将增加你们对中国康复事业的了解。我和我的同事们也欢迎你们对我们的工作提出批评建议。

众所周知,中国是世界上残疾人数最多的国家,残疾人的问题影响着数以亿计的中国人。这是一个严峻的现实。就从中国残疾人在世界上占有很大比重来看,中国的康复事业,已不单单是中国人自己的事,而应是各国仁人志士所共同关心的事,因而具有了更多的国际色彩。

我们认为,残疾人虽因残疾受到不利影响,但多数残疾人可以通过医疗康复和社会康复在不同程度上弥补这些损失。他们热爱生活、珍惜生活,身处逆境却奋然向上,勇于同命运搏斗。本次会议的报告人中就有他们的代表,如美国的肯尼迪先生、肯普先生。在我们中国这样的例子也不胜枚举。因此,社会应尽可能创造条件,使残疾人平等地进入社会、参与社会生活,使他们和健全人一样享有成长、学习、劳动、就业、创造、爱和被爱的权利,从而回归到社会生活的主流中去。我相信,在一个进步的社会中,残疾人是会有自己的机会和成功的希望的。为了实现这一目的,我们将做出不懈的努力。在这个过程中,我们欢迎世界各国的朋友们,给予我们以各种方式的支持和帮助。对于一切真正关心、爱护、支持中国残疾人事业的朋友们,我们表示热烈的欢迎和真诚的感谢!

残疾人康复事业是我们共同的事业。这是人道主义的事业、争取社会进步的事业、维护和平的事业、增进友谊的事业。我相信,我们大家为平等参与的残疾人事业所做的一切,都具有重大意义和价值。

为残疾人康复事业耕耘播种[①]

（一九八六年二月二十四日）

这次会议开得很成功，它是在中国康复事业刚刚起步，并将蓬勃发展的时候召开的。什么叫康复，什么是康复事业，怎样做康复工作，是我们急需掌握的知识。把正确的东西和最先进的办法告诉大家，这是一项重要的事情。

这次会议的成功，不仅仅在于这次会议本身，更重要的在于它对推进我国社会文明所产生的巨大影响。这次会议的成功还表现在，许多发言人把最新的知识连同他们崇高的精神，为残疾人服务的赤诚的心带给了中国，所有这些，对于我们都很重要。这次会议的成功，还表现在我们中国的广大听众抱着认真学习的态度来参加这次会议。这种态度在这次会议中表现得非常充分，反映了大家渴望把我们的工作搞好，渴望寻求知识，渴望为残疾人服务。毫无疑问，这种精神对今后的工作将产生积极的影响。

今天我们做的仅仅是耕耘播种的工作。我相信，我们播下的是良种，我们播种的土地是沃土。经过精心管理，我们播下的良种一定会在这片沃土上生根、发芽、开花、结果。耕耘播种的工作是很艰苦的，但想到接踵而来的丰硕果实，大家一定会感到欣慰，感到这种努力值得。像这类播种的工作，基金会还要继续组织，以更多的形式、在更广阔的范围展开。我们工作的意义，人生的价值，就是在这艰苦

① 这是邓朴方同志在中国第一届国际康复学术会议上所致的闭幕词。

的工作中体现出来的。

无论是在中国，还是在国外，残疾人遇到的问题大致是相同的。就业问题、康复问题、教育问题，等等。最主要的问题，我觉得是改变社会观念问题，使社会理解残疾人，尊重残疾人。因此，我们要在推进残疾人康复事业的过程中，把文明和进步的观念传播给社会。这就是说，我们在医治两种残疾，进行两种康复，一种是残疾人的，一种是社会的。这两种康复都重要。没有第一种康复就不能带动第二种康复，只有进行了第二种康复，才能巩固并在更大范围推广第一种康复。这就是我们的工作的全部重要意义。我们工作的重要意义，对我们提出了更高的要求，我们不仅要充实自己的知识，更要有热爱生活的思想观念和朝气蓬勃的精神面貌。所以，实在说这也是不断提升与完善我们自身的过程。

我相信，经过努力，我们的工作一定会得到社会的承认，一定会取得丰硕的成果。残疾人一定会发挥自己的才能，充分参与社会，对社会做出自己的贡献。如果在一个社会中，每一个健全人、残疾人都能充分发挥自己的才能，那将是一个什么样的社会呢？那将是一个文明的社会，健全的社会，美好的社会。这就是我们工作的目标。我相信，这个目标一定会实现。

人道主义是残疾人事业的旗帜[①]

（一九八六年三月十五日）

邓朴方：残疾人的问题已经引起了社会和政府的重视。什么原因呢？除了社会文明了、进步了这个根本原因外，也是由于社会由温饱型向小康型过渡，引起了一系列问题，产生了一系列新情况。如家庭的组成和功能正在发生某些变化；社会生活水平不断提高，等等。而在这种情况下，残疾人生活水平与社会平均水平的差距拉大了。这给残疾人事业带来了新问题，这是发展“快”带来的问题。目前社会还有一个特点，就是“改”，改革也会派生一些社会问题。改革时期，社会朝气蓬勃了，某些不稳定因素也相应增加了。所以，我们党目前很重视、很强调社会保障问题。残疾人事业具有稳定机制，又具有发展机制，与社会保障密切相关。我们要力争在这个领域做好工作，起到保证改革顺利进行的作用。

从事残疾人工作这几年，突出的感受是我国封建主义的东西多。我国封建统治长达几千年，现在无论是在生活中还是在人们的意识里，封建主义的东西还很不少。反对改革的主要势力和思想基础是封建主义的东西。改革和开放主要是要打破封建主义的封闭性，打破那种对外闭关自守，对内封闭僵化。

在残疾人事业方面，主要的阻力也是来自封建主义的思想意识。

---

① 这是邓朴方同志与中共中央十二届六中全会决议文件起草小组同志的谈话（节录）。

由于这种阻力的存在，有些本来是顺理成章的事就是办不成，比如残疾人就业问题，有些人认为残疾人是二等公民，说：好胳膊好腿的人还没有工作呢，残疾人就算了吧！所以，宣传人道主义是非常必要的。

小组同志：在我国，人道主义不是多了，而是少了。

邓朴方：人道主义是多了，还是少了？它是历史上进步的思想，还是落后的思想？是进步阶级提出来的，还是没落阶级提出来的？对这些要有正确的认识。有些文章说，被压迫阶级，更需要的是血与火，而不是人道主义。我认为，我们无产阶级拿起枪杆子，就是为了解放大多数人，这就是人道主义。我在一次记者招待会上说，我们搞土地改革，解放了几亿农民，这就是人道主义。

人道主义能不能作为我们社会的基础思想之一？能不能在文件中这么提？

在西方社会，人道主义发展几百年了，不断深入人心，成为人们生活的一个准则。我们却还在批判人道主义。一个普通的青年工人说，还批人道主义呢，“文化大革命”折腾得还不够啊？显然，批判人道主义是不得人心的。

小组同志：我们把好东西批光了，把好东西都推给了资本主义。

邓朴方：比如，自由、人权等等，以前都推给了资本主义。人家就会问，社会主义好，到底好在哪里？什么好东西都不要，就剩下一个“阶级斗争”。

现在我们提出，我们讲人权最重要的就是生存的权利，劳动的权利，发展的权利。

我认为我们应该多吸收一些西方人道主义或人文主义中积极进步的东西。

资产阶级对历史的贡献比资本主义社会以前任何阶级的贡献都

大,无产阶级一定要超过资产阶级。我们不应该盲目崇拜西方,而要面对我国的现实,要认识社会主义发展的初级阶段,要看到初级阶段的特点和困难,正视现实,不能像鸵鸟一样把头埋在沙子里。特别是对党风问题要面对现实。应该说,总的看,从根本上看,党风比“文革”时好多了。第一,从实际出发,实事求是,实践是检验真理的唯一标准的思想原则已在党内逐步树立起来;第二,从上到下逐步形成了敢于讲实话的风气;第三,多数同志已注意用自己的头脑思考问题了。但也不能忽视党风不正的问题和党群之间、干群之间的矛盾。要解决这个问题,一方面要严肃党纪;另一方面要引导群众认识,在现实条件下哪些问题是可以解决的,哪些问题是暂时难以解决的。不要让群众期望过高。期望过高,失望就大。要把严肃党纪和引导群众正确认识社会主义初级阶段的现实这两方面工作做好,达到一个比较满意的结果。

要给改革创造一个好的环境,但目前还没有一个完善的调节的手段。一放就乱,一收就死。一收,往往殃及走在改革前列的人。要想个办法保护这批人才。

我们从事残疾人事业,也是在为改革服务,在一定范围内为改革创造一个良好的环境,让国外看到中国的社会是趋向文明、进步的,是稳定的。

理论工作应当成为改革的先导。我认为理论工作应更多地研究人道主义的延续性,我们社会里人道主义太少了,应通过宣传教育使社会主义的人道主义普及起来。

人道主义是残疾人事业的旗帜,是调节人际关系的准则。

小组同志:你们对残疾人就业、教育有何打算?

邓朴方:我们这几年要大力推进残疾人就业,动员各企事业单位和国家机关做好残疾人就业工作。特别是推动有条件的大企业解决残疾人就业。这样分散就业,工种安排比较容易合适,社会影响也大。

小组同志:全国残疾人就业率真达到百分之七十以上?

邓朴方:这里有概念问题。所说的百分之七十,是指大中城市。这是一个意思。还有一个意思,是指占有劳动能力的残疾人的百分之七十。但什么是有劳动能力呢?这是一个不确定的概念。搞不好,在分母里面,排斥了一些有劳动能力的残疾人。比如,按有关部门的解释,像我这样的人就是没有劳动能力的。有的地方统计残疾人的就业率为百分之九十。但为就业到我们这里上访的人很多。所以这个数字有水分。

残疾人事业发展水平如何,是一个国家文明进步的标志之一。所以,我希望,残疾人事业应纳入国家经济和社会发展计划。

小组同志:应该纳入,而且应该优先。因为残疾人是人民中生活最困难的一部分。

邓朴方:福利企业的产、供、销国家也应给予保证,因为这是一个吸纳残疾人的特殊行业。这与推行商品经济不应当矛盾。

现在福利企业的免税问题在国家有关部、委的重视下已经基本解决了,但还有许多问题。比如,残疾人的定义还没有完全确定,这样就会在执行政策过程中出现一些偏差。

我们不能像西欧那样搞成福利国家,而要发展成为劳动福利型的残疾人事业。既安排就业,又以优惠政策加以扶持。解决了残疾人的就业问题,便能提高他们在家庭和社会的地位,使他们在精神上减少痛苦。我们就是要攻这个问题。前几年民政部门为残疾人就业下了大功夫,我认为这几年要再使把劲,再宣传宣传,使更多的残疾人就业,为国家做贡献是我的理想。

随着经济和科技的发展,随着社会补偿的健全,有劳动能力这个概念将一步步外延。这就是说,残疾人就业工作将是一个社会系统工程,一个长期的任务。

在日本,我见过有些重残人能在高度自动化的流水线上工作。有无劳动能力的概念是由客观条件决定的,是随着社会的发展而发展的。

小组同志:你们是否也可搞一个这样的工厂,作为一个试点?

邓朴方:从我国现在的经济条件、技术条件看,近期不大可能。

小组同志:这是就业问题。教育呢?

邓朴方:残疾人教育问题分四块:第一块是初等教育;第二块是特殊教育。这一块非常差,全国才有盲聋哑学校三百多所,贵州省1949年之前有三所,之后不仅没有增加,"文革"中又关了两所,最近才恢复。我国特教太落后了,师资和设施远远不足,盲聋哑儿童的入学率只有百分之六左右。第三块是职业教育。这是投资少、见效快、受益面大的一块。所以,我们把这块作为一个重点。如果职业教育跟不上,就业问题就解决不了。若干年之后,几千万人就会落到基本生活水平线以下。这样就不仅是一个社会问题,也是一个政治问题。第四块是高等教育。高等教育的主要困难在于毕业分配。这又与观念落后相联系。

如果现在各类职业学校普遍招收残疾人,就能解决一大批残疾人就业问题。

小组同志:能否在"六中全会"后,争取有一个电视台播放手语节目?能否在一些城市搞几条无障碍的街道?

邓朴方:关于电视台配制手语的事,我们将再与电视台联系,再争取一下。这个办法很好,借一下"六中全会"的东风,使社会对残疾人重视起来。关于无障碍设施,北京正在搞。

我们现在正在进行人道主义的"扫盲"工作。我们担忧的是,再过几十年是不是还需要“扫盲”？我的意思是说，现在就要在幼儿园、小学进行人道主义的教育。使人道主义成为社会主义精神文明的一部分。

小组同志：这些问题，是要写到决议中去的，现在有些孩子缺乏同情心，贻害无穷。

邓朴方：社会上歧视残疾人的现象，现在还相当普遍。

我们现在搞精神文明建设，有一个问题，就是我们党如果完全以共产主义精神要求群众，是不现实的。在这个问题上，一定要考虑现实条件，要认识到现在已不能完全用战争时期的原则来要求人们了。

现在青少年的思想政治工作较差，学生有脱离社会的倾向，学校培养学生的目标也需要进一步明确。

我们在各行各业提倡职业道德也很不够。

小组同志：基金会成立以来，你们做了大量的工作，也考虑了很多问题。谢谢你讲的这些意见。

邓朴方：我们所做的，不过是铺路搭桥的工作，是为后人打基础。困难很多，但我们不怕别人说闲话，不怕说三道四，为了广大残疾人，为了社会的文明进步，我们要这样干下去。

努力探索残疾人事业发展的新途径[①]

（一九八六年三月十八日）

在过去的一年里，我们党召开了全国代表会议，特别强调了经济发展必须与社会发展协调进行，物质文明建设必须与精神文明建设同时进行。会议通过的"七五"计划建议是一个纲领性文件，对制订我国"七五"计划，保证经济发展和经济体制改革、社会发展和社会保障事业改革的顺利进行，具有重要指导意义。这次基金会理事会的重要议题之一是：总结一年的工作，围绕新形势提出的新课题，围绕社会保障事业的改革与发展，研究从温饱型向小康型过渡阶段残疾人事业的发展。

一、一年工作的回顾与体会

一九八五年是基金会在各界支持下广泛探索为残疾人服务的内容、渠道、方法并取得一定成绩的一年。这一年工作的主要进展是：

第一，开展调研，为残疾人立法做准备。对北京、太原、武汉、沙市、唐山等地残疾人状况进行了调查，初步掌握了这些地方残疾人康复、教育、就业、生活状况等方面的第一手资料。确定了河北省唐山市、山东省招远县为联系点。与有关单位合作，在调查研究的基础上，开始进行残疾人保障法的起草工作，翻译了近五十万字国外残疾

① 这是邓朴方同志在中国残疾人福利基金会第三次理事会上的工作报告摘要。原载于一九八六年三月二十日《社会保障报》。

人法规资料。委派一名领导同志及部分工作人员参加了全国残疾人抽样调查。

与此同时,协同北京市残疾人协会、北京市建筑设计院召开了“残疾人与社会环境问题讨论会”。与国家城乡建设环境保护部商定,由国家城乡建设环境保护部主持制订“无障碍设计规范”,在全国推行,争取为残疾人创造一个便利的社会生活环境。

第二,结合实际,初步开展了社会主义人道主义宣传及残疾人奋发图强为四化做贡献的事迹的宣传。请理论、法律界有影响的同志撰写了一些有分量的文章,对推动残疾人事业起到了积极作用。

面向残疾人、面向改革、面向社会的华夏出版社,经积极筹建,现已初具规模。综合月刊《三月风》,逐步办出了特色,日益受到残疾人和社会各界的欢迎。

在吸引残疾人参加社会活动方面,一九八五年五至六月,在武汉举办了“部分省市残疾人职业技能选拔赛”。十九个省、市二百多名残疾人选手参加比赛。选出的优秀选手参加了去年九至十月间在哥伦比亚举行的“第二届世界残疾人职业技能锦标赛”,取得五块银牌、三块铜牌的优秀成绩。

拍摄了反映残疾人积极奋发的精神风貌的电影故事片《椰城故事》、电视剧《往事从这里驶过》《哑师情》。

第三,为保证符合条件的残疾人接受高等教育,协助政府狠抓了有关规定的落实。一九八五年全国高等学校招收残疾青年八百五十三名,比一九八四年增加近两倍。尽管还有一些问题,高等学校的大门毕竟向残疾人打开了。

此外,在我会协助下,创办了我国第一个招收残疾青年的高等特殊教育专业系——山东滨州医学院医学二系。一九八五年招收部分学生,其中包括在保卫边疆作战中英勇负伤致残的原解放军战士。

还对石家庄、沈阳、南京、南昌等市残疾人职业学校进行了调查,就中等专业学校招收残疾人的政策问题与国家有关部门进行了协商,一九八六年可望取得进展。

我们还为残疾青年举办了电大学习班、英文打字班、手表和无线电修理及服装剪裁培训班,建立了康华电脑天地学校等,培训了三百多名学员。

经与国家教委商议,从一九八五年起设立《残疾人自学奖励基金》《高等学校残疾学生奖励基金》和《特殊教育工作者奖励基金》,奖励自学成才的残疾人、在高等学校学习成绩优秀的残疾学生和从事特殊教育的优秀工作者。

第四,关于国际交往活动。为了学习国外残疾人工作经验,扩大我国残疾人事业的国际影响,一年来,派团访问了日、美等十一个国家和地区,接待了九个代表团来访,初步了解了这些国家残疾人工作的历史和现状、有关政策及作法。

今年一月,与有关单位在北京举办了"第一届国际残疾人用品展览会"和"第一届国际残疾人康复学术报告会",进一步了解了国际康复动态,对引进必要的先进技术及加强同国际康复界的联系起到了推动作用。

第五,关于资金的募集、使用和管理。一九八五年募集资金一千五百余万元(人民币)和部分物资。捐款的单位,有省、市人民政府,有大型国营厂矿企业,集体所有制中、小企业,国外捐款也占了一定比重。令人感动的是,全年有一百三十五人以个人名义向基金会捐款,总数为十六万元人民币。这些个人捐款,不少是捐款者节衣缩食省下来的钱,有的是中小学生或少先队组织卖废品的钱。这反映了社会主义精神文明、社会主义人道主义正逐渐深入人心。

第二次理事会议以后,我们设立了资助基金、教育基金、宣传基金等专项基金,制订了相应的管理办法,保证了基金按照一定原则和审批程序使用。一年来,共使用基金和返回地方基金会基金四百九十七万元,在教育、就业、医疗及体育活动等方面为残疾人解决了部分困难。

进一步研究了康艺音像公司的经营方向、经营范围,调整了领导班子和组织机构,建立了必要的管理制度。康复中心基建进度取得进展,中心业务区的技术设计任务今年上半年完成,人员培训正抓紧进行,后勤动力区和生活区土建工程已开工。

基金会的工作所以能够在较短时间内取得一些进展,离不开政府的领导,离不开各界的帮助和支持,其中包括港澳同胞及国际友人的帮助和支持。一年来我们体会到,要将这项事业一步步推向前进,从基金会的工作来说,必须紧紧抓住这样几点:

第一,着眼于残疾人急切需要解决的问题,把握为残疾人服务的方向。现阶段,残疾人要解决的问题很多,而力量有限。在这种情况下,只有从实际出发,抓住残疾人急切需要解决的问题。基金会成立不久,在一定时期内进行广泛探索是必要的,但是,必须随着形势的发展,把注意力集中到残疾人急切需要解决而又可能解决的问题上来。这就要扎根于残疾人,了解残疾人,从实际出发,找出主要矛盾,根据需要与可能,依次加以解决。从这个意义上说,我们前一段工作做得还比较弱,大量调查研究和有的放矢的服务工作有待今后开展。

第二,推进残疾人事业,必须倡导社会主义人道主义,提高认识,形成舆论。在社会力量允许的情况下,常常是这个工作做得越充分,残疾人福利事业开展得越顺利。没有社会主义人道主义,就难以有健康发展的残疾人福利事业。过去是这样,如今显得更加突出。这方面我们做得还很不充分,今后要促请更多的理论界同志进行这方面的研究和宣传,使更多的人受到教育,使社会主义人道主义思想成为我们社会的基础思想之一。

第三,从国家改革大局出发,顺应社会保障事业发展的方向,努力推进残疾人事业的社会化管理。基金会本身就是国家对这项事业加强社会化管理的产物。基金会的这个特点,要求它摆正自己的社会地位,善于推动、配合、倡议、说服,通过政府、高等学校、研究单位、企事业单位及社会团体进行工作,而不是自己另搞一套。这样做不仅可以少花钱多办事,不花钱也办事,而且能够唤起社会进一步重视这项工作。

第四,要通过政策、立法保护残疾人合法权益,推动发展残疾人事业。为少数残疾人做几件好事并不难,要大面积、持久地解决问题,就要靠政策、靠立法。我们要努力把为残疾人服务的重点转到这方面来。

第五,要紧紧依靠上级组织的领导,要有一个政治思想水平、知识结构符合这个团体需要的工作班子;要提倡开拓精神和积极进取的工作作风。形成这样一个工作班子,要注意从各方调集有专长的干部,做到既有长于国内、国际社会活动的,也有长于政府工作、政策和法律研究的,也有长于理财和管理企业的。这样才能把基金会的应有功能发挥出来。我们一开始这方面做得较差,后来有了一点样子,但距离要求还很远。今后,在精干的原则下,要进一步朝这个方向努力。

开拓精神和积极进取的工作作风,对于这样一个新建的、缺乏经验又没有现成章法可以遵循的单位尤为重要。我们要用这种思想要求基金会工作人员。今后无疑要进一步发扬这种精神,使它在基金会扎下根来。

二、残疾人事业面临的新课题、新任务

当前形势的一个特点是社会发展同经济发展一样,受到党和政府的重视,被列入国家宏观计划。为此,一九八五年全国党代表会议

通过的“七五”计划建议，在阐述社会发展的一个重要组成部分——社会保障事业的时候，明确指出：“适应对内搞活经济、对外实行开放的新情况，要认真研究和建立形式多样、项目不同、标准有别的新的社会保障制度。”与经济体制改革的进程相配合，“七五”期间，要形成这种新的社会保障制度的雏形。形势发展的这个特点向我们提出的新课题是，围绕建立新的社会保障制度，配合政府部门，经过试点，以渐进的方式，积极探索由温饱型向小康型过渡阶段残疾人福利事业的新途径，为残疾人事业和社会保障事业在改革中与经济协调发展做出贡献。

新中国成立以来，在党和政府的亲切关怀下，有关部门为我国残疾人事业做了大量工作，取得了不可忽视的成就，对我国社会安定发挥了重大作用。但是，随着新时期的到来，随着社会保障事业在改革中逐步发展，残疾人事业在继承过去一些好的做法的基础上，不可避免地面临着探索新途径的问题。

发展残疾人事业的新途径，我们考虑，其基本点大致是：在充分发挥政府的主导作用的前提下，大力发展社会化管理，进一步动员社会力量发展残疾人事业；努力发挥残疾人在残疾人组织中的作用；逐步创造良好的社会环境，使残疾人在事实上享有与健全人一样参加学习、劳动及其他社会活动的权利，由社会的负担变成推动社会前进的力量。这三个方面是新途径的三个基本点，也是新途径追求的目标。我们希望通过这三个方面的探索，逐步找到由温饱型向小康型过渡阶段具有中国特色的残疾人事业的道路。

这是一项长期、艰巨的任务。“七五”期间，根据这三个基点，我们要做好以下七个方面的工作：

第一，将残疾人事业列入国家的经济社会发展计划，使这一事业随着社会的发展而发展，在逐年的工作安排中得到落实。

第二,在已取得成绩的基础上,大力推进残疾人就业,进一步做到普及、稳定与合理。随着物质条件和精神条件的好转,鼓励由集中就业向分散就业转变。

第三,多层次、多渠道地开展残疾人职业技能培训,提高残疾人的科学文化水平和职业技能,为扩大残疾人就业、提高残疾人就业层次创造条件。

第四,与有关部门合作,发展康复事业。利用现有机构,培养康复医学人才,普及康复医学知识,积极发展医疗康复,探索康复事业以网络化的形式向基层发展的途径。

第五,从方便残疾人出发,配合政府逐步改造城市环境。有计划、有步骤地推进公共建筑、公用设施无障碍设计,为残疾人参与社会生活创造条件。

第六,逐步兴办一些有经济效益的实业,以便在不增加国家负担的情况下,对残疾人事业的拓展有所助益。

第七,提请政府建立高层次的残疾人事业的协调机构,使残疾人事业取得强有力的领导。

以上七个方面是相互联系、相辅相成的,只有协调运作,才能开创残疾人事业的新局面。

探索残疾人事业发展的新途径是一个持续、艰苦的工作过程,特别有赖于社会主义精神文明建设的加强,社会主义人道主义的广泛深入宣传,以及保护残疾人合法权益的法律、法规的建立、健全。我们深信不疑的是,在党和政府领导下,在社会各界支持下,只要顺应改革的要求,兢兢业业,奋发图强,从实际出发,大胆实践,我们就一定能够在探索新途径、发展有中国特色的残疾人事业方面迈出新步子,做出新成绩。

普及社会主义人道主义教育要从少年儿童抓起[①]

（一九八六年三月二十二日）

残疾人不仅是一个医学概念，也是一个社会概念，是具有科学定义的。据联合国统计，残疾人占世界总人口的十分之一，约五亿多人。

新中国成立以后，我们国家残疾人事业逐步发展，但总体水平较低。目前，随着改革开放和经济建设的发展，各方面矛盾增多，主要表现在：第一，福利工厂竞争能力低；第二，教育水平低，没有教育设施，“文化大革命”中，特教学校遭到破坏，如今也发展缓慢；第三，救济标准低，随着物价调整，残疾人生活水平降低。

残疾人由于文化水平低，加上残疾影响，造成家庭困难多，社会地位低。这是全国性问题。

随着社会的发展，人们的需求增多，生活中各种矛盾突出了。社会保障搞得不好，不仅影响残疾人，对国家和社会发展，也有不良影响。

从社会的角度看，我们国家有优良的道德传统，有稳固的家庭，这是好的方面；但也有不好的方面，比如封建主义的东西。改革，就是要改掉上上下下封建主义的东西，如终身制等。封建主义思想与社会主义思想存在尖锐矛盾，残疾人要求实现的是社会主义人道主义。

我向中央领导同志汇报时说，我觉得对待东西方文化应该兼容并蓄，“求同存异”，找大家的共同点。共同点总是能找到的。其中之一

---

① 这是邓朴方同志同共青团中央书记李源潮同志的谈话（节录）。

就是人道主义。在中国,我们讲社会主义的人道主义,它是我国社会的基础思想之一。

但是,由于我国几千年的封建统治,又有连年战争,人道主义思想尚未遍及社会。不像西方,人道主义搞了几百年,比较深入人心。人道主义在我们的社会里,在一些干部、甚至少数宣传干部头脑中还非常模糊。所以,普及社会主义人道主义,还要"扫盲",要从少年儿童抓起。这样培养出来的新人,才会有更博大的胸怀和美好的心灵。做这个工作,无论下多大功夫,都是值得的。

现在是什么状况呢?有不少人,包括不少少年儿童歧视残疾人。当一个残疾人走过来时,他们看热闹,甚至扔石头,打、骂。这类现象很普遍。他们不理解残疾人的苦衷,更不把残疾人看成需要帮助的人。类似粗野的、不文明的行为,使众多的残疾人伤透了心。在一个文明的社会里,这样的行为是不能容忍的,而在我们这儿,人们对这种现象却熟视无睹。为什么?因为缺乏基本的道德教育。我认为,"博爱"比"搏斗"强。要进行爱的教育,把"爱祖国、爱人民"这一概念再充实、丰富一下,使人们知道尊重残疾人、老年人,这样才会促使社会风气好转。"理解、尊重、关心、帮助"残疾人,要比同情、怜悯好。当然,同情也是好的,总比歧视强些。

社会主义人道主义,应当是我国精神文明建设的重要组成部分。宣传出去,可以站得住脚,不会出偏差,而且会有好效果。从社会上暴露的一些问题可以看出,现在的学生和孩子们缺乏理想,缺乏爱心,也缺乏实际锻炼。要切切实实帮助他们,不能搞"高分低能"。学校应有目标管理,应有明确的培养目标。

十二届六中全会,通过了精神文明建设的决议。决议中写了"发扬社会主义人道主义精神,尊重残疾人、老人"一段。青少年应首先受到这方面的教育。

人道主义精神的具体体现①

（一九八六年三月二十六日）

“全国宗教界捐赠中国残疾人福利基金会书画展览”今天开幕了。开幕式的热烈场面为展览会增添了一幅动人的图画，它是由一颗颗善良的心描绘而成的。

我国所有的宗教团体团结一致，进行如此大规模的捐赠书画活动，这在我国历史和宗教史上是前所未有的。这项大规模的社会公益活动，充分体现了宗教界人士的爱国热情和人道主义精神。这充分说明，在祖国繁荣，人民幸福，努力提高残疾人的社会地位等一系列问题上，大家有着共同的愿望。

我相信，这项活动对进一步团结国内外信教同胞关心祖国建设，参加社会公益活动，对号召全社会更加关心中国残疾人事业，对中国残疾人福利基金会进一步取得社会各界的支持，具有重要意义、深远影响。

我国残疾人事业还远远落后于世界先进水平和我国经济发展的水平。中国残疾人福利基金会作为直接为残疾人服务的群众团体，希望今后继续得到宗教界以及社会各界的大力支持。

我相信，在展览期间，中外观众一定能得到美的享受。

---

① 这是邓朴方同志在全国宗教界赞助中国残疾人福利基金会募集书画展览会开幕式上的讲话摘要。

建设有中国特色的康复事业[①]

（一九八六年四月二十三日）

中国残疾人康复协会的成立，顺应了中国残疾人康复工作蓬勃发展的趋势，反映了中国几千万残疾人以及医学界的学者、专家、教授、医师、各康复组织和一切关心、从事康复事业的人们的共同愿望，必将有助于促进中国残疾人康复事业的发展。

中国的残疾人数在世界上是最多的。中国残疾人康复事业，不但对国内有重大影响，在世界上也是举足轻重的。它的成效，直接影响到世界康复工作的成就。康复协会的工作，要强调直接为残疾人服务，使广大残疾人得到实惠，争取更好的社会效益。为此，我们强调康复协会的成员，要树立全心全意为残疾人服务的高尚品德，在学风、职业道德和工作作风等方面形成新的面貌，为我国精神文明建设做出贡献。由于残疾人自身存在缺陷，给生活、教育、就业等带来困难，要解决这些问题，康复是基础。如果不在身心上得到必要的康复，那么他们的教育、就业、婚姻等就会受到限制。所以，这是残疾人参与社会的前提。康复是一个综合性的学科。一方面与医学有联系；另一方面与社会有联系。做好康复工作就要把医学和社会两个方面结合起来。中国残疾人福利基金会康复协会要在全面康复的思想指导下工作，除了医疗康复以外，还有社会康复和其他一些工作。要在医学和社会这两个环节中，起到一个“桥梁”作用。把医学和社

① 这是邓朴方同志在中国残疾人康复协会成立大会上所致开幕词。

会联系起来,康复才是全面的;否则,康复概念就是不全面的,实际效果也不好。我希望康复协会在先进的、全面的康复思想指导下工作,团结和协调全国各界力量、各个层面的力量,各个系统的医务人员、康复人员和一切热心康复事业的组织与人士,全心全意为中国残疾人服务。要从组织上、工作上把社会力量、医务人员和残疾人联结起来,在安排康复工作计划时,要从实际出发,量力而行,抓住残疾人最急切需要解决的问题,脚踏实地、扎扎实实地办好几件事情。通过各种方式,把社会力量、医学界力量和残疾人三个方面结合起来,注意发挥医学专家、社会活动家和各类康复机构的骨干作用、辐射作用,使"康复协会"的工作不断取得新的成绩。坚持下去,锲而不舍,这样才会赢得残疾人和社会的信任与欢迎。

当前的形势对于开展康复工作十分有利。去年九月召开的党代表会议和最近召开的六届全国人大四次会议通过的"七五"计划,强调了经济发展必须与社会发展协调进行,"七五"计划期间要有步骤地建立起具有中国特色的社会保障制度的雏形。政府有关部门的重视、广大医学界和社会人士的热情支持,各种类型康复组织的产生,是开展康复工作的有利条件。我们要认清并充分利用这种大好形势,团结一致,勇于开拓,积极进取,不畏艰难,这样我们就一定能够开创一个生机勃勃、具有中国特色的康复工作的新局面。

康复工作应坚持全面发展的方向①

（一九八六年四月二十五日）

这次会议开得紧凑、热烈。代表们非常认真地对发展中国残疾人康复事业发表了很多建设性的意见，这表明，我们康复协会一成立就有了一个良好的开端，它的发展必将是迅速和高效的。我感到，这次会议的气氛，与大家在各个行业中表现出的那种生动活泼、积极主动的工作作风和在颇为艰苦的条件下开拓前进的精神是相呼应的。这表明中国残疾人康复事业是有希望的，是有广阔前景的。在这里，我想谈一个问题：中国残疾人康复协会要朝着一个什么方向发展。

残疾人康复事业是一个有着相当广度和深度的事业。从我们的工作情况来看，要达到全面康复，还有不小的距离。从医学康复、心理康复、教育康复、社会康复（其中包括公共设施、交通、就业、住房、婚姻）等方面给予残疾人帮助，从而达到让他们全面参与社会生活这一总的目标，这是我们成立中国残疾人康复协会最根本的宗旨。但从目前我们国家的状况和我们工作的情况来看，还不可能立即达到这个目标。但我们要按照这个大格局来安排我们的工作，脚踏实地，一步一步地走下去。我相信，经过大家的努力，我们可以从医疗康复开始，逐步深入到残疾人生活的各个方面，广泛吸收更多的人来参加残疾人康复工作。这样就能逐渐形成一个门类齐全、阵容整齐的队伍，切切实实地为残疾人服务。康复协会将来的组织结构、人员来源

---

① 这是邓朴方同志在中国残疾人康复协会第一次理事会议闭幕式上的讲话摘要。

和构成,也会相应地起变化,我们的工作也会有相当大的改变和发展。这样,整个中国残疾人的康复事业就会出现一个新的局面。

要做好这项工作,我们应当弄清楚下面两个问题:

一、我们需要什么样的康复事业

目前,西方发达国家的残疾人事业和康复事业,具有一种福利社会的特征,就是钱花得很多,使残疾人得到比较多的保障。在苏联,也是由国家每年发给他们一些年金。对于西方和苏联的这些做法,我们要不要跟着学,这是我们发展残疾人事业时必须思考的问题。我国目前正处在从温饱型向小康型过渡的阶段,完全像西方国家那样走高福利的路子,是不现实的。照搬他们的做法是行不通的。那么,中国到底怎么做?根据我国的实际情况,我们从一开始发展残疾人事业,就注重让残疾人劳动就业,至今已搞了三十多年,有了一批福利工厂,包括乡镇、街道办的。我国的特点是:我们较早地重视了残疾人的劳动就业。从几十年实践看,在我国形成劳动福利型的残疾人事业,是可行的。

另一方面,我们做残疾人康复工作,要考虑残疾人的需要。除了医疗康复外,还要满足更高层次的需求。通过参加社会生活与劳动,使他们在一种良好的社会环境中充分发挥自己的潜能,为社会做贡献。这是残疾人本身最大的愿望,也是我们应该给予的最重要的东西。所以,我们考虑,中国残疾人事业可不可以搞成一个以劳动就业为特点的事业。我们认为,这种提法无论从可能性、科学性还是从残疾人本身的需要来讲,都是站得住脚的。残疾人康复工作,如果能够在这个认识基础上来开展,也会出现新的特点、新的内容,会有一个新的局面。当然,这项工作正处在探索之中,一切都还不是定论。但是,我们中国人是有创造能力的,我们是能够为人类的物质文明和精神文明做出贡献的。通过我们的努力,能够在一定时期内形成有中国特色的康复事业,并且对世界康复事业做出贡献。

二、残疾人康复事业与社会主义精神文明建设的关系

这段时间,我们谈得较多的是康复事业要适应“七五”计划这个话题。实际上,与此相关、同等重要的问题,是康复事业也应该适应社会主义精神文明建设。去年,党中央提出:要认真抓精神文明建设。随着经济体制改革和对外开放政策的实行,也要加强精神文明建设。单打一地搞经济体制改革,是进行不到底的,必须配合相应的社会改革和政治、文化方面的进步,配合相应的精神文明建设。我们要发展社会主义条件下的伦理道德,这也是建设社会主义精神文明的一个方面。而我们的康复事业,无论是对康复工作者本身道德情操的要求而言,还是对残疾人精神世界的建设而言,文明程度都应该是很高的,我们完全可以将自己的事业视为社会主义精神文明建设的一部分。

具体地说,可以这样理解:我们每一个从事康复工作的同志,在与残疾人接触的过程中,都应体现一种体贴、尊重、帮助的精神,对有困难的重度残疾人更要体现这种精神。这是社会主义人道主义精神的体现,它能够使人们的灵魂得到净化。这显然是对社会主义精神文明建设的贡献。这是其一。其二,如果我们能够使残疾人在身心上得到康复,使所有残疾人都有一种积极向上的精神面貌,自尊、自信、自强、自立,使社会对残疾人的理解、尊重、关心和帮助,形成一种风气。这对社会主义精神文明,对良好社会风气的形成,对人道主义推广与实践,是一种积极贡献。

由此看来,康复工作具有深刻的社会意义。我相信大家一定能够把这项重要的事情做好。

残疾人工作在两个大局中的位置①

（一九八六年五月十五日）

我们国家目前有两个大局，一个大局是经济体制改革，一个大局是精神文明建设。

先谈第一个问题。我们可以设想，今后十五年是什么形势，我们国家是什么状况呢？在这十五年中，我想有两个特点：一个是，经济和社会发展速度比较快。“快”是个好东西，但也容易引发分配不平衡，可能会产生社会矛盾和各种不合理的社会现象。比如搞出租汽车，为了提高效率，让大家承包，一个月拿一两千块钱，有的拿到三千块钱，这个效益，提高得很快啊，可同时也出现了分配不平衡现象，公共汽车司机有意见了。所以只要有不平衡、不合理的现象，社会上就会产生不稳定的因素。往前走得快，总不能摆得那么平衡，摆得那么周到，就可能会引起社会各种集团、各种势力的冲突，甚至可能出现社会动荡。“快”也会使经济发展和社会发展脱节，这是我们要极力避免的。根据国外的经验，在经济发展比较快的这个阶段，社会动荡是比较明显的，欧洲和一些不发达国家曾经或已经出现这种现象了。一快起来，生活节奏加快，各种社会矛盾也突出了，各种各样的稀奇古怪的事都出来了，这是社会前进中的一些不利因素。这里面是不是有一个规律性的东西？是不是我们在发展过程中也有这些问题

① 本文根据邓朴方同志在民政管理干部学院全院师生大会上的报告整理。原载于一九八六年第一期《社会保障与研究》。

呢?值得大家思考、警惕。

第二个特点是改革。改革就有新体制和旧体制的交替,两种体制并存阶段的冲突,是不可避免的;在新体制代替旧体制这个过程中产生摩擦,是不可避免的;旧思想的抵抗和新思想本身出现一些缺点,也是不可避免的;改革有个利益再分配问题,利益再分配会引起阻力,会引起反对和冲击。还有一个是政策滞后于现实。因为我们现在不可能超前拿出一套完整的政策来,只能这样,一边探索一边前进,这是完全符合我们国家经济体制改革现状的。只有用这个办法,否则的话,一步也走不动。要是先讨论十年再改革,那怎么行啊?所以,政策是从现实问题出发而制订的,有预见性,但难以超前。当然,我们工作上还有可以避免的和不可避免的缺点和错误,这一切都会给经济体制改革这样一件好事带来一些不稳定因素。单是一个"快"、一个"改"字也好说,"快"和"改"加在一起,就不得不重视社会稳定问题。我们强调安定团结,这次"七五"计划又提出社会保障问题,我看基本点就是要创造一个稳定的社会环境,一个良好的、宽松的社会环境。

我认为,我们残疾人的工作,或说大一点,我们中国的整个社会保障工作,要围绕着创造一个"良好的社会环境"这一中心环节开展工作。民政工作、社会保障工作、残疾人工作,要在这个大局下考虑问题。残疾人工作的位置在什么地方呢,就在这里。找准了自己的位置,我们就会有信心。更加热情地把我们的工作做好,而且不会迷失方向,不会走到歪路上去。总的来说,一个是统在大局之下,一个是赋予我们工作更重要的意义。我们的工作也必将随着经济和社会的发展,随着经济体制改革的逐步完善,有一个更加美好的前景。使我们的工作更前进一步,更加生动活泼,更加有效,这是个相辅相成的关系。

残疾人工作在精神文明建设中的位置是怎样的呢？这是一个新问题。经济体制改革不是孤立发展的，而是与政治体制改革和精神文明建设相辅相成的，所以经济体制改革必将推动其他各个方面的改革工作。它也只能在总体的社会改革中来完成。现在越来越多的人，开始认识到这个问题了。当然，饭要一口一口地吃，路要一步一步地走，首先走的第一步是经济体制改革，接着就是精神文明建设。我相信，今年中央一定能够拿出关于精神文明建设的一个大纲。

那么残疾人工作在社会主义精神文明建设中怎样体现呢？至少有两点：第一点，残疾人自强自立。残疾人身残志坚，身处逆境而奋然向上，自强不息，互相之间鼓励、帮助，这是对我国精神文明建设的一个贡献。还有一点，就是全社会的人都应当互相理解、尊重、关心、帮助。这里我们提出四个层次：理解、尊重、关心、帮助。首先是理解。如果没有理解，互相之间隔着一堵“墙”，就会造成人与人之间的不和谐，特别是对残疾人，本身与社会上其他人已经存在着一层隔阂，与一般人的心理状态有一定差异，所以要强调理解。只有在理解的基础上，才谈得上尊重，才能尊重他的人格。当然，残疾人本身也要自己尊重自己，也要值得人尊重。但是不管对什么样的残疾人，都要强调这一基本的态度，在尊重的基础上关心，不要冷漠，然后还要有实际行动。很多残疾人不愿意别人怜悯他。同情，是好的，也有不足的地方，同情也存在差异。很多残疾人也不愿意别人同情他，他要求你尊重他，把他看作一个人。这样，一个是残疾人自强自立，一个是全社会要形成一种好风气，这两点共有一条人道主义的主线。

我们讲的人道主义，是社会主义条件下的人道主义。残疾人工作在精神文明方面的体现，我认为主要是体现人道主义思想。要在社会主义条件下，广泛地宣传和实行人道主义。我们要尊重每一个残疾人的人格，要承认他们存在的价值，承认他们生命的价值。我们的人道主义和资产阶级人道主义有区别。社会主义条件下的人道主义,不是抽象的人道主义,而是建立在社会主义经济基础之上的、与社会主义政治制度相适应的、以马克思列宁主义为理论基础的人道主义。从这点来看,我们的人道主义是有现实性的。这就是说,我们的人道主义是从最大多数人的利益出发,这是最广泛的人道主义。所以,我们的人道主义不是从自我心灵满足出发,也不是要摆个面子。我们要解放全人类,我们对人的尊重,对人的理解,对人的关怀和帮助,应该是真诚的。所以我认为我们的人道主义具有现实性、广泛性和真实性这三点。前几天我们一个残疾人代表团到有的国家和地区去访问,看到了很多康复设施、活动中心……看起来很完善,工作门类很全,但他们承认,总是解决少量残疾人的问题,不能大面积地解决。大量的残疾人是没有就业的。大量残疾人的婚姻问题是解决不了的。他们讲,中国这么多残疾人就业,他们感到非常惊讶、羡慕。他们也奇怪,我们代表团的残疾人绝大多数都是结了婚的。本来我们看到他们的设施,感到人家搞得比我们强,等真实情况一了解,我们的社会主义人道主义的这种现实性、广泛性和真实性就体现出来了。当然,我们并不是没有缺点。但是,我们相信我们实行人道主义,将来一定要比资本主义国家实行得好。

我们不能光强调社会主义人道主义和资产阶级人道主义的区别。如果光强调这种区别就又走到歪路上去了。人道主义思想体系有更多的延续性,我们应该更多地探讨这种延续性。因为在人类发展的过程中,人道主义思想体系是在不断地由雏形发展到成熟的。资产阶级从封建主义那儿不也是接受了“仁爱”的观点吗?我国历史上是个大封建国家,孔子的“仁爱”讲了几千年了。我们今天也应当批判地吸收。当然,社会主义国家讲“仁爱”与剥削阶级讲“仁爱”是有本质区别的。但是人类这种思想发展的进程是延续的。如果否定这种延续性,那就把我们孤立在外了。我们就不能有更好的基础来发展。资产阶级所建立的资本主义社会,创造了伟大的物质文明,这一点我们应该肯定。他们现在还在创造。而我们的物质文明、精神文明从总体说来程度还不算高。我们应该承认这个现实。但是我们相信一定能够赶上并超过他们,这才是历史唯物主义的态度。

从国家精神文明建设的大局考虑,我想再提出一些看法,与大家讨论。我们从革命时期走到建设时期了,又进入改革时期了,各项工作有一个"转轨变型"的问题。那么精神文明建设总的来说,是不变的,要实现共产主义理想,要搞社会主义,要消灭人剥削人的制度,要解放全人类,这不能动摇、不能改变。但是,我们对每个阶段工作的具体指导方针是会有所变化的。如果不变,就不能适应实际情况。现在有人经常这样说:你不为共产主义奋斗,还可以爱社会主义;你不爱社会主义,还可以爱国;你不爱中华人民共和国,还可以爱中华民族,还可以爱中国人民。这是什么思想呢?我看就是求同存异。国家的大局是什么呢?大局是要建设,要发展,这就需要安定团结的局面,这就要求同存异。也就是说,我们不宜过分强调差异。这种观点,这种想法,三十多年前行不行?不行!我们斗地主的时候,如果说这个地主差不多啊,大家都挺苦的啊,那行吗?不行。我们要对农民讲,地主怎么剥削你了,怎么压迫你了。那时强调的是差异。我们要打倒国民党反动派,就要把国民党反动派的腐朽、反动、独裁指出来,强调这一点,才能夺取政权,解放中国人民。在建设时期拼命扩大人与人之间的矛盾行吗?不行。因为现在除了对抗性的矛盾以外,我国的大量矛盾都属于人民内部矛盾,在处理人民内部矛盾的过程中应该强调共同点,当然不是说"抹稀泥"。完全不讲差异,不讲"斗争",怎么改革、怎么前进、怎么进步呢?

社会主义精神文明建设的对立面是什么呢?我认为有两个方

面:一个叫作封建主义文化的影响,还有一个就是资本主义文化的影响。我们要建设社会主义精神文明,这两方面都要反对。我这里特别强调封建文化对中国的影响。我国封建社会有几千年历史,封建主义文化不但渗透统治阶级(在封建时代是治国之本),而且渗透被统治阶级,我们现在搞改革,遇到的阻力主要来自封建主义的影响。我们每前进一步都会感到封建因素的存在。封建阶级的思想影响、文化影响是我们的大敌。资本主义的影响,我认为在我国是比较薄弱的。我们的国家并没有经历过资本主义社会,我们从封建社会到半封建半殖民地社会,然后进入社会主义社会,资产阶级生产关系及其思想影响相对来说是薄弱的。当然,我国开放以来,外部面临的是一个强大的资本主义社会,这个影响也不可忽视。我们有些同志思想不清醒、不分辨,把资产阶级一些坏东西也接受了。对资产阶级和封建主义腐朽的东西我们都必须警惕,不然就会迷失精神文明建设的方向。现在开放了,一些不良东西进来了,大家也都很不满意。但是不满意的角度不同,有些是从社会主义立场出发的,有的是从封建主义立场出发的。这说明封建主义的影响还很大。我相信社会主义的精神文明、社会主义的思想文化一定能够战胜封建主义、资本主义的没落思想文化。

马列主义的思想体系不只是马克思、恩格斯那些著作,还有在新的实践中总结出来的东西。真正在社会主义社会生活并为之奋斗的我们应该提出更中肯、更有效的思想体系,应当发展马克思主义。这就要求我们必须以科学的态度吸收人类的全部文化优秀遗产包括封建阶级和资产阶级创造的一些优秀文化遗产。人类的文化是延续的,不是割裂的,要从这个延续的过程中去吸收,取其精华。资产阶级人文思想发展得很快,有些东西还是好东西,我们应该“拿来”。我们搞新民主主义革命,打的旗号是民主。我们在反对国民党反动派的时候，为什么能得到那么广泛的支持呢？就是因为“解放区的天是明朗的天”，“民主政府爱人民”。广大知识分子包括国民党队伍里的人也都认为共产党是好的。所以我们要充分发扬社会主义民主。还有各种各样优秀的思想，我们也要吸收。例如平等，当然不是“大锅饭”，是机会的平等。过去我们共产党平等待人，官兵平等，上下团结一致，并且靠它们战胜了国民党反动派。对于古今中外各种优秀的思想，我们以前“拿来”过，而且成效不错，现在为什么不能呢？对优秀的东西为什么要拒绝呢？拒绝优秀的东西，并不说明自己高明，而是说明自己愚蠢。再比如博爱，现在，我看要强调博爱，不要强调“博斗”①。抗日战争和解放战争时对敌人要“搏斗”，但建设时期搞“阶级斗争为纲”，把“搏斗”变成“博斗”，“博斗”比博爱多，不就搞成“文化大革命”了吗？所以，博爱比“博斗”好。人们说，共产党好，好在什么地方呢？如果人类文化遗产中许多优秀的东西我们都不要，人民群众还会说我们好吗？所以我们要在马列主义指导下，吸收古今中外的优秀文化，创造新的社会主义精神文明。这就是我国精神文明建设的一个总的方针。其中与我们关系特别密切的就是人道主义。好的东西拿进来，再做些改造。比如人道主义，我们要在中国的条件下实行，要在社会主义条件下实行，总会有所改造的，总会有所前进的。社会主义条件下的人道主义，应当更加广泛，更加现实，更加真诚，更加有效，更为人民群众所接受。我想，只要我们解放思想，坚持四项基本原则，我们一定能够在新的历史条件下，创造我们自己的精神文明。

① “博斗”，指“怀疑一切”、“打倒一切”、“残酷斗争，无情打击”那种现象。

从“三个高度”认识残疾人劳动就业工作[①]

（一九八六年五月三十日）

残疾人参加社会活动是多方面的，我们要做好残疾人工作，要在各个环节上都下些功夫。我们研究来研究去，工作这么多，到底先做什么呢？我们整个残疾人福利工作大局怎么摆呢？怎么创造具有中国特色的残疾人福利事业呢？

我们反复研究了世界各国的情况，某些国家原来做这些事情的都是宗教团体，国家至今也没有做很多。随着社会的发展、人民生活水平的提高，光靠这点是不够的，国家才开始参与，而且国家利用这个事情把社会组织起来了，这样花了很多钱，花了大量的人力物力，形成了一种福利国家社会。我们看了一下，没有一个同志认为我们也能干得起，我们还是发展中国家；而且那样做是不是好呢？现在看来是有些问题了，有些国家的财政已经不堪负担了，当然，除了残疾人福利还有其他福利也造成了同样的压力。这些国家的残疾人是否很高兴呢？我看未必。苏联认为所有残疾人都没有劳动能力，每月发三十个卢布。如果我国按照两千四百万残疾人来计算，按每人每天一元钱的标准，一个月三十元，国家一年就要拿出八十六亿，残疾人数量这么大，补助标准再提高，那就更拿不起了。那种认为残疾人都没有劳动能力的观点显然是不正确的，尽管花了钱我看也买不到好。

新中国成立三十多年来，一直在安置残疾人就业，一直在搞社会

---

① 这是邓朴方同志在山西省大同市县团级干部会议上的讲话（节选）。

福利工厂，所以可以搞分散安置。我们有三十多年安置残疾人就业的基础，尽管我国相对于世界其他国家还比较穷，但我们国家的大中城市残疾人就业率已达到百分之七十以上，这在世界上都是很少有的。前些时我们一个残疾人代表团应邀到香港，参加了他们的活动，看到了很多情况，大家觉得人家的工作有些地方确实很好。但是一跟残疾人接触，他们就对我们非常羡慕，因为我们的残疾人有的是厂长、工段长，有的是人大代表，有的是政协委员，人人都就业了；说到我们的残疾人多数都就业了，他们听了佩服得不得了。他们尽管搞了那么多设施，但并没有解决就业问题。这是在那种制度下不可能做到的事，但我们做到了。所以，残疾人就业也是整个改革过程的一个重要环节。这点我们在大同市已经看到了，这种水平在世界上也是排在前列的。那么，在这个基础上，我们再大力推进动残疾人劳动就业工作，同时配备一定的康复工作、一定的职业基础教育，将来会形成我国残疾人福利事业的一个特点，可以叫作劳动就业型残疾人福利工作，这也是我的理想，很多国际友人非常赞同我的主张。

如何看待这个问题，我想要基于这几个高度：

第一个是现实主义的高度。在一个发展中国家，根据自己国家的情况，根据残疾人最迫切的需要，提出自己的特色，这是最现实主义的。

我们也要有人道主义的高度。我跟外国朋友讲，在社会主义社会的中国，残疾人最需要什么样的人权呢？他们最需要劳动的权利，最需要贡献的权利，我们要保障他们的这种权利。如果一个人只是吃社会，而不能为社会做贡献，那么这对他就是非常痛苦的一件事情。前两天开残疾人座谈会时，铁路局的一个女孩子说，我并不是单单为了吃饱肚子，我要为国家做贡献才安心。她是这么想的，也是这么做的，所以她整天到“三会”做义务工作。吃饱了没事干，整天在家里看小说有什么意思？他们要贡献，要服务，要劳动。我们推动残疾人就业工作，让他们得到自我成就的机会，这是人道主义的最高层次。

第三是公平和效益相统一的高度。任何国家的公平和效益都是一个很大的矛盾，我们国家进行经济体制改革，也要考虑公平和效益的问题，也要处理这个矛盾。我们推动劳动就业型的残疾人福利事业，就能够把公平和效益结合起来融为一体。现在给他们救济款，过了一段时间要接着给，这个效益就不高了。如果我们有了这么一笔钱，积极为他们创造条件，安排他们就业劳动，让他们为社会做贡献，让他们创造价值，这样不仅开发了劳动力资源，同时也为社会增加了一砖一瓦，这就是效益；给残疾人工作的机会，这就是公平。如果有人有工作机会，有人没有机会，这就不公平。要创造工作机会，要让大家都有一个劳动机会，这就是公平，这就是公平和效益的很好统一。

我们有现实主义的高度、人道主义的高度以及公平和效益有机统一的高度，这就决定了中国残疾人福利事业的特色。有了这三点，我们就站得住脚了。相信在大家的努力下，在不远的将来，我们一定能够形成这样的特色。

加强调查研究，更好地为残疾人服务[①]

（一九八六年六月十八日）

今天我们开这个会的第一个目的是提倡调查研究。基金会每个部门、所属每个单位都要对自己本职工作进行研究，也要对基金会的总体情况进行研究。研究的基础是掌握情况，要掌握情况就得调查。经过认真的调查，充分的研究，才能正确地认识世界，才能做出正确的决策，改造世界，才能更好地为残疾人服务，才能保证我们的服务是残疾人所需要的，所欢迎的。这次几个单位的调查是初步的，有些认识还有待深化。虽是初步的调查，也是好的。我们可以通过调查研究，探索今后的工作到底怎么搞。各单位有各单位的特点，都要针对自己的工作进行调查研究。对整个国家的形势，对残疾人事业的形势，对基金会的形势和工作特点也要有所了解，这样才能胸有全局，才能保证基金会所属各单位的工作沿着正确的轨道前进。

第二个目的是通过这样的会，使基金会系统的工作人员进一步树立全心全意为残疾人服务的思想。有的同志接触残疾人不少，有的同志对残疾人还很陌生。希望大家都来听一听情况，是为了使大家多了解基层工作，多了解残疾人是怎样生活的，体会残疾人的疾苦。从调查材料看，有些地区的残疾人很苦啊！有的人每月只有三

---

① 这是邓朴方同志在中国残疾人福利基金会调查研究汇报会上的讲话摘要。

四十元工资,十几元工资。残疾人的疾苦,不能不使我们加强事业心,增进对残疾人的感情,树立全心全意为残疾人服务的思想。

第三个目的,是通过这个活动,端正基金会机关的作风,端正整个基金会系统的工作作风,也端正党组织的党风。这就是,不能高高在上,脱离实际,形成官僚机构。我们要在事业刚起步的时候,就在思想作风、工作作风方面打好基础。调查研究应当是我们的基本功。我们都要学会这个基本功。很难设想,不调查研究,不从残疾人的实际出发,没有一个好的工作作风而能够有效地为残疾人服务。这样的会以后还要召开,希望各单位踊跃参加,认真对待。

在全国青少年中
广泛开展社会主义人道主义教育[①]

（一九八六年六月二十五日）

邓朴方：我国政府历来重视残疾人工作，形成了国家、集体、家庭——残疾人事业的三根支柱，并依靠卫生部、民政部、教育部、劳动人事部和体委等部门分口管理。这样，在温饱型社会里，基本上可以把残疾人的生活稳定下来。

随着我国由温饱型向小康型过渡，随着经济体制改革的深入和对外开放的扩大，社会在变，人民生活在提高，残疾人的参照系变了。在这种情况下，广大残疾人的需求也提高了，特别是一些残疾青年，思想很活跃。这就向残疾人工作提出了新的要求。

适应这种形势的要求，中国残疾人福利基金会一九八四年三月成立。

我们的工作方式是：动员社会力量，根据残疾人的需求，力求从多方面为残疾人服务。

我们的工作内容主要是：广泛宣传社会主义人道主义思想，提高社会对残疾人工作重要性的认识；研究并建议政府制定有关保护残疾人合法权益的法律；建议政府部门制定高等院校招收残疾学生的规定、残疾人福利企业和残疾人个体劳动者减免税等规定；推动残疾

---

① 这是邓朴方同志向中共中央书记处书记郝建秀同志汇报工作时的谈话节选。

人的康复工作;扶持残疾人就业。我们还组织了一些残疾人体育、文艺活动。

虽然摸出了一点门道,但基金会还没有完全站住脚,在工作渠道、资金来源及组织机构等方面遇到不少困难。

郝建秀:你们的工作应该得到政府和社会各界的支持,我要替你们宣传。

邓朴方:基金会是一种新体制,适应了“小政府、大社会”和社会化管理的发展趋向,但还需要我们进行长期艰苦的工作。

我国封建社会长达几千年,又是由半封建半殖民地直接进入社会主义社会,封建意识大量存在,歧视残疾人的现象就是这种意识的表现。西方人道主义教育进行了几百年,特别注重在青少年儿童中进行教育,人道主义思想在人们头脑中是扎根很深的。人道主义是进步的东西,还是落后的东西?是进步阶级提出来的,还是没落阶级提出来的?它的作用是推动社会进步,还是阻碍社会进步?我们认为,回答是肯定的。人道主义是西欧资产阶级提出来的,对反对封建主义起到了巨大作用。直至现在,还有其积极意义。我们不能把人类的优秀遗产推出去。

我们许多同志认识到,我们共产党人是最讲人道的,共产党的最终目标是要解放全人类,在制订具体政策时,也是考虑大多数人利益的。所以,我们共产党人最讲人道,而且是内容最广泛的人道主义。但长期以来,我们却把人道主义作为坏东西批判,把人道主义推给了人家。

郝建秀:我们缺乏这方面的宣传教育。

邓朴方:所以,我希望这次中央《加强精神文明建设的决议》把社会主义的人道主义确定下来。中国共产党在历史上为人民群众做了很多好事,我们要大书特书这些人道主义行为。同时要积极吸收国外的人道主义思想。一个社会要向前发展,就必须开放,积极吸收外来的先进文化。汉唐时期的昌盛就说明了这一点。但有些同志,思想狭隘,排斥外国的先进文化,其实马克思主义不也是从外国传入的吗?

由于缺乏人道主义教育,社会上对残疾人有很多偏见。我们的许多干部,一些“父母官”,还不懂残疾人事业的意义。所以,我无论走到哪里,都要做一些宣传。我有一个体会,许多干部对我们的宣传很爱听,是第一次听到这样的宣传。这里,我们要考虑一个问题:再过二十年,还要做这个“基础”工作吗?我认为在青少年中进行社会主义人道主义的宣传教育是非常必要的。许多城市已主动提出了这个问题,已经开展了工作,效果很好。进行这样的宣传教育,势在必行。

我们的设想是:在青少年中,以多种形式开展理解、尊重、关心、帮助残疾人的活动,通过这些活动进行生动活泼的教育,培育人道主义思想。我们的口号是:“理解、尊重、关心、帮助残疾人。”其中有两项重要工作:一个是建议教委把人道主义内容纳入教材中;另一个是我们与全国妇联、团中央拟了一个在青少年中广泛宣传社会主义人道主义的三年规划。

把这项教育工作做好了,就能积极配合中央加强精神文明建设,使少年儿童由家里的“小皇帝”,变为能理解残疾人疾苦、尊重残疾人的人格、真正关心和帮助残疾人的一代有高尚情操的社会主义接班人。孩子们还可以带动家长提高思想觉悟。加上持续进行的社会宣传,几十年后,我们的社会就会形成新的道德风貌。

郝建秀:这些思路都很好,我支持你们。

加强社会主义精神文明建设，宣传实践人道主义①

（一九八六年七月四日）

邓朴方：整个残疾人工作，都希望得到各新闻单位的支持，这方面，《人民日报》是很支持的。今后的宣传还须进一步努力，但务请不要突出我个人。

记　者：我们还是注意这个问题的。不过，宣传一个单位、一项工作，有时候总得涉及其领导人嘛。

邓朴方：突出个人本非所愿，也会有人骂的。

记　者：你是说，你的老人家骂你？

邓朴方：那倒不是。我是说外边已经有人骂。说句心里话，在中国的残疾人当中，我邓朴方的生活条件是比较优越的。我完全可以不工作，成天坐在轮椅上，衣食住行不会太差，如果这样，肯定不会有人骂我。可是，我是共产党员，也和健全人一样，想参与社会生活，为党为人民做些工作。我一工作，反倒有人骂了。他们不知道中国的残疾人工作不好做，局面不好打开，我是硬着头皮在碰！

记　者：中国有几千万残疾人，关联的亲属达两亿人口，是一个不小的社会面。这个工作做好了，对国家、对社会是很大的贡献；对残疾人及其亲属是很大的关怀和帮助，他们会感激你的。这次所见的每一个伤残战士，就都对你表现了亲切的感情。如果有的人对你

---

① 这是邓朴方同志与《人民日报》记者罗同松同志的谈话。

说了不理解的话,原因之一恐怕是我们的宣传工作做得不够。

邓朴方:说到宣传,我建议你们加强精神文明建设的宣传,全社会都要对青少年加强精神文明教育。当前,我们国家有两个大局,一是经济体制改革,一是精神文明建设。经济体制改革这个大局已经排出来了,精神文明建设这个大局很快要排出来。据说党中央将做出《关于社会主义精神文明建设指导方针的决议》。为什么强调精神文明建设?简而言之,是经济体制改革不可能脱离社会的全面改革。在经济体制改革的同时,要求精神文明建设必须相应跟上去,要求其他方面的改革也跟上去。这就有个普遍更新观念的问题,建设新文明的问题。我们的经济体制改革有没有障碍,我以为是有的,其他方面的改革跟不上,思想跟不上,就是经济体制改革的障碍。精神与物质,是相互依存、相互服务的关系。精神文明建设是我们建设社会主义的目的之一,它要为经济体制改革服务,同时也促进它发展。当然,精神文明建设有一个继承、发扬的问题。

那么,当前精神文明建设面对的问题是什么呢?我想,既有经济建设与精神文明发展水平不相适应的矛盾,也有人民内部包括各个社会集团的矛盾。这些都是在精神文明建设中必须解决的课题。然而,我以为更要看到的是封建主义和资本主义的影响。我国延续了两千多年的封建主义及其习惯势力,处处在阻碍我们的改革。新中国成立后,对于反封建重视得很不够。当然,我们也要防止资本主义把改革引向歧路。

记　者:精神文明建设,你以为要做哪些工作?

邓朴方:党中央要做决议,我们遵照决议进行。我个人以为,要努力继承来自三个方面的优秀文化遗产。

记　者:请你具体阐述一下。

邓朴方:第一,要继承中华民族的优秀文化遗产。它的内容十分丰富。比如爱国主义思想,尊重知识,注重教育;孔子的仁爱思想、教育思想中的积极、合理部分;人民群众的互助精神、家庭和谐与稳定、各种良好美德,都应当发扬光大;即使是宗教界中的一些进步哲学思想、朴素辩证法观念,也是可以吸取的。应当说,这和反封建是不矛盾的。

第二,吸收国外有益的文化,包括资本主义国家先进的科学技术和管理,社会科学、人文科学中正确的、积极的部分。中国革命之所以能够取得胜利,就是因为接受了在资本主义社会中产生的马克思主义。在此之前,达尔文的进化论,对我国的革命先驱者也起到过启蒙作用。随着资本主义的发展,更是出现了许多值得我们吸取的有益东西,包括先进的科学技术知识,民主、法制、人道主义等。总之,我们不能把自己封闭起来。在中国历史上,封闭与开放的较量从来没有间断过。历史上凡是兴盛发达的时期,都是积极对外开放的时期。你也知道,汉唐两代太平盛世,都是积极对外开放,兼收并蓄外来的先进东西,吸收世界的优秀文化。自古以来,我们的民族有能力把国外的先进思想和文化知识吸收进来,变成自己的东西,求得中华民族文化的进步。当然,中国历史上也有闭关锁国的教训,阻滞了我国历史的进程。

第三,是继承和发扬中国共产党及其创建的人民军队在几十年革命历程中形成的崭新道德风貌和光荣革命传统。其内容极其广泛,其中有毛泽东同志所倡导的救死扶伤、革命人道主义精神,团结奋斗的作风,军民鱼水关系以及党的三大作风等等。这是我们的无价之宝,要继承下来,在新时期充实和发展。

这三个方面相互渗透,相互促进,融合起来,就形成我国新时期社会主义精神文明的主体。我个人的这些看法很不成熟,你多批评。

记　者:很有见地,很受启发。

邓朴方:社会主义精神文明建设,还有一个重要问题,就是安定团结的政治局面，这是经济建设、改革开放的需要。因此，党中央反复强调这个问题。你我都是共产党员，有一个神圣使命，就是维护安定团结。任何时候，我们都要在人民群众中更多地寻求共同点，减少差异和矛盾。有一句话，我觉得很生动：你不赞成共产主义，可以搞社会主义；不赞成社会主义，可以爱国；即便你不爱中华人民共和国，总得爱中华民族吧。这就是求同存异，把矛盾降到最低程度，目的是团结更多的人来参加社会主义建设。

更多地寻求共同点，少去强调差异，团结就有了基础，我想这也是精神文明建设的重要内容。要是今天你看不惯我，明天我看不惯你，老是闹腾，有什么意思。对封建主义、资本主义的东西要斗争，但是今天更多的是人民内部矛盾，就不要斗来斗去了。还是少争论为好，争论起来没完没了，时间浪费了，矛盾也挑起来了，多不合算。为了国家富强、民族振兴，大家埋头苦干，干错了改了不就行了吗！

人与人之间，总是能寻求到共同点的。互相关心，互相爱护，互相尊重，互相理解，为了建设祖国这个共同事业，大家走到一起，和睦相处，这有多好。我这是不是有点理想化？不管是不是理想化，总得朝这个方向走啊！

我特别喜欢“理解”这个词儿。这次来老山前线，听了战士们提出的“理解万岁”口号，十分欣赏。你理解我，我理解你，共同点就出来了。互相猜疑，互怀戒备，大家搞不到一块儿，还谈什么奉献。

伦理道德范畴中，基本形态有两块，一块是人与社会的关系，一块是人与人之间的关系。人与社会的关系，在我们国家体现的是集体主义，是集体与个体的统一。人与人的关系，我更多地强调人道主义……

记　者：说到人道主义，我想起了，今年三月十一日，你在全国记协俱乐部中外记者招待会上回答那位美国记者的讲话，真是精彩。

邓朴方:那是那位美国记者逼的。对于人道主义,在相当长一段时间内不敢提及,似乎成了一个禁区。原因是多方面的,对人道主义的不正常的批判,是造成这一不正常局面的重要因素。现在中央领导同志明确指出,要理直气壮地宣传社会主义人道主义……

记　者:你说的对。三月十九日,王震同志在中国残疾人福利基金会第三次理事会上讲话时说了,"社会主义人道主义属于马克思主义思想体系",他还说"社会主义人道主义是我国社会主义精神文明建设的重要内容,是我国社会主义社会的基础思想之一"。我们写了消息,发表在三月二十日《人民日报》第一版。

邓朴方:对啊!人民群众拥护共产党,我们共产党员却连民主、自由、平等、人道主义这些好东西都不敢讲,人民群众究竟拥护你什么呢?既然现在已经肯定了社会主义人道主义,我们就要大力宣传,并且广为实践。

记　者:对,今后我们要在宣传上多下功夫。上次在记者招待会上,你即席讲话,讲了人道主义形成的过程,讲得真好,你能不能作进一步阐述?哪怕重复一遍,对我来说也是很大收获。

邓朴方:人道主义的建立和发展,的确有一个漫长的过程。在原始社会,部落抓来俘虏总是杀掉,到了奴隶社会,则把抓来的俘虏当作牲口使用,应当说这是一个进步。而封建社会,改变了奴隶的地位,把他们当作对地主阶级有人身依附关系的劳动者,这又是一大进步。资本主义把人从封建束缚下解放出来,干活拿工资,表面上平等,这又是一个进步。后来形成了一套较为完整的人道主义的东西,这是资本主义对人类文明的一大贡献。所以我说,人道主义,是历史进程中,进步阶级提出来,用以对抗反动阶级的武器。它是伴随着人类进步而产生的进步思想。社会主义比资本主义进步,那么,社会主义的人道主义应当比资本主义的人道主义更完善,更充实,更高级。

你认为我这样讲怎么样？

记　者：很好。我在洗耳恭听呢。

邓朴方：洗什么耳、恭什么听啊！讲得不对你就不听，左耳朵进，右耳朵出……按照马克思主义的观点，我们考虑人和社会的关系时，总是从具体人的政治、经济、社会地位等具体情况出发，这种人道主义更具有现实性。我们党在考虑问题时，总是从最广大人民群众的利益出发，以为人民服务为己任，总目标是解放全人类。这里体现的就是这个基本思想。

记　者：马克思主义基础上的人道主义更加具有广泛意义。

邓朴方：对。不过呢，我们还要正视这样一个现实：我们中国是由半封建、半殖民地社会直接进入社会主义的，资本主义先进的人文思想对我们影响很少；资本主义创造的优秀文化遗产，我们接受得不多。因此，人道主义思想的基础在我国是很薄弱的。相反，封建的东西却铺天盖地，相当严重。我们残疾人在一些人心目中不被理解，不被尊重，甚至遭到歧视、侮辱的现象时有发生，而且在一些地区和部门比较严重，主要是封建的东西作怪。在那里谈不上起码的人道主义，人和人之间是一种互相猜忌，互相歧视，互相戒备的病态心理。在这里人们可以看到“文革”的流毒。“文革”是封建思想的大表演。这种不正常现象应当结束了。我的意思是，在干部和群众中进行社会主义人道主义宣传，显得更为重要。

残疾人工作的几个基本问题[①]

（一九八六年七月六日）

我想借这个机会，向大家介绍残疾人工作的几个基本问题。

一、残疾人和残疾人事业的地位问题

什么人是残疾人呢？残疾人是指在心理、生理、人体结构上，某种组织、功能丧失或者不正常，全部或者部分丧失以正常方式从事某种活动能力的人。这就是残疾人的定义。这个定义包括两层意思：第一层意思是在心理、生理、人体结构上存在残缺或损伤；第二层意思是指全部或部分丧失以正常方式从事某种活动的能力，也就是说不能完全像健全人那样以正常方式从事活动。我国现行法律认定的残疾人包括：视力残疾、听力残疾、言语残疾、智力残疾、精神残疾、肢体残疾、多重残疾。

残疾标准是由国家参照国际标准，根据我国国情制订的。残疾人标准不是静态的，而是动态的，是随着经济、社会及科学文化的发展而变化的。在西方一些发达国家，把疾病造成内脏损伤因而置换为人工器官的，如人工心脏、人工肛门、人工膀胱等，也列为残疾。他

---

① 这是邓朴方同志在云南省省级机关负责干部会议上的讲话。这篇讲话全面阐述了残疾人和残疾人事业的基本问题。八十年代中后期，邓朴方同志曾到全国二十多个省、自治区调查研究，向当地党政领导干部做过二十多次演讲、报告，宣传人道主义和残疾人事业。本书收入了他在云南、四川、甘肃、山西、河南、新疆、江西等七省区的讲话。

们觉得这些人内脏功能有缺陷,应属残疾人。各个国家的残疾标准不尽相同,我国目前认定的是上述这几类残疾。

因为残疾人在社会生活中不能正常发挥作用,他们就会遇到各种困难,需要国家、社会给予特别扶助,也需要得到健全人的理解和尊重。

正因为有困难,所以残疾人一般表现出比较坚强的意志:艰苦奋斗,自强不息,努力工作和学习。而且,通过磨炼,一些功能得到代偿。比如盲人的触觉与听力特别好;聋人听不见,视觉特别敏锐;肢体残疾者活动不方便,思维比较活跃,工作特别专心。正是这种情况下的超常发挥,成就了残疾人中的一大批优秀人物。在我国历史上,左丘失明后编写了《国语》;孙膑膝盖丧失后坐着战车打败了庞涓,还有兵法传世;司马迁也是残疾后,发愤写了《史记》。从国外来看,著名的音乐家贝多芬失聪后创作并指挥了第九交响乐,声震乐坛。罗斯福患小儿麻痹后遗症,当了美国四届总统,是美国唯一连任四届的总统。美国有一个从小就失去听力和视力的女孩子,叫海伦·凯勒,她的对外信息交流全靠触觉。她从小靠在手掌上画字来学习,苦学苦练,一直到哈佛大学毕业,以后又教书、著书,在国内外影响很大。她活到八十多岁。我国现代残疾人中也不乏优秀人物,如高士其、吴运铎、华罗庚等。老一辈无产阶级革命家中也有残疾人,我们敬爱的周总理一只手是伸不直的;刘伯承元帅一目失明;余秋里同志是独臂将军。还有许多老一辈革命家身有残疾,为国为民做出巨大贡献。现在的青年人中也有大量优秀的残疾人,如张海迪、刘琦、史光柱、安忠文等,他们的事迹证明:伤残人是能为国家、民族、社会做出贡献的。

残疾人到底有多少呢?联合国调查,残疾人占世界人口十分之一,直接受残疾人影响的人口占四分之一。这两个数字在我国推算起来就是一亿和二亿五,这个数可能大了一点。我国残疾人抽样调查办公室在湖北襄樊市试点,结果是占人口百分之七,就是七千万,相当于一个大国。当然,全国较准确的数字要等全部汇总后才能出来。总的看可能不会少于五千万,数量是非常大的。

残疾人是人民群众的一部分,但他们的特点十分突出。残疾人是特殊的群体,又是困难的群体。残疾人的状况好坏直接影响广大群众的社会心理,直接影响残疾人自己的心理。这几千万人,分散在全国每一角落,如果不解决好他们的问题,就难说是文明、公平的社会了。

我国历史上早就有照顾老弱病残的记载。春秋战国时代《礼记》中写道:“鳏寡孤独残疾者皆有所养。”那时只是人们的一种理想。我国残疾人真正得到国家照顾是在一九四九年新中国成立以后,当时政府做了大量社会改造工作,如禁烟、禁赌、禁娼等;同时,把一些最困难的人收容和收养起来,对残疾人进行了安置和救济。我们搞了几十年,使得大多数残疾人有了一个初步的温饱生活,这是一个很了不起的成就。但比之发达国家的残疾人事业,差距仍很大。

国外的情况怎样呢? 一些发达国家在这方面下功夫是很大的。第二次世界大战后,大概因战争致残的残疾人问题突出了,大量的残疾人社会团体开始涌现,政府也开始投入大量资金。解决残疾人的问题,成了每个政党竞选时候的口号。有的国家搞成了福利社会,时间长就负担不起了。这个办法我们不能学。有些国家长期宣传人道主义,使残疾人工作有了很大进展。国际社会形成这样一种观念:到一个国家,不是看你高楼盖了多少,不是看你工厂有多少,而是看你残疾人工作做得怎样。有些外国人到一个国家,就看这里残疾人工作的程度如何,根据这个程度来判断这个国家的政治、经济、文化发展的状况,判断你这个国家文明的程度。对待残疾人工作的态度如何,是社会文明与进步的标志之一,它直接影响一个国家、民族的威信。因此,残疾人工作在一个国家里显得特别重要。以前,我们不太懂这个事情,吃了不少亏。现在,我们要认真重视并做好这项工作。怎样才能做好这项工作呢?我看要纳入国家建设的大局,要同经济和社会协调发展,同经济体制改革和社会主义精神文明建设相辅而行,这样工作才好开展。

二、残疾人工作与我国经济、社会协调发展问题

我国经济的发展,集中体现在改革开放和完成计划与实现经济效益上。为什么提出社会发展呢?这是有历史教训的。以前我们经济和社会的发展没有协调进行。强调发展经济,特别是发展重工业当时是必要的,但人民生活、科学文化教育等等要恰当安排。经济稍一困难,就把有关生活设施砍掉了,住房建设也砍掉了。这些做法是片面的。这给我们带来了不良后果,多年来,住房紧张,坐公共汽电车拥挤,医院住院也非常紧,文化、教育、福利设施严重不足。这就反过来影响了经济发展。这说明,我们得出经济和社会必须协调发展的结论,是付出了代价的。现在采取措施也不晚,只要干起来就行。关键是经济发展和社会发展要协调起来,社会发展不能滞后,残疾人事业也不能滞后。

搞好残疾人事业具有特殊的意义。从现在到二〇〇〇年这十几年时间内,我国政治、经济、社会的发展特点是什么?可以概括为两个字:一是快;二是改。“快”,我们要从温饱过渡到小康,各方面发展的速度在这时是较快的。改,是经济体制改革,是改革开放,到二〇〇〇年在改革开放上会有更大成效。“快”,是同过去比较,经济发展速度较快,人民群众生活水平提高较快,社会意识变化较快,社会结构和家庭结构变化也较快。总的说,这是从温饱向小康社会发

展这样一个阶段的节奏。“快”是一件好事情,但要清醒地看到,这种“快”必然会带来社会上某些不稳定的因素,因为“快”,某些工作就难以求得平衡。经济发展本身是不平衡的,区域之间的发展也是不平衡的,人们的收入和生活水平提高也是不平衡的。总之,主观上要求得到平衡,而客观上又总在不平衡的状态上。我们的工作中还会有一些空当、缝隙,甚至失误。这种不平衡状态,以及工作中的空当、失误,会造成某些不稳定因素。这类现象我们现在已经看到了一些,将来还会出现。从国外来看,特别是从发达国家的情况看,在初期,发展较快的阶段,也就是在经济起飞阶段,都是社会比较混乱的阶段,如劳资纠纷、闹工潮、各种政治集团冲突等。总而言之,经济起飞阶段可能出现这样那样的矛盾和问题。

改革,是改革旧体制,使生产关系和上层建筑适应经济发展的需要。从宏观上讲,是要创造发展生产力的良好社会条件,使每个人都愿意并能够充分发挥自己的能力。现在农村的联产承包责任制、城市的工业体制改革等,就是解放生产力。不改革,中国就没有出路,社会主义就不能巩固、发展。经过“文化大革命”的惨痛教训,这个结论已经被广大群众接受了,非改革不可。中央决定坚决进行改革,符合全民族和全国人民的根本利益。但是,在改革中也会带来某种动荡和不稳定因素。比如,新旧体制并存会产生某些摩擦和漏洞,利益再分配可能引起某种矛盾,改革过程中新旧思想的冲突,还有工作中可以避免和难以避免的失误等,都会造成不稳定的因素。

总体来讲,改革使经济的发展比较快,成就巨大,同时,也会带来一些不稳定因素。这两个方面都要引起人们的重视。我们应当明确认识:

第一,必须坚持改革开放,这样才有出路。

第二,方针政策正确,但前进的步子要稳,这样才能减少工作失误。

第三,做好社会保障工作。

社会保障是近几年提出来的。中国社会科学院的一位同志一九八五年曾写过一个社会保障的报告,国务院领导同志看了后很欣赏,认为应该研究一下社会保障问题。关于“七五”计划的建议,首次把社会保障写进了党和国家的文件中。这是历史上没有过的。社会保障是一种稳定机制,是经济、社会发展中不可缺少的重要方面。

残疾人事业的位置应怎样看呢?残疾人事业属于社会发展机制,又是稳定机制,是我国社会主义事业的一个组成部分。残疾人工作要围绕经济体制改革,服务于我国经济、社会发展的需要。同时,必须纳入国家经济和社会发展大局之中,并与之协调发展。残疾人工作在我国经济、社会发展中的位置就在这里。

三、残疾人工作与社会主义精神文明建设的关系

我们国家在进行经济体制改革的同时,要求社会主义精神文明建设跟上去,也要求其他方面改革跟上去。如果不跟上去,经济体制改革就会受到限制,难以顺利进行。物质文明和精神文明建设是相辅相成的,它们有一个共同发展、相互服务的问题。

加强社会主义精神文明建设,要继承多方面的优秀文化遗产,包括爱国主义,注重知识、注重人才、注重教育,也包括孔子一部分教育思想、仁爱思想;也可以继承人民群众中的传统美德,如“邻里守望相助、疾病相扶持”的互助精神和家庭的和谐稳定。同时还应当吸收西方文明中有益的东西,如科学、技术和进步文化。马克思主义就是从西方传到中国的。达尔文的进化论要不要,我看也要。随着资本主义近

代文化的发展,出现了一批人文学家、社会学家,我们也要吸收其中有益的东西,包括人道主义等。总的看来,要有一个积极的、批判的吸收过程,不要把自己封闭起来。在中国历史上,也是贯穿着封闭和开放的斗争的。在比较发达的历史时期,即过去那种太平盛世,可以说都是开放的。汉、唐两代都是非常开放的,当时与国外交往较多,注意吸收国外的文化。我们的国家、民族有能力把国外的东西吸收过来变成自己的东西,并且与民族的优良传统文化结合起来,求得中华民族的文化不断完善和发展。这在历史上是有可借鉴的经验的。

尤其重要的是要继承和发扬我们党和人民军队的优良传统。比如实事求是的思想路线,理论联系实际、密切联系群众以及批评与自我批评的作风,都是好的传统,这个优良传统不能丢,要认真继承和发扬。总之,我们要讲党群血肉联系、军民鱼水关系,热爱人民、热爱祖国;也要讲社会主义人道主义,团结奋斗。

上面讲的这些内容有一个相互促进、共同发展的问题,也有一个相互渗透和融合的问题。在共同发展和相互融合的过程中,逐步形成社会主义的精神文明。由于我们现在正进行经济体制改革和政治体制改革,在改革过程中特别要求我国有一个稳定团结的局面。在精神文明建设的内容里,要注意这个特点。持久的稳定团结,是经济、社会发展的需要,是经济体制、政治体制改革的需要。这就要求我们在人民群众里寻求更多的共同点,减少差异和矛盾;要求我们团结一切可以团结的人,共同建设社会主义。我们历来有这样一个原则:对敌人要狠;对人民要和,要讲团结、和谐。现在我们的工作中心是进行经济建设,推进社会发展,我们所面临的主要是人民内部矛盾,是朝着共同目标奋斗中遇到的矛盾,所以要正确处理人民内部矛盾,更好地团结起来共同奋斗。我认为这是社会主义精神文明建设的重要内容。

既然要处理人与人、人与社会的关系,就不能不谈到伦理道德的建设。这是民族优秀传统的重要内容。当前在处理人和人的关系时,要强调人与人之间的团结、友爱、互助,要尊重人、关心人,发挥人的潜能,这里面贯穿一条主线,就是社会主义人道主义。人道主义这东西,以前不敢讲,现在中央领导同志讲了,党的十二届六中全会决议中肯定了社会主义人道主义,为我们开辟了一条道路。中国的人道主义不是多了,而是少了。社会主义人道主义不但要讲,而且要大讲。

从历史上看,人道主义的产生和发展是有一个过程的。奴隶社会不杀抓来的俘虏,使他们成为奴隶,这就是一个进步;封建主义把奴隶解放了,变成带有人身依附关系的那种比奴隶相对自由的劳动者——农奴或佃农,这又是一个进步;资本主义时期逐渐形成一套完整的人道主义概念,核心是尊重人,它对于封建的人身依附关系来说,对于把人禁锢于神权的桎梏下来说,是进步的。从这点看,不能不承认它是资产阶级对人类社会的一大贡献。

我们社会主义的人道主义,同资产阶级的人道主义有区别又有联系。按照马列主义观点,我们是从具体的人出发而不是从抽象的人出发。我们党考虑问题的出发点是着眼于最广大人民群众的利益,以解放全人类为己任。这样的人道主义更具有广泛性、真实性,是更深刻的人道主义。

我们有些同志害怕讲人道主义,甚至反对人道主义,这是不对的。我们中国,是由半封建、半殖民地直接进入社会主义的,资本主义生产关系并没有真正统治中国,资本主义所创造的优秀文化遗产并没有被我们吸收多少,包括人道主义思想在我国还是很薄弱的。我们残疾人在街上经常遇到受歧视的事情,这不奇怪,我自己也遇到过。人和人之间存在某种狭隘、歧视的心理,这不是社会主义的思想,而是封建主义的东西。我们的干部和群众里面,还有某些落后、愚昧的思想,甚至野蛮不讲人道的东西。这就要求我们广泛地宣传和实行社会主义人道主义。

做残疾人工作,在精神文明建设中发挥着什么作用呢?

我们的残疾人愿意为社会主义、为人民做出贡献。他们的自强不息、顽强拼搏精神、奉献精神,就是社会主义精神文明的组成部分。这种精神对国家和社会有不可忽视的影响。过去,在《钢铁是怎样炼成的》《把一切献给党》这些书教育下,成长起来一批革命青年。奥斯特洛夫斯基和吴运铎等英雄人物的思想事迹,培养了几代人,影响深远,对推动中国的精神文明建设,起到了重大作用。在八十年代,为保卫边疆而战的英雄们的事迹,已经或正在改变着青年人的精神风貌。我们有些人听了保卫边疆英雄的报告后,重新燃起了生命的火焰。现在的小学生可能不知道哪个是中央委员,但是提到史光柱,小学生却是人人皆知,可见影响很大啊!

除了这些英雄外,残疾人的拼搏精神也是对我国精神文明建设的很大的贡献,每一个健全人看到或听到了这些,就会觉得他们的精神可嘉、可敬。这对社会心理会产生一种很好的影响。做好残疾人工作,能促进社会主义精神文明建设,这是毫无疑问的。

还应当指出,健全人理解、尊重、关心、帮助残疾人本身也是精神文明建设的内容,它广泛影响着我们的社会风气。我们的人际关系和社会风貌应是八个字、四个层次,即:理解、尊重、关心、帮助。理解:不单是健全人要理解残疾人,健全人和健全人之间也需要互相理解,部门和部门之间也需要互相理解,边疆前线指战员提出了“理解万岁”,我觉得提得很好,对加强精神文明建设有很大启示。我们的指战员和伤残战士要求理解,广大残疾人也要求理解。要求社会理解他们是怎样艰苦奋斗的,是怎样在困难的环境里生活的,懂得这些,我们就会产生一种由衷的尊敬。有了这种由衷的尊敬,才能促使人与人之间产生更多的关心和爱护,真正的理解、关心、爱护、帮助,才能为残疾人和伤残战士接受。残疾人虽然身处逆境,但他们自尊心很强。提倡健全人对残疾人理解、尊重、关心、帮助,将给整个社会风气带来良好的影响,对每一个人来说也是一种教育。现在,小学生正在开展“红领巾助残”活动,效果出乎意料的好,有的学生捐献一些零用钱,有的做一些实际工作,在大街上扶老助残,一些家长看到孩子做好事很感动,说:我们家这个“小皇帝”从来不知道关心、帮助别人,今天他想到了,做到了,我非常感谢老师和学校的教育。孩子们的行动也极大地影响了家长,这种相互影响,必将大大促进中国的精神文明建设。

四、我国残疾人工作的目标和任务

残疾人工作的目标是什么呢?就是逐步创造良好的物质条件和精神条件,使残疾人在事实上成为社会平等的一员,享有全面参与社会生活的权利,履行公民义务,共享由劳动和社会经济发展所带来的物质文化成果。

实现这一目标,需要广大残疾人、残疾人工作者和全社会的共同努力,需要政府起主导作用,需要部门之间的协调。我国残疾人工作正在逐渐开展起来,政府各部门分头管理残疾人的各项工作,如,民政部门承担了困难残疾人的救济、残疾人的福利生产和残疾人福利安养机构等工作;卫生部门承担了残疾人的医疗和康复工作;教育部门承担了残疾人的特殊教育和普通教育工作;文化部门承担了残疾人文艺活动的指导工作;劳动部门承担了职工的劳动保护和残疾人的就业安排、职业培训等工作;企事业单位和乡镇集体所有制单位和街道、乡村基层组织也承担了大量的残疾人工作。在农村,我们实行

"五保"制度;在城市,居民委员会组织了残疾人的救济、劳动生产,也有群众包护组这样的扶助形式。乡镇集体所有制企业容纳了大量残疾人。我国的家庭是比较稳固的,很多家庭也大量地承担了残疾人的生活保障工作。因此,在我国形成了一个国家、集体、基层组织、家庭和个人相结合的残疾人工作系统。这对于保证残疾人平等参与社会生活起到了重大作用。当然,现在有许多问题需要研究解决,如农村的"五保"制度有的地方放松了;残疾人就业难、入学难、康复医疗难等问题还没有得到解决。

目前,除了国家、集体、家庭这三根支柱外,还有第四根支柱,即社会支持和群众扶助。残疾人工作采取社会化管理方式,动员社会支持与扶助。

残疾人事业的业务工作主要有以下几方面:

康　复

世界卫生组织医疗康复专家委员会一九八一年给康复下的定义是:"应用各种有效措施,以消除或减轻残疾的影响,使残疾人重返社会。"康复,是残疾人平等参与社会生活的前提。康复的目的是使残疾人最大限度恢复身心功能、职业能力和社会生活能力。康复,包括医疗康复、心理康复、教育康复、职业康复、社会康复等等。医疗康复是重要的康复措施之一。我国康复有历史渊源,但真正用现代康复的概念、手段、方式来进行康复,是八十年代以后搞起来的。在北京,已经有了一个"中国康复研究中心",是国家在经费紧张的情况下搞的重点工程。这说明国家对康复是重视的。当然,各地不能都搞北京的那种康复中心,要利用现有医疗网络,比如在医院设立康复科室,在民政部门的福利院开展康复医疗和康复训练;教育部门在医学院校开康复课,设康复系或康复专业,培养康复人才。总之,要通过现有渠道一点一滴地做。

教　育

这里是讲残疾人教育。我们国家正在从温饱向小康过渡。进入小康的社会面貌是怎样的呢？残疾人的状况又会怎样呢？肯定会有大幅度的改善。国家经济和社会发展了，就可以为残疾人平等参与社会生活创造更多更好的条件，使残疾人提高素质，在物质文明和精神文明建设中发挥作用。现在我国残疾人生活还很困难，他们的平均文化水平远远低于健全人。由于残疾人文化素质偏低及其他因素，有些企事业单位已出现辞退残疾人的现象，有的残疾人到北京告状了。我们可以肯定，如不抓教育，残疾人一定会在社会上处于更加不利的地位。改变这种状况是有办法的，但要经过艰苦努力。

首先，要下力气抓紧、抓好残疾少年儿童的义务教育、中高等教育和职业教育。当前特别是要抓好义务教育和职业技术教育，让残疾人提高文化水平和科学技术水平，提高从事某些职业的能力。如果现在不抓，就会丧失时机。

前些年，有些部门招工和招生的体检标准要求不适当，把许多有学习能力和有劳动能力的残疾人排除在外，这很不合理。有个残疾青年的高考成绩是全省第一，就因为两腿长度相差三公分未录取。他是学数学的，我到现在也没弄清楚，两腿相差三公分为什么不能学数学？我们的华罗庚不是伟大的数学家吗？我们数学所的一位副所长、中科院数学物理部学部委员、研究员陆启铿，是患小儿麻痹后遗症的肢残人，他在1949年前上完大学，成了专家学者，得到人民的尊重。一些青年人写信给他说：陆老啊，你是在旧社会比我差的条件下通过自己的努力上了大学成为学者的，为什么我们在社会主义社会不能上大学？上海市有一个残疾女青年，两届高考成绩超过分数线，未录取，第三次高考想再试试，因有残疾，不让她考了。这个青年的母亲在台湾，经过联系，台湾一所大学录取了她，台湾报纸登出了录取这个大陆残疾学生的消息。这件事的影响多不好啊！后来我们出面在上海联系使她上了大学,才挽回了影响。

当然,现在情况好一些了,国家教委为招收残疾考生专门发了通知,不少高等院校收了残疾学生。但是,问题还是存在的:毕业分配解决不了,大学就不愿录取;大学不愿录取,中学也就不愿收,害怕影响升学率。“文化大革命”前,许多残疾学生也曾上了大学,那时我还没致残,在大学就碰到一些残疾同学。现在反而不行了,是什么东西成为障碍呢？总不能说是社会主义起到了障碍作用吧。社会主义是要求人人去上学,在招工面前机会平等的。我看主要障碍是人们的思想观念有问题。现在,我们的特殊教育还很薄弱,特殊教育学校的数量还严重不足,入学率很低。职业学校也有不合理的体检标准,不愿招收残疾人入学,认为会影响收入。种种人为的限制都存在,要突破才行。九年义务教育是国家法律规定的,要认真把残疾少年儿童的义务教育纳入其中。

劳动就业

对残疾人来说,能不能就业,其影响的程度同健全人是不一样的。健全人不能就业是一时找不到工作,残疾人不能就业是一个生死问题。现在,有的残疾人三四十岁了,还靠父母养活,父母酸楚地说:现在你还有人供养,等我们死时你也自杀吧,咱们一块死算了。在这种情况下帮助残疾人就业其实是“救人一命,稳定一家,影响一片”。

劳动就业,对残疾人来说实在太重要了。按社会学的说法,人的需要有五个层次:生理的需要,安全的需要,社交的需要,尊重的需要和完善的需要。生理需要指衣食住行;职业保障是最重要的安全需要;社交的需要是参与社会生活;尊重的需要是通过自己的活动得到人们的尊重,对残疾人来说,这种要求比健全人更加强烈;完善的需要,就是通过学习和参与社会生活使自己的知识、技能、人格力量得到拓展、强化，希望在各方面发展自己，做一个完美的人。特别是安全的需要，我们由温饱过渡到小康社会，安全的需要应该给予满足。残疾人就业大多属生理的需要，也是安全的需要。我们说这是生死攸关问题，指的就是这。

对残疾人就业的能力，看法不完全一致。原则上说，绝大多数残疾人是有劳动能力和有部分劳动能力的，他们是有能力就业的。有劳动能力和没有劳动能力是发展的、动态的，经济和科技的发展将为残疾人就业提供更为有利的条件。有些重残人似乎没有劳动能力，但社会为他们创造了条件他就能劳动。我是截瘫，一般人认为属于没有劳动能力，社会为我创造了条件，所以我也就有劳动能力了。我们残疾人是完全能够从事一定职业、做好工作的。问题在于创造条件培养训练和安排适当。譬如说盲人，我们如果在机器上配置盲文符号，他是完全可以做电话接线工作的。有些盲人的乐感特别好，创造条件让他发挥特长，就能就业。

一些同志头脑中还有某种错误认识，把安排残疾人劳动就业当成一种负担，而不把它看作开发劳动力资源的重要方面。让残疾人为国家创造财富好，还是国家供养几千万残疾人好呢？想清楚这个问题才能去掉前面讲的错误观念。残疾人同样是社会物质文明和精神文明的创造者，是国家的劳动力资源。我们残疾人不仅有劳动能力，而且干活非常认真，非常专心。我们残疾人自强，勤奋，很聪明，有创造性。如果把他们拒之门外，对国家就是一个损失，也不符合社会主义的要求。

我们国家从新中国成立到现在已搞三十多年，不是没有值得骄傲的事情。我们大中城市健全人就业率达百分之九十八，大中城市残疾人就业率达百分之七十。这在资本主义国家是难以达到的。我们党和政府花了大力气，这是社会各界、人民群众、工厂企业和各个单位共同努力的结果。我国残疾人就业,某些方面是优于其他国家的。我们应当继续发展这个方面,形成中国残疾人事业的一个特色。我认为这是可能的。我们有三十多年的工作基础,有社会主义制度的保证,有党的领导。所以,残疾人广泛就业是可能的。我跟一些朋友讨论时说:大家不是讲人权吗,残疾人最需要的人权是什么呢?是劳动的权利、贡献的权利。你拿钱救济他,只能解决暂时的困难,你拿这些钱为残疾人创造劳动就业的条件,让他们做贡献,让他们发挥潜能,这是更积极的实践人权。

开发残疾人的劳动力资源,充分发挥他们的作用,不断地给他们以机会,让他们做贡献,对社会经济生活来说,既体现公平,又有效率,这是一种公平和效率的统一。我认为创造条件让残疾人广泛就业,是符合人道主义原则的。许多外国人都提出要学习中国的这个办法。

除了上述康复、教育、就业之外,残疾人业务工作还包括文化、体育、家庭婚姻、社会福利、环境等方面。残疾人应当广泛地参与社会生活。要适应残疾人特点,搞一些文艺体育,也要搞婚姻介绍所,解决残疾人的婚姻问题,还要搞好无障碍设施。残疾人是人民群众的一部分,有权利共享社会政治、经济、文化发展的成果。怎样使残疾人平等参与社会生活,涉及方方面面的问题,我不多讲了。这里特别提醒一件事:公共设施和建筑物,要按照方便残疾人的无障碍标准来要求。这在国外许多发达国家已普遍实行了,邮局、商店、公园、影剧院、车站、马路、飞机场等一系列公共设施,应当按照无障碍标准来设计。现在,北京正在这样搞。我们会同建设部、民政部制定了一个法规,要求公共设施都这样做。许多大城市都在盖房子、搞公共设施,等到都建好了再改造就麻烦了。现在搞不会增加太多建筑投资,以后改建损失太大了。希望建筑部门、设计部门把这个事情抓起来,替国家节省点钱。

五、残疾人基金会的工作

十一届三中全会以来,我国的社会、经济发生了很大的变化。人民生活水平有了较大幅度的提高,开始由温饱向小康过渡。由于生活差距拉大,残疾人问题就更显突出,贫困地区残疾人连低层次的温饱也保证不了。打破大锅饭,有些企业搞优化组合,一些残疾人被挤出工厂,残疾人劳动就业受到了冲击。残疾人工作也出现了一些新问题,如残疾人入学难、就业难的问题,农村"五保"政策如何落实问题等。这些新情况,要求我们为残疾人做更多的事情,但国家还不富裕,不可能拿出很多钱来搞残疾人福利事业,怎么办呢?我们看到,社会上有很多积极因素应当调动,不少人力、物力、财力可以开发,许多同志是愿意做这方面工作的。因此,提出了动员社会的问题。要适应社会化管理的需要,适应广大人民的要求,最大限度地动员社会力量支持残疾人事业。中国残疾人福利基金会就在这种形势下成立了。

基金会的工作,最重要的一条就是要广泛动员社会力量,广泛寻求社会的支持。我们提倡"有钱的出钱,有力的出力"。关于基金会的经费来源,在国发(83)91 号文件里做了明确规定:(1)社会各界和中外友好团体人士的捐赠;(2)国家的拨款。这就规定了残疾人福利基金会可以争取社会捐助。我们要严格按中央、国务院的规定办,基金会为残疾人募捐是完全合法的。当然,我们要适当控制,募捐要和经济发展协调进行,要因地、因时制宜,要有分寸。还要看到,残疾人事业滞后于经济发展,现在有一个追赶的过程,在追赶的过程中就希望得到社会各界的支持。除了上述这些之外,还有什么力量呢?我提醒基金会的同志,要充分发挥残疾人自己的作用,残疾人有一个自己解放自己的问题。让残疾人代表参与这项工作,他们有切身体会,懂得残疾人的疾苦,保证基金会的工作不会偏离方向。他们与广大残疾人群众心心相印,能广泛地联系群众,也能更多地争取社会的同情和支持。

基金会要做好两方面的工作。第一方面,要注重宣传,改变人们的观念,提倡理解、尊重、关心、帮助残疾人,把社会主义人道主义宣传起来。第二方面,残疾人工作应该逐步法治化。通过立法,制定法规、政策来解决问题,并开通一些渠道,把工作纳入正常渠道,使基金会工作制度化、规范化。

基金会工作的生命线,就是要牢牢掌握住为残疾人服务的方向。基金会成立了,就要承担社会义务,承担责任。成立了基金会却不为残疾人服务是绝对不允许的。基金会的工作不像其他社会工作,它是直接受社会的监督和检验的,服务与否、联系残疾人群众与否是关乎基金会存亡的重要问题。你要生存,要站住脚,就必须切切实实为残疾人服务。有一个矛盾,残疾人困难甚多,客观上往往一下子解决不了,这就要抓关键,一步一步来,循序渐进。用自己热诚的工作、献身的精神,让大家感到基金会是值得信任的,这就站住脚了。有一点请大家注意:省基金会不要照搬全国基金会的工作方法,要更多地做点群众工作;市基金会要把工作重点放在群众工作上。总之,要根据自己实际情况做好工作。

残疾人事业必须
与国家经济、社会协调发展①

（一九八六年七月十二日）

一

近几年来，随着我国经济的发展和改革的深入进行，随着执行一九八一年“国际残疾人年”中国组织委员会规定的各项任务，我国残疾人事业取得了很大进展，主要是：

第一，经过国务院批准，成立了由民政部牵头，由国家统计局、国家计委、国家教委、卫生部、公安部、国务院人口普查办公室、中国盲人聋哑人协会、中国残疾人福利基金会等单位组成的全国残疾人抽样调查领导小组，开展全国残疾人抽样调查。经过一年多准备，已在北京市、湖北省完成调查试点。这项工作与康复结合，受到残疾人的热烈欢迎。全国抽样调查样本量定为一百五十六万人，每省约五万人，一九八七年四月铺开，一九八八年完成。这项工作将为开展各项残疾人工作提供客观依据。

第二，残疾人组织增多，并初步形成了具有中国特色的残疾人事业的设想。这几年来，全国性和地方性从事残疾人工作的群众团体已发展到将近六十个。它们的特点是：具有广泛的群众基础；有一批热心为残疾人服务的有识之士；有残疾人参加管理；募集到一定基

① 这是邓朴方同志在联合国“残疾人十年”中国组织委员会第一次会议上的报告摘要。原载于一九八六年七月十四日《社会保障报》。

金。这就向部门管理与社会化管理相结合迈出了步子。

第三,立法的准备工作正积极进行。我国宪法、部分法律和行政法规已有保护残疾人权益的条款,但由于残疾人的特殊需要,仍然应当制订一个保护残疾人合法权益的专门法律。准备工作正由中国残疾人福利基金会进行,力争近年送有关部门审议。

推行无障碍建筑设计是方便残疾人参与社会生活的重要条件,也是社会文明的标志。城乡建设环境保护部将于一九八六年提出无障碍设计规范草案。试点后,形成正式规范,在全国推行。

第四,残疾人劳动就业水平、生活水平和社会地位逐步提高。我国安置残疾人劳动就业主要采取这样几种途径:(1)由国家机关、企业、事业单位安置;(2)由国家开办福利工厂安置;(3)由乡镇、街道、居委会开办集体性质的福利工厂安置;(4)政府资助农村残疾人从事农副业劳动;(5)个人开业。目前全国大中城市残疾人百分之七十左右已经就业。在国家减免税政策的扶持下,一九八六年各种类型的社会福利工厂发展到一万四千个,年产值四十七亿元,利润五亿二千万元。残疾人的生活水平随着就业率的提高逐步改善,社会地位也逐步提高。残疾人组织、残疾人代表、残疾人中的大量优秀分子正在成为日益活跃的社会力量。

第五,残疾人接受高等教育有了进展,特殊教育进一步受到重视。一九八五年教委、计委、民政部、劳动人事部联合颁发了《关于做好高等学校招收残疾青年和毕业分配工作的通知》,使残疾人投考高等学校有了与健全人同等的机会。这一年高等学校录取残疾青年八百五十三名,是二十年来录取最多的一年。一九八六年国家颁布的《义务教育法》规定:“地方各级人民政府为盲、聋、哑和弱智儿童少年举办特殊教育学校(班)。”国家教委和地方政府正在将特殊教育纳入义务教育轨道,逐步取得进展。盲聋哑学校近几年由二百六十九所增至三百五十所,在校学生由两万八千五百多人增至三万七千九百八十九人,分别增加百分之三十、百分之三十三。十几个省(市)办了二十三所弱智儿童专门学校,普通小学附设的弱智班增加到二百六十四个。特殊教育师范学校(班)有了相应的发展。

第六,康复事业开始向基层发展,正在形成网络。近几年卫生部建立了四个试点性康复中心,北京、上海、辽宁、新疆、云南等省(市)建立了二百多个多种形式的康复机构和康复门诊,一批中小城市的医院也开始增设康复门诊,一大批街道、居委会借助大医院的技术优势,在本地段举办了初级康复站、工疗站、残疾儿童寄托站。一个以城市中心医院为骨干,以街道、乡镇为重点的康复网络正在形成。

残疾人福利基金会所属具有现代化水平的中国康复研究中心正动工兴建,预计一九八八年建成。

与此相适应,为残疾人康复服务的假肢工厂有了显著发展。全国已有假肢工厂和假肢装配站五十三个,假肢年产量达三万多件,比四年前增长百分之三十八,从业人数增长百分之五十。假肢安装目前正向小城镇发展。中国康复医学研究会、中国残疾人福利基金会康复协会相继成立,出版了部分康复书籍和杂志,举办了康复医师培训班。一些医学院开始进行康复教学研究工作。

现代康复医学是一门崭新的学科,我国在这方面基础比较薄弱。但是,近些年来的实践表明,残疾人迫切需要这项事业,只要领导重视,加快人才培训步伐,促进康复工作向基层发展,这项事业可以更快地开展起来。

第七,残疾人的文化、体育活动和其他社会活动呈现活跃局面。由政府资助、面向残疾人的《盲人月刊》《盲聋之音》《三月风》相继出版,逐步办出了特色,销量逐渐扩大。一九八六年成立了以残疾人读者为主要对象的华夏出版社,正筹备出版直接、间接为残疾人服务的中外著述和丛书。近年来拍摄了十三部反映残疾人生活的电影和电视剧。一九八五年邮电部发行了“国际残疾人年”纪念邮票。一九八四年以来,报刊、电台、电视台播放有关残疾人的消息七百多条。各地为残疾人义演、义展、义卖活动显著增多。一些省市地区正陆续成立残疾人活动中心。

一九八五年首次举办部分省市残疾人职业技能比赛,并派团参加第二届世界残疾人职业技能锦标赛,获得五银三铜。

残疾人体育活动在国内外影响扩大。一九八三年“中国伤残人体育运动协会”成立。一九八四年首次举办全国伤残人运动会,并派团参加国际奥林匹克伤残人运动会,获得二块金牌、九块银牌、十三块铜牌。十七个省市举行残疾人乒乓球比赛,六个省市举办残疾人游泳比赛、田径比赛,十多个省、市、地区举办残疾人运动会,两名残疾人运动员打破世界纪录。残疾儿童的文娱、体育活动也有了比较广泛的开展。

第八,国际交往活动显著增多。几年来,政府有关部门为了学习国外先进经验,推进残疾人事业,分别派团访问和考察了北美、欧洲、亚洲和大洋洲近二十个国家,出席了世界卫生组织、联合国教科文组织、国际劳工组织、国际康复会和世界聋人联合会召开的国际会议,并以中国残疾人福利基金会、中国盲人聋哑人协会和中国伤残人体育运动协会的名义分别加入了国际康复会、世界聋人联合会、世界盲人联盟、国际残奥委员会等九个国际残疾人组织。接待了许多国家残疾人工作者代表团来华访问,并在世界卫生组织、联合国儿童基金会资助下举办了康复学习班。一九八六年一月,在北京举办了第一届残疾人用品展览会和第一届国际残疾人康复学术报告会。所有这些活动,使我国进一步了解了各国残疾人工作的历史和现状、有关政策及做法,为发展我国残疾人事业取得了必要的资料、知识和经验。

二

残疾人事业在新的历史时期有了新的发展。这几年的实践给我们的启示是：残疾人事业必须与经济发展协调进行，超前了固然不行，丢在后面，该解决的不解决，也不行；当前，解决残疾人“充分参与”社会生活的根本问题是创造条件安置残疾人劳动就业，同时抓教育，抓职业技能培训，致力于提高残疾人受教育的程度；这些事情单靠政府做不行，必须在政府支持下发展社会化管理，广泛动员社会力量去做，这样才能收到事半功倍的效果；进行残疾人工作，什么时候都不能忽视残疾人自身的作用，只有调动残疾人的积极性、创造性，这些事情才能做好。

由于认识的原因和其他原因，残疾人事业在前进中仍然存在不少问题。这些问题阻碍着残疾人在一些重要社会生活方面享有与健全人一样的权利，对社会产生着不利的影响，必须认真妥善地加以解决。这些问题主要是：

第一，对社会主义人道主义宣传得不够充分。社会主义人道主义作为社会主义精神文明的一个组成部分和我国社会的基础思想之一，还没有被普遍承认。仍然有不少人把残疾人看成“废人”、“包袱”、“社会的累赘”。

第二，高等学校残疾学生的毕业分配还不够落实，中等专业学校、技工学校、职业高中的大门对达到录取标准的残疾考生仍未打开。高等学校残疾学生毕业分配没有完全纳入国家分配计划；中等专业学校、技工学校、职业高中的入学及分配标准，有的规定不尽合理。

发展特殊教育的关键是培养师资。怎样尽快在各省、自治区、直辖市培养一大批特殊教育教师也是一个有待解决的问题。

第三,大批福利工厂由于设备陈旧、工艺落后、人才缺乏,产品经不起竞争的考验,有些福利工厂濒临倒闭。一万四千个福利企业中,只有少数基础较好。总的看,虽然享有减免税优待,处境还是很艰难。抢救这批企业,使它们避免在竞争中倒闭,从而避免残疾人职工失去工作,是当今亟待解决的问题。福利工厂职工特别是残疾人职工文化、技术水平低,有相当一部分是文盲。怎样加强文化、技术教育,尽快提高他们的文化、技术素质,以适应转换产品的需要,也是当今一个亟待解决的问题。

第四,残疾人事业所需经费,虽然包含在某些事业的经费中,但所占比重甚微,以致有些工作排不上队,不能开展。比如,特教经费在教育经费中所占比例不足千分之四。这是与发展残疾人事业的需要很不相称的。

第五,迫切需要一个全国性的协调机构。残疾人事业的社会性决定了建立这种高层次协调机构的必要性。经济越发展,此项事业开展的项目越多,越有这种必要。这不仅是提高效率的需要,也是宏观管理的需要。

三

预计联合国"残疾人十年"结束之时,我国新的经济体制就会有一个初步的基础;物质文明和精神文明建设将进一步取得成就,社会文明程度将有新的提高。在这期间,我国残疾人事业要通过各方面的工作在一些重要方面取得突破性进展,为建设具有中国特色的残疾人事业奠定基础。

这一时期我们的工作纲要和奋斗目标是:

第一,深入宣传社会主义人道主义,树立理解、尊重、关心、帮助残疾人的社会风尚。这方面的工作要更活跃,形式更多样。要结合残疾人事业进行这方面的宣传。

第二,随着残疾人抽样调查工作的结束,我国将掌握比较准确的残疾人人数及残疾人状况。各省、市、自治区要按轻重缓急原则统筹安排残疾人工作,制订规划,逐步实施,为残疾人办实事。

第三,残疾人保障法将颁布并贯彻执行。省、市、自治区要抓紧制订保护残疾人合法权益的地方法规,使残疾人各项正当权益包括受教育的权利、劳动的权利和康复、参与社会活动的权利受到专门的法律保护。

国家颁发《无障碍设计规范》,力争在全国推行,大中城市新建的道路和公用设施、公共建筑纳入无障碍设计轨道。原有公用设施、公共建筑的无障碍改造有重点地逐步推行。

第四,按照集中就业与分散就业并举的方针,大中城市残疾人经过技能培训大部分就业,使掌握生产技术和管理业务的残疾人逐渐增多。

第五,具备条件的残疾人接受适合的普通教育(含高等教育)、中等专业教育、职业技术教育和特殊教育,不论入学与分配,障碍基本消除。残疾儿童入学率逐年提高。

国家设立"在职残疾人教育基金",用以开发在职残疾人文化、技术教育。大部分城镇福利工厂采用多种办法普及残疾人职工的业余文化教育、技术教育,残疾人职工的文化技术水平逐步提高。

第六,有计划地分期分批地更新、改造福利工厂关键工艺、工种和设备。首先选择投入少、周期短、见效快的项目给予贷款,同时照顾有特大困难者。

第七,以部分大中城市区级康复机构为中心,以街道、居委会为依托的康复网络初步形成。国家新增加的四十万张医院病床中,康复病床占一定比例。

厂矿企业的劳动保护和安全卫生工作取得新进展,工伤事故和交通事故致残率减少。预防接种率达到百分之八十五,推行妇幼保健措施,预防先天性残疾发生。

康复人才培养受到重视。部分省、自治区、直辖市医学院开设康复医学专业,有条件的医院开设康复训练班,培训基层康复工作人员。

第八,残疾人文化事业、体育事业有较大发展。省(市)及经济发达地区逐步建立残疾人活动中心。

第九,残疾人事业列入国家与地方社会发展计划,所需经费在国家与地方财政预算中逐年增加。

第十,建立由国务院主持的、由有关部委参加的残疾人事业协调机构。

第十一,继续广泛开展国际活动,增加交往,争取外援。进一步扩大与发达国家、发展中国家以及港澳地区从事残疾人工作的组织和政府部门的联系,加强经验、技术交流。

力争一九九〇年在我国举行国际康复会亚太地区第十五届年会和第十届大会。

我们相信,在国务院领导下,在政府各部、委大力支持下,经过各位委员的切实努力,我国残疾人事业一定能够取得更大的进展。

认真做好残疾人抽样调查工作①

（一九八六年七月十六日）

国务院批准对全国残疾人进行一次抽样调查，这是一件非常有意义的事情。这项调查，将为我们国家经济、社会、文化的发展提供某一方面的可靠依据。我国几千万残疾人分布在国家的各个角落。他们在社会上的政治地位、经济地位直接影响着社会的发展，不但影响着物质文明，而且影响着精神文明。所以，这次调查不只是一次工作调查，而且是为制订整个经济和社会发展计划提供一个方面的依据。

第一，这次调查将为中国残疾人工作制订总体方案提供数据。中国残疾人工作到底面临一个什么样的问题？它的现状、它的发展将会怎样？我们应当搞清楚，为了制订一个总体的方针和方案，需要进行调查。

第二，这次调查将搞清楚残疾人的教育、就业等具体情况。大家知道，从总体上说，中国残疾人在文化水平、科学技术、职业能力方面都低于正常人。他们在劳动就业、康复、社会生活、教育等方面还有许多问题亟待解决。这次调查就是为解决这些问题奠定基础的。无疑这将为广大残疾人带来福音，推动残疾人工作进一步向前发展。

第三，这次调查也是一个很好的宣传工作。它首先表明，我们社会主义制度要求全体人民包括广大残疾人共同富裕。虽然在经济发

---

① 这是邓朴方同志在全国残疾人抽样调查办公室工作会议上的讲话摘要。

展中允许拉开档次,但我们的目的和要求是全国人民共同富裕,这就显示了社会主义制度的优越性。这次调查正是我们国家实行社会主义人道主义的有力证明。较之别的人道主义,社会主义的人道主义更具有广泛性、公平性、现实性。这次调查,充分证明了党和政府对残疾人工作的关怀和重视。

我国是一个十亿人口的大国,残疾人数量在世界上也是最多的,因此搞好这次抽样调查工作,对世界残疾人工作也是有意义的。我希望这次全国残疾人抽样调查获得圆满成功。

在这里我有几点希望:一是要认真负责;二是要有科学态度,以科学的态度把这次调查搞准确。调查的失误就会带来国家制定政策方面的失当。调查的数据准确,就能使国家在制订有关政策时更有把握。三是所有参加这项工作的同志在调查中要以热情的态度体贴残疾人,树立全心全意为残疾人服务的思想,通过我们的工作使全社会理解、尊重、关心、帮助残疾人。

让我们相互理解[①]

（一九八六年七月二十日）

今天，大家在这里聚会，庆祝我们的二十位作者在《三月风》举办的“让我们相互理解”散文征文活动中荣获优秀奖和佳作奖。

《三月风》杂志在一九八五年十一月提出了“让我们相互理解”的口号，并以此为题，发起散文征文活动。在我们社会主义国家里，人人都需要并渴望理解，理解别人，同时也被别人理解。残疾人由于所处的特殊境遇和心态，这种要求更为迫切。只有在理解的基础上，才能建立起信任、尊重和友谊，才能形成团结、和睦、互助、友爱的新型人际关系，有利于两个文明的建设，有利于改革与开放的大局。

征文启事在一九八五年第十一期《三月风》上发表后，截至一九八六年六月三十日，编辑部共收到应征稿件八百七十多份。这些稿件来自全国除台湾、港、澳外的各个省、市、自治区。作者中有残疾人，也有健全人；有汉族的，也有少数民族的；有全国知名的作家、诗人，也有初学写作的文学青年。特别令人感动的是：其中有些稿件，是残疾人用口衔笔、以残肢执笔或口述请人代笔写出来的。从文章总体情况来看，虽然可能文采不足，但充溢着真情实感，发出了渴望理解的呼唤！

编辑部从八百多篇应征稿件中选出了四十二篇，陆续发表在《三

---

① 这是邓朴方同志在《三月风》杂志社举办的“让我们相互理解”散文征文活动颁奖会上的讲话。

月风》上,在读者中引起了很大的反响。许多残疾人朋友来信说:“这些文章传达出了我们共同的心声,使我了解到,世界上有许多跟我一样处于困境的人,他们并没有沉沦,他们在追求、在奉献!”许多健全人来信说:“读了这些文章,我进一步看到了残疾同胞美好的心灵,他们自强不息,热爱生活,渴求理解,我们应当给他们以尊重和帮助,学习他们的顽强精神。”

文艺界的老前辈冰心、萧乾、冯牧、袁鹰等著名作家,对这次征文活动给予了极大的支持和帮助,他们在百忙中逐篇审阅,评选出获奖作品。

以残疾人的生活为主要题材的全国性征文活动,这还是第一次。由于我们水平有限,缺乏经验,征文活动中一定还存在许多问题,恳切希望大家批评指正!我们一定努力把《三月风》办成无论是残疾人还是健全人都喜闻乐见的刊物,起到沟通残疾人与健全人心灵的“桥梁”作用,为社会主义精神文明建设做贡献!

坚持“四个面向”的出版方针①

（一九八六年九月十七日）

华夏出版社是我国第一个以出版残疾人需要的读物为特色的出版机构。它的编辑出版方针是面向残疾人，面向民政工作和社会保障事业，面向改革，面向社会。

据六十年代不完全的统计，中国残疾人有两千多万。从今年全国残疾人抽样调查情况来看，要大大超过这个数字。如何使这么多残疾人得到健康的、丰富的精神食粮，是一个不容忽视的问题。华夏出版社的成立将提供一个窗口，通过编辑出版为残疾人服务的书刊，出版残疾人写的、写残疾人的以及献给残疾人的著作，反映中国残疾人在四化建设中的精神风貌和他们对文化知识的需求。当然，残疾人对文化知识的需求是多方面的，多层次的，因此华夏出版社要担负起更广泛的责任，办成以出版残疾人的各类读物为特色的综合性出版机构。

中国的社会保障事业正随着经济的发展和改革的深化而发展，社会面貌的变迁提出了一系列值得研究的社会问题，社会工作的重要性愈来愈突出。华夏出版社作为中国残疾人福利基金会的下属单位，要面向社会工作，出版有关这方面的图书、资料、研究成果，以促进社会事业的发展。

当前，改革潮流方兴未艾，不可阻挡。华夏出版社是在改革的浪

① 这是邓朴方同志在华夏出版社成立大会上的讲话摘要。

潮中诞生的,是改革的产物。作为一个舆论阵地,要面向改革,反映改革,探索改革的理论与实践,不落后于时代的潮流,发挥它应有的作用。

残疾人问题是社会问题的一部分,只有把残疾人问题放在社会整体当中,才能得到妥善的解决。因此,华夏出版社要面向社会,出版那些有助于社会主义精神文明建设的著作,广泛深入地宣传社会主义人道主义,让全社会都来理解、尊重、关心、帮助残疾人,形成良好的社会风气。残疾人事业的发展与社会主义精神文明建设的发展密切相关,没有高度的精神文明,没有社会主义的人道主义,就不可能有健康发展的残疾人事业。

在改革的浪潮中建立的华夏出版社要以改革的精神办社。

第一,华夏出版社的办社宗旨是“出书、出人、出思想”。我们不仅要按照上述四个面向的方针为残疾人提供好的精神产品,而且要发现、扶植一批优秀的残疾人作者和有志于残疾人事业的作者。我们欢迎社会各界的老专家、资深学者支持出版社的工作,尤其欢迎中青年专家、学者参加我们的作者队伍,我们希望逐渐形成一支有相当数量的有理论修养和专长、热心于残疾人事业的作者队伍,探索中国残疾人事业的道路,为发展这项事业提供理论依据和思想武器。

第二,华夏出版社坚持“团结、效率、纪律、勤俭”的办社方针。我们要建立一个讲求效率、团结协作、严守纪律、廉洁勤俭的领导班子和编辑出版队伍,以此来保证出版社方针任务的实现,在这八字办社方针中,最重要的是效率。我们力图避免扯皮、拖拉现象和机关化的作风。力图缩短出版周期,不务虚名,讲求实效。

第三,要高质量、高速度地出书,必须有印刷方面的保证。要努力加强这方面的工作,以保证本社图书及时出版。此外,还将建立自己的发行机构,逐步形成编辑、出版、印刷、发行一条龙的管理体制,尽量减少中间环节,摸索新形势下创办出版社的经验。

华夏出版社刚刚创办,面临的困难很多,我们诚恳地期望得到上级领导和出版界同行的帮助。在我们的工作中,肯定会出现一些失误,诚恳地期望得到领导和各界朋友的批评指正。

社会主义精神文明建设离不开出版事业的繁荣。华夏出版社愿与出版界同行一起,为社会主义精神文明建设添砖加瓦。

努力开拓，做好地方残疾人工作[①]

（一九八六年十月三十日）

我们这个会开了四天，二十几位同志在会上发言，还有一些同志做了书面发言。大家从不同侧面介绍了残疾人劳动就业和基金会工作经验。会议期间，看了反映残疾人生活的录像，参观了北京四条街道无障碍环境改造试点和北京市毛织品厂。通过会议，大家开阔了眼界，扩展了思路。很多代表反映，这次会议是联系残疾人工作实际贯彻党的十二届六中全会决议精神的会议，也是一次生动的业务学习，会议开得很活泼，很有成效。同志们认为，主要收获有三条：

第一，开始认识了残疾人事业在两个大局中的位置及其与精神文明建设的关系，做残疾人工作的信心比过去坚定了；

第二，初步领悟到基金会的性质、位置和基本工作方法，对基金会怎样发挥作用比过去心里有底了；

第三，听了各种类型的经验介绍，对今后怎样工作感到有道道、有办法了。

我们相信，这次会议对推动残疾人事业的发展将起到重要作用。

一、残疾人劳动就业的几点经验

大家以劳动就业为重点，介绍了许多经验。这些经验是很好的。根据大家的经验，我讲几个问题。

---

① 这是邓朴方同志在地方残疾人工作经验交流会上的讲话摘要。

第一，要善于争取地方党政领导的支持。

任何工作，领导重视是关键，基金会工作也不例外。领导重视了，工作就比较容易开展，一些难以解决的问题就可以得到解决。领导的号召和示范作用，影响是很大的。领导一带头，全社会就会逐步关心残疾人事业。北京、大同、重庆的经验都证明了这一点。大同市市长能叫出许多残疾人的名字，知道他们家里有几口人，父母的情况怎样，他们有什么苦恼、烦忧。大同市委书记利用业余时间跟一位盲人一起学外语，给这位盲人拿拐棍，扶着上座，帮助整理笔记，这些都是很生动的。书记、市长这样做，残疾人的工作还能不活跃吗？讨论会上有人说：“咳，我们市长像大同市市长那样就好了。”我们的地方党政领导同志是为人民服务的，是愿意为残疾人做事情的，这一点应该肯定。

那么，为什么从表面看，一些单位的领导对这项事业重视不够呢？除了客观原因外，恐怕要从我们自己身上找找原因。我们要取得党政领导的支持，首先要做好调查研究，把残疾人的问题搞清楚。如果自己对情况都不清楚，怎么能让党政领导同志支持呢？我们自己要对残疾人工作的重要性有深切的了解，对残疾人的状况更要心中有数，这是争取领导支持的前提。山东招远县的调查，大同市的调查，都很细致，很有针对性，效果也很好。其次，要善于寻找恰当的对话机会。大同市市长怎么会了解并支持残疾人工作的呢？残疾人张若军把自己的一些想法、一些痛苦写信告诉市长，市长觉得信里有的地方说得对，有的地方说得不对，回了一封信，然后，这个同志要求见市长，市长见了张若军。当面一谈，事情就摆出来了。这次重庆介绍经验说，为了让市委书记知道情况，他们把回程机票换成了同一架飞机，然后，在飞机上把情况向书记做了汇报。我看这也是一种对话机会。要找到一个恰当的对话机会，你才说得上话。再次，应该讲清道理,讲清大局。除摆明情况外,还要把道理讲清楚。我们主持工作的同志非常关心大局,如果把残疾人工作与大局的关系讲清楚了,领导都会支持、重视的。我们还要做好工作,使残疾人事业有一个好的形象。工作既要活跃,又要有规矩。如果你这面鼓总是敲不响,那怎么指靠你,支持你呢?所以,我们的工作要主动、积极、有效,这样才能赢得领导的支持、社会的支持。

第二,关于劳动就业。

一个残疾青年就业比一个健全青年就业,更具有社会意义。健全人能否就业是一个就业与待业的问题,而残疾人能否就业常常是个生死问题。他这一辈子是活还是死,有前途还是没有前途,有希望还是没有希望,就看能不能就业了。当然,不能说每一个残疾人都有轻生的念头,但在脑子里转转是有的:到底怎么活啊! 活有什么劲啊! 所以,我们安排一个残疾人就业,实际上是"救人一命,稳定一家,影响一片"。一定要讲清这个道理,强调这个重要性。

劳动就业有各种层次,各种渠道,恐怕主要是分散就业和集中就业这两种。我们的提法是:集中就业与分散就业相结合,根据条件逐步向以分散就业为主过渡。希望大家注意"根据条件"四个字,不要不切实际地追求分散就业。要根据情况逐步发展,能集中的就集中,能分散的就分散,能办什么样的就办什么样的。一定要实事求是。就业的问题是残疾人最需要解决的一个问题,一定要继续抓紧。在就业这件事情上,还有一些深层次的问题。比如,有些人就业了,到底合理不合理? 本人有技术,能否适应高一点层次的就业? 糊纸盒,就业是好的,但除了糊纸盒,不会干别的,就业能力就差一些,这也是个问题。劳动条件合理不合理也是个问题。城市残疾人就业了,农村残疾人怎么解决,更是个问题。我们要探索解决这些深层次的问题。对这件事什么时候都不能放松。

第三，要进一步认识基金会的位置和作用，把力量花在协助政府、动员社会上，而不要大包大揽，单枪匹马自己干。残疾人事业是社会事业，谁都包不了，只能发动社会来做，大家来做。这就要善于宣传，以便通过各种渠道动员社会力量。大连残疾青年协会的经验，武汉、深圳、抚顺、招远这些地方的经验，都说明了这个道理。中央提出社会保障事业要逐步做到以社会化管理为主，走向开放型。你的位置、你的作用就要从社会化管理这上面去找。这样找，可能就找对了。如果受旧体制影响，另有想法，按别的想法去找，可能就找错了。这个问题很大，希望大家都来想一想。只有把这个问题想清楚了，才会找到自己的立足点，找到自己应该发挥作用的地方，从而才能确定自己正确的工作角度、工作方法。

第四，重视骨干企业的作用。会上介绍了武钢、太钢、抚钢、东北制药厂办福利厂的经验。这是我们所提倡的事情。骨干企业应当把这些事情承担起来。骨干企业在我国国民经济中起着主导作用，一般来说，它们有力量做这件事情。骨干企业干起这项工作来比较顺：物资、原材料来源顺，产品销路顺，安置也可能比较合理。骨干企业除了办福利厂外，还可以分散安置。这样既对残疾人有好处，也对残疾人家庭有好处，对企业合理配置生产要素也有好处。福利工厂经营得好，还可以增加骨干企业的利润。这方面搞上去了，精神文明、物质文明都可以搞上去。大家听了抚顺钢厂在会上的经验介绍。这个厂的领导同志认识比较深刻，工作比较有章法，残疾人在他们那里能够各得其所，发挥所长。我看厂矿企业的领导，都应当学习抚顺钢厂这种精神，借鉴他们的做法。

第五，要注意提高残疾人的文化素质。这是一项重大战略任务，决不能等闲视之。社会主义商品经济越发展，这个任务越紧迫。这次会上这方面的经验比较少，反映了我们这方面工作比较薄弱。大家在教育问题上一定要想得远点。商品经济发展下去,必然促使残疾人不同程度地参与竞争。如果文化技术水平上不去,在竞争中就会永远是弱者。当然,国家对残疾人是要保护的,但是,除了完全丧失劳动能力者以外,你也要具有一定知识和技能。我们必须及早给残疾人创造条件,提高他们的文化水平。如果我们现在不抓,十几年以后,还有那么多文盲,那么多没有文化、不懂技术的人,不但自己生活难以提高,还会影响社会前进,几千万残疾人就会被丢在社会后面。这是一件非常严肃、非常现实的事情,希望大家充分重视。

第六,关于探索成立高层次协调机构的问题。残疾人工作涉及政府许多部门,许多事情不是一个部门能解决的,成立一个高层次的协调机构,是客观需要。当然,应当“水到渠成”,不应急于求成。大同市和招远县成立了协调机构,希望大家研究本省本地区怎么推广,并注意总结经验。

二、基金会工作中的几个问题

下面,我再就基金会工作中的问题讲几点意见:

第一,做残疾人的工作,思想上要有危机感。

从国家角度看,残疾人的工作做不好,将会影响国家的安定团结,也会影响国家形象。这是我们应当具有的一种危机感。

从残疾人角度看,发展商品经济,对每个社会成员来说,既增加了机会,也增加了风险。那么,哪些人遭到的风险可能最大呢?有四种人风险可能最大:一种是劳动力差的;一种是知识、信息少的;一种是缺乏帮助的;一种是遭受意外事故的。残疾人几乎是这四种人中的多数,可能遭到风险最大。所以,如果我们工作做得好,就会使残疾人减少风险,否则,就会加大风险,甚至不能在社会上立足。

从基金会角度看,也应当有危机感。成立了基金会,就要承担责任,承担为残疾人排忧解难的责任。做残疾人工作,最大的危险就是得不到广大残疾人的承认。所以,我们必须真心实意地做好残疾人工作,我们要把这三种危机感变成责任感,切实做好各项工作。

第二,做残疾人的工作,要多一点科学性。

我们反复强调对工作要心中有数,要调查研究,要从实际出发,重大工作要经过充分论证,就是说工作要有科学性。

就残疾人工作来说,应当看到,康复、教育、就业、参与社会生活等等,这是一个系统工程;做残疾人工作的手段,如宣传等等,也是一个系统工程。它们是相辅相成、相得益彰的。每一项工作,每一个手段,都是总体的一部分。所以,工作既要有重点,又要有整体观念。在这里,用“中心”冲击一切是不对的;眉毛胡子一把抓,工作没有重点,也是不好的。怎样工作得有条理、有效率、有重点、有章法,就看科学性如何了。工作有了科学性,主观符合客观,才能提高效率,提高水平,做到事半功倍。我们都应当努力掌握这种科学的工作方法。

第三,新的工作方法要用新的观念去指导。

基金会是一个新的机构,社会化管理是一种新的管理方式。只有树立新的观念才能与这种管理方式相适应。大家都在做社会化管理的工作,所以必须树立新的观念。比如商品经济观念、竞争观念、社会化管理观念、接受群众监督和社会检验的观念等等。为了与社会化管理相适应,我们的工作人员都应当成为社会活动家。不能只向上级要办法,只等红头文件,没有红头文件或别人不说话,自己就不动。要树立新观念,增长社会活动家的本领,必须努力学习,研究新事物,总结新经验。我们希望有更多的同志在改变旧观念、致力于残疾人事业的过程中成为社会活动家。

残疾人事业与精神文明建设[①]

（一九八六年十一月七日）

刚刚结束的党的十二届六中全会通过的《关于社会主义精神文明建设指导方针的决议》，周密而系统地阐述了党对精神文明建设的基本指导方针和各项任务、要求，这是指导我国精神文明建设的纲领性文件。

决议的根本思想是改革与开放。我们说的精神文明建设就是促进全面改革和实行对外开放的精神文明建设。只有从整体上把握这个根本思想，才能把握决议的精神实质。精神文明建设的内容十分丰富，总的讲，大体包括思想道德建设和教育科学文化建设两个方面。主要是结合物质文明建设和改革、开放，通过端正党风和社会风气，进行共同理想和职业道德的教育以及社会主义民主和法制教育，提高整个社会的精神文明水平，保证改革和开放的方向，促进改革和开放的顺利进行。现在，封建主义和资本主义腐朽思想的影响，特别是延续了两千年之久的封建宗法思想和习惯势力，还严重阻碍着改革和现代化建设的进行，也影响着残疾人事业的开展。从社会生活各方面克服这些腐朽思想，是艰巨的、长期的任务。

社会主义精神文明建设，应该继承三个方面的优秀文化遗产。一是中华民族的优秀的文化遗产。诸如爱国主义思想、尊重知识分子、注重教育，包括孔子的仁爱思想与教育思想中的积极部分，都应

① 本文原载一九八六年十一月七日《人民日报》。

该认真继承。我国传统的、人民群众的互助精神,以寻求家庭的和谐、稳定为主旨的家庭伦理观和其他美德,更应该发扬光大。二是吸收国外有益的文化,包括先进的科学技术、经济管理经验以及对我们有益的民主、法治和人道主义思想等。三是继承和发扬我党及其所创建的人民军队在几十年革命斗争中形成的光荣传统、文化传统和道德风尚。例如毛泽东同志倡导的三大作风、革命人道主义精神和团结奋斗的精神等等。这是我们的无价之宝,要继承下来,在新的历史时期充实新的内容。以上三个方面要相互渗透、相互融合,在实践中发展,以形成新的社会主义精神文明。

在处理人与人的关系方面,要强调和睦团结和互助友爱,尊重每一个人的人格及其生活、工作的权利。这里贯穿着一条主线,就是发扬社会主义的人道主义精神。

人道主义,在一段时间内似乎成了禁区。人道主义是资产阶级提出的、用以反对封建阶级的重要思想武器,它是伴随着人类进步而产生的进步的东西,我们应当继承。按照马克思主义的观点,我们在处理人和社会的关系时,总是从具体的人而不是从抽象的人出发,这样的人道主义更具有现实性。我们历来主张,要从最广大人民群众的最大利益出发,以解决大多数人的问题为己任,总目标是解放全人类。这样的人道主义更具有广泛性。总之,社会主义的人道主义应当是更深刻的、更高级的人道主义。我们要大力宣传,并且广为实践。

残疾人工作和社会主义精神文明建设的关系是怎样的呢?我们怎样在精神文明建设中发挥作用呢?

第一,残疾人中有许多人克服着难以想象的困难,刻苦地学习,创造性地工作,顽强地生活,为社会主义建设做出了卓有成效的贡献。这种与命运抗争的、自强不息的精神,本身就是精神文明的体现。

第二,残疾人这种好思想和顽强拼搏的素质,经过集中和传播,反过来影响着社会。五六十年代,两位杰出的残疾人吴运铎和奥斯特洛夫斯基的名著《把一切献给党》《钢铁是怎样炼成的》所阐发的高尚情操和艰苦卓绝的拼搏精神,曾经极大地影响了当时青年一代的思想,作为当时以崇高理想为主要特征的社会精神文明的有机组成部分,培养了一代崇尚理想、不怕困难、朝气蓬勃、奋发向上的革命青年。八十年代的青年人,不也正是从保卫边疆作战的战斗英雄其中包括很多身残志坚的英雄以及张海迪等同志的身上,领略到崭新的精神风貌,点燃了理想的火炬吗?社会养育了残疾人,残疾人以自己杰出的精神力量反作用于社会,推动着社会主义精神文明建设前进。这便是它们二者相辅相成的关系。

第三,健全人和残疾人相互理解、尊重、关心和帮助,是精神文明建设的重要内容。只有懂得残疾人是怎样在艰苦的环境中生活、学习和工作的,才能懂得他们的感情。这样,对他们就会产生由衷的尊重。有了这种由衷的尊重才能促使人们更好地关心和帮助残疾人。也只有在这个基础上的帮助才是真诚的,有效的。残疾人的处境困难,但是他们有很强的自尊心,他们最需要的是尊重而不是怜悯。只要有了这种理解、尊重、关心和帮助,就会给整个社会带来文明进步。

第四,残疾人工作是社会主义建设不可缺少的组成部分,这项事业是党的事业,也是人道主义的事业。我们的工作做好了,既是对社会保障事业的贡献,也是对精神文明建设的贡献。可以想象,如果残疾人还是处于无人过问、受歧视、受冷落的状况,那就会损害社会主义社会的形象。所以,对待残疾人的态度是衡量社会进步、文明与否的重要标志之一。

为了做好残疾人工作,发挥残疾人工作在精神文明建设中所应发挥的作用,需要做这方面工作的同志,发扬献身精神,密切联系残疾人群众,切实加强社会化管理,使残疾人工作更上一层楼。到目前为止,全国有十五个省、自治区、直辖市成立了残疾人福利基金会,有的正在筹备。省、市以下,有三十八个地区、省辖市成立了残疾人福利基金会,一些区县、企业和大学成立了残疾人福利基金会或残疾人俱乐部等组织。各地的残疾人福利基金会成立之后,在宣传、教育、康复、就业、集资、办经济实体等方面做了很多好事、实事。但是,我们的工作还是处于初创阶段,对工作的内容、方法,以及同各方面的关系等,还在探索。为了推动工作,当前有几个问题要认识清楚。

必须明确残疾人工作的目标,就是要逐步创造一个以先进思想为指导的良好的社会环境,使残疾人在事实上享有与健全人一样的学习、劳动和参与社会生活的权利和机会,并且同样分享由经济发展和共同劳动所带来的全部成果。这个目标与我们党、国家所追求的目标是一致的。

要正确认识残疾人福利基金会的位置。在残疾人工作中,党和政府的作用是主导性的。长期以来,我国形成了国家、集体、家庭这样的残疾人工作体系。这个体系的形成,对残疾人事业的发展,对国家建设事业的顺利进行起到了巨大作用。但是,随着开放、搞活这个基本国策的提出,随着体制改革的深入进行,特别是社会主义商品经济的发展,这个体系与开放的、充满活力的现代化社会是不能完全适应的。基金会正是在社会保障制度向开放型转变、向社会化管理基本格局转变的形势下出现的一种新的残疾人工作组织。它主要是协助政府、动员社会力量、疏通各种渠道为残疾人服务。基金会要协助政府工作,但不能代替;要为残疾人办好事、办实事,但不能大包大揽。这就是基金会的社会位置及由这种社会位置决定的基本工作方法。

要明确残疾人工作的基础性内容。残疾人工作内容相当广泛,但是基础性内容是康复、教育、就业等这几个方面。这是互相连接、密不可分的。从当前情况看,劳动就业是改善残疾人各方面状况的关键环节,所以中国残疾人福利基金会第三次理事会议把残疾人的劳动就业确定为近期的重点工作。

世界上有各种特色、各种类型的残疾人事业。劳动福利型应当是我国残疾人事业的特色。这意味着,我国残疾人并不是片面地享受国家救济,而是一面受到国家的一定的保护,一面是社会的积极的奉献者。努力发扬这个特色,使残疾人在国家一定的保护下劳动致富,就可以使残疾人具有积极进取精神,从而为全面参与社会生活创造良好的心理状态。

高等院校应向残疾学生敞开大门[①]

（一九八七年一月十日）

北京大学是中外著名的高等学府，是人才荟萃的地方，也是传播和发展科学文化的重要场所，因此，北京大学残疾人福利基金会的成立，必将对我国残疾人事业的发展、对社会主义人道主义精神的弘扬及残疾人事业与高等教育事业的有机结合起到重要的推动作用。

北京大学在传授和发展人类文明中有着特殊的地位，因此，她有责任率先消除种种歧视残疾人的旧思想旧观念，她也有接受残疾人到高等学校深造的义务。让更多符合入学条件的残疾青年共享人类文明的成果，接受最好的教育，充分地发挥自己的聪明才智，为社会做出更大贡献，这是每所大学的重要任务之一。我相信，经过北京大学残疾人福利基金会的努力，有校方的关怀和支持，将会有更多的残疾青年到这个美丽的校园里学习和生活。我也希望在残疾学生和健全学生中形成一种相互理解、相互尊重、相互关心和相互帮助的好风气，形成一种人道主义的新型人际关系。

在这里，我借此机会向全国高等院校呼吁：请向残疾学生敞开大门，接受合格的残疾考生入学，给这些有志气的青年人同等机会。他们是应当受教育的，也是值得培养的。

我还希望，北京大学残疾人福利基金会的同志们牢记全心全意为残疾人服务的宗旨，充分发挥北京大学在教育和科研方面的优势，

---

① 这是邓朴方同志致北京大学残疾人福利基金会成立大会的贺词。

逐步形成自己工作上的特点,为全国的残疾人事业做出贡献!

从我国残疾人事业的全局来看,我们还是很艰难的。十一届三中全会以来,是新中国成立后最好的时期之一。政治上安定团结,经济上稳步发展。改革和开放的深入,保证了我们各项事业的蓬勃前进。残疾人事业这几年也有了长足的进步。只要我们抓住目前和今后的好时机,我们是可以有所作为的。这作为就是:为民族的振兴,为社会主义祖国的强大,扎扎实实地打好工作基础,使我们的青年、我们的后代能够在这个基础上创造出更大的业绩。

最后,我相信,有校领导的关心,有广大师生员工的热情支持,有基金会同志们的努力拼搏,北京大学一定能为我国残疾人事业的发展做出贡献。

宣传社会主义人道主义是精神文明建设的重要内容[①]

（一九八七年三月）

近年来，国家教委、共青团中央、全国妇联的领导及同志们十分关注在少年儿童中进行社会主义人道主义教育。大家相互支持，共同努力，为的是造就一代具有高尚的社会主义人道主义精神和远大的共产主义理想的接班人，我们的大目标是一致的。北京、上海、大连三个城市以及其他一些地区做了十分出色的工作，取得了令人振奋的成绩。

社会主义的人道主义是我国残疾人事业的旗帜。社会主义的人道主义属于马克思主义范畴，是我国社会的基础思想之一。它具有彻底性、科学性、实践性、广泛性。大力宣传和推进社会主义人道主义，是社会主义精神文明建设的重要内容。如何对待残疾人，这是每个青少年朋友都面临的一个问题，要求他们从现在起就打下人道主义的思想基础，增强社会责任感和对人的理解、尊重以及对生活和事业的热忱，是十分必要的。这既是广大青少年面临的重大课题，也应当是全社会关注的重大问题。

我们的工作可以说刚刚开篇，绘制宏伟的图画还要靠在座的同志们，靠全国教育战线的老师、少年儿童工作者以及社会各界的同志

---

① 这是邓朴方同志致在少年儿童中进行社会主义人道主义教育协调工作会议的贺信。

们、朋友们,特别是要靠我们的数以亿计的小主人翁自己,可以说任重而道远。

我们正在从事的事业是高尚的事业,光荣的事业,大有希望的事业。我们的奋斗目标一定能够实现。预祝会议圆满成功。

关于社会化管理和成立残疾人联合会问题①

（一九八七年四月十日）

一、关于这次会议

这次会议开了四天，今天就要结束了。几天来，大家围绕《残疾人工作宣传提纲》和《成立残疾人联合会的设想》展开了热烈的讨论。总的来说，情况是好的，可以说，达到了明确思想、提高认识的目的，是有收获的。

我们交给大家的是两个“半成品”，目的就是请大家开动脑筋，研究讨论，充分发表意见，以便搞出一个好的文件和方案来。看来这是个好方法，便于通过讨论进入“角色”，沟通思想，提高认识。在讨论《宣传提纲》的过程中，大家态度非常认真，几位老厅长不但事先用心看了，而且一个观点、一个观点地研究琢磨，表现出对残疾人事业的高度负责精神。很多同志联系自己多年的工作实践，对残疾人工作发表了很有见地的看法；还有些地方领导同志，结合讨论，总结了自己这一段的工作经验，提出了不少有价值的意见；许多同志对《宣传提纲》逐段、逐句、逐字推敲，切磋商量，各抒己见，气氛十分活跃。看起来，我们是在讨论《宣传提纲》，实际上，是集中大家的智慧，对残疾人工作的意义、地位、基本工作方法以及与其他各方面的关系，进行

① 这是邓朴方同志在全国残疾人工作会议上的总结讲话摘要。

了一次集体研究。有些同志形象地说,通过讨论《宣传提纲》,我们的认识上了一个新台阶。当然,这不是一次会议所能做到的,这需要一个过程。但是,这是必须做的,因为理论宣传是发展任何一项事业的先导,残疾人事业也不例外。只有理论宣传充分了,认识提高了,事业才能更好地发展。我相信,随着认识的进一步提高,残疾人工作必将有进一步的发展。特别重要的是,大家对《宣传提纲》提出了一百多条意见和建议,其中大部分是有价值的。我们修改《宣传提纲》的时候将给予充分考虑。可以说,修改后的宣传提纲是大家集体努力的结果。这是我们党的群众路线在这一工作上的生动体现。

对成立联合会的设想,同志们发表了积极、认真、坦率的意见。绝大多数同志从残疾人事业出发,根据本地区的实际情况,提出了自己的意见。许多同志的正确意见将在我们工作的进程中起重要作用。这样上下左右一沟通,大家心中有了底,有利于减少震动,避免损失,有利于稳住大局,求得工作的最佳效果。当然,也有些同志还有各种各样的想法,有些同志还有疑虑,这是可以理解的。不管是什么意见,只要谈出来就好。谈出来就会受到重视,就会被认真对待。

这次会议收到了预期效果,是残疾人福利基金会和盲人聋哑人协会联合召开的一次成功的会议。会后,我们将根据大家的意见,把修订《宣传提纲》和成立联合会的工作做好。

二、关于残疾人工作的意义

在每次会议上,我们都强调残疾人工作的意义。做好残疾人工作的意义是多方面的。今天,我想从残疾人工作和坚持四项基本原则的关系这个角度谈一点体会。

大家知道,我们党的十一届三中全会以来形成了一个中心两个基本点为内容的基本路线。一个中心就是以经济建设为中心,两个基本点,一个是坚持四项基本原则,一个是坚持改革、开放、搞活。目前这个阶段,我们党着重强调坚持四项基本原则,反对资产阶级自由化。为什么我要特别提出这个问题呢?就是为了使我们看到残疾人工作的深层意义。我们为残疾人所做的一切工作,从大处说,就是为了密切党与群众的联系,加强四项基本原则,巩固社会主义制度。

大家知道,我们党成立以来,一直是和群众有着血肉联系的。在战争年代,我们党代表了大多数群众最根本的利益,那时候,我们的党得到了群众的衷心的拥护。在那个年代,密切联系群众是我们党的生命线。你脱离群众,你就要掉脑袋。我们的党和军队是靠人民群众的支持,才取得革命胜利的。成为执政党以后,我们党带领群众所走过的路代表了广大人民群众最根本的利益,因而我们站住了脚。十一届三中全会以来,我们党又提出了以经济建设为中心,发展社会主义事业,最大限度地满足人民群众的物质文化需要这一宏伟目标,受到了广大人民群众的热烈拥护。几年来我们党坚持四项基本原则,坚持改革、开放、搞活,成绩是巨大的。这就是说,我们党与群众的根本利益是一致的。

但是不是没有问题了呢?我看不是。由于工作中的失误,由于我们国家是个大国,是个穷国,底子薄,现在经济发展水平仍然落在世界后面,我们还不能完全满足人民群众的需要。此外,还有一个官僚主义问题、党风问题,对这些问题群众是有意见的。这就有必要改善和进一步密切与群众的关系。除了我们的路线、方针、政策代表人民群众的根本利益外,我们还要做大量的实际工作,争取群众的支持。我们要广泛地联系群众,反映群众的意见,为群众服务。

在这项工作里面,民政工作,社会保障工作,残疾人工作承担着重大责任,显得非常重要。我们做好每一件为残疾人服务的事,都会得到残疾人和广大群众的拥护,都会直接密切党与群众的联系。换句话说,我们每做好一件有意义的事,都是在客观上证明着共产党好,社会主义好,这一层意义不是很清楚吗?我们许多残疾人,走到哪里都说共产党好,社会主义好,说没有共产党,没有社会主义,就没有自己的今天。这就证明我们党的路线、方针是正确的,也说明我们从事残疾人工作的同志是尽了力的,我们的努力没有白费。相反呢,如果我们不做工作,或者工作做得不好,就会直接损害党和群众的关系。所以,在这个问题上,我们的同志要站得高些,看得远些,要有对工作的高度责任感。

什么是社会主义?党中央领导同志讲得很明确,一条是社会主义所有制,一条是共同富裕,不使贫富差距太大。共同富裕的政策直接维护了社会主义原则。当然,这不是说,我们要搞平均主义。但反对平均主义,不是意味着两极分化,而是要逐步趋向共同富裕。我们的工作,从一定意义上说,就是使残疾人跟上社会的发展,使残疾人逐步达到同社会成员一起,共同富裕。

残疾人是社会上最困难的一个群体,面对着改革、开放、搞活的形势,许多人遇到了新的机会,也遇到了新的问题。残疾人由于自身的弱点,更多的是遇到了新的问题。几千万残疾群众,能不能跟上社会发展的步伐,能不能与十亿人民一道前进,共同富裕,这是一个很大、很有分量的问题。明白地讲,这是一个政治问题。这就要靠我们去工作。我们要努力为残疾人服务,把残疾人的情况提供给党政领导,动员社会为他们排忧解难。要逐步给他们创造一个环境,使他们能够像健全人一样有一个奉献的机会,有享受社会物质文明和精神文明成果的机会。做到这一点,非常不容易。非下大功夫不可。

总起来说,我们的工作是直接密切着党和群众的关系,直接维护着社会主义原则的。这个意义是很大的。所以我想,我们的同志做好自己的工作,就是为坚持四项基本原则贡献了力量。我希望大家充分认识这层意义,更积极、更热情地从事自己的工作,全心全意为残疾人服务,为残疾人办好事、办实事。

三、关于社会化管理

社会化管理这个问题在这次会上讨论得比较热烈。同志们的看法不一,有的同志从理论高度,结合工作实践谈了对社会化管理的看法,也有的同志感到无从下手。这里我想提一下简报第十期所载的一个同志的说法。我觉得这个说法很有见地。这个同志讲:由于我国社会保障事业长期实行封闭的部门管理("封闭的"这个说法还要考虑),社会化管理对我们来说是新概念。社会化管理是随着我国商品经济与专业化分工的发展,社会活力的增强而出现的。它是相对于部门管理而言的。它的最大特点在于,它是社会的,不是单一部门的;对残疾人事业来说,就是动员社会力量为残疾人服务。我觉得,这位同志讲的是很有道理的。如果我们能够实现动员社会、开发社会,如果我们能够实现社会的某种自我调节,社会化管理就能够有效地发展起来,这就达到了社会化管理的要求。达到这样的要求,要有一个过程,不是一蹴而就的。

社会化管理是党中央、国务院提出的要求,我们怎样去实现它,怎样去做呢?我看,这一点是必须搞清楚的。我考虑用两句简单的话来说明。一句是我们自己努力去做;第二句是动员社会,大家来做。

我们自己努力去做是什么意思呢?就是要创造条件,充分发挥社会团体的作用,努力开创一条使社会团体更加活跃的路子。我们基金会,盲人聋哑人协会,在动员社会上,做了很多工作,实际上很多方面是在运用社会化管理的方法,只不过我们自己还未意识到罢了。相信大家通过在实践中学习会发现,社会化管理并不是那么神秘的,很多事情我们已经在做,有些事情做得还不错。当然,还有更多的工作需要我们去开拓。

第二句话是动员社会,大家来做。残疾人的事情,决不只是一个部门、一个单位的事情。我们经常遇到的情况是,许多同志把残疾人的事仅仅看作是民政部门的工作。实际上残疾人的工作不仅仅是民政部门的事情,也不仅仅是政府的事情,而是各企事业单位、各街道、乡镇的事情,也是广大群众的事情。也就是说,这项工作是全社会的事。有的单位做了一些事情,但它以为是做了一桩额外的事情,这是不对的。我们应该向这些同志说清楚,你所做的事,本来就是你应该做的,本来就是你的责任。把所有的事情一下都推到一个部门,实际上是增加了国家的困难,增加了国家财政负担。明白了这层道理,我们就可以理直气壮地动员大家做工作。既在政府部门之间“穿针引线”,又做各企事业单位、街道、乡镇的工作,做群众的工作。

这两点比较简单,是社会化管理的一个通俗浅显的解释。当然,随着事业的发展,社会化管理的更深刻的内容将被我们认识。我今天讲的只是两句最简单的话。最后要指出,在推进社会化管理的整个过程中,都要加强党的领导,政府的主导作用,部门的管理作用。不是一说加强社会化管理,就不要政府管理了。绝不是这个意思。政府的作用无论何时都是主导的。

四、关于学习问题

我们共产党人是马克思主义者,唯物主义者。为了求得思想和实际的统一,必须不断学习,不断修正自己的思想,使之符合客观实际情况。在学习过程中,要坚持实事求是的作风,不断根据实际情况研究新问题,探索解决问题的路子。改革、开放、搞活,发展社会主义商品经济,带来大量新情况、新问题。残疾人工作新问题的出现比我们预想的要早、快。所以,为了做好工作,认真研究新问题,树立新观念,显得非常重要。我们每个做实际工作的同志都应当认识到学习的迫切性。所以,要强调理论学习,强调从实践中学习。总之,在很长一段时期内,都要强调学习,强调认识跟上形势,强调研究新情况、新问题。这将是今后工作的一个特点。关于这个问题,我想讲几点意见:

第一,新的认识必须在吸收优良传统的基础上建立,必须重视优良传统的作用。新的认识是在原来认识的基础上形成的,不是凭空产生的。传统不仅是历史的产物,也在很大程度上影响、制约着现实生活。脱离了传统,就等于不承认历史,同时也不承认现状。传统有其存在的原因,其中有很多优秀的东西,当然也有糟粕,这就要继承优秀的东西,抛弃不良的东西。去年我们研究精神文明建设的时候,谈到这样一个看法,即要继承三个传统:一个是中华民族的优秀传统;一个是我们党和军队在多年革命斗争中和1949年以来形成的优秀传统;一个是世界上其他民族、国家优秀的东西。只有我们继承了优秀的东西,才有可能产生新的好的思想。我们的改革、开放要在继承传统的基础上创新。如果脱离原来的基础,凭空去创新、去"改革",我看那不是真正的改革。真正的改革是注重现实、注重传统的,这才是符合实际的,才是站得住脚的。只有这样,才能坚持改革。

第二,新的认识必须从实践中来,也就是说一切都要从实际出发,在实际工作中形成新的认识。新的认识还要接受实践的检验,在实践中丰富、完善。

第三,每个人都要从自己的认识基础出发,从总结自己的经验中去体会,去寻求,从而得到提高。我们每个同志都不能脱离自身,只能在自己认识的基础上逐步提高和突破。

第四,在整个学习过程中,要有一个正确的指导思想,要重视理论的研究,要善于将感性认识上升到理性认识。

《宣传提纲》要求大家做社会活动家。社会活动家打哪儿产生呢? 我看,就产生在同志们当中,产生在与我们一道工作的同志们当中。我们要不断地提高认识,一步一步地努力增长社会活动的才干,这样才能锻炼出一大批胸怀大局、勇于开拓的社会活动家。

残疾人工作宣传提纲[①]

（一九八七年四月）

一、残疾人与社会

（一）自有人类社会，就有残疾人。残疾人问题是人类社会的固有问题。

（二）对残疾人有不同的定义。在我国，残疾人是指由于生理功能、解剖结构和心理状态的异常或丧失，部分或全部失去以正常方式从事活动的能力，在社会生活的某些领域中不利于发挥作用的人。

目前我国统计的残疾人包括以下类别：视力残疾、听力言语残疾、肢体残疾、智力残疾、精神残疾、多重残疾。

（三）残疾是病、伤的后果，其原因是多样的，包括灾害、事故、疾病、遗传、战争、贫困、犯罪、公害等等。随着社会的进步，人们可以在一定程度上，一定范围内控制残疾的发生、发展，但不能完全消除它。采取各种积极、可行的措施预防残疾发生，是全社会的责任。

（四）我国有几千万残疾人。

残疾人在认识环境、生活自理、经济自立和社会交往等方面存在不同的障碍，因而在生活、生产、就业、教育、娱乐、婚姻等方面遇到多种困难。

只要提供相应的条件，大部分残疾人可以通过各种方式，不同程

---

① 这是邓朴方同志主持制订的第二个残疾人工作宣传提纲，中国残疾人福利基金会和中国盲人聋哑人协会转发各省、自治区、直辖市。

度地克服残疾造成的障碍。如通过康复医疗,可以恢复全部或部分功能;借助辅助器械,可以取得部分能力的补偿。

残疾人本身的健康器官,常常能够更充分地发挥作用,代偿部分功能。

大多数残疾人具有劳动的能力和参与社会生活的能力。他们的能力的充分发挥,有赖于社会为他们提供的物质和精神条件,也取决于他们的奋斗精神。

残疾人的心理状态差异很大。多数残疾人顶住了残疾及由此带来的其他方面的打击,热爱生活,具有乐观的人生态度,其中一些人勇于同命运搏斗,以坚强的意志和毅力,为社会做出了贡献,赢得了人们的尊重;部分残疾人情绪消沉,其中少数在一定时间对社会环境持有某种逆反心理。所有这些,都与残疾人如何对待他们的处境和身受的不公平待遇相关。

残疾人往往更多、更深入地考虑生活的价值和意义,强烈地要求与健全人一样在社会上发挥作用,履行义务,享受权利,贡献力量。

(五)残疾人和健全人一样需要物质生活和精神生活,由于残疾的存在和影响,残疾人还有其特殊需要,应当给予更多的帮助。

根据残疾人的情况和需要,我国对残疾人实行一定的保护。这些保护包括:为残疾人设立医疗和康复机构;生产残疾人需要的辅助器械;为残疾人提供各种就业机会和方便;对福利企业实行优惠政策;设立残疾人特殊教育机构并对残疾人接受教育实行合理规定;在公共设施中逐步实施无障碍设计,等等。对残疾人的保护应当适应国家经济、文化发展水平。

由于种种原因,目前我国提供的物质和精神生活条件还不能适应残疾人的需要,对此,有关方面应予以关注,并积极改善。

(六)应该理解、尊重、关心、帮助残疾人,保护他们的合法权益。这是社会文明和进步的表现。歧视、侮辱、打击残疾人是愚昧、落后和不文明的表现。这些不文明行为违背社会主义人际关系和道德准则，有损人类尊严，应当受到批评、谴责乃至惩罚。

残疾人要自尊、自信、自强、自立，努力使自己成为社会主义建设的奉献者。

（七）我国几千万残疾人的状况直接影响着他们的家庭、亲友、邻里，间接影响到更为广泛的人群，影响到国家政治、经济和社会安定的大局。残疾人问题是不容忽视的社会问题。

二、残疾人事业的历史和现状

（八）中华民族自古以来就有关心扶助残疾人的美德。在剥削阶级占统治地位的社会，一些统治者曾为残疾人做过某些好事，但是有很大的历史和阶级的局限。广大残疾人遭受着比其他劳动者更为严重的歧视和更加深重的压迫，挣扎在社会最底层。这种状况直到新中国成立，才开始改变。

（九）中华人民共和国的建立，使残疾人状况发生了根本变化。广大劳动人民翻了身，残疾人也获得解放。

五十年代，人民政府扶贫济残，收容、救济了大批残疾人。随后，城市兴办了各种福利企业、事业，包括荣誉军人学校、休养院、盲童学校、聋哑学校、社会福利院等。农村有劳动能力的残疾人由集体生产组织予以安置，失去劳动能力的孤寡残疾人受到“五保”待遇。

在十年动乱中，我国政治、经济生活遭到前所未有的破坏，社会风气也受到影响。残疾人事业同样受到损失。不少人因受迫害致残。

（十）十一届三中全会使我国进入以经济建设为中心的新的历史时期。

在这个时期，党和国家重视了社会与经济的协调发展，随着城乡经济的改革、振兴，残疾人劳动就业、康复、教育、文化、体育活动有了很大发展。残疾人自强自立的精神受到鼓舞，发扬光大。这是我国残疾人事业最好的时期之一。

(十一)我国正逐步形成的残疾人工作体系是:国家对推进残疾人事业起主导作用。这种作用表现在四个方面:制定残疾人工作方针、规划,实行宏观协调及必要的监督;通过法律和政策解决残疾人的权益保障问题,对残疾人实施特殊的保护;通过政府各职能部门,管理残疾人的救济、康复、教育、就业、文化体育等事宜;承担必要的拨款及财政负担。

基层企、事业单位和农村乡镇、城市街道组织,承担着大部分残疾人的康复、教育、劳动、娱乐等实际工作,是我国残疾人事业的基础。

日益活跃的各种残疾人团体,在政府领导下,调查研究,宣传教育,募集资金,动员社会力量进行各种实际活动,是残疾人事业联系各方的纽带;

家庭、亲属、邻里对残疾人的帮助、照顾,在现实生活中发挥着巨大作用,是残疾人事业的重要支柱。

这个工作体系与我国自上而下的政权机构相适应,与我国优秀的文化传统相适应,与社会活力逐步增强的历史趋势相适应,符合我国国情。

(十二)几十年来,我国残疾人事业对稳定社会政治局面,对保证国家经济建设,对推动社会文明进步,起到了重要作用。但是,总的看,残疾人的社会、经济地位仍然偏低,残疾人工作仍落后于社会、经济的发展。改变这种状况需要一个过程。

三、改革、开放的新局面

(十三)当代中国的大局是坚持四项基本原则,实施改革、开放、经济体制改革和精神文明建设。这些重大行动多方面地改变着社会结构和社会生活,也改变着残疾人和残疾人事业的环境。

(十四)改革的目标之一,是通过提高社会效率为人民创造稳定、富裕的生活环境,它符合残疾人的根本利益。改革给残疾人事业带来生机。残疾人康复、教育等事业有了新的进展;残疾人劳动就业开始向多渠道、多层次发展;残疾人工作实行社会化管理的条件日趋成熟;残疾人的积极性和创造性有了更多的发挥机会。这一切,使我国残疾人事业得到蓬勃发展。

(十五)生机和危机是相伴而生的。

改革过程中出现的各种社会矛盾,势必直接或间接影响残疾人。

商品经济是不可逾越的历史阶段,竞争带来的社会问题也无法避免。这将使那些劳动能力差、知识和信息少、缺乏社会帮助的人们面临新的挑战,残疾人和残疾人的工作也将面临新的考验。

今后十几年是经济起飞的关键时期,国民经济发展快,生活水平提高快,社会意识变化快,社会结构调整快。"快"是群众的愿望,但也容易引起失衡。这就更要做好社会保障工作。

上述情况使残疾人工作更为繁重而艰巨。在新形势下做好残疾人工作,对保证经济起飞和国家发展的平衡,求得稳定的社会环境,具有重要意义。

(十六)要以正确的态度迎接改革、开放的新局面。既要具有坚定的信心,又要有危机感。在这个不允许有任何松懈的时期,必须以高度的历史责任感和社会责任感,抓住历史提供的前所未有的机会,兢兢业业推动残疾人事业前进。

四、新形势下的残疾人工作

(十七)残疾人工作的长远目标,是使残疾人成为社会平等的一员,在事实上享有与健全人一样全面参与社会生活的权利,履行社会义务,并共同分享由于经济发展和劳动所带来的物质、文化成果。

这个目标,是党和国家实现社会主义现代化目标的组成部分。

(十八)当前残疾人事业的主要任务是:

第一,大力宣传社会主义人道主义,形成理解、尊重、关心、帮助残疾人的社会风尚。加强对残疾人的政治思想教育,鼓励他们为两个文明建设做贡献;

第二,努力促进保护残疾人合法权益的法律、法规的制定和实施;

第三,按照“普及、稳定、合理”的要求,以多种渠道,多种形式,积极推进残疾人劳动就业;

第四,兴办各类特殊教育事业,解决残疾人接受普通教育、高等教育问题,广泛开展职业技能培训,千方百计提高残疾人的科学文化水平;

第五,培养康复人才,普及康复知识,发展社区康复工作,开展康复医学研究,推进康复事业。采取措施,积极预防残疾;

第六,逐步在城镇推行无障碍设计,对公共建筑、公用设施和部分住宅实施无障碍改造;

第七,举办福利企业、福利设施和为残疾人服务的经济实体,用募捐和增值资金等方式为残疾人事业积累资金;

第八,开展适合残疾人特点的、多种形式的文化、体育、娱乐以及社会服务活动;

第九,积极组织、建设一支为残疾人服务的工作队伍;

第十,广泛开展国际交往,发展与各国残疾人和残疾人组织的友谊及友好合作。

残疾人事业的发展必须同国家经济、社会、社会保障事业的发展相协调。它有赖于改革的深入,有赖于社会主义物质文明、精神文明建设的发展,也有赖于广大残疾人和残疾人工作者素质的提高。

(十九)各级党政领导的关心和支持,对推进残疾人事业起着决定性的作用。新时期社会保障事业在全局处于重要地位,客观形势要求各级党政领导进一步重视残疾人事业,把它列入发展规划,摆进议事日程。

(二十)实行社会化管理与单位管理相结合,逐步以社会化管理为主,是目前我们党和国家对社会保障事业、残疾人事业所倡导的一种工作方式。我国的社会化管理是在改革、开放及社会主义商品经济发展中产生的,自然经济和过分集中的计划经济难以有社会化管理。只有在国家的某些政治、经济职能逐步向社会转移,使社会活力增强的情况下,这种管理形式才能出现和发展。

社会化管理的基点在于,动员社会,开发社会,在国家政策的引导和扶持下,实现社会事业的某种自身调节。

社会化管理增强了残疾人事业的活力。残疾人事业的发展需要一大批社会活动家。

(二十一)由乡镇和街道发展起来的基层社会保障网络中的残疾人工作,以福利企业为经济支柱,有组织地形成康复、教育、就业、娱乐、生活福利等社区环境。它在我国基层人民政权领导下,体现着中华民族扶困助残的传统美德,与我国的社会结构相适应,具有强大生命力。

(二十二)劳动福利型是我国残疾人事业的重要特色。它意味着我国大多数残疾人不是片面地享受国家的救济,而是既受到国家一定的保护,又从事力所能及的社会劳动。国家、社会为残疾人提供劳动就业的机会和条件,鼓励残疾人做社会的奉献者。这就为残疾人提供了一条自强自立、共同富裕的道路。

劳动福利型的残疾人事业,体现着社会公平与经济效率的统一;把尊重残疾人、发挥残疾人的能力放在首位;着眼于为残疾人全面参与社会生活创造经济前提和心理环境。

劳动福利型的残疾人事业,在我国具有发展的主、客观条件。

五、残疾人事业与精神文明建设

(二十三)作为我国社会主义社会重要特征的社会主义精神文明建设,是残疾人工作发展的有利条件。社会主义精神文明建设的发展,将为残疾人事业提供越来越好的社会环境。

(二十四)残疾人自强不息、与命运抗争的精神,是社会主义精神文明的重要内容;把残疾人自强不息、顽强拼搏的好思想集中起来,传播出去,对社会主义精神文明建设是有力的推动;健全人与残疾人建立和睦的社会主义人际关系,是提高社会道德水平的重要方面;残疾人工作者献身于这个高尚的事业,是对精神文明建设的贡献。

(二十五)社会主义人道主义是我国残疾人事业的旗帜。社会主义人道主义属于马克思主义范畴,是我国社会的基础思想之一。它具有彻底性、科学性、实践性、广泛性。大力宣传和推进社会主义人道主义,是社会主义精神文明建设的重要内容。只有高举社会主义人道主义旗帜,才能健康地发展残疾人事业。

(二十六)改革和开放改变着我国的社会面貌。为了适应形势的发展,需要努力学习、提高认识,在继承优良传统的基础上,对残疾人事业树立新的观念。

各级党政领导要善于从我国现代化建设的大局出发,高屋建瓴地把握残疾人事业的位置;全社会应该正确认识残疾人,相信他们的奋斗精神和创造能力;残疾人要具有乐观、进取的人生态度,热爱生活,自强不息,克服自卑心理和依赖思想;残疾人工作要树立开拓精神、坚韧不拔的精神和社会化管理的意识,力戒因循狭隘、墨守成规。

六、残疾人社会团体的责任

(二十七)最近几年,从事残疾人工作的社会团体发展较快,表明残疾人事业日益受到社会重视,社会文明程度逐步提高,一支为残疾人服务的社会力量正在形成。

从事残疾人工作的社会团体,在政府领导下,面向社会、面向残疾人,全心全意为残疾人服务。

它的基本职责是:依据国家的法律,遵循和贯彻政府的方针政策,保护残疾人的权益,并对残疾人进行教育;宣传社会主义人道主义,动员社会力量开展残疾人事业;向政府反映残疾人的情况和要求,提出立法、政策建议和各种工作意见;从事旨在为残疾人服务的经济、福利、文体、社交等活动。

(二十八)残疾人社会团体必须明确自己在大局中的位置,积极争取党政领导的支持,求得他们的具体指导;同时要充分运用各种宣传手段,广泛宣传党和国家对残疾人事业的方针、政策,宣传社会主义人道主义,宣传残疾人事业和残疾人的先进事迹。这是残疾人社会团体打开工作局面不可须臾离开的武器。

(二十九)残疾人社会团体要密切联系残疾人群众,时刻与残疾人群众保持鱼水关系。要适当吸收残疾人中的优秀人物参加这种社会团体的工作。残疾人社会团体要取信于残疾人,取信于社会。

(三十)残疾人社会团体要随时注意激发自身的活力。要充分发挥社会团体的特色,提高每个成员的素质,充分发挥其工作的主动性。残疾人工作者要恪守“人道、廉洁”的职业道德,勇于开拓残疾人工作的新局面。

残疾人事业是高尚的事业,光荣的事业,大有希望的事业。

与中学生朋友谈人道主义①

（一九八七年五月）

中学时代是难以忘怀的。

这是充满希望和理想的岁月，也是世界观初步形成的时期。在与许多中学生朋友的接触中，我深深为他们寻求知识、寻求理解、执着地追求真善美的精神所感动。我曾经是五十年代的中学生。每当我回忆起那一段美好的生活，就不由得想起辛勤教育和辅导我们的老师，想起亲密无间、志同道合的同学们。在那个时代，大家的关系是真挚的、和谐的。也正是在那良好的社会氛围里，我们的知识和才干得到了充分的发挥。投身于各种社会服务工作中，为他人多做些有益的事，使我们感到很有意义，生活得更加充实。

经过十年"文革"的动乱，人们更深刻地体会到，在处理人与人的关系方面强调理解、强调和睦团结和相互友爱是多么重要。不久前，我曾有幸到老山前线慰问八十年代最可爱的人。我们的战士们提出了"理解万岁"的口号，它的内涵是十分深刻的。人与人之间应该相互理解和尊重——尊重每一个人的人格及其生活、学习、工作的权利。这里贯穿着一条主线，就是社会主义人道主义精神。

人道主义是资产阶级用以反对封建主义的思想武器，它是伴随着社会发展而产生的进步思想，我们应当批判地继承。社会主义人道主义更具有现实性、深刻性和广泛性。前不久中共中央通过的《关

---

① 这是邓朴方同志应约为一九八七年第五期《中学生》杂志撰写的文章。

于社会主义精神文明建设指导方针的决议》，已经明确指出："在社会公共生活中，要大力发扬社会主义人道主义精神，尊重人，关心人，特别要注意保护儿童，尊重妇女，尊重老人，尊重烈军属和荣誉军人，关心帮助鳏寡孤独和残疾人。"决议通篇都体现了这种社会主义人道主义精神，强调了社会主义道德建设，强调了我们社会人与人之间应有的友爱、平等、和谐的关系以及共同奋斗的精神。

中学生朋友们早一点懂得理解人、尊重人，平等地看待每一个人，这不是一件小事情。由于几千年的封建主义的影响，在人们的头脑中积淀了一些落后的观念和意识。多年来对人道主义的错误批判，加上长期"左"的指导思想，给我们的社会道德、文化带来的祸害，是难以估量的。对残疾人的歧视现象时有发生；一些青年人缺乏文明礼貌的道德素质，缺乏助人为乐的精神。这就需要我们对人道主义广为宣传并大力实践。如何对待身有残疾的朋友？如何对待社会上每一位残疾人？每个跨入社会或即将跨入社会的青少年，都应该从这里学到一项做人的起码准则。当然，我们说青少年朋友学习用人道主义精神对待一切人和事，并不意味着让身体健全的青少年也来体会残疾青少年的痛苦，也没有必要对他们说："该知足了，世界上还有比你们更不幸的人呢！"但是，要求他们从现在起就打下人道主义思想的基础，加强对社会的责任感和对人的理解、尊重，以及对生活和事业的热忱，则是十分必要的。这既是中学生朋友面临的一个重大课题，也是应该得到全社会关注的一个共同问题。如果不解决好这个问题，到他们要挑起社会重担的时候，我们走过的弯路他们还会再走。因此，这不仅是中学生自我完善的问题，也是整个社会如何完善的问题。

我诚挚地希望广大中学生朋友都能够身体力行，架起心灵间的桥梁，相互理解、尊重、关心和帮助。让我们共同创造更加美好、和谐的新生活，开拓充满希望的未来。

人与人之间当有爱心相连①

（一九八七年五月二十九日）

邓朴方:郑导演,我很欣赏你导演的《邻居》,很有生活气息。对《死神与少女》,你有什么看法?

郑洞天:这部影片的题材本身很有意义。它的认识价值在于,它从一个特定的角度反映了生命过程的复杂和严峻。影片中的少女,由于残疾而产生了轻生的念头,这既有她自身软弱的原因,也跟我们社会环境中某些东西的缺乏与某些习俗的存在有关。要重新唤起生的欲望和青春的活力,是一件异常艰难的事情。而勇于写出这种艰难,本身就是创作者坚定的人生信念的一种表现。表现出这种艰难,不仅能够引起有过类似经历的人们内心深处的共鸣,而且还将触动更大层面的观众去思考生活的严肃性。影片没有简单化的模式,表现出了内心深处对人生的切实体验。也没有过分哲理化,愈是说教性的哲理,观众愈不容易接受。

影片的最大特点是风格上的统一。那种沉郁而近乎冷峻的基调,是忠于它所描写的特定生活的,而且使它富于教益。风格是统一的,格调是清雅的,也是比较蕴含哲理的。打个比喻,不是浓香的花茶,是"龙井"。需从淡雅中品出其味,方能入心。导演对作品要达到

---

① 这是邓朴方同志就影片《死神与少女》同电影导演郑洞天的谈话,载于一九八七年第八期《三月风》。一九八七年五月二十九日晚,著名电影导演郑洞天,前往医院看望中国残疾人福利基金会理事长邓朴方。两人就残疾人作家史铁生与青影厂导演林洪桐合作改编、摄制的电影《死神与少女》交换了意见。

的目标有比较清醒的认识,既不超越,也不降低,在目前反映残疾人生活的作品中,此片当属上乘。

邓朴方:史铁生拿来这个本子时,我就非常感兴趣。是残疾人写的,写的也是残疾人,体会就更深刻一些。

生死问题,不仅是残疾人普遍遇到的问题,也是文艺作品中经常探讨的主题,只不过残疾人对这个问题更敏感罢了。特别是对那些在人生中途致残的人来说,生活突然发生了转折,缺乏思想准备,心理上接受不了严酷的现实,生死问题就更为严峻。探讨这个问题是有意义的,可以帮助人们树立正确的生死观、人生观。正像影片中所表现的:过去把天上熄颗星看作是地上死个人;现在反其意而用之,地上死个人,天上多颗星,这中间对生死意义的认识就有根本的不同。我们还是主张以积极的态度来对待生死问题,纵然是死,也要为人间增添一线光明,像田庚老人那样。当然,如何进一步探讨这个问题,还可以研究。史铁生最初想从纯哲理的角度来探讨这个问题,恐怕空泛抽象了一些;还是从实际生活出发更容易理解。

我们支持拍这部片子,还有个考虑,就是希望为加强社会主义精神文明建设、倡导社会主义人道主义做些事情。社会主义人道主义是马克思主义的一个组成部分,是社会主义社会的基础思想之一,也是残疾人事业的旗帜。人与人之间应当有爱心,爱心又有不同的层次。理解、尊重、关心、帮助,可以说就是爱心的具体表现。影片中的少女能够最终克服轻生念头,以乐观的态度面对新的考验,与她周围的人(如老人田庚、她的男友、音乐学院的大学生)对她的理解、尊重、关心、帮助是分不开的。所以一个人对待生死的态度,有时不完全是个人思想情感坚强或脆弱的问题,与社会环境也有很大关系。我们希望创造一个和谐、友爱、文明的社会环境。

郑洞天:是的。这部影片对于人道主义的理解,应当说高于同类题材的其他作品。真正的人道主义或者说社会主义的人道主义,不是廉价的救济品。它并不反映为赐予者与接受者的供求关系,而应理解为所有的社会人共同追求的一种人际关系理想。是不是可以说,人道主义是高尚人格的对应物。每个人的自尊、自爱和自我价值跟他对别人的关心、尊重、爱护应该是水乳交融的关系。田庚用生命的最后余热重新点燃了少女北方的青春之火,他自己又何尝没有获得呢?——他也完善了自己的人格,谱写了自己人生历程最后的光彩段落。而少女北方从这段经历中得到的,不仅是想活下去了,还有她自身人格原有的美好素质的焕发。我们越感到她的这个变化得来不易,就越相信她今后能直面更大更多的挫折。导演在影片结尾把她处理为又失去了另一条腿,就是基于这种信念,它比起那些人为的"亮点",可以使我们想得更多。

邓朴方:林洪桐和史铁生是下了功夫的。刘琼演得很好,扮演少女的演员也演得很朴实、平和。我就怕矫揉造作,比较喜欢这种风格,不是乱哄哄,不是拿腔作调。当然,影片也还有不足之处,对生死问题的探讨还可以更深入,还有不透的地方。整部影片停留在一个单层次上,除了让少女活下来,是否还可以有更广泛、更深厚的社会内容?

郑洞天:你说得很对。内容是单薄了些。整部影片中,哲理性的东西较多,发自内心的东西少了一些。人的内心世界的丰富,就是社会性的表现。导演虽然增添了音乐学院的大学生,但这个问题不是靠加人、加场面能解决的。

整部影片没有简单化,个别地方还是简单了一些。例如:北方打消了轻生的念头,不只是一个被感动了的问题,而是从田庚的身上看到了人生的道路还很漫长,并非人间苦难都集中到了自己身上,而是还有许多人生真谛自己尚未体验。人活得有意义,不在于已经做了什么，而在于意识到自己还有许多事情没有做，需要去经历，去体验。

邓朴方：是的。总要给人以希望。有希望，有奔头，才有追求，有意义。人生就是如此。

人与人之间要有一些美好的东西。而美好东西的存在，必然伴随着痛苦、失败和挫折。在生死之间显示出来的美好感情，更值得珍惜。病残是痛苦的，如果于痛苦中能看到新的希望，有所追求，痛苦并不必然发展为轻生。

我还是很喜欢这部片子的，格调是高的，能启发人思考一些问题。我相信，许多残疾人朋友也会喜欢这部片子的。

发展康复事业，实现《关于残疾人的世界行动纲领》[1]

（一九八七年七月十二日）

自从一九八一年“国际残疾人年”以来，国际社会日益重视残疾人问题，各国残疾人的状况有了不同程度的改善，科学技术的突飞猛进也使残疾人的全面康复有了新的生机，但是，我们注意到，世界各国残疾人仍然面临着这样或那样的问题，距离实现联合国《关于残疾人的世界行动纲领》的要求还很远。经济发达国家在实行了多年的“福利政策”后，出现了福利开支过于庞大、政府负担沉重、试图或者已经调整这一政策的局面。而在发展中国家，由于国民经济处于较低的水平，许多国家在致力于工业化、现代化的过程中，还没有来得及把残疾人事业列入国家的发展计划。这种状况，在今后若干年内还难以有根本的改变。在这种情况下，各国的残疾人特别是发展中国家的残疾人，面临着如何开发和利用各种资源，改善自身状况，早日回归社会的挑战。

曾经有人预测，当今社会正在或将要从工业时代跨入信息时代。二十一世纪将是高技术蓬勃发展从而引起科学革命、教育革命、产业革命的伟大时代，而本世纪最后十年正处于这种新旧交替之中。

处在这一变革时代的残疾人事业，应该如何选择正确的道路，勇敢地接受挑战，扎扎实实地跟上滚滚向前的历史车轮呢？回答可能

① 这是邓朴方同志在国际康复大会上的书面发言摘要。

有多种，这里我想向各位简要介绍一下我国残疾人的选择。

众所周知，中国有十亿人口，居世界之冠。根据一九八七年全国残疾人抽样调查的结果推算，中国的残疾人约为五千一百六十四万人，占全国人口的百分之四点九，其中听力语言残疾一千七百七十万人，智力残疾一千零十七万人，肢体残疾七百五十五万人，视力残疾七百五十五万人，精神病残疾一百九十四万人，多重残疾六百七十三万人，侏儒、脊柱畸形和麻风病等残疾尚未统计在内，全国每五个家庭就有一个残疾人，受残疾影响的人口约为两亿。我国政府日益认识到，解决好残疾人问题，对于我国致力于改革和现代化建设有重要影响，因而在困难的境况中仍然力所能及地给残疾人事业以更多更大的帮助。我国政府、我及我的同事们一直认为，为残疾人争得事实上的平等权利，使残疾人全面参与社会生活不再是一个漂亮的口号，而是逐步付诸实施的行动，这始终是全部残疾人事业的核心问题。在我国政府的支持下，我国残疾人事业正朝着这个目标前进。

我首先要向大家介绍的是，根据这个指导思想，我们特别看重为残疾人争取劳动就业、为社会做贡献的权利。因为有了这两个权利，残疾人才能摆脱完全由国家供养的被动地位，从而才能在时代潮流的冲击面前，堂堂正正地自立于社会，为全面参与社会生活创造物质的和心理的条件。在我国政府优惠政策鼓励下，近十年来我国残疾人在劳动就业方面有了比较大的进展。为残疾人劳动就业提供机会的福利工厂向多渠道、多层次发展，由一九七八年的八百六十九个，发展到目前的两万七千七百九十三个，其中由厂矿、街道、乡镇办的两万四千七百一十四个，占百分之八十九。在福利工厂就业的残疾人由一九七八年的四万八千二百人，发展到目前的四十三万三千人。这里还不包括分散在其他企业就业的残疾人。我国政府规定，社会福利企业招收残疾人达到生产工人总数百分之三十五的免交所得税,达到百分之五十的免交全部税收。这个政策对安排残疾人劳动就业无疑起到了巨大推动作用。现在我国政府正在研究实施残疾人按比例就业的政策,以便使更多的残疾人能选择更加适合自己专长的工种,尽量就地就近就业。大量生动的事实启发我们,使残疾人在事实上具有劳动的、为社会做贡献的权利,不仅有利于改善残疾人的生活状况,也有利于培养残疾人健康的心理素质。今后五年我们将通过立法和完善政策,进一步发展残疾人劳动就业,使我国残疾人事业向劳动福利型发展。

我们注意到,科学技术的进步,使残疾人的功能可以通过医疗的、技术的、心理的、社会的以及其他手段得到恢复和补偿。要为残疾人争得劳动的权利、贡献的权利,就要为残疾人实现康复,最大限度地恢复功能坚持不懈地努力。康复工作在我国刚刚起步,我们特别注意贯彻从实际出发,重实效、打基础、稳步提高的原则。我们制定的、经政府批准的残疾人事业五年工作纲要规定,今后五年要集中相当的力量为五十万名白内障患者施行复明手术,为小儿麻痹后遗症患者进行三十万人次的矫治手术,为三万名聋儿进行听力语言训练。这是一项相当浩繁的工程,我们正在政府及计划、财政、卫生、民政等部门支持下制定详细的实施计划,协同各方,动员社会,逐步实施。

作为我国政治和经济体制改革的一项配套措施,我国街道和乡镇的社区服务网络逐渐发展起来。我们正在借鉴国外经验,结合我国传统医学,利用县、乡镇、村三级医疗网络和正在发展起来的社区服务网络,发展以骨干康复机构为龙头,以社区为基础的符合我国国情的康复体系。我国的沈阳市、大连市、武汉市、广州市等大中城市在这方面走在全国前面。大连市内四个区,有三个区成立了社区服务委员会,多数街道成立了社区服务站,居民委员会成立了社区服务组，形成了以区为指导、以街道为主体、以居委会为依托的三级服务系统。百分之八十的街道建立了康复医疗站、残疾儿童寄托所、残疾人活动室、精神病人看护组、残疾人婚姻介绍所等，这样就可将残疾人在社会生活中遇到的大量问题和困难放在基层解决。这种由乡镇、街道发展起来的社区康复，以福利企业为经济支柱，与我国的政权结构、社会结构和互助互济的优良传统相适应，有着很强的生命力，正在逐渐形成我国残疾人事业的另一个重要特色。

我国是发展中国家，百业待举的局面使我国残疾人事业在发展中遇到了经费方面的困难。为了拓宽资金来源渠道，根据我国情况，我们提出了广泛兴办经济实体，以企业养事业的道路。一乡、一厂、一院（福利院）、一会（社区服务委员会或互助储金会）正在越来越多的城镇、农村成为现实。大力发展商品经济的客观环境为实现这个要求提供了有利条件。

我国残疾人事业正在这样的探索中，在艰难与希望中前进。这些年从事残疾人工作使我体会到，随着社会文明程度的提高和经济情况的好转，残疾人全面参与社会生活的障碍，正越来越明显地转移到残疾人自身素质上来。不能设想，主要是文盲半文盲的残疾人队伍能够全面、充分地参与社会生活。为了改变这种状况，我们在努力推进残疾人劳动就业和康复的同时，正在致力于发展残疾人教育，包括学前教育、基础教育和职业教育。我们希望经过五至十年的努力，在吸引残疾人参加主流教育从而在提高我国残疾人文化技术素质方面有一个较大的进展。

我们深深感到残疾人事业是人道主义事业。只有高举人道主义旗帜，这项事业才能得到社会的深刻理解和广泛支持。我国是社会主义国家，我们认识到，没有人道主义，就谈不上社会主义。社会主义为人道主义的弘扬开辟了无限广阔的前景。我们深信不疑的是，在人道主义精神指导下,在各国同行们工作经验的启发及国际康复组织和朋友们的帮助下,世界上残疾人最多的国家——中国的残疾人事业一定能够逐步有一个较大的进展。

在我即将结束这个书面发言的时候,我想到了二十一世纪,想到了在那个新的世纪里,世界和我国残疾人事业会是什么样子。我想,只要我们从本国情况出发,本着一颗人道的心,确定一个目标,抓住关键环节,扎扎实实为残疾人这个社会上困难最多的群体多办实事,使残疾人实实在在得到好处,那么,广大残疾人就会随着科学技术的飞跃发展而获得更多参与社会生活的机会,从而实现“世界行动纲领”的要求。我和我的同事们对此充满信心。

人道主义把我们联结在一起[①]

（一九八七年十月）

作为一个献身于残疾人事业的残疾人，我能在这个讲坛上向各位介绍发展中的中国残疾人事业，感到十分荣幸。从踏上你们美丽的国土之日起，二十天来我一直沉浸在理解、尊重、友谊的氛围之中。正是人道主义精神，把我们联结在一起。在中国，人道主义正在被广泛地实践着，社会主义人道主义是我国残疾人事业的旗帜。

像诸位所了解的那样，中华民族的社会结构是以家庭、社区为基础的；而且早在两千多年前，卓越的思想家、教育家孔子就提出过“爱人”的主张。这是我们民族互助互济的传统美德形成的深厚基础。中华人民共和国诞生后，这个传统美德在崭新的历史条件下得到了弘扬。历来处在社会最底层的残疾人的状况，发生了根本的变化。一九七九年以来，我国进入了以经济建设为中心的新的历史时期，坚定不移地实行改革、开放、搞活的基本国策。这样做的目标之一，就是为人民创造稳定、富裕的生活环境。毫无疑问，我国实行这样的大政方针，深受十亿人民的拥护和支持，也完全符合五千多万中国残疾人的根本利益。改革给我国残疾人事业带来了生机和活力，形成了残疾人事业的崭新局面。

由我担任理事长的中国残疾人福利基金会，是得到中国政府和海内外友好人士广泛支持的全国性的社会福利团体。我们同政府、

---

① 这是邓朴方同志在美国洛杉矶世界事务委员会上的演讲。

基层单位、其他残疾人团体以及残疾人家庭、邻里,初步组成了中国的残疾人工作体系。基金会成立四年来,本着爱国主义和人道主义的精神,努力为中国残疾人服务,工作日趋活跃,影响逐步扩大,为推进中国残疾人事业而发挥着积极的作用。

我和我的同事们执着的追求是,使残疾人成为社会平等的一员,在事实上享有与健全人一样全面参与社会生活的权利,履行社会义务,并共同分享物质、文化成果。正如贵国朝野上下所说的,让残疾人“返回社会生活的主流”。我深知,渴求理解,渴求奉献是每个残疾人的心愿。

为了实现这一愿望,我们呼唤社会理解、尊重、关心、帮助残疾人;提醒人们,残疾人首先是人,忽视甚至歧视社会上这个有特殊困难的群体,就是不尊重人的意义和价值,也会使社会失去一笔财富。中国有句谚语说:“心诚则灵。”我们的努力影响了社会。残疾人的专题节目开始出现在广播、电视里,残疾人顽强拼搏的形象开始展现在银幕上。在广大中小学生中间开展了“我们身边的残疾人”、“我和残疾人”的讨论,举办了“为残疾人服务”的活动,社会风貌出现了可喜的变化。当心灵的呼唤终于在中国大地上有了反响时,我们深深感受到心理的满足和成功的喜悦。

同时,我们也努力激励残疾人自尊、自信、自强、自立,克服“心理障碍”,实现“自我完善”,勇敢地追求残疾人的崇高权利,即劳动的权利、奉献的权利。歌德说:“你若要喜欢你自己的价值,你就得给世界创造价值。”我很喜欢这句话。我们大家熟知的海伦·凯勒就是用非凡的毅力完美地体现了自己生存的价值,同时为人类留下了珍贵的精神财富。她不仅是美国人民的骄傲,也是全世界残疾人的楷模。

我和我的同事们认为,要把尊重残疾人、发挥他们的聪明才智放在首位。劳动就业是残疾人全面参与社会生活的关键。残疾人不能一味享受救济，而是要受到国家的保护，从事力所能及的社会劳动。因此，我们一直呼吁把劳动就业作为改善残疾人状况的重点，使劳动福利型成为中国残疾人事业的重要特色。我国已兴办集中安排残疾人就业的社会福利企业一万九千个，在其中就业的残疾人达四十多万人。国家对这些企业实行减免税收的优惠政策。在五百多所盲人按摩医院里，有三千多名盲人按摩医生，按照我国特有的传统治疗方法，从事救死扶伤的崇高职业。目前，我国大中城市有一定劳动能力的残疾人百分之七十以上已经就业。为提高残疾人的文化素质，扩大就业范围，提高就业层次，开展了特殊教育和职业培训。基金会建立了面向残疾人的出版社，设立了残疾人教育奖励基金，近三年帮助两千多名残疾青年上了大学。有的地方正在筹建特殊教育学院。残疾人康复工作正在起步，我会筹建的现代化的中国康复研究中心明年将在北京竣工。四十多个大中城市建立了残疾儿童康复中心或聋儿语言听力康复中心。许多市县建立了各种不同类型的康复机构。从去年起，我们组织专家为小儿麻痹后遗症患者做了矫正手术，有效率达百分之九十五以上。在农村开展的白内障复明手术的试点，使很多盲人重见光明。我们深知，残疾人跟健全人一样，需要物质生活，也需要精神生活，所以竭诚为他们全面参与社会活动创造条件。对公共设施的无障碍设计和改造正在一些大中城市进行。丰富多彩的文娱、体育活动吸引着越来越多的残疾人，全国曾两次举办伤残人运动会，多次参加国际伤残人运动会。各位朋友想必记得，就在两个多月前，在贵国印第安纳州路易斯市举行的特殊奥运会上，我国残疾人运动员夺得了十八枚金牌、二十枚银牌和十三枚铜牌。这从一个侧面反映了我国残疾人乐观坚毅的精神风貌。我九月中旬离开北京前夕，中国残疾人艺术团正在参加“第一届中国艺术节”的演出，受到残疾人和社会的热情赞颂和高度评价。今年四月，在全国范围内对残疾人做了第一次抽样调查,这是制定残疾人事业方针政策和规划的需要,也为有效地发展残疾人事业提供了依据。

中国残疾人事业虽然取得了一定的成绩,但由于我国是发展中国家,这项事业的发展受到各种条件特别是经济发展水平的限制,残疾人工作仍与经济、社会的发展不相适应,残疾人的福利制度仍有待健全。在我国社会发展中出现的各种矛盾,势必直接或间接地影响到残疾人。这使残疾人事业面临更为繁重的任务。美国人民一向以率直和务实著称。今天我同样以率直和务实的态度告诉各位,改变中国的上述状况,需要一个长期的艰苦工作的过程。

我和我的同事们还有更多更重要的工作要做。我们要继续加强人道主义的宣传,使社会初步形成的理解、尊重、关心、帮助残疾人的良好风尚发扬光大,为残疾人创造良好的社会环境。我们将促进保护残疾人合法权益的法律、法规的制定和实施,使残疾人工作走上法治的轨道。我们要进一步发展各类特殊教育,广泛开展职业技能培训,把残疾人就业提高到新水平。我国残疾人工作的社会化管理程度不高。随着我国经济的发展和社会活力的增强,我们将积极探索适合我国情况的残疾人社会保障制度。我们将发展社区康复,它与我国社会结构相适应,体现着扶弱助残的民族传统,具有强大的生命力,我们在这方面有条件做得更好、更快些。我们将着手大规模地为小儿麻痹后遗症患者施行康复手术,为白内障、角膜损伤等眼疾患者实施复明手术,在重点城市推行聋儿听力语言康复训练,在全国儿童福利院普及康复治疗。

坦诚地说,当我投入中国残疾人事业之后,越来越感到肩上的责任重大。做好五千万中国残疾人的工作,不仅对世界残疾人事业是很大的支持,而且有益于捍卫人类尊严、推动人类进步的正义事业。诚然,世界各国人民的民族、种族、肤色、宗教信仰、社会制度不同,但大家都共同致力于架设理解、尊重、关心、帮助残疾人的桥梁,必将推动美好、和谐的国际社会环境的形成和发展。我多么希望我国和世界各国的残疾人的数量越来越少,采取各种可行措施预防残疾的发生,是全人类的神圣职责。为了消除和减少战争、疾病、贫困、犯罪、公害、灾害、事故等人为致残的根源,为了使所有的残疾人能生活在良好的环境之中,我郑重地诚挚地呼吁:和平、进步、友谊、人道,让世界充满爱。

人道主义
是社会主义社会的基础思想之一[1]
——与著名作家巴金谈话录

（一九八七年十二月二十八日）

邓朴方：巴老近来身体好吗？

巴金：身体不好，是"帕金森氏症"，已经几年了，我跌跤将大腿跌断了，也得坐轮椅。读过你关于人道主义的一篇文章，写了一篇随想议论议论。有两件事我觉得你做得很好，一个是残疾人工作，还有一个是提倡人道主义，你讲人道主义比我还高级一些，你是社会主义人道主义，我当年是反封建。

邓朴方：年初，我们提出两个观点：人道主义应该是社会主义社会的基础思想之一；人道主义思想不应该排除在马列主义思想范畴之外，应该在马列主义思想范畴之内。在全国形成人道主义思想基础，不是一天两天的事情，而是要在社会不断进步的前提下逐步形成。

巴金：就是，就是啊！你主要工作是在残疾人基金会？

邓朴方：是的。我们一九八三年才提出基金会的问题。搞起来事情就越来越多，接触残疾人越来越多，遇到的问题越来越多。

---

① 这是邓朴方同志在上海拜访著名作家巴金时就人道主义和残疾人问题进行的一次谈话，原载一九八八年第三期《闽西文丛》。

巴金:这样好,这件事得有人管。

邓朴方:您说的对,这件事不能没人管。我体会,做残疾人工作与宣传人道主义是相辅相成的。如果我国不能普遍形成人道主义思想,人道主义不能深入人心,社会道德没有一个大的进步,要想根本解决残疾人的问题是不可能的。

巴金:残疾人不少,有很多问题。

邓朴方:残疾人事业要与经济发展、社会发展协调进行,我们有些事情没有做好,并不是因为经济和社会条件不够,而是因为观念没跟上。自己为自己设置了许多障碍,有些障碍是人为的,因此,重要的是要转变人的观念。

巴金:对、对,日本电视连续剧《贫穷、善良的女人》中,残疾人总受欺负。

邓朴方:我跟很多残疾青年交谈,发现不少人有过轻生的念头,他们认为没有希望,因为上学无门,招工也没指望。现在情况好一点,我们喊了两年,现在大家提起残疾人的事情,觉得有了些印象,认为这件事应当张罗。我觉得比较说得出口的成果,眼下只有这么一点事。

关于残疾人联合会的性质、任务和组织系统①

（一九八八年一月十六日）

这次筹备工作会议，各省、市、自治区的同志都来了。在此，我想就几个问题谈谈看法，与大家商讨。

第一个问题，残疾人联合会的组建及党和政府对组建工作的关怀与支持。

国务院办公厅（1987）75号文件一开始就写明："残疾人事业是社会主义事业的组成部分。发扬社会主义人道主义精神，把这项事业摆进我国社会发展的大局，做好残疾人工作，是保证改革开放顺利进行的重要环节，是社会主义优越性的体现，也是社会进步与人类文明的标志，因而是各级政府和全社会义不容辞的责任。"这个文件，详尽地说明了组建联合会的必要性和重要性。

在筹备过程中，国务院办公厅和民政部给予了大力支持和切实关怀。一九八六年底，崔乃夫部长向乔石同志请示了联合会组建的主要原则。在民政部党组的领导、关怀下，中国残疾人福利基金会和中国盲人聋哑人协会联合进行了调研和初期工作。一九八七年七月二十一日，成立了中国残疾人联合会筹备研讨组，明确了残疾人联合

---

① 这是邓朴方同志在中国残联首届全国代表大会筹备工作会议上的讲话摘要。

会的组建不是两会机械合并,而是要以改革精神,在改革的基础上组建新的组织。其指导原则是:理顺关系,精简机构,健全功能,提高效率,增强活力。此后,加快了筹备工作的步伐。在民政部的关怀下,经过努力,筹备组提出了关于组建中国残疾人联合会的报告和章程草案,并经民政部党组讨论通过。最后向田纪云、陈俊生同志分别做了汇报。纪云同志和俊生同志就主要原则做了明确指示,并给予大力支持。经过几个月的工作,上下左右的意见基本趋于一致。在条件比较成熟的情况下,国务院于十二月九日发文批准组建中国残疾人联合会。民政部任命了筹备领导小组成员。一九八七年十二月二十四日,两会实现了合署办公。

第二个问题,为什么要成立中国残疾人联合会。

刚才崔部长讲了,残疾人联合会的组建,是客观发展的需要。我们国家正处于改革开放的时期,将从温饱型社会逐步进入小康社会。这个时期将会出现许多新的问题和新的机会。这个阶段,社会需求将不断增长并趋于多样化。五千多万残疾人的需求也将不断增长。而我们国家的现状是人口多,底子薄,处于社会主义的初级阶段。国家在相当长的时期里要集中力量发展经济。也就是说,在这个时期国家对残疾人事业的直接投入将是有限的。这就造成了残疾人事业发展的供求矛盾。为了缓解这个矛盾,一方面要将这个事业纳入国家的大盘子,一方面要建立符合中国国情的社会化的工作体系。残疾人组织的现状怎样呢?现在我们有中国盲人聋哑人协会和中国残疾人福利基金会两个社会团体在从事残疾人工作。按社会化管理的要求来衡量,两个组织各有所长和不足。这些在民政部向国务院的报告里讲得很清楚。报告里面讲:“随着形势的发展和改革的深化,目前的组织形式已不能适应工作的需要。一是体制不顺,机构重叠,力量分散,不能形成合力。二是组织不完善,功能不健全,占五类残疾人总数一半以上的肢体残疾、智力残疾、精神残疾者,没有相应的代表组织。三是组织制度、职能和活动方式不适应社会化管理的要求。"这就是说,单靠政府来做,单靠民政部门来做,而不动员社会,是远远不能适应残疾人的需要的。"七五"计划明确提出社会保障工作要走社会化管理的道路。而目前残疾人组织的状况,确实难以承担推进社会化管理的要求。这就要求我们调整和重建残疾人组织及其工作体系,使它适应社会发展的新形势、新要求,以便有效地推进残疾人事业。

第三个问题,设计联合会的基本原则。

首先,它不是两会的机械合并,而是要以改革精神重新组合,体现精简、统一、效能的原则。联合会的任务是什么?国务院办公厅75号文件明确讲道:"中国残疾人联合会要代表残疾人的共同利益,全心全意为残疾人服务。"也就是说,要代表各类残疾人的共同利益,为残疾人讲话;要起到把政府、社会和残疾人这三个环节联系起来的纽带作用。要从实际出发,为政府提供咨询和建议,承担政府委托的任务。它不光是议一议,坐而论道,而是要干实事。一方面是依靠政府,一方面是动员社会,推进社会化管理。它的发展方向是建设有中国特色的残疾人事业。

由此可见,在新形势下推进残疾人事业需要一个具备多种功能、承担多种任务的联合会。这个联合会是什么样的组织呢?它的性质是什么呢?建一个行政机构行不行?单纯的行政机构难以具有多种功能,完成不了这种多样化的任务;建一个民间团体行不行?单纯的民间团体没有必要的手段来完成这个任务。怎么办?我们翻阅了大量资料,参考了国内外组织的形态,一致认为,这个组织必须是一个半官半民性质的事业团体。

从上面几项任务看来，这个组织应该有三种功能：一是代表功能；二是服务功能；三是管理功能，对残疾人事业进行管理。三种功能融为一体，就是一个半官半民的事业团体。

关于联合会工作系统的设计，我们把着眼点放在解决民主与效能的矛盾上。为此在主席团下设置了评议委员会和执行理事会两个系统。主席团是代表大会闭会期间的最高权力机构，主席团下设的评议会是监督咨询机构。评议会委员中要有各类残疾人的代表，人数不少于三分之二。主席团还按照不同残疾类别，下设各类残疾人专门委员会。主席团下设的执行理事会，是决策的执行机构。实行领导人负责制，注重提高效率。我们所要的民主，是集中指导下的民主，我们实行民主集中制。

这样的性质，这样的任务，这样的组织形态，是否就完善了？能不能适应形势的要求？能不能充分发挥应有的活力？我看还要在实践中接受检验。因为改革正在深入，各方面新情况、新问题比较多，残疾人联合会如何找到一个好的组织形式以更好地发挥活力，还需要时间检验，还需要做更多的工作。

总的看，我觉得这样的设计是符合我国国情的。不但适应残疾人事业今天的发展，也考虑了今后的发展。既吸收了国外的经验，又实实在在地扎根在中国的大地上。我看这样的组织体系和工作体系是具有生命力的。

第四个问题，联合会与民政的关系。

刚才崔部长讲了，民政部门要更好地从事业出发，给以无私支持。民政部门是政府负责残疾人工作的重要部门之一，残疾人工作的相当部分过去是由民政部门承担的。从历史上看，现实上看，从不少业务工作上看,残疾人联合会和民政部门是一家而不是两家。同时也应看到,联合会又有自己的工作体系和独特的工作方式,在国家计划中单列户头,有一定独立工作手段。目前,民政部作为代管单位,与联合会是领导与被领导的关系。工作中要合理分工,密切协作。要分清哪些是政府做的,哪些是适合这种半官半民的残疾人组织做的,哪些是要共同做的。这样才能形成政府、团体相互协调、共同推进的工作局面。我希望大家都想想这个问题,在实践中找到具体的科学的答案。把位置摆正,把工作搞活,才能完成党和政府及全国残疾人交给我们的任务。

这次请大家来,就是与各地的同志共商成立联合会的大计,大家要在国务院文件精神的指导下,集中智慧,齐心协力,建好残疾人联合会,以新的起点、新的姿态、新的作风做好残疾人工作。

继往开来，为发展具有中国特色的残疾人事业而奋斗[①]

（一九八八年二月四日）

一、两年工作的回顾

（一）通过几年的实践，我们对残疾人事业在国家发展大局中的位置、发展目标、我国残疾人事业的特色、与精神文明建设的关系、残疾人工作体系、组织功能等重大问题进行了研究，在理论上提出了一些新认识：

残疾人事业的发展是社会进步与人类文明的重要标志；

社会主义人道主义是我国社会的基础思想之一，是残疾人事业的旗帜；

劳动福利型是我国残疾人事业的重要特色；

残疾人同健全人一样，是社会物质文明和精神文明的创造者；

在新形势下做好残疾人工作，对保证经济起飞和国家发展的平衡、求得稳定的社会环境具有重要意义；

逐步创造条件，使残疾人以平等的机会，全面参与社会生活，并分享由社会经济发展和劳动所带来的物质、文化成果，是残疾人工作的目标；

全社会都应该理解、尊重、关心、帮助残疾人，正确认识他们，相

① 这是邓朴方同志在中国残疾人福利基金会第四次理事会上的报告摘要。

信他们的奋斗精神和创造力;

残疾人要具有乐观、进取的人生态度,要自尊、自信、自强、自立,努力使自己成为社会主义建设的奉献者;

各级人民政府、残疾人社会团体和街道、乡镇、家庭、邻里有机结合,各自承担自己的责任,是我国残疾人事业的工作体系;

残疾人工作者要树立开拓精神和社会化管理的意识,恪守"人道、廉洁"的职业道德。

这些认识,为我国残疾人事业在新时期的发展做了思想准备。

(二)国家成立了联合国"残疾人十年"中国组织委员会,使残疾人事业有了一个全国性的领导和协调机构。国务院批准成立全国残疾人联合会,其筹备工作已基本完成。此外,我们还大力推动了地方残疾人福利基金会的建设。目前,全国有二十一个省、自治区、直辖市和七十四个地市建立了残疾人福利基金会,许多德高望重的地方领导同志担任了名誉和实际职务。各地基金会在动员社会、募集资金、推动就业等各项社会活动的同时加强自身建设,显示了一定活力。这些组织的建立和发展,为残疾人事业的发展增添了新的生力军。

(三)积极探索社会化管理与单位管理相结合的道路,推动残疾人就业、康复和教育事业发展。近两年来,我们着力推动残疾人就业工作,对不同地区、不同类型、不同层次的残疾人就业现状进行调查研究和分类指导。一九八六年十月,在北京召开了二十个省市六十个单位参加的残疾人工作经验交流会。重点交流了辽宁、大同、武钢等地安置残疾人劳动就业的经验,积极推动残疾人劳动就业向普及、稳定、合理方面发展。康复方面,我国第一个现代化的残疾人康复研究中心,经过艰苦的努力,基本建设已接近尾声,预计今年十月正式运营。与此同时,该中心还在康复理论、学术研究、临床实践和康复工程等方面做了大量工作，已经以自己的实践活动影响着全国的康复事业。一九八六年四月，成立了康复协会，主办了两次国际康复学术报告会，召开了社区康复学术研讨会和康复工作座谈会。同时，六次组织专家医疗队深入山西大同、云南等地，为一千六百名儿麻后遗症患者做了矫治手术，有效率达百分之九十五以上，为今后在全国开展这一工作取得了经验；还推动一些省市为白内障患者做复明手术，开展聋儿语训等。教育方面，在国家教委、民政部的领导和支持下，召开了“全国优秀特教工作者、自学成才残疾人奖金颁发大会”，三年来共表彰优秀特教工作者一千三百五十人，自学成才残疾人一百六十六人，优秀残疾人大学生六人；与有关部门一起举办特殊艺术教师培训班和全国聋哑学校校长培训班，培训了二百多人作为“种子”撒向全国；继残疾青年上大学有了政策性突破之后，中等专业学校招收残疾青年的工作也有了新进展。目前，在高等学校就学的残疾青年已近三千人；北京大学去年也首批招收了十八名残疾学生入学。

（四）通过努力，中央人民广播电台、中央电视台开办了“残疾人生活”专题节目。面向残疾人、面向社会的《三月风》杂志和华夏出版社，边创建、边出刊、出书，发行量不断增加，为残疾人事业开辟了一块出版阵地。我会同国家教委、妇联、团中央共同在少年儿童中开展了社会主义人道主义教育。这是一个持续三年、涉及全国中小学的大规模活动，已经在全国有了较大影响。这个活动的深入开展，将影响数以亿计的青少年。此外，我们还通过各种活动宣传社会主义人道主义，宣传残疾人事业，宣传残疾人自强精神。近两年来，残疾人文化、体育活动生机勃勃，残疾人在各方面取得的成绩和他们表现的精神力量，感染、震动着社会，同时也改变着人们的观念。

（五）通过立法保障残疾人合法权益。自一九八五年年底开始，我们与北京大学法律系合作，经过两年多的努力，进行了残疾人保障法初稿的起草工作,将进一步修改,按立法程序上报审议,希望能够尽快颁布执行;方便残疾人和其他行动不便者通行的无障碍设计暂行规范,已由民政部、城乡建设环境保护部和我会委托北京市建筑设计院、北京市市政设计院制定出来,并已经过专家评审,待城建部批准后在全国试行;各地地方行政法规,在安排残疾人就业、学习、康复、减免税等方面做了一些保护性规定,为建设我国残疾人法律法规体系迈出了第一步。

(六)开展募捐工作,严格基金管理。两年来,健全了基金募集和管理制度,基金的投放也取得了较好的社会效益和经济效益。

(七)加强国际合作与交往,与世界各国和各种类型的残疾人组织建立了友谊和联系,达成了一些重要的国际经济技术合作和人员培训协议,引进了一批技术和资金。

二、关于组建中国残疾人联合会和中国康华发展总公司

一九八七年,是残疾人工作在组织上进行重大调整并取得突破性进展的一年。主要标志是国务院批准组建中国残疾人联合会。

中国残疾人联合会为全国残疾人事业团体,由各类残疾人的代表和残疾人工作者组成,既是残疾人共同利益的代表,又为残疾人服务。同时承担政府委托的任务,动员社会力量,推进残疾人事业。

联合会设主席团、执行理事会和评议委员会。主席团委员由代表大会选举产生,主席团实行民主集中制原则。评议会主要由残疾人代表组成,发挥咨询、监督和协商、对话的作用。执行理事会是常设执行机构,领导日常工作,实行理事长负责制。理事长由主席团推举,政府批准。

成立中国残疾人联合会是残疾人事业发展的需要。目前，我国有中国盲人聋哑人协会和中国残疾人福利基金会这两个全国性的残疾人团体。这两个团体各有所长，都为发展我国残疾人事业做出了自己的贡献。但是，从总体上看，问题不少：一是体制不顺，力量分散；二是组织不完善，功能不健全；三是组织制度、职能和活动方式不适应推进社会化管理的要求。这就要求我们根据新形势的需求，调整残疾人工作体系，从而更加有效地推进残疾人事业。

经过一年多的调查研究，我们认为，中国残疾人联合会应是一个综合性的事业团体，把代表功能、服务功能和一定的管理功能有机地结合起来，具有“半官半民”的性质。组建这种性质的事业团体，一方面便于加强政府对残疾人事业的领导和宏观协调，使其在政府的支持下具有相应的工作条件和手段，更好地贯彻政府的意图，承担任务；另一方面，以民间多样的方式开展工作，更具活力，有利于联系群众，动员和组织社会力量，开发社会潜能。这对形成单位管理与社会化管理相结合的工作体系，建设具有中国特色的残疾人事业，是一种有益的尝试。这个想法得到了国务院领导同志和民政部领导同志的充分肯定和大力支持。民政部的报告上报后，国务院很快就批转全国，这充分体现了党和政府对五千多万残疾人和残疾人事业的关心和支持。从去年十二月起，两会已经合署办公。目前，正在筹备联合会首届代表大会。大会定于今年三月中旬在北京召开。

联合会成立以后，将显著加强残疾人事业的统一协调。基金会作为残疾人工作的一个重要组织，还要以独立名义开展工作，广泛开展各项社会活动，疏通渠道，募集资金，为残疾人服务。今后，基金会将充分发挥自身的特长，把社会工作和经济工作结合起来做，为社会化管理方式提供新鲜经验。基金会的名誉理事、理事中，有相当一批德高望重的党和国家领导人，有各部门领导和各方面的知名人士，他们是推动这项事业的重要力量,会一如既往地发挥作用,使基金会的工作更具活力,为发展我国的残疾人事业做贡献。

成立中国康华发展总公司,这也是在改革形势下促进残疾人事业一种新的探索。在国务院关于成立基金会的批件中,在我会名誉理事长王震同志的几次讲话和基金会的工作报告中,都强调兴办企业,为残疾人事业寻求稳定的资金来源的必要性。中国残疾人福利基金会兴办的康华实业公司等企业,两年多来实现利润两千多万元,形成资产四千多万元,初步支持了残疾人事业的发展。实践证明,这一做法既有利于经济发展,也是解决残疾人事业一部分资金来源的比较实际的办法。

为了继续探索以企业养事业的道路,使企业在更高的水平和更大的规模上发展,我们建议在基金会所属企业的基础上,重新组建中国康华发展总公司,得到了国务院的批准。公司是国务院直属的全民所有制企业,对外以民间企业的形式出现,其发展计划纳入国家计划,通过经济活动筹集资金,交由中国残疾人福利基金会用于发展残疾人事业。目前,公司已注册登记,开始营业。

中国残疾人福利基金会与企业关系的这种改变,并不意味各地也要这样做。各地基金会应继续办好自己的企业,或根据自己的实际需要和可能,通过各种形式,为残疾人事业寻求稳定的资金来源。

三、继往开来,
为残疾人事业的进一步发展而努力

如前所述,改革、开放给残疾人事业带来勃勃生机。社会进步将为残疾人带来巨大的利益,带来更多的发展机会,这是残疾人根本利益之所在。但同时我们也应看到:由于历史原因,长期以来,我国残

疾人受教育机会少,残疾儿童入学率低,致使多数残疾人成了文盲、半文盲。与此相关,残疾人的经济地位也普遍较低,大部分残疾人还不能通过自己的劳动取得稳定的、保证温饱的收入。城镇已就业的残疾人就业层次不高,也远未达到稳定、合理的要求。正是这种状况,使得众多的残疾人不适应逐渐出现的商品经济和竞争的环境:知识少、信息少,障碍多,难以得到更好的就业保证;难以承受产品调整、产品结构调整、产业结构调整和生产技术现代化带来的冲击;再加上歧视与偏见在社会生活中和某些制度、环节上依然存在,依然起作用,所以尽管国家对残疾人实行一定保护政策,众多的残疾人还是难以摆脱危机。

如何对残疾人进一步保护、扶助,使他们不仅能度过当前这历史转型期,而且能持久地良性发展,是一个必须妥善解决的课题。从我国残疾人的现状和我国国情出发,我们要长时期把推动残疾人就业摆在中心位置,使残疾人通过就业在经济上和社会上取得立足的条件。要把推动残疾人教育作为长期的战略重点,使残疾人提高素质,适应社会进步的变化。要坚定不移地宣传社会主义人道主义并推动实行,给残疾人进入社会创造良好的外部环境。要做到这一切,必须由党和政府、社会各方面及广大残疾人、残疾人工作者共同进行长期的艰苦奋斗。

今后一段时间,是我国残疾人事业打基础的阶段。这五年,我们既要使残疾人状况不同程度地得到改善,又要为今后残疾人事业大发展准备条件:

继续推动残疾人就业,切实解决一些政策问题,拓宽就业渠道,逐步达到普及、稳定、合理的要求。

要持续大抓残疾人教育,使残疾人文化素质明显改善。要积极兴学、办学,培养特教师资,推动特殊教育的发展,推动在普通学校增设辅读班,推动各类残疾人短期文化技术培训班,鼓励私人办学。

努力推进康复事业,抓紧抓好抢救性医疗康复和社区康复。要协助政府为三十万名儿麻患者施行矫治手术,为五十万名白内障患者施行复明手术,为五万名聋儿进行听力语言训练,积极推动眼库试点的工作。充分利用现有的医疗网络及各种条件,搞好社区康复的试点和普及工作。

结合实际,继续广泛深入地宣传社会主义人道主义,大兴理解、尊重、关心、帮助残疾人的风尚,特别要在青少年中开展社会主义人道主义教育,采取多种形式,并逐步形成制度。要推动电台、电视台搞好残疾人专题节目。要搞好残疾人文化、体育活动。

促进法规建设,保障残疾人合法权益。残疾人保障法《无障碍设计规范》,力争国家近年公布实施。推动制订《残疾人劳动就业条例》和《残疾人教育条例》,促进地方法规建设,鼓励各地从本地实际出发,制定各项保护残疾人的地方法规。

广泛开展国际交往与合作,组织好各种国际会议。几年来,基金会的理事在繁忙的公务之中肩负起了发展残疾人事业的重任。他们凭着社会主义人道主义的崇高精神和对事业高度负责的赤诚之心,以自己的威望、影响,奔走呼号,联系各方,在各个不同的领域为残疾人事业辛勤劳作,做出了特殊贡献。没有各位名誉理事、理事的努力,就没有残疾人事业今天的好形势。借此机会,我代表广大残疾人及他们的家属、亲友,向名誉理事长王震同志,向各位名誉理事与理事表示衷心感谢! 让我们在奔涌的改革大潮中再洒一把汗水,为发展有中国特色的残疾人事业而奋斗。

在中国残疾人联合会第一次全国代表大会上的报告

（一九八八年三月十一日）

一、指导思想与战略

开创残疾人事业的新局面，应该确立哪些具有长远意义的指导思想和发展战略呢？

（一）残疾人问题是不容忽视的社会问题。

自有人类社会，就有残疾人。由于残疾的存在和影响，残疾人是有特殊困难的一个群体。残疾人问题，任何社会都无法回避。帮助他们随同社会前进，是全社会义不容辞的责任。

我国平均每五个家庭中，就有一个家庭有残疾人。残疾人能否跟上国家发展的步伐，与全国人民共同富裕，必须引起全社会的极大关注，给予必要的保障。

（二）残疾人同样是社会财富的创造者，是人类历史的推进者。

残疾人有参与社会生活的愿望，绝大多数残疾人具有参与社会生活的能力。历史和现实生活表明，残疾人同样是物质文明和精神文明的创造者，是推动社会前进的力量。

（三）高举社会主义人道主义旗帜

由于残疾人存在功能缺陷，为他们平等参与社会生活创造必要的条件,是全社会不可推卸的责任,也是社会进步与人类文明的标志。社会主义制度要求我们高举社会主义人道主义的旗帜,理解、尊重、关心、帮助残疾人,维护他们的合法权益和尊严。

(四)树立乐观进取的人生态度

残疾人参与社会生活,有赖于社会的帮助,也取决于自身的奋斗。残疾人应当珍惜人生的价值,热爱生活,热爱事业,以爱国主义和乐观主义精神激励自己,自尊、自信、自强、自立,履行公民义务,努力为祖国建设贡献力量。残疾人为国家发展奋斗,也就是为自身解放奋斗。

(五)残疾人事业的总目标

残疾人事业的总目标是:通过政府、社会、残疾人和残疾人工作者的共同努力,创造良好的物质条件和精神条件,使残疾人在事实上成为社会平等的一员,享有全面参与社会生活的权利,履行公民义务,共享由劳动和社会经济发展所带来的物质文化成果。

(六)发展战略

我国残疾人事业发展战略的制订,必须以社会主义初级阶段理论为依据,以社会经济的发展为条件。实现残疾人事业的总目标,要经过长期的有步骤分阶段的艰苦努力。从残疾人的实际状况和残疾人事业的现实水平看,在本世纪内,我们的奋斗目标是,使残疾人的状况有较大改善,使残疾人事业与国家社会经济水平的差距逐步缩小,力争大致协调。

在这个阶段,必须执行讲求实效、打好基础的战略。这个战略的基本要求是,扎扎实实地为残疾人办事,使他们得到实惠;在组织体系、事业体系、政策体系和思想理论体系等方面打好基础，为今后的大发展创造条件。为实现这一目标，必须着重解决好以下重要问题：

第一，把残疾人事业摆进国家发展大局，列入社会经济发展规划，整体研究，统筹安排，协调发展。

残疾人事业，是社会主义建设事业的一个组成部分。残疾人事业的总目标，寓于国家发展的总目标之中。改变残疾人事业滞后的局面，是国家发展、社会进步的需要。要把残疾人事业置于国家整体发展中统筹安排，利用残疾人抽样调查的数据，分析研究残疾人事业的状况，制定发展规划，并认真加以实施。

第二，采取有力措施，切实抓好残疾人迫切需要解决的就业、教育、康复问题。

把劳动就业作为解决残疾人问题的中心环节。劳动就业是改善残疾人社会地位和生活状况，使残疾人平等参与社会生活的关键所在。劳动福利型是我国残疾人事业的特色。要研究、制订、完善有利于残疾人劳动就业的政策，体现保障和优惠；本着集中与分散相结合的原则，促进劳动就业朝着稳定、合理的方向发展。

加快发展残疾人教育。从根本上改善残疾人状况，最终取决于残疾人科学文化素质的提高。要贯彻实施义务教育法，尽快扭转残疾人教育的落后局面。特殊教育要做到普及与提高相结合，以普及为重点。增加特教学校，在普通学校设特教班，提高盲、聋和弱智儿童的入学率，抓好职业教育、成人扫盲和职工的技术培训。

大力推进康复工作。科学技术的进步，给残疾人功能的恢复和补偿带来了希望。要积极开展康复研究，培养康复人才，探索经验，形成适合我国国情的康复体系。要组织制定康复工作规划，动员社会力量，不失时机地开展残疾人亟待解决的康复项目。加强残疾预防工作。

第三,完善工作体系,加强社会化管理,扩大资金来源,保证事业发展。

政府是推进残疾人事业的主导力量;社会团体是联系政府、社会、残疾人的纽带;街道、乡镇、企事业单位是残疾人工作的基础;家庭、邻里是残疾人生活的依托。这一工作体系符合我国国情,要进一步完善和强化。

残疾人事业是一项社会性很强的事业。要推进社会化管理,开发社会潜能,增加资金来源,各方紧密配合,共同做好工作。

二、五年的任务

(一)开拓就业门路,扩大就业范围

采取多渠道、多层次、多种形式,把残疾人劳动就业抓出成效。积极提倡按照不同特点,在各行各业分散安排残疾人劳动就业。要抓住乡镇企业发展的有利时机,大力发展福利企业。厂矿、企业、街道和劳动服务公司兴办多种形式的福利企业,安排职工的残疾子女就业,已迈出了可喜的步伐,这条路子要继续拓宽。鼓励并帮助残疾人集体组织起来就业和个体开业。大力发展按摩事业,力争五年内,使盲人按摩医院(诊所)增加到一千个,提倡在普通医院增设按摩门诊。通过多种渠道使农村残疾人参加力所能及的劳动。研究、探索残疾人专产、专营问题,凡适合残疾人生产的项目,要优先安排给残疾人。建议地方政府把残疾人劳动就业列入规划,并制定法规给以保障。歧视残疾人、不实行同工同酬、劳动就业以后又“放长假”等问题,要妥善加以解决。办好全国残疾人职业技能比赛。编好《残疾人劳动就业指导手册》。

(二)大力发展残疾人教育,提高文化素质

残疾儿童普及义务教育,使特殊教育事业有较大发展,力争五年

内使在校学生翻一番。积极创办特教学校。同时在普通小学设特教班,这是个方便、省力、省钱的办法,应予推广。提倡国有企业、集体、私营经济组织、团体和个人办学或捐资办学。特教基础好的经济发达地区,应积极创造条件,试办职业高中或普通高中。以多种形式培训师资,条件成熟的省份,建立特教师范学校。研究改进特教教材。提高特教师资素质,增加数量。继续拓宽残疾人接受高等教育的渠道,使达到录取分数线的残疾考生,更多地进入高等学校学习。探索在普通高校中办残疾人专业班和"残疾人教育中心"的路子。中等技术教育应调整、修改不利于残疾考生的规定。尚未建立职业培训中心的省份,要积极创造条件建立。进一步搞好职业技术培训,在普及的基础上,适当提高层次。特教学校的高年级应加强职业教育。抓好在职职工的扫盲和文化技术教育。福利企业要积极创造条件,推行业余文化技术教育,根据"干什么,学什么"的原则,提高在职职工的文化技术素质。做好盲文和手语的研究、推广和应用工作。

(三)积极开展康复工作,增强参与能力

从我国条件出发,逐步发展康复事业。为五十万名白内障患者施行手术,使其重见光明。为儿麻患者施行矫治手术三十万人次,取得成效。已建的聋儿康复中心,要积极开展工作,尚未建立的省份要尽快建立。通过多种渠道对三万名聋儿进行听力语言训练,使其开口说话。在五分之一的地级城市建立假肢装配站和残疾人用品服务部。办好工疗站,逐步改善弱智者和精神残疾者的状况。发挥骨干康复机构的作用,开展研究,培训人才,进行示范。充分利用现有条件和网络,在试点的基础上总结经验,扩大范围,提高水平,因地制宜地开展社区康复,使越来越多的残疾人得到康复服务,形成符合我国国情的康复体系。要广开门路,培训康复人才。派医疗队赴老区、边

远地区和少数民族地区帮助开展医疗康复工作。抓好残疾人用品、康复器材的科研、生产和应用。在公共建筑和公共设施中,推广无障碍设计。加强劳动保护,避免工伤、交通事故,预防残疾发生。

(四)大力宣传残疾人事业和社会主义人道主义

要深入进行社会主义人道主义宣传。着重在青少年、福利企事业单位职工和残疾人家庭中开展社会主义人道主义教育。宣传残疾人志在奉献的精神和顽强拼搏的事迹,宣传残疾人事业的发展。办好现有的为残疾人服务的出版社和刊物,创办中国残疾人联合会会刊。要创造条件,提供方便,充分利用公共宣传媒介,使更多的残疾人和残疾人之友的事迹出现在报刊上,展示在屏幕中。协助中央和地方电台、电视台继续办好残疾人专题节目。建立残疾人事业新闻工作者联谊会,设立"残疾人事业好新闻"奖。繁荣残疾人事业的文艺创作,评选反映残疾人事业的优秀影视、文学作品。出版更多的残疾人读物(含盲文有声读物),丰富残疾人的精神生活。在"残疾人活动日"试点取得经验的基础上加以推广。开好社会主义人道主义实践研讨会和全国优秀残疾人表彰大会。

(五)文体活动要抓普及、促提高

因地制宜、灵活多样地抓好群众性文体活动,支持和帮助各种业余文化、体育组织的建立和活动的开展。因陋就简,开辟活动场所。已经建立基层残疾人组织的地方,尽可能建立活动站(室),并配置一定的活动用品。选择五十所特教学校,重点培训文体人才。建立半脱产的中国残疾人艺术团,使其进入社会文艺舞台,参加国内外演出。抓好残疾人体育队伍建设,在强调普遍参与的基础上,力争在世界性比赛中取得好成绩。举办全国残疾人艺术调演。搞好全国残疾人美术作品展览。举办第三届全国伤残人运动会和参加第二、三届中国艺术节。

（六）促进法规建设，加强理论研究

力争残疾人保障法和《无障碍设计规范》尽快审定、公布，并配合做好宣传实施工作。围绕制定《残疾人劳动就业条例》和《残疾人教育条例》，做好调查研究和起草工作。搞好地方法规建设，各地应大胆探索，勇于实践，总结经验，推动全国。修改、调整不利于残疾人平等参与社会生活的政策和规定，使其既符合国家根本利益，又要使残疾人的正当权益得到保护。

选择一批对残疾人事业发展具有长远意义的理论课题，开展调查研究，在总结实践经验的基础上，探索残疾人事业的理论体系。

（七）扩大资金来源，提高使用效果

随着改革的深入，蕴于企事业单位、家庭和个人的社会财力逐步增加。在政府继续增加残疾人事业经费的同时，要多渠道、多途径，以多种形式扩大资金来源。把募集资金的活动寓于社会主义人道主义和残疾人事业的宣传之中。动员企事业单位解决好管辖范围内的残疾人及职工的残疾子女的困难。要合理使用资金，优先用于受益面广、效益好、见效快的项目。

（八）广泛开展国际交往

外事工作要为残疾人事业的发展服务。着重在劳动就业、教育、康复和文体活动等方面开展国际交流，探索合作项目。加强与友好国家、地区和国际组织的联系。积极参加国际会议和国际残疾人艺术节、国际残疾人职业技能竞赛和国际伤残人奥运会等活动。组织好在我国召开的国际会议,特别是国际康复会亚太地区大会和国际康复会年会。各地残疾人组织也要积极开拓渠道,扩大国际交往。

(九)重视“老少边穷”地区的工作

“老少边穷”地区及广大农村的残疾人一般都比较困难。对这些地区的残疾人工作应给以关注。要与扶贫相结合,帮助残疾人康复、掌握技能、参加劳动,使他们的状况随着经济的发展逐步有所改善。

完成以上任务,必须在政府领导下,充分发挥各方面的作用,承担起各自的责任,齐心协力,共同奋斗。

三、加强自身建设

我们肩负着光荣、艰巨、复杂的任务。加强残疾人联合会组织建设和思想建设,是完成任务必不可少的保证。

(一)抓好各级残疾人联合会的组建

中国残疾人联合会是全国性残疾人事业团体。它是将代表功能、服务功能、社会化管理功能融为一体的半官半民性质的综合性社会团体,既是残疾人共同利益的代表,又为残疾人服务,同时,承担政府委托的任务,动员社会力量,推进残疾人事业。

搞好各级残疾人联合会的组建,对残疾人事业的发展十分重要。各地残联的组建应根据国务院文件精神和《中国残疾人联合会章程》抓紧进行。地方残疾人联合会的组建,以有利于推动本地区残疾人事业的发展和残疾人工作的开展为目的,并以这个标准衡量残联组建工作的好坏。要本着积极、稳妥、求实的原则,在当地政府领导下,积极地有步骤地组建地方联合会。一面推进残疾人工作,一面组建联合会,工作、组建两不误。

在保证质量的前提下,用一年左右的时间,基本上把省级和计划单列市的残疾人联合会建立起来。要积极创造条件组建市县级残疾人联合会。在组建的过程中,要抓好队伍建设,特别是领导班子的建设。要建设一个热心于残疾人事业、政策思想水平高、社会活动能力强、具有开拓精神、年龄结构合理的领导班子。

鼓励街道、乡镇和残疾人比较集中的单位建立残疾人基层群众组织。支持其他各种残疾人组织开展活动。同各有关团体加强联系,密切配合,开展工作。

(二)提高残疾人工作者的素质

建立一支善于协助政府与各方面紧密配合、协同作战的干部队伍。要以社会化管理的要求培训残疾人工作者。各级残疾人组织以培训班等多种形式提高干部的政治、业务素质,使他们有理论,懂政策,熟悉业务,具有社会活动能力。提倡残疾人工作者学习盲文和手语。特别要注意培养残疾人,从中选拔优秀者从事残疾人工作。

(三)培养良好职业道德和工作作风

残疾人工作者要树立"人道、廉洁"的职业道德,改进工作作风,竭诚为残疾人服务。要深入基层,联系群众,倾听残疾人的意见和呼声,交流思想,解决问题,为他们排忧解难,办实事,做好事。

(四)开展"建家做友"活动

开展"建设残疾人之家"和"做残疾人之友"活动,使这一活动向社会、向基层发展,让更多的残疾人组织成为"残疾人之家",更多的人成为"残疾人之友"。

推动残疾人事业，促进社会文明进步[①]

（一九八八年三月十五日）

同志们就要回到各自的工作岗位上去了。回去以后怎么办？如何有效地推动残疾人工作？怎样使残疾人事业健康发展？我想就这些问题谈点个人想法，与大家探讨。

一、国家发展要求残疾人事业相应发展

大家知道，残疾人的命运是和祖国的命运紧紧连在一起的，国家的发展要求残疾人事业相应的发展，同时，为残疾人事业发展提供必要的物质和精神条件。实践证明，在一个动乱和贫穷的社会里，残疾人是没有希望的。残疾人群体更需要一个安定、富裕、和谐的社会环境。所以，国家的发展是残疾人和残疾人事业的根本利益所在。

只有深刻理解这一点，才能更好地树立全局观念，从而才能做好工作。残疾人事业是社会主义现代化建设中的一项内容，是体现社会进步的事业，对维护社会公平、维护安定团结有重要作用。残疾人工作还负有全面提高残疾人身心素质的任务，提高社会中困难最多的一个人群的素质，解放和开发一批劳动力资源，有利于推动社会生产力的发展。

残疾人事业的发展弘扬了社会主义人道主义。残疾人“自尊、自

① 这是邓朴方同志在中国残疾人联合会第一次全国代表大会闭幕式上的讲话。

信、自强、自立”的精神影响着社会;“理解、尊重、关心、帮助”残疾人的社会风尚正在形成;这一切都是精神文明建设的重要内容。

残疾人事业与国家大局之间存在着密不可分的有机联系。我们要将残疾人工作融于国家大局,既维护国家大局,又推动残疾人工作,既推动社会文明,也促进社会进步。

二、要使残疾人事业建立在我国国情的基础上

实事求是,从实际出发,是做好一切工作必须遵循的准则。国家的现状和可能的发展,残疾人事业的现状和可能的发展,是我们安排一切工作的出发点。我们的基本国情是人口多,底子薄,处在社会主义初级阶段。我国残疾人事业的基本状况是投入少,需求大,跟不上国家、社会和经济发展的节奏。因此,残疾人事业的发展,在很长时期内是相当艰难的,我们不得不面对投入少、设施少而残疾人的社会需要却不断增长的矛盾。

为了解决这个矛盾,我们要做到两条:

一条是做好长期艰苦奋斗的准备。不干是没有出路的。要有充分的精神准备,要下决心付出代价,要有奋斗精神,要拼得起来。

另一条是要学会有效地工作。怎样才能从困难的环境中走出一条路来呢?硬拼不行,傻干不行,必须根据实际情况,多办那些“少花钱多办事、不花钱也办事”的事情,做那些既重要、迫切而又现实可行的事情。

在这方面,我们已取得了一点经验,出现了很好的势头,大有希望。比如说,我们抓住了残疾人就业问题,依靠党和政府的方针、政策和社会各方面的工作加以解决。安排残疾人就业是很重要的,解决了这个问题,还可以提高他们的经济和社会地位。从人道主义的

角度讲,是帮助残疾人实现最重要的人权,即劳动的权利和贡献的权利。使残疾人大面积就业又可以促进生产力的发展,求得公平和效率的统一,发展和稳定的统一。经过几十年的努力,目前,我国残疾人就业工作有了相当的基础,残疾人大面积就业是可以实现的。又比如,建立社会基层保障网络,这是一个好办法,很多地方已摸索出一些很好的经验。在城市和农村,以政府为主导,以乡镇、街道企业和福利工厂为支柱,发扬中华民族的优良传统,发挥群众的积极性,有组织地开展残疾人康复、教育、基本生活保障等工作,进行各方面的社会服务,我认为这符合国情,完全可以做到,甚至比其他国家更有条件做好。做好这项工作可以使残疾人就地、就近得到服务,这是实实在在的东西。再比如,采取多种方式开发社会潜能的工作,许多地方残疾人组织正在摸索以企业养事业的经验,搞起了经济实体,取得了一定成效。民政工业搞了几十年,不但使一大批残疾人就了业,而且在一定程度上弥补了社会福利事业费的不足。搞好残疾人事业中的经济活动,不仅可以解决一部分资金紧缺问题,还可以促进社会生产力的发展。以企业养事业的路子可以大胆探索。

劳动福利型、基层社会保障网络、以企业养事业这三个问题都萌生于中国大地,符合我国的国情,是现实可行和大有希望的。很可能经过对这几个方面的探索,走出一条具有中国特色的残疾人事业的发展道路。

三、要处理好现实工作和长远利益的关系

残疾人工作,问题和矛盾很多。我们必须处理好各种工作之间的关系,眼前利益和长远利益的关系。我们要有危机感、使命感,还要有长远观念、全局观念。具体说就是,既要抓住残疾人最迫切、最

需要、又最有可能解决的问题,扎扎实实地工作,使残疾人的状况不断改善;又要纵观全局,考虑残疾人和残疾人事业的长远利益,为残疾人事业的未来打下良好基础。

我们要多做“雪中送炭”的事情,要急残疾人所急。残疾人就业,我们着重抓普及,然后才能逐步做到“稳定、合理、提高”。康复事业中,我们重点搞抢救性工作。要为几百万盲人做白内障手术,使失明的朋友们重见光明。我国还有相当数量的小儿麻痹后遗症患者,多数是二三十岁的青年,其中一部分是适合手术矫治的,可通过手术改善功能并逐步康复。这些同志现在还年轻,如果我们把手术放到十年以后做,对他们的意义就不大了。矫治手术能为他们带来新的希望,而且所需费用不多,因此我们要下决心把这项工作做好。再一个抢救性工作是聋儿听力语言训练。我国目前每年新生聋儿三至五万,如果早期进行听力语言训练,这些娃娃就一辈子有希望了。这些抢救性工作既有意义,又迫切,我们应当下大功夫去做。

与此同时,要为今后的工作打下良好基础。残疾人事业是一项综合的社会工程,要有一个科学的设计,形成一套完整、清晰的思路。从战略的高度上把今天和明天连接起来。我看,首先要打好组织基础,沟通人、财、物的渠道,形成上下协调运转的组织体系,争取实现优化结构,使我们的组织体系有长远发展的活力。我们要对残疾人事业中的康复、教育、劳动就业和文化体育等方面进行合理布局,要下大力气抓好基础环节性工作,以此带动全面工作。在康复事业中要以抢救性康复工作带动包括社区康复在内的康复网络的建设,为康复事业体系打下基础。在法规建设上,我们要积极有计划地建议国家和各级政府制定有关残疾人的法规,逐步形成从中央到地方的法律法规体系。残疾人事业是富于开拓性的事业,要不断地总结,不断地研究和探索规律,形成具有长期指导性的理论,要提高自觉性,减少盲目性,要在思想和理论建设上打好基础。

总之,我们要从实际出发,推动残疾人事业蓬勃发展。既要不断使残疾人得到实惠,又要注重残疾人和残疾人事业的长远利益,为事业的发展打好基础。

今后五年是形成具有中国特色的残疾人事业的关键时期,这几年的工作做好了,我国残疾人事业才有可能走上健康发展的轨道。在这个时期,特别需要残疾人工作者不图名,不为利,兢兢业业,埋头苦干,竭诚为残疾人服务;特别需要广大残疾人奋发图强,顽强拼搏,自尊、自信、自强、自立;当然,更需要党和政府的领导,各部门的密切配合,全社会的大力支持。

架起理解的桥梁[①]

（一九八八年四月十五日）

“首都残疾人活动日”即将到来，这是首都四十一万残疾人的一件大喜事，意味着残疾人事业的不断发展和兴盛。

这次活动体现了社会各界朋友理解、尊重、关心和帮助残疾人的社会主义人道主义精神，说明我们的事业得道多助，大有前途。

这次活动将展示广大残疾人渴求理解、志在奉献的崭新精神风貌。

这次活动将进一步架起理解的桥梁，沟通残疾人与健全人的心灵。

大家知道，在社会主义国家的现实生活中，每个人的发展都以国家和社会的发展为条件。残疾人作为一个特殊困难的群体，要冲出困难的重围，需要自尊、自信、自强、自立的乐观向上精神，还需要与健全人相互理解，创造一种和谐的气氛，以这种春天的温暖激发自身顽强的生命力。同样，健全人也应该帮助这个困难的群体。

残疾人与健全人心灵的相互激励，提高着社会道德水平，创造着社会的春天。它比自然界的春天更美好，更有价值，更有意义。自然界的春天虽然日光融融，春风和煦，但那是大自然的恩赐，而社会的春天则体现着人的奋斗和创造力，体现着人类的美好情感与人道主义精神。

我相信，这次活动将从残疾人、健全人的相互理解与帮助中，向社会传播春天的信息。

---

① 这是邓朴方同志在第一次首都残疾人活动日新闻发布会上的讲话。

中国残疾人福利基金会的国际交往[①]

（一九八八年四月二十日）

记　者:中国残疾人福利基金会成立四年来,你们做了不少工作,您能具体地谈谈吗?

邓朴方:中国残疾人福利基金会是一九八四年三月十五日成立的。这四年中,我们做了一些事,概括起来有两个方面:一是启发残疾人自尊、自信、自强、自立;二是宣传人道主义,呼吁全社会为残疾人创造条件,让残疾人像正常人一样参与社会生活。

经过几年的努力,情况有些变化。观念比以前进步了,也做了些实事,比如,一些建筑为残疾人轮椅车建造了通行坡道,这不仅帮助了残疾人,也方便了老人和推婴儿车的妇女。

除此以外,我们在残疾人就业、残疾人上大学等方面也做了一些工作。但是,如何让更多的残疾人就业,这是我们现在最关心的事。

几年来,残疾人福利基金会募集了一些资金,包括国内的,也包括海外侨胞以及各国友好人士的。这些基金,我们都直接用在残疾人事业上。比如,我们现在正在筹建的中国康复研究中心,这是一个医疗、教育、科研三结合的现代化的康复中心。同时,我们还用这些资金开展康复、教育、就业和文化体育事业,为残疾人回归社会主流创造条件。

但是,这种直接的帮助还是有限的,因为中国有五千多万残疾

---

① 这是邓朴方同志接受中国国际广播电台记者采访时的谈话。

人,他们的家庭成员有两亿。这是一个很大的社会问题,我们想尽力把这个工作做好,让残疾人受益。

记　者:中国残疾人福利基金会在实行和发扬人道主义方面,是怎么做的?有些什么特点?

邓朴方:为发扬中华民族"济弱扶残"的优良传统,残疾人福利基金会把发扬民族美德和提倡人道主义结合起来。具体的做法是,在企事业单位和街道等社区既加强人道主义宣传,又开展切实的助残活动,鼓励、吸收残疾人劳动就业,使残疾人通过自己的劳动获得报酬。这将在总体上构成"劳动福利型"的残疾人事业。

让残疾人通过自己的劳动为社会做贡献,对残疾人来说,比得到优厚的救济与福利还要重要,因为这使他们感受到自己在社会上能够自立了。给残疾人以参加劳动的机会,是平等的体现,也是人道主义更好、更实际的体现。

几年来,我们大力推进了残疾人就业,基础是不错的。我们采用多种方法,多层次、多渠道地扩大残疾人就业机会。此外,还有很多事情要做,比如建立社会保障网络和社区康复网络,动员开发社会潜力,多渠道地筹集资金等。

记　者:几年来,您为促进和加强残疾人事业,同外国残疾人组织进行了多方面的交流,并发挥了一定的作用,您能就此给予介绍吗?

邓朴方:这几年,我们和国外朋友之间的来往是比较多的。在国际交往中,我们提出了八个字,即:和平、进步、友谊、人道。

几年来,我们除了同港澳同胞、海外华侨有许多来往外,也同世界各国的康复界有了来往。我们参加了残疾人的国际组织,如世界聋人联合会、世界盲人联盟、国际康复会、国际伤残人体育运动委员会等。我们在这些交往中,学到了许多知识,得益匪浅。同时,我们在实际工作中也摸索到一些经验,在为残疾人服务的科学技术上也学到不少东西。各国朋友在业务上、知识上以及经济上给我们的支持是很大的,借此机会我代表中国残疾人向支持我们的朋友表示感谢!并希望进一步加强与国际社会的交流和合作。

这里特别提一点,我国残疾人还多次参加了国际上的伤残人体育运动会,包括残奥会,仅金牌就拿了八十多块,其他奖牌一百多块。这项体育活动,我觉得非常好,也是受国外启发的。我们在国内也开了全国残疾人运动会,既促进了残疾人与社会的感情交流,也为残疾人提供了展示自己能力的机会,增强了他们的自信心。这些活动的开展是很有意义的。

此外,还有一些中外文化活动。我们组织了一些由残疾人组成的演出团出国访问演出,国外有些团体来我国义演。这些都有利于中国残疾人事业的发展,而且能把中国残疾人事业同世界残疾人事业联系在一起,互相激励,共同发展。

中国残疾人康复、教育与就业要走自己的路[①]

（一九八八年五月九日）

辽宁省残联是全国第一个成立的省级残联。省和民政厅的同志介绍了辽宁省今年的政治、经济形势。辽宁的改革经常有新东西。给我印象很深的是辽宁省的残疾人工作有了一定的基础。历届省长、厅长都比较重视残疾人问题。现在百分之八十的乡已经有了福利工厂，城市社会保障网络也有一些好的经验，聋哑学校目前筹建比较积极，其他各方面工作也取得了很好的成绩。

我是做残疾人工作的，所以想多讲点残疾人的事。

一、要为残疾人平等参与社会创造条件

残疾人是社会上特殊而困难的一个群体。可以说，自从有了人类，就有了残疾人；自从有了社会，就有了残疾人的社会问题。社会如何对待残疾人，是社会文明的标志之一，是一个社会政治、经济、文化状况的综合反映。

残疾人有功能上的缺陷（或者听不见，或者看不见，或者走不了，或者拿不了），这个缺陷在个人生活和在社会生活里给他们造成了相当的困难。建设一个机会平等的社会，使这些人和其他人一样有平

---

① 这是邓朴方同志在辽宁省市机关负责同志座谈会上的讲话摘要。

等参与的机会,无论是政府还是社会,都需要做出很大的努力。同时,他们本人也要付出很大的努力。当然,主要是社会要为他们创造条件。我说的不是西方那种福利社会的条件,而是给他们创造参与社会生活的条件。残疾人一般具有顽强的意志。因为他致残之后,就直接面临着困难,不奋斗他就活不下去。这种环境锻炼了他们,使他们比普通人更顽强。当然,不是每个人都如此,但是大多数是如此。残疾人只有努力才能生存下去。两千年前,孟子说过:“天将降大任于斯人也,必先苦其心志,劳其筋骨,饿其体肤,空乏其身,行拂乱其所为。”这就是说,人要做些事情,总要经受磨难与锻炼。在中国古代,像左丘明、孙膑、司马迁等优秀人物都是在逆境之中锻炼出来的,而且都有杰出的成就。1949 年以后,有吴运铎、高士其这样的人物。八十年代出现了张海迪和老山战斗英雄等一大批人物,在社会上影响相当大。在国外,贝多芬是聋人,罗斯福是小儿麻痹后遗症患者,奥斯特洛夫斯基又盲又瘫,他们在我国影响也很大。这样的人物相当多,都是在困难的条件下锤炼出来的。残疾人有没有能力呢?有没有劳动能力呢?我觉得,除了“植物人”以外,都有一定劳动能力,就看你给他提供什么条件了。比如瘫痪的同志,表面上看似乎是没劳动能力了,但只要创造条件,还是有劳动能力的。有没有劳动能力,是随着科学技术的发展,社会物质文明与精神文明程度的提高而变化的。

我前些日子接待一位美国客人,他是全瘫,手一点也不能动,只能脖子动和会说话。但他用下巴颏操作,开着车全世界到处跑,是西雅图残疾人的领袖,各大公司、财团都很拥护他。他也曾一度失去生活信心,但终于重新鼓起生活勇气走向社会。只要社会给他条件,他就会有所作为。王震同志几次跟我说:“残疾人了不起,能够做出贡献,有很多先进人物。”所以我希望各位“父母官”要了解残疾人,只要给他们一定条件,他们是有能力的。

我们要理解,广大残疾人是渴望工作的。我曾和一些残疾人探讨:每月给你一百块钱或给你找个每月挣五十块钱收入的工作,你选择哪个?他说他选择后一个。道理很简单,他认为这是自己挣的,是劳动所得,不是吃国家,而是为社会做贡献。有了实实在在的经济地位,才会有相应的社会地位、家庭地位。我认为,我们社会主义国家无论如何应该重视这个问题。资本主义国家是将残疾人养起来,美国财政预算直接用于残疾人的为百分之六,比重虽然较小,但他们财政收入基数大,所以很可观。欧洲国家普遍为百分之十以上,挪威最高,占政府预算的百分之十八。美国人很自豪,说美国是残疾人的"天堂":有些停车的位置总统都不能用,残疾人能用,有些座位总统不能坐,残疾人能坐。

为什么我经常呼吁这些事情?我认为这是有关人道主义的问题。有关残疾人的问题,各国都非常重视。我在北京经常接待一些国外领导人和他们的夫人。这些人一来,不看别的,就看如何对待残疾人。我们国家应该进一步重视残疾人事业。一九八五年全国党代会讨论和通过了国民经济和社会发展的第七个五年计划,把社会保障提出来了。

二、做好残疾人工作
是经济体制改革和精神文明建设的要求

我们国家这几年发展的特点,我认为有两点:一个是人民生活水平提高较快;一个是经济发展比较快。根据世界其他国家的经验,人均国民收入三百美元到一千美元,是社会上比较乱的一个时期。所以,我们从温饱过渡到"小康"这个时期,人们的社会需求多样化,这

就带来了新的矛盾。经济发展比较快的时候,分配结构会产生一定的失衡。某一部分人收入提高比较快,一部分人收入提高比较慢。往往伴随着物价上涨,在利益分配上出现不平衡现象。一些发展中国家在这个阶段,经常发生一些游行、示威、罢工、罢课,甚至会出现流血的、不流血的政变。现在尽管生活水平提高了,群众的不满情绪还是存在的,应该看到这一点。同志们都是“执政者”,应该看到这种情绪。所以在这个阶段,稳定社会的问题就会提出来。你不稳定社会,社会就会报复你。这是不以人们的意志为转移的。“快”是人们的希望,但“快”带来的问题我们要解决,千万不可掉以轻心。这也是我国进行改革的时期需要关注的重大问题。

经济体制改革已经深化,但是一些影响群众的基本步骤,目前还没有真正动起来。比如产业结构调整带来的职工队伍调整问题、物价问题、住房问题、原材料价格问题都在动一点,但没有大动。这些问题只要一大动,就会直接影响群众情绪。现在辽宁的物价也是个大问题嘛!全国党代会上也曾提出这个问题,这还只是经济体制改革的一部分,经济体制改革和政治体制改革,在往前进行的过程中总会付出代价。大的失误我们能够避免,小的失误却是难以避免的,中的失误也很难避免,总会有点。就是没有失误,也不可能把每个人的利益都照顾得圆满,总会有一些人的利益受了影响。在这种情况下,党政工作干部要有承受能力。国家要发展,政治上的安定团结是特别重要的。若是掉以轻心,就会极大地阻碍经济发展,也会阻碍改革开放进程,直接影响振兴中华民族的步伐。搞好安定团结,除政治因素之外,还有一个社会保障问题。所以,从现在起要十分注意社会保障问题。

五十年代工人、农民拥护共产党,那种局面是怎么来的?人民当家作主了,这是一方面;另一方面,就是当时生活改善了,保障跟上去了,没有后顾之忧。农民分到了土地,干活有劲头。有了生活保障,才能促使政治热情在长时间内持续高涨。这就告诉我们,当今必须十分重视社会保障工作。这里就有残疾人这一块。占人口百分之五的残疾人和他们的亲属加起来,大约占全国人口百分之二十,有两亿人。多数残疾人家庭由于残疾人的存在,精神上、物质上的负担是很大的。这就是我们强调做好残疾人工作的重要原因。

随着社会的发展,竞争机制的出现,残疾人面临一种新的冲击。残疾人会敏锐地感觉到这一点。所以,残疾人工作不是可有可无,而是不可少的。从精神文明建设来讲也是这样。残疾人自强自立的精神就是一种根本性的精神文明。激励、宣扬这种精神,就是促进社会精神文明建设。对张海迪的宣传,社会效果不错,对老山战士的宣传也是好的。五十年代吴运铎的《把一切献给党》和奥斯特洛夫斯基的《钢铁是怎样炼成的》等著作,可以说造就了一代为共产主义奋斗的人。榜样的力量是无穷的。我们现在的先进典型,先进模范人物,宣传出去,会产生更好的社会效果。我们促使整个社会来关心残疾人,特别重视向青少年进行社会主义人道主义教育,这就是推进精神文明建设。现在的孩子从小是独生子女,不懂得关心别人。要让他们懂得理解别人、尊重别人、关心别人,这都属于人道主义教育的内容。通过残联这方面做,孩子们容易接受,家长也容易接受。有一位小学老师带领小学生开展关心残疾人的活动,家长来找老师说:“谢谢老师,我的孩子从来就不知道关心别人。昨天他去帮助了残疾人,知道关心别人了。”他们非常感谢这位老师。

残疾人由于残疾的磨炼,蕴藏在他们内心的精神力量是巨大的,是可以启迪健全人的。同时,健全人关心帮助残疾人,有助于树立良好的道德风尚和发扬中华民族扶残济弱的优良传统。

无论从改革开放的角度上讲,还是从社会主义精神文明建设来讲,做好残疾人工作,意义都是很大的,希望各位充分认识这一点,在自己的辖区内将残疾人工作做得更好。

现在,我们对残疾人组织做了些调整。全国残疾人联合会和地方各级残疾人联合会,目前正自上而下逐步建立。这是适应改革的要求,适应社会发展的趋势,从国家大局和残疾人利益出发考虑的。

对残疾人工作,各位领导要从组织上和其他方面给予支持,同时,要靠大家动员社会来做。其中很重要的一条是,政府各部门之间应该互相协调好。我在北京跟劳动人事部的同志谈,有关招工的规定不大合理,把体检标准定得过严,这样许多有能力的残疾人都不能被录用了。有些农村小学教师教得很好,有不少是优秀教师,就是身有残疾、不符合体检标准,不给转正,不给提级,这样的现象很普遍。我接到很多这样的信。这样的体检标准不合理,实际上,把残疾人推到社会之外去。还有些残疾人职工,本来是企业应当安排的,你把他从企业推出去,让他去找政府,使政府为难。这样的事不是没有,希望各市关心一下这方面的事情。

三、就业是残疾人参与社会生活的关键

就业是残疾人参与社会生活的关键。但是,现在改革管理体制,又有新问题。沈阳有两家厂子宣布破产,亮了黄牌。他们跟我说,有两个残疾人职工怎么办?民政局收起来了。我不太同意这种简单"收"的办法。当然,你们这样做也就做了。但应当设法用其他办法解决,因为现在就两名残疾人,好说,如果增多,民政部门收得了吗?这不是个持久的办法。

过去,抚顺钢厂残疾人整天找厂长,闹得没办法。办了福利工厂,大家都满意了。抚顺还有个经验,就是大厂带福利厂,福利厂围

绕大厂(指为大厂生产辅助产品或劳保用品)。无论在技术上、产品上还是管理上,都可以帮带,同样有经济效益。谁也不受损失,大家都获益。辽宁提出要多渠道、多层次安排残疾人就业,提出了五个层次,总结得不错。咱们社会主义国家对劳动力安排应有政府干预,将来劳动力市场形成以后,有没有共产党了?有没有社会主义了?有没有政府的干预了?我看还是有的。我们面对着这些新情况,应该用新办法解决。不解决,矛盾就要转嫁到我们自己身上,转嫁到政府身上。面对新问题,要主动去解决。我去太原钢厂看,有些同志跟我讲,太钢建立了福利工厂,安置了残疾人,家长带着孩子来叩头,说是"救了我们一家人的命"。事情并不大,花的钱并不是很多,事办得非常好。职工稳定了,新的生产力出现了,新的利润出现了,完全可以做到公平与效率结合。既让残疾人像健全人一样有劳动的机会,又能促进社会经济的发展,这是一举两得。抚顺、太原的经验,希望大家重视。

对于一个残疾人来说,就了业,就意味着自己社会地位的提高,正如一位残疾人说的:"就连我在家里都神气了,父母、弟弟、妹妹对我都好多了,家庭地位马上就提高了。以前总吃父母的,兄弟姐妹都要负担,就得看眼色了。现在我挣钱了,回家把钱交给父母,不只是家庭地位问题,还有政治、社会地位问题,是物质文明和精神文明双丰收。"在就业问题上,往往有这么一种观点:"好胳膊好腿的还就不了业呢,何况缺胳膊少腿的。"我们的干部中不是没有这种看法的。这种看法非常可悲。共产党就是为群众服务的嘛,打天下就是为群众。我们不能把残疾人看成等外人,看成"二等公民"啊!其实,从某种意义上说,安排一个残疾人就业,往往比一个健全人就业更重要。对一个普通的青年来说,他能不能就业,是一个就业和失业的问题;对一个残疾青年来说,是一个生和死的问题。有位家长说:"我都六七十岁了,孩子三十多岁了,我还养活他呢,我要死了怎么办?”一个有志向的残疾人,不能就业,不能为国家做贡献,老吃着父母的钱,老靠国家,思想压力是很大的。我跟许多残疾人谈话,问他们:有没有过死的念头?回答使我很吃惊,百分之百的人说:“有过。”所以,能否使他们就业,不只是就业和失业的问题,而且是生与死的问题。中国封建社会有句话,叫“人命关天”。不是所有残疾人都想死,但都郑重地考虑过生死问题。因为他们遇到的挫折、苦难太多,令人难以想象。我前两年处理过一件事情。太原市的一个按摩班的残疾学生,毕业后分配到某矿务局医院做按摩工作。但就是不给他安排工作。只给他一份生活费,不让他上班,说是影响医院的“形象”,就这么个理由。这孩子有理想,要求劳动,却不给他劳动的权利。几次上访,母校也替他说话,就是不行,最后这位残疾人焦虑过度,心力交瘁而死。我希望我们的领导能体察残疾人的这种焦灼与痛苦,避免类似悲剧发生。

我们党的各级组织和各级政府,不要无视残疾人工作!不要采取冷漠的态度,要促进社会观念的转变,要使残疾人得到平等的权利与机会。这是意义深远的工作。我们的领导人要具有人道主义的素质。

四、认识残疾人教育与康复工作的紧迫性

为了促进残疾人就业就要抓残疾人教育。教育是个战略问题。从现在开始投资抓教育,十几年、二十几年以后就会创造价值,就会提高经济效率,这是长期的智力投资。抓这项事情,要时刻从战略考虑,而不是囿于眼前的困难。眼前谁没有困难?抓住这项工作一定要有魄力,有眼光。

康复工作,国外搞得很早很多,花钱也很多。我所讲的,是要抓抢救性康复。小儿麻痹后遗症矫治、盲人复明、聋童语训是抢救性

的。这些事情是有时间性的,放过这段时间效果就不行了,所以叫“抢救性”的。青海是我国经济不发达的省份,白内障致盲的人很多,为解决这个问题,他们的办法是“民政搭台,卫生唱戏”。一方面要做好组织工作,一方面要出经费,民政可从扶贫款中拿一点。虽然现在政策没这一条,但这样做没错,道理很简单,你单单给他钱扶贫救济他,他眼睛看不见,不能干活,吃完就完了。你把他的白内障摘除,复了明,他就变成自食其力的劳动者了。

这样的好事要赶紧办。我们国家每年新生聋儿两万到四万,多数都有残余听力,如果不注意早期开发、早期干预,就会“十聋九哑”。这是中国的一种很流行的说法,说明我们在这方面落后。有些国家现在已做到“十聋九不哑”。有些人保留了残余听力,如果给他带上大功率的助听器,他可以听到信息,这样就可以教他说话。人的语言中枢的发育是有时间性的,到六七岁就停止发育。在六岁前早康复,早训练,给他们以语言听力的训练,在他大脑发育的过程中给他信号,这孩子就可以说话。这个工作其实很简单,辽宁现在在搞,北京搞了几个点,武汉搞得也不错,有很多地方搞得不错。这些都是“点”,我想应尽快把它变成“面”。北京崇文区一个街道老太太办了个班,培养聋童说话,收了几十个学生,一个学生每月交九十五元钱还挤破门。这样,家长们也愿意,他们不在意几十元钱,只要能让孩子说话。效果还不错。一个街道老太太都能办,而且完全自己搞,不向国家要钱,年年培养聋童说话。如果我们有更多这样的老太太,更多这样的同志不向国家伸手要钱,使我们的聋儿能够说话,这就功德无量。只要把教材发给大家,把方法交给大家,不用花钱,这事也能办。当然,花钱购点设备,建点房屋我看也需要。这种能促成“十聋九不哑”的事,我们为什么不干呢?我看关键在于大家有没有这个认识。起先我也没有这种认识,想不到这一点。后来我们想到了,组织人去学习,回来一干,群众就欢迎。这事就在于工作,用不着花多少钱,而且对孩子们是一辈子的事。康复事业是花钱的事,我赞成搞一点“锦上添花”,但重要的是要多搞“雪中送炭”,要搞抢救性的。希望各地把这当成自己的事来办。

四、中国的残疾人工作要走自己的路

中国要走自己的路,搞出有中国特色的残疾人教育、康复、就业。中国现在是社会主义初级阶段,要搞些穷办法、土办法。多花钱的事该办我们也得办,更多的要少花钱多办事,不花钱也办事。我们要实行公共设施的无障碍设计,发达国家的公共设施都是无障碍的,方便残疾人,也方便老人、妇女和儿童。改造公共建筑要花钱,应赶紧搞个法规,把新上的项目搞成无障碍的。这是不花钱、少花钱也能办到的。

我们中国有不少土办法,辽宁也有土办法,而且很有效,群众很欢迎。我觉得我们应走“劳动福利型”的道路,不能像西欧那样,搞个百分之十几的财政预算,把残疾人养起来。我不赞成。“劳动福利型”适合中国的特点。残疾人的劳动力不可忽视。“劳动福利型”的道路,可以实现公平和效率的统一。残疾人通过劳动做出贡献,不再成为国家的负担,这对残疾人本身来说是一种质的变化,是最符合人道主义的。我跟外国朋友探讨这个问题,外国朋友同意我这种看法:劳动的权利,贡献的权利,对残疾人来说是最大的人权,是人道主义最好的体现。所以,在这方面要有我们的特点,这样也比较符合我们的国情。它既促进了生产力的发展,又能够使社会公平得到实现。我们国家在这方面有几十年的经验,有各级人民政府,我们还有党的领导。这就是说,我们有自己的手段,国外是没有的。国外就是搞技术培训,法律规定,企业不安排残疾人就要罚款。有些雇主,宁肯挨罚也不安排,残疾人还是就不了业。我们有手段,有条件干好。干好了,我们中国的残疾人事业就是世界上最先进的。我们在办好福利企业的同时,要实行按比例安排残疾人就业。我们国家财力不足,除了必须救济的以外,我不赞成发补贴的办法。让残疾人劳动、贡献,比发补贴好。有中国特色的劳动就业,文章要靠各位来做。你们做好了,全国做好了,这项工作就成功了。

关于以"实业养事业",沈阳正阳街道的影剧票厂和工疗站就很好。这样就把事业带起来了。我们各级残联,都可以搞点福利企业,既可安排残疾人就业,又有点利润,可以贴补政府拨款的不足。各位市长要算算这个账,你的财政也很紧张,该花的钱也得花,但这种可以不花钱的事为什么不干呢?比如说办点福利企业盈利了,来养残疾人事业,当然还不能全养。把基层搞活,选些好干部进去,自己就把自己的事业养起来了。国家要给点人头费,在政策上给予支持,让它先活动起来,有点经济收入,他也有积极性,就不会整天跟你要钱了。这样走出一条"实业养事业"的道路,可为国家减轻负担,为政府减轻负担,为社会减轻负担,同时能为残疾人创造新的环境,整个精神面貌也会改变。这就是我们的土办法。我们希望各市都这样做。

沈阳市正阳街道的工疗站办得很好,街道、居委会关心、支持,民政、卫生部门密切配合,群众有积极性,经济上有福利工厂作依靠。在一个区域里,形成一个社区服务、康复网络。这是中国的又一特点。国外提出社区康复很早,观点是先进的,但他们很难做到,他们的社会是散沙状的。我们的社会是一团一团的,是"团粒"结构。在这"团粒"里面做文章,以政府为主导,民政、卫生和其他方面的工作互相配合,经济上,乡镇企业、街道企业和福利工厂给予一定的支持,依靠群众的积极性,采取有偿或无偿服务方式,把群众急需解决的问题就地就近解决。服务到家门口,服务到家里去。这种事你们已经办了,有了“雏形”了。我们要总结这些经验,把这个事情办起来。不用伸手向上面要,就在自己的内部形成一个良性循环。这件事搞起来,世界上最先进的社区服务和社区康复就会在中国实现。

中国残疾人事业的重要特征,概括起来说,我觉得有这样三点:一点是“劳动福利型”,一点是“以实业养事业”,一点是“基层社会保障网络”。这些是值得干的,是在中国土地上生长起来的土办法,也可以说是穷办法,没有钱逼出来的办法。但我认为这是最可行的,也包含着先进的东西。今后可能还有新的东西出现。我们应当敏感地抓住这些东西总结推广。小平同志曾经指出:“要以是否有助于建设中国特色的社会主义,是否有助于国家的兴旺发达,是否有助于人民的富裕幸福,作为衡量我们各项工作做得对或不对的标准。”我看前面讲的是符合这个标准的。辽宁省无论是安排残疾人就业,还是以实业养事业,组织基层社会保障网络,都有经验。今后还可以不断完善。我们在实践的基础上搞一整套土办法、穷办法,这样就把残疾人的问题解决了。所以,做残疾人工作,不是搞又大又洋的东西,搞得大家受不了,而是从实际出发,搞切实可行的东西。你们这么办,就一定会有成效。你们可以进一步试一试。当然不要搞“一刀切”,不要搞“一窝蜂”。但是,有些事情是可以有点压力的。比如,工疗站的事情是不是应该更普及一些?聋儿语训是不是可以多搞点?给点压力,请你们多实践。这种事就是要下功夫干。中国不就是人多、干部多嘛。我们有这个力量。所以,最后我想强调一点,各市县建立残联,你们要选拔得力的干部,要派有开拓精神、有活力的干部到残联去工作。要是选拔没有活力的干部,将来被动的是你们自己。要选这样的干部去,你把工作交给他,他就可以把这项事业搞得很活,你就可以放心。

中国的特殊教育[①]

（一九八八年六月二十八日）

一九八七年，我国对听力语言、智力、肢体、视力和精神残疾五类残疾人进行了抽样调查。结果表明，这五类残疾人共有五千一百六十四万人，占全国人口的百分之四点九。其中，听力语言残疾一千七百七十万人，智力残疾一千零十七万人，肢体残疾七百五十五万人，视力残疾七百五十五万人，精神残疾一百九十四万人，多重残疾六百七十三万人。

这样一个庞大的特殊困难的群体，在我国确实是一个严峻的社会问题。我们要经过不懈的努力，发扬人道主义精神和中华民族互助互济的传统美德，鼓励残疾人自尊、自信、自强、自立，使残疾人事业与经济、社会协调发展，立足在中国的土地上，走出具有中国特色的残疾人事业发展道路。一九七九年以来，我国改革、开放的政策，给残疾人事业带来了新的生机和活力，使残疾人的康复、教育、就业等出现了崭新局面。

目前，我国残疾人事业的工作体系有四个层次：第一，国家和各级政府通过立法和各种政策、措施，推动残疾人事业的发展；第二，企业、事业单位和农村乡镇、城市街道组织，承担着大部分有关残疾人的基础工作；第三，各种残疾人事业团体和社会团体，进行各种社会协调活动；第四，残疾人的家庭、邻里及群众性互助，帮助残疾人解决

① 这是邓朴方同志在北京国际特殊教育学术报告会上的发言。

各种具体困难。在这个工作体系中,各个层面相互配合,有效地推进着残疾人事业的发展。

我国大中城市相当一部分残疾人已得以就业。农村的残疾人也参加了多种形式的劳动。在政府优惠政策的推动下,全国福利企业发展到两万四千个,安排三十八万五千名残疾人就业。全国已办盲聋哑和智力残疾人学校五百零四所,一些普通学校增设了特殊教育班,一些盲聋哑学校试办职业初中、高中班,个别高校办起了残疾人班和系,六个省、市建成残疾人职业培训中心,九个省正在筹建。全国许多地方开展了盲症、聋症检查,受检查者达三十余万人,开展了盲症治疗和聋儿听力语言训练,使一些盲人复明,一些聋儿走出无声世界。中国残疾人福利基金会康复协会七次派医疗队,为两千多名小儿麻痹后遗症患者施行矫治手术,有效率达百分之九十五以上。社区康复的试点不断扩大。依靠多种形式的康复机构、康复网络,因地制宜地开展工作,受到残疾人的欢迎。我国第一个现代化的康复研究中心即将竣工。公共场所无障碍建筑设计已为政府和社会所重视,逐步得到推广。残疾人文化体育活动开展得比较活跃。社会主义人道主义的宣传逐步深入,"理解、尊重、关心、帮助"残疾人的社会风尚正在形成。

我们的工作目标,是使残疾人在事实上享有与健全人一样全面参与社会生活的权利,履行社会义务,共享社会经济发展和劳动所带来的成果。每个残疾人都应在事实上享有接受教育的权利。通过教育开发他们的智力,使他们掌握人类科学文化成果,获得实现自我价值和创造社会财富的能力,从根本上改善他们的状况,这是残疾人事业的一项重要任务,也是残疾人教育事业的根本目的。如此看来,残疾人教育是残疾人全面参与社会生活的桥梁。众所周知,中国从教育先哲孔子起就有"有教无类"的博大思想,对于残疾人在接受教育中存在的障碍，有些可以在普通教育中解决，有些则要用特殊教育的手段和方法。总之，教育可以开发他们的智力，使他们形成与社会一致的文明的心理、意识和行为，回归社会生活主流。人类对残疾人教育的认识花了很长时间，直到近代，人道主义思想和物质文明成果才为它的发展提供了基础。

在我国，为盲聋哑人设立特殊学校是近百年的事。一八七四年，第一所盲人学校在北京创办。一八八七年，第一所聋哑学校在山东省登州（今烟台市蓬莱区）创办。在旧中国，残疾人被看成废人，备受社会歧视，特殊教育发展缓慢。到一九四九年，全国仅建盲校十所，聋哑学校二十三所，盲、聋、哑合校九所，在校学生两千三百八十名，教职工三百六十人。

新中国成立以后，人民政府十分关心特殊教育。一九五一年，政府在《关于学制改革的决定》中明确指出："各级人民政府应设立聋哑、盲人等特种学校，对生理上有缺陷的儿童、青年和成人施以教育。"政府还在教学任务、教学计划、教材等方面制订了一系列原则和要求。这些规定的实施，为中国特殊教育的发展打下了良好基础。到一九六五年，全国盲聋哑学校由一九四九年的四十二所增加到二百六十六所，在校学生由两千三百八十人增加到两万二千八百五十人。

一九七九年以后，中国的特殊教育事业进入了一个新的发展阶段。主要表现在：

第一，政府制定了有关法令。一九八二年通过的《中华人民共和国宪法》规定："国家和社会帮助安排盲、聋哑和其他残疾公民的劳动、生活和教育。"一九八六年通过的《中华人民共和国义务教育法》规定："地方各级人民政府要为盲、聋哑和弱智儿童少年举办特殊教育学校（班）。"

第二，特殊教育的内涵得到发展。中国的特殊教育，过去只限于盲、聋哑的教育,从七十年代末起,弱智教育发展起来。到一九八七年,全国已有二十三个省、市、区办起了弱智教育,共有弱智学校九十所,在普通小学设辅读班五百八十七个,接受特殊教育的弱智儿童为九千九百三十七人。

第三,特殊教育的体系向完整化发展。过去,我国特殊教育仅限于小学阶段,从七十年代末开始,残疾儿童学前教育、早期训练发展起来。一些大中城市的盲聋哑学校试办了职业初中、职业高中。个别地方办起了中专、中技学校和职业技术大专班。长春大学开办了特教部,招收盲、聋哑青年接受高等职业教育。

第四,出现了多渠道、多层次、多种形式办特殊教育的局面。过去,特殊教育只是政府教育部门的事,近几年来,政府各有关部门积极推动特殊教育的发展,社会各界及民间办学的热潮兴起。目前,中国既有独立的特教学校,也有在普通学校内设立的特教班;既有全日制的正规学校,也有半日制或业余学校;既有文化学校,也有职业技术学校。

第五,师资培训和科学研究得到新发展。过去,中国没有专门培养特殊教育师资的机构,教师都从普通学校抽调过来。八十年代初,一些省相继办起了特殊师范学校或在普通师范学校内设特教师资班。北京师范大学教育系和华东师范大学教育系先后开设了特教专业,北京师范大学招收了特教研究生。中国教育科学研究所设置了特教研究室,中国教育学会成立了特教研究会,对残疾儿童教育、心理、教学手段、教材特点、早期识别与智力开发等方面进行研究与实验。

第六,制订了教学计划,编写了部分教材。一九八五年到一九八七年,国家教委分别制订了全日制盲校、聋哑学校和弱智学校的教学计划征求意见稿。编写了聋哑学校、盲校的部分教材。

截至一九八七年,全国有盲、聋哑、弱智学校五百零四所,普通学校的特教班五百七十八个，在校学生五万二千八百七十六人，教职工一万四千四百八十三人。与过去相比，是一个很大的进步。但与发达国家相比，还十分落后，基础相当薄弱。残疾儿童入学困难的问题相当严重，仍然是全国普及初等教育和我国残疾人事业发展中的突出问题。

为了解决这个问题，我国政府正在制订在残疾儿童中普及义务教育和发展残疾人中等、高等教育的具体政策。总的想法是，在办学形式上，实行混合建校的原则，即：在普通学校设立特教班与建立特殊中心学校相结合，加快在残疾儿童中普及义务教育的步伐。在教学内容上，把基础文化教育与职业技能教育结合起来，着力培养残疾人自立于社会的能力。我们将根据中国的实际情况，借鉴国外的经验，逐步改革教学组织形式、内容和方法，加快中国特教事业的发展。

中国残疾人联合会作为残疾人事业团体，将协助政府，动员社会，贯彻政府特殊教育的具体政策，大力推进残疾人特教事业。

中国特教事业的发展，首先要依靠自己的努力，同时，需要借鉴国外的先进经验和手段。这次学术会议，既是世界同行之间的交流，也是诸位外国来宾对中国特教事业的支持。今后，我们还需要诸位动员国际社会人道与进步的力量，关心、支持、帮助中国残疾人教育事业。

特教工作是一项伟大的工作，特教工作者们有着一颗伟大而仁爱的心，他们不仅付出了劳动，还付出了心智和心血；残疾学生们获得的不仅是知识，还有人类的崇高的爱。中国有五千多万残疾人，做好残疾人特教工作，不仅是中国残疾人事业的巨大进步，也是对世界残疾人事业的一个重大贡献。我希望各国专家、学者和特教工作者努力探索，互相交流，加强合作，共同致力于残疾人教育科学的发展。

“三项康复”是利国利民的事业①

（一九八八年八月十九日）

历时四天的全国残疾人“三项康复”工作会议，今天就要结束了，我受会议领导小组的委托做总结。

与会的同志们一致认为我们开了一个很好的会议，虽然时间不长但收效很大。正像大家所说的，召开这次会议是得民心、顺民意的。会议本身标志着我国残疾人事业又向前迈了一大步，从中央到地方，这么多部门的领导，这么多专家聚集一堂，共同商量“三项康复”大计，新中国成立以来还是第一次。有的同志还讲，这在世界上也是少见的。各省的工作都很忙，有的地方还遭了水灾、旱灾、风灾，但大家都克服困难，热情地来了。部队的同志接到通知比较晚，但是所有军区的卫生处长都到了会，这充分体现了我们党、政府和人民军队对残疾人事业的高度重视和关怀。

下面，我想就几个问题谈一谈看法：

第一，制定《中国残疾人事业五年工作纲要》和“三项康复”实施方案的环境。我国社会正处于一个从温饱向小康水平过渡的时期。在这个时期，人们的生活水平提高得比较快，整个社会变化比较快，群众的需求在不断增长，而且趋于多样化。这个时期，也是生产力增长最快的时期，正是在这个时期，残疾人的问题被郑重地提出来了。

---

① 这是邓朴方同志在第一次全国残疾人“三项康复”工作会议上的讲话摘要。

原来,大家初步达到温饱或者还没有完全达到温饱的时候,人们的生活景况差不多,不会说什么话。现在情况不同了,生活比以前好得多,群众的需求增长很快,档次也拉开了。残疾人所处的环境发生了很大变化,残疾人问题就突出了。而要改变残疾人事业落后的状况,需要相当多的人力、物力和时间。大家知道,我们国家人口多,底子薄,还很穷,现在主要的任务是搞改革开放,发展生产力,要让国家短时期内投入大量的人力、物力、财力,这不现实。正是在这种情况下,我们对残疾人事业做了安排,成立了全国残疾人联合会,制定了"五年工作纲要",还做了其他一些工作,比如劳动福利型的残疾人事业的提出,基层社会保障问题的提出,多层次、多渠道开发资金来源,以实业养事业的提出等等,还有康复、教育、就业等工作方针的提出,这些都是长远起作用的。我们的基本指导思想是,用最少的钱做更多的事,切实把这些工作做好;同时,也要集中资金和力量为群众"雪中送炭",做一些受益面广的、紧迫的抢救性的工作。"三项康复"就属于这种工作。所以说,我们这项工作是在非常困难的情况下安排的,也要准备在一个困难的环境下把它完成,要做长期艰苦奋斗的准备。

第二,谈谈社会效益和经济效益。做好这一工作,我们认为有很好的社会效益。各地已经开展的"三项康复"工作的效果是非常显著的。各小组在讨论中列举大量事实说明了这一问题。从另一个角度说,我们国家还有一个对改革的承受力问题。发展生产力,搞改革,要时刻注意到我们的承受能力。承受能力中很重要的一条,就是人民群众对共产党和人民政府的信任。我们用实实在在的行动,扎扎实实地为人民做好事,就可以提高共产党和人民政府的威信。实践证明,我们做了好事,群众就会感激共产党,对社会主义的信心就会增强。这样,在改革、发展生产力的过程中,就有助于提高群众的承受力,国家就能比较顺利地发展。做好残疾人工作,既是一种发展机制,又是一种稳定机制。这种机制除了减少社会矛盾、稳定社会的意义之外,还有更深层的意义,那就是提高我们党的威信,提高社会主义的威信,提高人民政府的威信。通过这项工作还可以表明,中国社会的一大批人才是在我们政府里、我们的党里,这些人是全心全意为人民群众服务的。我相信,它所产生的这种社会效果是相当普遍的。

"三项康复"工作也还有间接的经济效益,这也是不能低估的。我去年访问美国的时候,美国政府官员和康复界的人士都跟我讲同样的一个问题,他们政府向康复投入一美元,财政就可以多收五美元,这是美国的算法。我们国家也有这方面的典型事例。几年来,青海省使千余名白内障盲人复明,使他们从不能劳动到能够劳动,从吃救济到变为自食其力,治了本,挖了穷根。据他们调查,凡是治好了眼睛的残疾人,生活不同程度都有了改善,有的变化很快。在讨论中,有的同志也说到,不要只看到我们现在是投入,往外拿钱,还应该看到,对一个省来说,多治一个人,就可以为自己解决比投入的钱更多的一些问题。所以说,即便是单纯从经济角度看,"三项康复"对各省也是划算的,而不是吃亏的。我们还应当看到,康复事业不但是社会保障的一部分,同时也是社会发展的一部分,它可以促进经济的发展。所以,我们看问题,要从积极的角度去看,这样就会有信心。我们在从事这项工作的时候,除了完成指标,保证质量之外,还要主动加强这方面的基础设施建设。卫生部门通过这个工作可以推动和重建三级医疗卫生网络,民政部门可以推动社区服务,军队可以提高医治战伤水平。我觉得,无论是从社会效益和经济效益还是从社会保障和社会发展来看,搞"三项康复"都是值得的。

第三,我们应以什么样的作风从事"三项康复"工作呢?这项工作从一开始就树起了一个良好的作风。就是各部门团结协作,共同商量解决各种问题,大家态度认真负责,有务实精神,没有扯皮现象。

这种团结协作精神，在这次会议上也有突出的表现。讲作风就不能不讲艰苦奋斗，在我们还很穷的情况下，要干这么多事情，没有艰苦奋斗的精神是不行的。不少与会代表都谈到艰苦奋斗的问题。我认为，这个作风应贯穿于我们工作的全过程。另一个好的作风就是顾全大局，总的来看，各省这次表态都非常好，各省有各省的问题，大家实事求是摆出困难，我认为是好的。但是，穷省有穷省的骨气，沿海地区有沿海地区的风格，如有的省、市就主动表示，有可能也要支援其他地方。搞好作风建设，是完成任务的保证。做这项工作既要有务实精神，又要有革命精神。在发展商品经济的今天，我们提倡务实精神，这是社会的一个进步。但如果没有革命精神就是退步了。从事这项工作，既要实事求是，又要有点精神，全心全意为人民服务的精神。一个社会，一个国家，就是要民有民气、国有国风，我们的社会要有信仰，一个没有信仰的社会，就难以形成整合力量。所以，我主张，还是要有点革命精神。

第四，经费问题。我们国家财政是非常紧张的。改革措施的出台要有足够的资金来保证。用钱的地方太多。在这种情况下，残疾人事业，包括“三项康复”，完全靠国家出钱是不现实的。一些同志提出自费公助的办法，我看是很好的，就是国家出一部分，各省、市出一部分，个人承担一部分，各部门也分摊一点，也就是分流、分级、多渠道加以解决。总的看需要资金不少，但分解开来并不多，大家都能承受。我认为财政部这次是尽了最大的努力，是非常支持这项事业的。民政部和我们几家也尽了力。我也表个态，我们搞这件事，宁可倾家荡产，也要使群众切切实实得到实惠。其中，补助的部分，中央只能拿出这么多。有的同志讲，我们分类指导还不够，这个问题确实存在。现在分配给大家的金额，发达地区一般就不会增加了。对于贫困地区，我们将再考虑一下，支持一下。另外，对超额完成任务的，超额多少,我们就按规定补助多少。在这里,我要强调,必须专款专用,不得挪用。要勤俭节约,尽量利用现有的设施,不允许借此机会乱上基建项目。当然,按照原来的社会发展计划应该上的,还是要上。但是,不能搞一股风。不能冲击基建规划。这一点,我们要顾全大局。要搞好资金管理,做好审计、检查、监督等工作,并应立即着手制订管理办法。至于补助费用的口子如何开,我们将下发文件。昨天大家提出是不是经费预拨一点,我看是可以的。今年年底之前,各省能报来明年的计划,我们就拨一部分款到地方。

第五,加强领导,精心组织。大家都谈到了,这是重要的社会工程,所以要加强领导,精心组织。首先,要引起各级政府的重视。很多省都提出回去要搞一份综合材料,向省领导汇报,争取一次通过。在这里,我要强调,各省的任务是由政府来承担的,所以政府有责任来协调这项工作,并组织实施。有很多省提出要成立领导小组,还有的省说,"三项康复"成立领导小组,残疾人教育也要成立领导小组,以后开展其他工作还要成立领导小组,还不如索性成立一个省残疾人事业领导小组。在昨天的领导小组扩大会上,很多省都赞成这样做。我看,也应该这样做。这是发展趋势,说明客观上有这种需要。

另外,办公机构也要有,至于设在哪儿,各省自己协商。总的来说,这项工作政府要牵头,统筹好,各个部门要各司其职。我们不做统一规定,由各省自己协调,发挥大家的积极性、主动性和创造性,根据自己的实际情况做出决定。除了各司其职之外,还要加强协作,刚才提到了,我们这次会团结协作的作风很好,要继续发扬这种好作风。要把整个工作层层落实,切实地抓起来。这里要特别说一个问题,就是军队参加地方的领导机构问题。军队有这个愿望,地方同志马上欢迎,我看这一点,大家没有什么异议了。我只想讲一点意见,我们要给军队以极大的信任,把最重的工作委托给军队,但我们地方的同志有责任爱护军队,要跟军队配合好，不要把矛盾和问题转嫁到军队。

第六，谈谈质量和数量问题。按照人口比例分配任务，我们认为未必完全合理，但现在只能这么分，在工作的过程中，逐步探索合理的分配办法。大家提出效果问题，我们原来有效率写的是百分之九十五，后来提出灵活一点，所以，我们把儿麻手术有效率改为百分之九十。但是有一点，事故要坚决杜绝，无论如何要做到万无一失。有的同志讲，我们有百分之一的失误，就是八千多人，出现的问题对于我们来说是百分之一，对接受治疗的残疾人来说就是百分之百。所以在技术上要严格按照卫生部要求把关，做手术的医院、医生要严格把关，将来我们要制订严格的制度和操作规程，要保证我们指定的人员来做，特别是要防止一些人假冒，利用开展“三项康复”工作去骗取群众的钱财，那将造成很坏的影响，要坚决取缔。对设备、用品要尽量准备得周到一些，并且要保证质量。在这里，最困难、最具风险的是小儿麻痹矫治手术。有的残疾人讲，给我治不好不要紧，可千万别治坏了。这种可能性并不是不存在。对这个问题，从医学上、管理上要严格把关，要建立相应的制度。我们的同志要以高度负责的精神来推进工作，不要赶进度。我们的进度要建立在保证质量的基础上，这是与会代表反复强调的，我在这里再强调一下。

“三项康复”任务艰巨而光荣，我们要有使命感、责任感、紧迫感。在方案实施过程中，一定会遇到这样或那样的困难，只要我们扎扎实实、埋头苦干，把科学态度和进取精神结合起来，那么，八十多万残疾人康复的任务，就一定能够圆满完成。

扎扎实实抓好地方残联的组建工作[1]

（一九八八年八月十九日）

几天来，我们利用会议（全国"三项康复"工作会议）空隙，向各省、自治区、直辖市和计划单列市的秘书长、民政厅（局）和残联（筹备组）的负责同志了解了地方残联的组建情况，对组建中遇到的一些问题交换了意见。中国残联的同志又进行了研究。现在，我就地方残联的组建问题讲几点意见。

第一，各地残联的组建工作总的看来是好的，发展是健康的。各省、市、自治区政府的领导同志非常关心、非常支持这项工作，亲自过问、协调，积极推动残联的成立。民政厅（局）的领导同志，基金会、盲聋哑人协会的干部，积极参与这项工作。省、市、自治区政府的关怀，民政厅（局）的领导和支持，以及筹备组同志的积极努力，保证了这项工作的顺利进行。

今年三月，中国残联成立后，我们向出席七届全国人大一次会议的各省、市、自治区的领导同志汇报了全国残疾人事业的状况和残联的组建工作，他们在百忙中听取了我们的汇报，都表示一定要把这个事情办好。这充分体现了党和政府对残疾人和残疾人事业的关心和爱护。

第二，今年，残联工作的重点是做好残疾人工作的规划。中国残联成立后，就立刻着手向国家提出建议，制定我国残疾人工作五年纲

---

① 这是邓朴方同志在地方残联组建座谈会上的讲话摘要。

要。国务院领导同志已同意这个纲要。我们随即召开残疾人“三项康复”工作会议,并准备于十月份召开残疾人教育工作会议。另外,还有劳动就业、人道主义宣传等一系列事情要去落实。在这个过程中,要尽量少花钱,多办事。“三项康复”工作,就是花少量的钱,但将取得很大的经济效益和社会效益。

第三,我想强调一下,残联要办实事。如果残联不扎扎实实、实实在在地办事,那么成立这个组织就没有必要。我是以这一点来要求自己的。既然把你放在这个岗位,要你来工作,你就要真干事。近一两年,我们将一面抓工作,一面抓残联的组建。我们的工作任务相当重,也相当紧张,这有利于培养好的作风。我国正在进行现代化建设,没有点革命精神,实现现代化便是一句空话。残联开始组建的时候,就要有一种好的作风,要办实事,扎扎实实地工作。

第四,我们既然要办事,就要有办事的机构、人员和条件。赋予残联相应的级别、编制、经费、计划单列等,这是开展工作的条件。从目前各地的情况看,重要的是搞好执行理事会的领导班子建设,尤其是物色好理事长。在物色领导班子成员特别是理事长人选时,要坚持今年三月中国残联第一届执行理事会第一次扩大会议上我们和各地同志共同商定的《关于地方残疾人联合会组建工作的若干意见》中提出的标准,即热爱残疾人事业,思想水平高,有开拓精神,有较强的社会活动能力和组织领导能力,年龄结构合理。我赞成这样的意见:残联是残疾人组织,领导班子中应有残疾人。在条件大体相同的情况下,优先选择残疾人或残疾人亲属。对长期在残疾人工作岗位上艰苦奋斗的同志要妥善使用,年龄可以适当放宽,但一定要保证有比较强的组织领导能力。拟调入残联担任领导职务的同志,要比较年轻。理事长今后的工作任务很重,一定要是专职干部。这些原则,筹备残联工作的负责同志要很明确,切实负起责任。当然,每个地区都有自己的具体情况,但是大家首先要考虑的应该是残联将要干什么与怎么干的问题,将来残联工作的好坏,在很大程度上取决于我们现在的组建工作。各地残联是中国残联的地方组织,理事长人选要征求中国残联的意见。

残联组建的进度,各省、市、自治区都希望快一点,我也认为还是抓紧为好。如果不抓紧,我们陆续下达的任务将无法落实。但质量一定要保证,质量第一。拜托各地政府、民政厅和有关部门,对残联的组建和残疾人工作的开展继续给以关心、帮助和指导。希望残联筹备组的同志们继续努力,发扬革命精神。

还有一个问题必须提出来,那就是残联的队伍建设。各地残联陆续有了编制,有的四十人,有的五十至六十人,我主张不要一下子都进满。要认认真真地选人,这些人来了以后要真能干活。要从各个领域挑选一些专业人员和管理人员。例如:搞康复的,要有医学知识,懂得医务管理;搞宣传的,要懂得宣传;搞教育的,要懂教育;搞基金管理的,要有活动能力,懂得经济管理;还要找一些综合部门的同志。总之,要尽量从各个口子里选一些人,来了之后就能独当一面。我们要求组织机构既要合理,又要有活力。这样,大家工作起来,就会比较顺利。如果现在起步不好,将来就会被动。

这件事情,各省、市、自治区的领导同志非常重视,同志们工作也很努力,我们之间的配合也很密切,这就使这项工作有了一个良好的开端。

中国伤残健儿的成绩将载入史册[①]

（一九八八年十月十五日）

我谨代表中国残联对参加第八届国际伤残人奥运会凯旋的我国体育代表团和新闻团表示亲切问候和衷心祝贺！

金秋十月，是个收获的季节。我国伤残人体育健儿在本届伤残人奥运会上可以说是一次丰收。四十三名运动员，参加四个大项的比赛，获得十七枚金牌、十七枚银牌、十枚铜牌，并有八人次打破六项伤残人奥运会纪录和伤残人世界纪录。这是个奇迹。在你们比赛期间，不断传来捷报，不仅你们的亲属和你们所在地区，而且全国许许多多人通过报纸、电台、电视媒介听了、看了，都为之高兴，为之振奋，都赞扬你们为祖国赢得了荣誉，为五千多万残疾人增添了光彩。

国际伤残人体育运动起源于四十年代，开展比较普及的主要是欧美一些国家，他们有许多项目运动水平都较高。新中国成立以后，我国的残疾人体育运动虽有所开展，但是真正有组织地进行这项运动，是在最近五六年，就是说，我国残疾人体育运动起步较迟。一九八四年我国第一次参加由美国主办的国际伤残人奥运会，仅仅夺得两枚金牌、十三枚银牌、九枚铜牌，这当然也是极其可贵的，但毕竟说明我们的水平还低。而这届国际伤残人奥运会是一次有六十一个国家和地区四千五百多名运动员参赛的高水平的体育盛会。无论是参

---

① 这是邓朴方同志在第八届国际伤残人奥运会中国代表团庆功大会上的讲话。

赛人数、比赛项目,还是竞技水平,在国际伤残人奥运会历史上都是空前的。你们面对如此众多的世界强手,毫不畏惧,奋力拼搏,终于赢得了令人刮目相看的成绩。你们的成绩将被载入我国残疾人史册。这一事实说明,我国残疾人虽然功能有缺陷,但他们有与健全人同样的聪明才智,同样可以为社会主义祖国四化大业包括体育事业贡献力量。

我国在本届伤残人奥运会上所取得的成绩,首先是你们用汗水和惊人的毅力换来的,也是各级党和政府以及社会各界关心、支持的结果。这里,特别应当提出的是重庆天府可乐等三十六个公司、厂家在经费和物质上给予的支持。你们取得的成绩中也应有他们的一份功劳。他们表现了为残疾人办实事、做贡献的高尚风格。

现代国际伤残人体育运动正在迅速发展,向我们提出了严峻挑战。摆在我们面前的任务也是十分艰巨的。应当说,我国残疾人体育运动才开始腾飞,有不少项目还没有开展起来,有些项目水平还很低。我们要急起直追。希望体育代表团和将要返回各地的同志们很好总结经验,以利继续提高。也希望各地党委和政府在改革开放的形势下把残疾人体育运动更好地抓起来,争取更大的成绩。

在中国康复研究中心开业仪式上的致辞

（一九八八年十月二十八日）

十年浩劫中，我成了残疾人。也许正因为如此，我才认识并体验到康复的重要性。

一九六九年前后，我被囚在病榻上，得知陈景云教授曾三次上书有关部门，要求建立康复医院。但在那样的年代里，这一宝贵的建议只能石沉大海。

一九八〇年，我到加拿大接受阿姆斯特朗教授的治疗。手术后，老人请我留下来进行康复。康复对我个人固然至关重要，但想到生活在祖国的千百万残疾人同样需要康复，我决心尽快回到自己的祖国，建立我们自己的康复中心。

回到国内，躺在病床上，与病友王鲁光交谈，彼此的心愿是共同的。我们开始谋划建立康复中心。

一九八三年四月，李维汉、胡子昂、季方、黄鼎臣、赵朴初、华罗庚、张邦英、吴作人等八位老前辈和黄家驷等十二位医学专家，分别向全国人大、全国政协和政府有关部门提出了建立康复中心的建议，得到全国人大、全国政协和政府的重视和支持，这项工作正式提上了议事日程。

在康复中心的建设过程中，联邦德国总理科尔先生、日本国立康复中心总长津山直一先生、国际康复会前主席方心让先生，以及日本、加拿大等国的政府和友好人士，都给予了极大的关心和热情的帮助。康复中心正是在这些国内外有识之士的推动下经过四年多的艰苦努力才建立起来的。

随着康复中心筹建工作的进展,我们的工作范围也越拓越宽,逐步建立了中国残疾人福利基金会、中国残疾人联合会,发展了各项残疾人事业,得到了越来越多的人的理解。康复中心的筹建是我从事残疾人工作的开端,因此我对它一直怀有一种特殊的感情。它表明我国康复事业的不断进展,残疾人事业的不断发展,说明了我们的事业得道多助,社会主义的人道主义逐步被大家接受,成为我们社会的基础思想之一。这大概是最值得欣慰的了。

康复中心开业,倾诉心曲以表祝贺。愿它为增进国际间的友好合作与科学技术交流做出贡献;愿它给我国数千万残疾人带来福音。

特殊教育关系着千万残疾人的前途命运[①]

（一九八八年十一月十八日）

我们期待已久的全国特殊教育工作会议开幕了。

召开这样的会议是新中国成立以来的第一次，它给全国残疾儿童及家长带来了喜讯。这次会议将明确发展我国残疾人特殊教育的指导方针，提出发展目标，研究发展规划，制订具体政策和措施，部署工作任务。它将进一步落实国务院颁发的《中国残疾人事业五年工作纲要》中有关特殊教育的方针政策和工作目标，为特殊教育事业的发展奠定基础。

今年九月国务院颁布的《中国残疾人事业五年工作纲要》全面阐述了我国残疾人事业及其各项工作近五年的发展方针、原则、任务和措施，并把残疾人教育放在突出重要的位置。文件明确了残疾人教育要贯彻普及与提高相结合，以普及为重点的原则，同时对办学层次、办学渠道、办学形式、教学内容都做了原则规定，并强调要采取有力措施，尽快扭转残疾人教育的落后局面。

《纲要》的颁布，说明我国残疾人事业正纳入政府工作总规划和社会发展总格局之中。贯彻落实《纲要》精神，是各部门和社会各界义不容辞的责任和义务。

我国宪法明确规定残疾儿童平等地享有受教育的权利。特殊教育的实践表明，由于残疾的影响，残疾儿童更需要受到现代文明的教

---

① 这是邓朴方同志在全国特殊教育工作会议上的讲话摘要。

育、熏陶和塑造,使其成为对社会有用的人。盲、聋哑、弱智儿童接受教育的前后有着强烈的反差,受到教育之后,身体的缺陷明显得到智力上的补偿。特别要指出的是,对于弱智儿童的智力开发,其效果是一般人难以想象的,如果早期施教,一大批儿童在长成后,可以承担与健全人同样的工作任务。总之,特殊教育投入后产生的社会积极效果比一般教育更为显著。教育将为残疾儿童由社会的包袱变成社会发展的动力创造根本条件。

然而,有些人仍忽视残疾儿童教育,甚至存有偏见,认为搞不搞残疾儿童教育无碍大局。这是一种错误和落后的观念。受教育的权利是我国每一个人的基本权利,教育是使人们跟上社会文明发展步伐的重要手段,是残疾人全面参与社会生活的桥梁,它关系着数千万残疾人的前途命运。忽视、剥夺残疾儿童受教育的权利是与社会的文明进步不相符的,与社会主义制度也是不相容的。

我国是共产党领导下的社会主义国家。国家的宪法和法律、党的宗旨和纲领、公民的道德准则,都表明我们的党、国家以及全社会有义务和责任关心残疾儿童的特殊教育。

党的十一届三中全会以来,改革、开放和现代化建设,给我国特殊教育事业带来了新的气象。普通教育、高等教育、职业教育,逐步为残疾人打开大门,特殊教育也有了很大发展。截至一九八七年底,盲聋哑学校增至四百一十四所,比“文革”前增长百分之六十四,在校学生增长一倍多;弱智学校从无到有,如今发展到九十所,小学辅读班发展到六百七十九个。一些发达地区,特殊教育工作推进较快。比如山东省、黑龙江省已基本做到县县有聋哑学校。同时,一些地区出现了厂矿企业、福利企业、街道和残疾人组织等社会各方面多渠道、多形式办特殊教育的好趋势。残疾人事业决定于社会经济文化的发展。出现这种好的态势说明,随着社会的进步,我国已经开始大面积地解决特殊群体对教育的一些特殊要求,满足这种要求具有历史必然性和现实合理性。出现这种好的态势,也是各级教育部门努力和各方面支持的结果。

但是,由于问题的长期积累,当前我国特殊教育仍严重滞后于社会经济发展水平。特殊教育已成为全国普及初等教育的薄弱环节和迫切需要解决的现实问题。根据我国的国情,我认为我们完全有可能改变这种落后状况。《义务教育法》的颁布和实施,为普及残疾儿童初等教育提出了法定要求,提供了法律保障。经济的发展,为发展教育提供了新的基础,干部和群众观念上的更新,为我们发展特殊教育减少了阻力。目前的关键是,各级政府和有关部门要对残疾儿童教育给予有力的推动,要提出切实的规划、有效的措施,并认真地组织实施。

《关于发展特殊教育的若干意见》和国家教委何东昌同志的讲话,对发展特殊教育的一系列原则、方针、政策、措施和任务都做了全面的阐述,我完全拥护。在此,我只想强调,要创造一切条件,调动一切积极因素,使特殊教育事业尽快有较大发展。在办学渠道上,既要发挥政府的主导作用,又要广泛调动社会的积极性。使国家、集体、个人办学相结合。在办学形式上,兴办中心学校的同时,要大力提倡混校、混班的办学形式。这样有利于充分发挥现有的教育条件,减轻国家负担,方便残疾儿童和家长,避免大量残疾儿童与健全儿童相隔离。有特教设施的地方,当然要强调教学质量。没有特教设施的地方,可以把残疾孩子收进普通学校,让他们先有一个接受教育的机会和环境,再逐步改善教学条件,提高教学质量。

创造充满活力的特殊教育事业,要靠教育战线同志们的努力,也要靠各部门和社会各界的大力帮助,希望各方面积极支持教育部门的工作,共同负起责任。

特殊教育的对象、方法和条件,都具有特殊性,它比普通教育困难更多,发展特殊教育,是一项艰巨的事业,又是一项崇高的事业。我们从事这项工作的同志们,要有高尚的人道主义思想,要有为残疾儿童成长奉献的精神,要有振兴中华的精神,要有对人类进步事业执着追求的理想和信念。只要我们振奋精神,投身于我国特殊教育事业的建设和发展之中,这项事业是大有希望的。

残疾人事业是社会发展机制和稳定机制的重要一环①

（一九八八年十一月二十七日）

甘肃地处我国西北腹地，在政治、经济、军事上都具有重要的战略地位，不论是在名扬中外的丝绸之路昌盛时期，还是在社会主义经济建设的今天，甘肃人民为中华民族经济的发展和文化繁荣都做出了杰出的贡献。

甘肃是一个很大的省，也是一个发展中的省，在发展残疾人事业上存在着不少困难。但是，在省委、省政府的亲切关怀和社会各界的大力支持下，经过残疾人工作者的努力奋斗，随着全省经济和社会的进步，残疾人事业有了很大的发展。社会主义人道主义的教育和宣传，促进了健全人与残疾人之间的相互理解、相互尊敬、相互关心和相互帮助，这种新的社会风尚正在形成。各级残疾人组织的逐步建立和完善，为残疾人事业发展提供了重要的组织保证。残疾人的教育、康复、劳动就业、文化等各方面都有了不同程度的进展，为将来的发展奠定了一定的基础。特别要指出的是，在省残疾人联合会组建的过程中，省委、省政府的领导十分关心，亲自过问，在计划单列、编制、经费等重大问题上开"绿灯"，在办公地点等问题上给予了特别的关心和照顾，这一切都为省残疾人联合会的成立创造了良好条件，使

---

① 这是邓朴方同志在甘肃省残疾人联合会第一次代表大会上的讲话摘要。

甘肃省成为西北地区第一个建立残疾人联合会的省份。甘肃省残疾人联合会的成立,将把全省的残疾人事业推向一个新的阶段。

我国残疾人事业是社会主义事业的一部分,是人道主义的事业,是社会主义物质文明和精神文明建设的重要组成部分。残疾人是一个有着特殊困难的群体。他们由于功能方面有一定缺陷,在社会生活中处于不利地位。这也是全社会面对的问题。社会要发展,人类要进步,必须正视并逐步地解决这个问题。我们是社会主义国家,更应该妥善解决这个问题。残疾人也是人,是我们国家的公民。他们有权利平等地享受社会主义国家一切物质和文化发展的成果,同时也有义务为发展我国社会主义事业做出自己应有的贡献。1949 年之前,残疾人饥寒交迫,流离失所,他们的问题根本没有希望得到解决。1949 年以后,党和政府做了大量工作,为残疾人解决了基本生存问题。十一届三中全会以来,我国以发展经济为中心,贯彻改革、开放的方针,经济迅速发展,人民生活水平有了很大提高。随着经济的发展和科学技术的进步,残疾人事业也相应得到了发展。但是,残疾人事业在总体水平上还落后于社会和经济的发展。这里有我国人口多、底子薄的原因,也有其他原因。比较突出的是社会对残疾人的歧视,包括有些政策规定得不够合理。这就要求我们必须致力于提高全社会对残疾人事业的认识,逐步理顺残疾人工作与各项工作的关系,制定出好的方针、政策,大力发展残疾人事业。

大家知道,一个国家要进步,一个民族要振兴,必须有一个好的精神状态,有理想、有信仰,充满活力。残疾人工作在这方面具有重要作用。残疾人事业高举人道主义旗帜,把尊重人、充分发挥每一个人的潜力,提到社会的面前,残疾人事业特别强调爱国主义、乐观主义,人与人之间、邻里之间相互帮助的精神。这不仅促使残疾人奋发向上,对整个社会的精神文明建设也将产生巨大的推动作用。在最近举行的国际伤残人奥运会上,我国代表团四十二名运动员,夺得四十三块奖牌。其中甘肃运动员获得两块奖牌,一块金牌、一块银牌。拿不拿奖牌是一个问题,有没有去拼搏是一个更重要的问题。即使输了,也不能输了精神。我们的运动员能打能拼,载誉而归,体现了中华民族自强的强烈愿望。残疾人普遍存在着很多的困难,面对困难,许多残疾人锻炼出一种顽强的素质,不向困难低头,敢于向命运抗争,顽强拼搏,奋发向上。这是非常可贵的,是国家富强所需要的。我看,我们应当广泛宣传这种精神,让广大群众知道,特别是让青少年知道。

发展残疾人事业还是一种社会的稳定机制。现在我们国家处于改革和经济起飞的阶段,经济的高速发展和改革的不断深入,特别需要社会的稳定。残疾人工作和社会保障工作一样,对社会稳定具有重要意义。据抽样调查推算,我国有五千多万残疾人,占总人口数近百分之五,大概五分之一的家庭中都有残疾人。这是个很大的面。做好一个残疾人的工作,就可以救人一命,稳定一家,影响一片。我们党和国家确确实实在为残疾人做着一件件急需的事情。这项工作做好了,残疾人就能乐业,残疾人的亲属就能安心,全国五分之一的家庭就能稳定。

最近,中央召开了十三届三中全会,提出治理和整顿经济环境和经济秩序,深化改革。我看中央的精神是,不但要理顺发展机制,也要注意社会稳定机制的建立,要使整个社会稳定,使民心安定。在这一过程中,坚持发展残疾人事业就成为必要的一环了。在这种情况下,国务院在今年九月批准了残疾人工作五年纲要。纲要总结了我国残疾人事业的经验,分析了当前残疾人和残疾人工作的状况,明确了残疾人事业的宗旨、政策、目标和任务,具有重要的指导意义。中央有关部委联合召开了“三项康复”工作会议和特教工作会议,研究贯彻落实纲要的措施,并筹集了专项补助资金。现在残疾人事业是一个发展的局面。我看楼、堂、馆、所应该下,非法的倒买倒卖应该下,残疾人事业应该上。因为我们不是做得过分了,而是做得很不够,差距还很大。当然,发展残疾人事业,要注意我国的基本国情。我们的工作,要放在打基础上,要讲究实效,不能去搞那些大的、洋的,不切实际的东西。我看还是要靠穷山沟里的办法,靠土办法来解决问题。要少花钱多办事,把残疾人事业搞出中国特色来。

当前我们要搞好残疾人事业的组织建设。各省残疾人联合会的成立,就是这项工作的一方面。估计今年年底三分之二左右的省级残联和一些计划单列市的残联能建起来。甘肃省给西北地区树立了好的榜样。省残联成立后,还有个建立地市残联的任务。

残联成立以后面临着非常艰巨的任务。残联不应当是一种虚设的组织,它应当是实实在在为残疾人办事的一个组织。残联要代表残疾人的利益,维护残疾人的合法权益。如果做不到这一点,那残联就不称职了。中央也一再强调,各种组织要重视大局,要在维护全国人民利益的同时,注意各个群体之间的利益。所以,残联要为残疾人说话,要为残疾人事业呼吁,要维护残疾人的合法权益。同时,也要团结动员广大残疾人,做到自尊、自信、自强、自立。大家知道,我们的群众有些还是很苦的,残疾人更困难。在这种情况下,残疾人不奋斗就没有出路。我跟很多残疾同志在座谈中说过,不顽强、不奋斗就没有出路。要做到自尊、自信、自强、自立,不可能一帆风顺,不可能不付出代价。民族要进步,就要付出努力。不但党和政府要努力,全体人民要努力,我们残疾人也要努力。残联要和全体残疾人一道,为国家的进步、民族的振兴付出代价,做出我们的贡献。只有这样,才有残疾人的根本利益,才有中华民族的共同利益,才有国家民族的兴旺发达。

残联要协助政府全面贯彻五年工作纲要，在残疾人康复、教育、劳动就业等方面都要实现“纲要”的要求。全国“三项康复”工作会议刚刚开过。甘肃省的领导非常支持这件事情，已经开会布置下去了，现在的问题就是要付诸实施。规划有了，方案有了，资金也准备了，就要认真地把工作做到实处，这是最重要的。“三项康复”工作属于抢救性任务，本来早就应该做了。如果今天不做，以后再做就来不及了，所以必须抓紧。最近刚刚开过全国特殊教育工作会议，会议强调，教育事业现在不是“过热”，而是“太冷”。这是对整个教育工作总的评价。就残疾人教育来说，更是冷了一点。所以，发展残疾人教育事业，发展特殊教育事业，不能退坡，不能松劲，该建校的建校，该做的事都要做。

残联要为残疾人办实事①

（一九八八年十二月二十三日）

残疾人事业是社会主义事业的一部分。残疾人是人民中最困难的一个群体，功能的缺陷使他们在参与社会生活中遇到许多障碍。对于这部分人民群众，党和国家应当给予更多的关注。残疾人事业是衡量一个国家、一个社会文明进步的标志，因为残疾人事业是人道主义事业，是克服人性扭曲，使之达到真、善、美的事业。我们是社会主义国家，更要提倡理解人，尊重人，把人摆在第一位，使每个人能够充分发挥自己的作用。中华民族要进步，发展残疾人事业是不可缺少的一环。

顽强拼搏、艰苦奋斗，这一点在残疾人身上体现得非常突出。残疾人自身的特殊困难，是他们面临的一个非常现实的问题，不奋斗就没有出路，甚至就活不下去。所以往往意志更坚强。我国很多残疾人用他们的实际行动表明了这一点。残疾人事业也是促进我国安定团结的事业。山西的残疾人占人口比例的百分之四点三，全国残疾人数占人口总数的大约百分之五，有残疾人的家庭约占全国家庭总数的五分之一，如果加上他们的亲属，大约有两亿多人口。残疾人的痛苦是非常直接的、现实的、经常的。所以做好残疾人工作，使残疾人对社会有所贡献，有稳定的收入，对全国五分之一的家庭有着很大

① 这是邓朴方同志在山西省残疾人联合会第一次代表大会上的讲话摘要。

的影响。做好残疾人工作能够提高党和政府的威信,提高社会主义的威信,能够促进社会稳定、文明。一个国家要发展,不仅要有一个好的发展机制,还要有一个好的稳定机制。没有一个安定团结的局面,没有一个相对稳定的社会环境,经济的发展就会受到限制,改革开放就不能顺利进行。

十三届三中全会刚刚开过,确定了治理经济环境、整顿经济秩序、深化改革的指导方针,这就不但要把发展机制理顺,而且要注意建立稳定机制,安定民心,团结一致,克服困难,把改革开放继续进行下去。在这个过程中,过大的基本建设规模应当压缩,经济建设应该有上有下地进行调整,社会保障工作应该加强。中国残联成立后,制定了《中国残疾人事业五年工作纲要》,这个《纲要》经国务院批准,今年十二月正式下达了。与此同时,国务院批准民政部、卫生部、国家计委、中国残联、解放军总后勤部、武警总部等几个单位联合召开了"三项康复"工作会议,要在全国为三十万小儿麻痹后遗症患者实施矫治手术,为五十万因患白内障致盲的做复明手术,为三万名聋儿进行听力语言训练。今年十一月,民政部、国家教委、中国残联三家联合召开了全国特殊教育工作会议,会上李铁映、何东昌同志都强调应该在原定的盘子上再加大一点,再积极一点。现在各省残联陆续成立,到目前为止,已有二十个省成立了残联。根据打好基础、讲求实效的方针,残疾人工作应尽量做到少花钱,多办事,使广大群众切实感到党和国家的关怀,确实得到实际利益。当然,我们搞这项工作要从我国的基本国情出发,我国人口多、底子薄,必须采取有效的工作方针,使我们的工作对整个国家大局有利。目前,残疾人工作还滞后于社会经济的发展。一方面受到社会政治、经济、文化发展的制约,有些事情是我们目前做不到的,对这样的事情,我们应该做好规划,打好基础,逐步进行,随着政治、经济、文化的发展逐步实现。另一方面,很多事情是可以做到的,在现有人力、物力、财力的基础上,只要解决了认识问题,就可以做到,这类事情是很多的,工作量是很大的,特别是在基层大量存在。我们今后的工作应从这些方面着手,把过去欠下的账补上,可以办到的事情要尽快有步骤、有计划地去办,让广大残疾人得到实惠。在教育、就业、康复等各个方面都有大量的问题等待我们去解决,这就要求我们加强人道主义的宣传,提高全社会的认识水平,一步一步地扎扎实实地把工作做好。今年颁布的《五年工作纲要》,对残疾人工作做了全面的分析,对残疾人工作的社会背景、存在的问题、今后的任务以及落实措施提出了一整套设想。希望与会代表认真研究这个文件。省残疾人联合会成立以后,要全面贯彻《五年工作纲要》。

我们把"三项康复"叫作抢救性康复。比如,白内障盲人复明,全国因白内障致盲的有四百八十多万人(老年人多一些),我们计划在今后五年做五十万例复明手术,离需求还相差很远,这只能按照我们的能力进行。全国有小儿麻痹后遗症患者一百二十四万,根据我们的能力,今后五年要做三十万例矫治手术。这些同志大部分是六十年代初的小儿麻痹患者,绝大多数人二三十岁,正是在社会上立足的时候。现代医疗技术,已有七十多种手术可为儿麻患者提供服务,通过我们的努力,不但使他们的身体得到康复,而且为他们创造新的人生提供条件。"十聋九哑"是中国的传统说法,这是没有根据的。随着科学的发展,人们发现聋哑人听力损失多在六十五—八十五分贝之间,如果给聋儿带上大功率助听器,再经过科学的语言训练,完全可以使他们具有语言功能,可以和健全人一样说话,可以通过辨别对方的口形来了解对方的意思,这样长大以后就可以用普通语言在社会上交流思想。现在国外已经做到了十聋九不哑,我们应尽早抓这项工作,使孩子们在学龄前,在大脑听力中枢发育形成的过程中,给予语言声音刺激,这样他们学说话的效果才好一些,过了这个年龄训练就困难重重了。现在我们国家每年新生的聋儿有二至四万,学龄前的大概有二十多万,这么多孩子迫切需要学会说话,今后五年准备对三万名聋儿进行语训,我们应当力所能及地把这次抢救性工作做好。

"三项康复"工作会议后,我们召开了教育工作会议。据统计,全国儿童入学率达百分之九十七,而现在聋童入学率只有百分之六,盲童入学率只有百分之三,弱智儿童入学率百分之零点三三。可见目前残疾儿童入学率低已经成为普及九年义务教育的重大障碍(残疾儿童入学率上不去,义务教育不能算普及)。所以,必须把特殊教育纳入九年义务教育制的轨道。特教工作会议提出了"以特教学校为骨干,以特教班为主体,提倡随班就读"的方针。目前省、地市级有一些盲、聋和弱智学校,但是大量地建立特教学校并不是唯一的办法,要提倡在普通学校增加特教班,让残疾儿童在普通学校随班就读,让这些孩子们在社会化环境里成长。搞特教受到经济条件的限制,但是也不尽如此,黑龙江省有一个县在使用旧房的基础上,用少量经费办起了聋哑学校,并且使全县聋儿教育得到普及,其工作之艰苦是可以想象的。我们要提倡这种精神。

残联代表大会的召开,给同志们创造了更多的发扬民主、提出建议的机会,这对做好残疾人工作是重要的。残联成立后,我们面临大量的工作,担子很重。残联首先要代表残疾人的利益,要为残疾人说话办事,维护残疾人的合法权益,要使残联成为残疾人自己的组织,要让残疾人把残联当成自己的家,要取得广大残疾人的信任。同时,还要团结、教育、帮助残疾人,使广大残疾人发扬自尊、自信、自强、自立的精神,积极为国家做出贡献,在我国发展残疾人事业会有很多困难,要提倡艰苦奋斗,以顽强的毅力克服困难。残疾人的根本利益和国家的根本利益是一致的,国家兴盛了,残疾人利益才能从根本上得到保障。所以,残联要带动大家发扬艰苦奋斗的精神,为国家和社会做出贡献。

残联成立以后,要有一个更积极的态度,要紧紧地依靠党和政府的领导,要积极地动员社会各方面,工作要有活力。残联的同志要有很好的社会活动能力,要逐步提高自身的素质。残联要成为精干的有活力的队伍,扎扎实实地为残疾人办实事。残联的工作人员要恪守"人道、廉洁"的职业道德。我们总的方针是:打好基础,讲求实效。省残联成立后,各地市的党政领导要积极支持这项工作,把地市残联尽快建立起来,以便更快地开展工作,使残疾人尽快得到实惠。

为春天的事业而耕耘①

（一九八九年一月）

《中国残疾人》杂志与读者见面了。这是中国残联成立后创办的、面向各类残疾人和残疾人事业的综合性杂志。它将在弘扬人道主义、维护残疾人的合法权益、推进残疾人事业方面发挥重要作用。我衷心祝愿这本杂志越办越好，为我国残疾人事业的发展做出贡献。

有人说，残疾人事业是春天的事业。我很赞成这个说法。是党的十一届三中全会给我们残疾人事业带来了春天；是改革开放政策的阳光温暖着我们残疾人的心田。感受着春的气息，我们的事业走向兴旺。春天的事业是生机勃勃的事业，是大有希望的事业。为春天的事业而劳作的人们，心头常常充溢着慰藉，愿更多的朋友与我们同行，投身于这一美好的事业。

一

改革开放十年来，特别是近五年，我国残疾人事业有显著的进展，是事业发展的最好时期。从总体上及发展进程上看，我们完成了这一事业的奠基礼，取得了宏伟成就。具体有下列几个方面：

第一，我们始终坚持和宣传人道主义和爱国主义。人道主义的广泛宣扬，不仅为残疾人事业奠定了思想基础，推动了事业的发展，也促进了互相理解、互相尊重、互相关心、互相帮助的社会风尚和友

① 本文发表于一九八九年一月《中国残疾人》杂志创刊号。

爱和谐环境的形成;爱国主义的广泛宣扬,不仅激励了广大残疾人肩负民族重任,也有益于振奋中华民族的精神。

第二,“残疾人是一个特殊困难的群体”,“残疾人有参与社会生活的愿望和权利”,“残疾人不是残废人,他们同样是物质文明和精神文明的创造者”,“中国有五千多万残疾人,残疾人问题是不容忽视的社会问题”,“发展残疾人事业是人类文明和社会进步的标志,是全社会义不容辞的责任”,“残疾人事业是社会主义事业的一个组成部分”。几年前,这些问题还鲜为人知。经过不懈的宣传、广泛的动员、活跃的工作,残疾人事业正在逐步被人们了解、理解和承认,日渐引起社会的反响、关注和重视。

第三,进行了全国首次残疾人抽样调查。其规模之大、内容之丰富、数据之多,在世界上都是不多见的。通过调查,我们对残疾人和残疾人事业现状的了解发生了重大变化,改变了心里没底的被动情况,开始对残疾人事业的发展做出准确判断,对工作安排做出合理选择,为《中国残疾人事业五年工作纲要》的制定,为整个残疾人事业的部署奠定了基础。

第四,残疾人的观念发生了变化,参与意识在不断增强。从悲观失望到乐观进取,从求生存到实现人生价值,从救济对象变为社会的贡献者,从家庭走向社会,种种转变正在发生。“渴求理解,志在奉献”的心灵在呼唤。残疾人艺术和体育开始从国内走向国际,以才华和意志感染、震动了社会。残疾人模范人物不断涌现,参政议政、参与管理的残疾人在增多。学习、劳动,是他们的追求。这充分显示了残疾人的能力和主人翁责任感。残疾人从来没有像今天这样活跃,这样意气风发。

第五,残疾人事业是一项社会性事业,靠家庭负担和政府包下来,是难以为继的。几年来,在政府增加财力投入的同时,开发社会潜力，拓宽渠道，扩大了资金来源。残疾人组织不仅呼吁、代表、维护残疾人的权益，而且兴办经济实体，向社会筹集资金，以实实在在的活动，为残疾人谋利益。残疾人事业走劳动福利型道路，使残疾人自食其力，由社会负担的人，变成为社会做贡献的人。实践表明，这样做充分调动了残疾人和残疾人组织的积极性，减轻了政府和残疾人家庭的负担，也使残疾人工作更加活跃。

第六，组建中国残疾人联合会，统一并健全了全国残疾人组织，完善了代表功能、服务功能和管理功能。这个新型事业团体的"半官半民"和三种功能融为一体的性质，相互联系、各司其职、合理制约、高效运转的组织系统，以及它倡导的"人道、廉洁"的职业道德和"团结、实干、开拓、高效、服务"的工作作风，适应我国残疾人事业的发展需要，符合"小政府、大社会"的改革趋势。一年来的实践表明，它在协助政府、动员社会、推动和协调残疾人事业的运行方面发挥了很好的作用。中国残疾人联合会的组建，在我国残疾人事业的发展史上具有重大意义。

第七，对跨领域、跨行业、跨部门、跨学科的残疾人事业提出了社会化管理的原则。探索了社会化的工作体系、社会化的工作方式、社会化筹集资金的方法和社会化的协作精神。以政府为主导，团体为纽带，街道、乡镇、企事业单位为基础，残疾人家庭、邻里为依托的残疾人工作体系逐步健全。与各部门密切配合、团结协作、互为补充的合作关系在逐步建立。社会工作者在实践中成长起来。

第八，探索了事业体系和具有中国特色的残疾人事业发展道路，逐步明确了残疾人的概念、地位，残疾人工作的社会意义，残疾人事业的宗旨、目标、方针、政策、原则、任务和应采取的措施。这些成果，集中体现在国务院颁布的《中国残疾人事业五年工作纲要》中。《纲要》的颁布实施，标志着我国残疾人事业开始纳入国家社会经济发展的全局,得到总体规划,统筹安排。这当然为残疾人事业的健康、协调发展创造了条件,奠定了重要基础。

第九,残疾人事业在劳动就业、康复、教育、文体、宣传、立法、理论研究、地方组织建设、环境条件等各个领域沿着正常的轨道全面展开,逐步深入。“三项康复”方案已在实施,现代化的中国康复研究中心已经落成;首次特教会议召开,部署了特教规划方案;无障碍设计规范和技工学校体检标准的补充规定已经颁布;残疾人保障法经各部门讨论原则通过,即将上报;《残疾人教育条例》已经起草;五大区残疾人艺术调演引起强烈反响;中国伤残人奥运会代表团战功赫赫,聋人体育代表团即将出征;《中国残疾人》杂志创刊;在少年儿童中开展人道主义教育活动效果显著;大众传播媒介对残疾人事业的宣传日益增多;《中国残疾人事业五年工作纲要》在《人民日报》全文发表;残疾人分散劳动就业正在总结试点经验;各种理论研讨会陆续召开;省级和计划单列市残疾人联合会的组建,正在按标准和代表大会预期的进度积极进行。

第十,国际交往向广度和深度发展,与几十个国家、地区和国际组织建立了联系。国际合作的领域在扩大,项目在增多。残疾人也沐浴着开放的阳光,享受到国际交流的权利。残疾人出国留学、进修,残疾人访问团、艺术团、体育代表团相继出访。通过交流与合作,不仅借鉴了经验,引进了资金、技术和设备,扩大了我国的影响,而且促进了和平与进步、人道与友谊。今年九月,联合国秘书长授予我国残疾人福利基金会“和平使者奖”①。我国的残疾人事业所取得的成就,得到了国际组织的承认和嘉奖。

---

① 一九八八年十月二十八日联合国向邓朴方同志颁发了联合国特别奖,以表彰他对推进“残疾人十年”活动和发展残疾人事业做出的杰出贡献;同时授予中国残疾人福利基金会“和平使者奖”。

以上成就,凝聚着党和政府的关怀,凝聚着政府有关部门和社会各界的支持,凝聚着广大残疾人及残疾人工作者艰苦奋斗的心血和汗水。

二

五年来,虽然残疾人事业取得了很大发展,但由于这项事业起点低,再加上生产力水平的限制,残疾人事业的总体发展水平,仍远远滞后于社会和经济的发展。残疾人的生活、教育、就业、康复状况落后于社会发展水平,存在大量亟待解决的问题。

全国城镇残疾人就业率仅为百分之五十,农村残疾人参加多种形式劳动的占百分之六十,而健全人基本上已解决了就业问题。劳动是公民最基本的权利,残疾人的这种权利尚未完全得到保障。有多少残疾人为没有劳动机会而痛苦!有多少残疾人家长为他们而焦虑!

全国残疾人中文盲占百分之六十六点四,也就是说,五千多万残疾人中,约有三千五百万人是文盲。全国学龄盲童入学率仅为百分之三,学龄聋童入学率仅为百分之六,弱智学龄儿童入学率仅为百分之零点三三。而全国学龄儿童平均入学率为百分之九十七点一。差距是多么大啊!

残疾人还没有得到必要的康复。全国有四百八十万名白内障患者,有一百二十四万名小儿麻痹后遗症患者和一百七十一万名聋儿,还在残疾的折磨下痛苦地生活着。他们亟待医疗和训练。这"三项康复"工作是现有条件已经具备、技术已经成熟、涉及七百多万人的、具有抢救性的工作。只要投入一百七十元,就可以使一个白内障患者重见光明;花三百五十多元就可以实施一例小儿麻痹后遗症矫治手术;国际上已朝"十聋九不哑"的方向迈进,而我们还是"十聋九哑"。对"三项康复"只要给以重视,加强领导,认真组织,就可以取得非常好的社会效果和经济效益。

全国残疾人靠个人劳动收入维持生活的占百分之三十点二,靠家庭、亲属供养的占百分之六十七点一,由国家、集体救济补助的仅占百分之二点七。还有相当数量残疾人的温饱问题没有解决。当前,我国社会正在由温饱向小康水平过渡。发展残疾人事业,是增强社会稳定机制的重要措施,有利于社会的安定。做好残疾人工作,可以使全国五分之一的人群感受到党的温暖和政府的关怀,从而增强残疾人及他们的亲属对党、政府和社会主义制度的信赖,增强十亿人民的凝聚力。

以上数据,是全国抽样调查所提供的。以前,我们不了解这些情况,还情有可原。现在,情况已经掌握,作为社会主义国家,我们就没有理由让这种落后局面继续下去了。

国务院领导同志听取我们汇报以后说,抽样调查是为了解决问题,调查之后,政府要有声音,要有行动,要制订方案。在政治体制改革、精简机构的情况下,国家批准组建中国残疾人联合会。接着,批准颁布《中国残疾人事业五年工作纲要》,并采取一系列措施实施《纲要》,由民政部、卫生部、国家计委、财政部、解放军总后勤部和中国残疾人联合会共同召开了全国"三项康复"工作会议,由国家教委、民政部和中国残疾人联合会共同召开了全国特殊教育工作会议,部署了"三项康复"和特教工作的实施方案。为了保证《纲要》实施,从明年起国家及有关部委,每年从中央财政中拨出两千六百万元,中国社会福利有奖募捐委员会和中国残疾人福利基金会每年分别拨出五百万元,用于对地方投入,支持发展残疾人事业。许多地方也拨出专款发展残疾人事业。

当前，在国家经济面临暂时困难的时候，国家和许多地方还千方百计采取措施发展残疾人事业。我们广大残疾人和残疾人工作者，更应该有使命感、紧迫感和责任感，肩负起这一高尚、进步、光荣、艰巨事业的重任，振奋精神，脚踏实地，努力奋斗，协助政府，动员社会，大力推进残疾人事业的发展，进一步促进社会稳定、和谐。

三

今后一个时期的残疾人工作要紧紧围绕全面实施《纲要》和加强残疾人联合会的自身建设而发展。这是我们应当遵循的总原则。

《纲要》是在党和政府的关怀下，由有关部门在密切协作、深入调查和总结我国残疾人事业状况和实践经验的基础上制定的。它是对具有中国特色的残疾人事业发展道路探索的结晶。《纲要》从我国人口众多、生产水平低的国情和残疾人事业的实际情况出发，兼顾残疾人的近期利益和长远利益，遵循讲求实效、打好基础、稳步发展的方针，概括了我国残疾人事业的现状、背景，明确了发展的方针、政策、原则，提出了今后五年的任务，采取了有效的措施。

《纲要》是国家发展残疾人事业的纲领和今后五年工作的总体规划。我们残疾人组织、残疾人事业工作者和广大残疾人及其亲属，要以出色的工作，协助各级政府，广泛动员社会，全面实施好《纲要》。

目前特别要抓好以下几项重点工作：

认真抓好“三项康复”任务的实施。《纲要》提出，五年内，全国为五十万名白内障患者施行复明手术，进行三十万人次的小儿麻痹后遗症矫治手术，对三万名聋儿进行听力语言训练。这是十分艰巨的任务。这一任务的完成，将使八十多万残疾人复明、说话或改善功能，意义深远，影响广泛。各地要很好地贯彻全国“三项康复”工作会议精神,尽快建立省一级“三项康复”办公室。办公室一般设在残联。各地残联在完成任务中责任尤其重大,要积极会同有关部门抓紧制定实施方案,做好组织、宣传和配套经费的筹措工作,确保任务完成。

实施特殊教育规划。为尽快扭转我国残疾人教育的落后局面,最近召开了全国首次特殊教育工作会议,要求着重抓好初等教育和职业技术教育,积极开展学前教育,逐步发展中等教育和高等教育。今后五年内,使盲童、聋童平均入学率从现在的不足百分之六分别提高到百分之十和百分之十五,弱智儿童入学率要有大幅度提高。到二〇〇〇年,力争全国多数盲、聋和弱智学龄儿童能够入学。这是一项宏伟的规划。这一规划的实现,将使残疾人的素质大大提高,为他们参与社会带来长远的利益。各级残疾人联合会要以主人翁态度,配合各地教委抓好规划的实施,并侧重安排好职业技能培训和学前教育。

集中与分散相结合,进一步推进残疾人劳动就业。现有集中就业的渠道要进一步巩固和拓宽。调查研究优化劳动组合中残疾人劳动就业出现的新情况、新问题,积极同有关部门疏通,采取措施,加以解决。继续探索残疾人分散就业的路子和办法。包头、无锡、武汉、海城等地方就残疾人分散就业做出了规定。这是个省钱、省力的好办法,既方便残疾人,又实现社会义务社会承担。各地要广泛试点,勇于实践,总结经验,使分散就业的路子逐步拓宽。

争取几个法规早日颁布实施。残疾人事业要逐步走上依法治理的轨道。制定一个好的法规,能使残疾人长远受益。《中华人民共和国残疾人保障法》将加快修改进程,争取早日提交人大常委会审议。积极做好《残疾人教育条例》《残疾人劳动就业条例》和《方便残疾人的城市道路和公共建筑设计规范》的起草、修改和实施后的宣传工作。各地要从实际出发,探索、制定保障残疾人合法权益的地方性法规和规章。

大力宣传残疾人事业。高举人道主义和爱国主义的旗帜,利用各种大众传播媒介,宣传残疾人顽强拼搏的精神,宣传扶残助残的先进事迹,宣传残疾人事业,使全社会了解残疾人的喜、怒、哀、乐和残疾人事业的进程,深刻理解并真诚支持这一事业。

活跃文化体育生活。活跃残疾人文化体育生活,既能提高身心素质,陶冶情操,锤炼意志,又有益于增进社会对残疾人的了解。文体活动要坚持群众性和业余性,注意抓好基层文化体育活动。在五大区文艺调演的基础上,要为第二届残疾人艺术调演和艺术节做准备。为今年在日本神户和一九九四年在北京举行的远东及南太平洋地区伤残人运动会选拔人才,要特别抓好优势领域和重点项目。

《纲要》提出的任务繁重而艰巨。各级残联承担着大量的日常工作。搞好残联的组织建设、思想建设、作风建设和制度建设,是完成任务的重要保证。要加快步伐、保证质量组建省地市县各级残疾人联合会;残疾人事业工作者要坚持“人道、廉洁”的职业道德、“团结、实干、开拓、高效”的工作作风,兢兢业业,艰苦奋斗,满腔热情地为残疾人服务;要建立、健全各项规章制度,努力使工作做到规范化、制度化,有章有序,提高效率;要按照社会化管理的要求培养干部,使其成为善于同各部门密切配合、团结协作的社会工作者。我们是国家的主人,振兴中华,重任在肩,实施《纲要》责无旁贷。我们要自尊、自信、自强、自立,为祖国大厦添砖加瓦,为春天的事业而辛勤耕耘。

残疾人工作要打好基础、讲求实效，办出中国特色①

（一九八九年一月二十六日）

河南省是一个历史悠久的省份，三千多年以前，中华民族就在这里创造了中原文化。在创建新中国的过程中，包括土地革命、抗日战争、解放战争时期，河南省人民在党的领导下，做出了重大的贡献。1949年以后，特别是十一届三中全会以后，河南省人民在党中央、国务院的领导下，为改革开放，建设社会主义四个现代化，做出了新的贡献。在这个过程中，残疾人事业，比如康复、教育、就业、文化活动、组织建设等都有了相应的发展。这里，浸透着党和国家的关怀，体现着广大残疾人和广大残疾人工作者的努力，同时，也得到了社会各个方面的支持。对此我向大家表示衷心的感谢。

残疾人问题是一个不容忽视的社会问题。残疾人的存在是一个客观事实。残疾人由于自身存在功能缺陷，在信息交往、生活、学习、工作等方面遇到多种障碍，所以，在社会生活中是一个特殊困难的群体。面对这样的问题，一个社会必须予以正视，并且采取适当的方式予以解决。可以说，残疾人事业发展的好坏，是一个国家、一个社会物质文明和精神文明的综合标志之一。所以，搞好残疾人事业，不只是这个事业本身的问题，而是体现着整个社会的发展水平。新中国

---

① 这是邓朴方同志在河南省残疾人联合会第一次代表大会开幕式上的讲话摘要。

成立以来，党和国家做了大量的实事、好事，为残疾人服务，建立了一批特殊教育学校、福利院、福利工厂，并且使许许多多残疾人能够在工作岗位上就业。特别是十一届三中全会以后，全国和河南省的残疾人事业有了长足的进步。

但是，总的看残疾人事业还落后于经济、社会的发展水平，还处于滞后的状态。在实行改革、开放、搞活，发展国民经济的过程中，在由温饱型向小康型过渡的进程中，残疾人问题越来越被社会重视，越来越得到党和政府的关心。从目前到二〇〇〇年或者更长一点时间，我们国家经济发展一定是很快的。国家发展快，体现在社会生产力发展比较快，人民生活水平提高得比较快，生活节奏和工作节奏加快，社会结构和家庭结构的变化也将是快的。国家发展快是我们所希望的，但同时，必须注意由此带来的不平衡现象。各种各样的社会矛盾会显露、会突出。注意解决这些问题，是我们必须要做的。

我们还应努力推进改革，将改革推向深入。大家知道，在中国，改革是不容易的。改革会带来各个社会阶层的利益之间的矛盾和调整，会出现这样和那样的问题，使不稳定因素增加。改革是必须坚持的，但是，同时必须调节好各方面的社会利益，使得社会协调发展，逐步地解决不稳定的因素。如何解决新发生的和以前积累下来的问题？主要还是要靠坚持改革、坚持发展。这就需要一个稳定、和谐的社会环境。党的十一届三中全会提出了经济环境和经济秩序的整顿和治理，提出了深化改革。我看，在我们国家的发展过程中，不但要理顺发展机制，而且要注重社会稳定机制的建立。没有一个稳定的社会环境，就不可能取得改革和发展的胜利。所以，在这个过程中，我们必须注重社会保障工作。大家知道，残疾人是社会上特殊困难的群体。每一个残疾人，他们的痛苦都是直接的、现实的、经常的。在我们的社会生活当中，残疾人的生活水平还低于社会的平均水平，他们在康复、教育、劳动就业等各方面,遇到各种各样的困难。做好残疾人工作,就可以使这些同志的困难逐步得到克服,使占全国五分之一的人口得以稳定,有利于促进我们国家的安定团结,有利于促进社会生产力的发展、社会的发展。

做好残疾人工作,在社会主义精神文明建设中,也有重要的作用。残疾人事业本身要求倡导社会主义人道主义,强调残疾人是人,应当尊重残疾人,社会应给予残疾人以平等的机会,使他们在社会生活中充分发挥自己的作用。这是我们广大残疾人的心声。这就是说,推进"平等·参与"的残疾人事业,就是推进社会主义精神文明。人道主义是我们社会主义社会的基础思想之一,社会主义人道主义是马克思主义的组成部分。我们要大力提倡、努力实践社会主义人道主义,通过这种努力,使我们的社会风貌有一个较大的改进。做好残疾人工作,这本身就是大力提倡自强自立精神。因为残疾人离不开顽强拼搏、自强自立精神。任何一个残疾人中的佼佼者、成功者都是靠这种精神奋斗出来的。也许可以这样说,残疾人能够活下来,就是靠发扬这种精神,不然,他就克服不了那一个个困难、一个个险关。要提高全民族的文化素质,要使我们国家振兴,就要强调这种精神,坚持艰苦奋斗、顽强拼搏、自强不息。五十年代,我们一代青年人的成长,就和《钢铁是怎样炼成的》《把一切献给党》这两本书有着密切的联系。可以说,这两本书造就了社会主义一代新人,奥斯特洛夫斯基是一个残疾人,吴运铎也是一个残疾人。残疾人的这种精神,鼓舞着社会。到了八十年代,有张海迪这样的优秀人物,有保卫边疆的英雄作为我们的榜样,为我们的社会增添了精神的力量。我想再说一下,我们广大残疾人,特别是每一个普通的残疾人,时时刻刻都面对着困难。他们每做一件事情,都要比别人付出更多的代价,付出更多的努力。因此,在广大残疾人队伍里面,形成了一种顽强拼搏的精神。不顽强拼搏就没有生路。这种精神，这种优秀品质，同时是振兴中华、振兴民族所必需的。我希望，通过广大残疾人顽强拼搏、艰苦奋斗的精神影响全国，使全国人民都能够具有这种精神。

做残疾人工作，必须从国情出发。我们的基本国情，就是人口多，底子薄。一方面，残疾人的需求在增长；另一方面，我们的经济还不发达，主要精力还是要发展生产力。在这个过程中，残疾人工作要强调打基础，讲实效，少花钱，多办事，不花钱，也办事。并在这个过程中形成中国残疾人工作的特色。我们不能走西方福利国家的道路，要创造中国的劳动福利型的残疾人事业。要在国家和社会一定的保护之下，使更多的残疾人参与社会生产劳动，通过自己的劳动获取报酬，通过劳动改善心理状况，为国家做贡献。这是我们国情的需要，也是残疾人参与社会生活的需要，保障人权——生存权的需要，是人道主义的最高体现。

做好残疾人工作，还要注重做好基层社会保障网络工作。在我们国家，基层社区，就是我们通常说的乡镇、街道，历来是保存得相当好的。从古代的乡里制度，到 1949 年以前的保甲制度，到我们的居民委员会、村民委员会，我们的社区单元保存得相当完好，群众对社区的认同感也比较强。所以，我们完全可以通过基层，在政府的主导之下，在民政、卫生的支持之下，以乡镇企业、街道工厂为经济支柱，在群众之间开展互助活动，实施无偿的和有偿的服务。这样，就能将各种社会问题解决在基层，有助于社会稳定。这方面，各地有不少经验。我们在这方面多作努力，也符合我们的国情，还可以减轻国家的负担，使蕴藏于群众中的各种资源得到充分发掘。

做好残疾人工作，必须广泛地开拓基金来源。要办好经济实体。要走以实业养事业的道路。

做好残疾人工作，还要广泛动员社会，争取方方面面的支持。政府方面要做工作,社会方面也要做工作。要把政府工作和社会工作结合起来,形成一个有机的整体和一整套工作体系,以便有效地解决残疾人的问题。

在残疾人劳动就业方面,我们还要多层次、多渠道地安排,使残疾人尽可能多地就业。几年来,政府各部门和社会有关方面,在这方面做了很多努力,取得很大成绩。我想强调一下,对于一个残疾人来说,就业和不就业,是个生死问题。因为残疾人经受的困苦太多,超乎常人想象。他们没有别的出路。对于一般人,体现不出这一点来。帮助一个残疾人就业,是"救人一命,稳定一家,影响一片"。我们社会各个方面,都应当把解决残疾人就业问题,当作自己的责任和义务。

在残疾人康复方面,我们要重点抓好三项抢救性康复和一些基础性康复设施的建立。"工作纲要"中规定,在五年之内,要对五十万因白内障致盲的人作白内障剥离手术,使他们重见光明。我们粗算了一下,一百多元钱,可以使一个盲人重见光明。这样的事情,我们无论如何要办。现在,在全国有四百八十万这样的盲人,今后五年,我们要尽最大的努力,使其中五十万人复明。我国有一百二十四万小儿麻痹后遗症患者,已经做了大量的矫治手术。中国残疾人福利基金会这两年,派出了大批医疗队到各地去做,效果非常好。不能站的,站起来了;不能走的,可以走了;架着双拐的,可以架单拐了。今后五年,要做三十万例小儿麻痹后遗症矫治手术。我希望,使这些人的功能状况得到比较大的改善,而且通过平等参与,获得新的人生。我们国家现在有聋哑人一千七百多万,每年新生聋儿三万左右。这些聋儿,大多数有残余听力,舌头是好的,喉部也是好的,经过训练,是可以发出声音的。如果在儿童时期或者更早一些,给予语言听力训练,聋童里面大多数人可以做到开口说话。国外这项技术已经发展了五十多年，在发达国家，已经做到了十聋九不哑。可是在我们国家，仍然是十聋九哑。这里的关键，就是要在早期对聋儿实行语言听力训练。现在我们已经开展了不少语训点，有些孩子已经能够开口说话。我们计划在全国对三万名聋儿进行语言听力训练。当然，这还太少。现在适龄儿童就有十几万，如果加上今后五年新生的聋儿，有二十多万，近三十万。训练了一个儿童，就等于救了一个孩子，救了他一辈子；如果少训练一个，就损失了一个孩子。所以，我们把这"三项康复"工作，叫作抢救性康复。依我看，这种"雪中送炭"的事情，残联应当多搞，应当坚决地搞。

残疾人的特殊教育，还是非常落后的。全国少年儿童的入学率，根据国家教委的统计，已经达到百分之九十七点一，可是聋童入学率只有百分之五点六，盲童入学率只有百分之二点七，智力残疾儿童入学率只有百分之零点三三。这已经成为普及九年制义务教育的最大障碍。如何提高残疾儿童的入学率，这是一个非常艰巨的任务。大家知道，残疾儿童的家长，把希望寄托在孩子的教育上。希望通过教育，给孩子将来的生活找个出路。可是，残疾儿童的入学率恰恰是非常低的。我们要尽快改变这种状况。去年十一月，开了全国特殊教育工作会议，确定把特殊教育纳入九年制义务教育轨道。同时，要以一定数量的中心学校为骨干，以大量的特教班和随班就读为主体。如果一些地方没有条件办校，就在普通中学、小学设立特教班，使一些盲童、聋童、智力残疾儿童，在这个班里学习。如果办班有困难，可以随班就读。总之要给残疾儿童一个学习的机会。现在，教育不是过热，而是办得太少。我们要通过这几年的工作，大幅度地提高残疾儿童的入学率，改变落后状况。

残疾人工作要全面贯彻国务院颁布的《中国残疾人事业五年工作纲要》，这是残疾人工作的一个总纲。这个文件，分析了残疾人工作的背景,提出了指导原则,制定了任务,明确了措施。全面贯彻《五年工作纲要》,将使残疾人事业有一个新的面貌。残疾人联合会要为残疾人讲话,要为残疾人呼吁。我想,这是残疾人联合会成立后首要的任务。要在维护国家大局利益的同时,维护残疾人的利益。残疾人联合会还要团结、教育广大残疾人自尊、自信、自强、自立,为国家做贡献。国家的发展,民族的进步,是广大残疾人的根本利益所在。我们要和全国人民共同奋斗。联合会成立后,要协助政府,动员社会,做好调查研究和规划,向政府提出建议,要广泛宣传社会,寻求社会的理解和支持。

残联还要搞好自身建设。要有一个好的领导班子。要选择热心残疾人事业、全心全意为残疾人服务的同志担任领导。要有政策水平,有事业心,有一定的组织能力。残疾人组织里面,要有残疾人参加工作。残疾人参加到残联里面来工作,可以从组织上保证残联的性质与方向,有利于广泛地联系残疾人,和残疾人交朋友,也有利于争得社会方方面面的支持。为此必须下决心培养、选拔残疾人,要舍得在这上头花力气。残联成立后,还要搞好队伍建设,要选拔有社会活动能力、组织能力,精神面貌好,能开拓局面的同志到残联来。要从各方面选人,要选择一些专业人员,使残联成为一个务实、高效的工作班子。残联的工作人员要恪守"人道、廉洁"的职业道德。我们是把人道、廉洁作为职业道德提出来的,这是一个基本要求,也是一个硬要求。如果不具备人道的思想,如果不是廉洁奉公,他就不配做残联的工作人员。

赞“工匠精神”①

（一九八九年五月二十日）

历时五天的全国第一届残疾人职业技能竞赛闭幕了。大会是在团结、奋进、友爱的氛围中紧张而有序地进行的。在每个项目的比赛中，残疾人选手们都表现出可贵的“工匠精神”。

什么是“工匠精神”？它是这样一种精神，劳动者把自己的身心全部注入自己的劳动产品之中，使产品成为作品，成为艺术品，使自己的才能与智慧形象化、物质化。这是一种可贵的文化，对于一个国家、一个民族的振兴起着重要作用。任何一个国家经济建设方面的方针、政策，最终都要通过广大群众全身心的努力体现在丰富多彩的社会产品之中。

“工匠精神”也是残疾人自立于社会的内在文化基础。残疾人要大力发扬这种精神，激励自己提高科学文化素质和职业技术能力，为劳动就业和提高就业层次奠定基础。

残疾人事业的中心环节是残疾人劳动就业，这对于残疾人平等地参与社会生活、提高自身社会地位、改善生活状况具有决定性意义，对稳定社会，促进社会生产力发展也具有积极意义。新中国成立以来，党和政府为解决残疾人劳动就业问题做了大量卓有成效的工作，为形成劳动福利型的残疾人事业奠定了基础。特别是近十年来，

---

① 这是邓朴方同志在全国第一届残疾人职业技能竞赛大会闭幕式上的讲话摘要。

经济的发展和改革、开放的实施,为残疾人劳动就业工作注入了新的生机与活力,促进了社会的安定团结。我们在工作中,经常听到残疾人真诚地称赞共产党好、社会主义好。

在新形势下,残疾人劳动就业应逐步做到“普及、稳定、合理”。国务院去年颁布的《中国残疾人事业五年工作纲要》提出,国家要通过多种手段推动和保护残疾人劳动就业的发展,而这一事业的发展,最终取决于残疾人科学文化水平和职业技术能力的提高,取决于残疾人自尊、自信、自强、自立的精神。大量的事实表明,广大残疾人不仅有参与社会的强烈愿望,而且有推动社会进步的聪明才智,有拼搏进取的精神,只要社会为他们提供恰当的教育和机会,他们便能做出难以预料的成绩。根据我国的国情和残疾人劳动就业状况,我们认为职业教育为残疾人就业开辟了广阔前景。大力发展残疾人职业技术培训,花钱少,见效快,有利于较快地改变残疾人劳动就业滞后的状况,使广大残疾人跟上社会发展的步伐,成为社会发展的动力。

今后几年内,我们要大力推进残疾人劳动就业工作,国家和社会要多渠道、多形式、多层次地开展残疾人职业技能培训和安排残疾人劳动就业。

我们相信,在国家、社会和残疾人的共同努力下,我国残疾人职业技能培训和劳动就业工作必将出现一个新局面,这次职业技能竞赛大会将为这个局面的形成起到积极的促进作用。

残联要实现
代表、服务、管理三项功能①

（一九八九年八月三十日）

华北、中南两个地区残联组建工作会议开得不错。时间不长，很有效果。

从会上反映的情况和我们掌握的情况看，我们这个队伍在政治上、业务上都是不错的，在政治上各省残疾人工作者都表现比较好。我们的残疾人群众也表现不错，这一点我早有体会。我们经常听到大家讲社会主义好、共产党好、没有共产党就没有残疾人的今天。这恐怕是我们的服务对象的普遍心声。

各省残联的组建和业务工作也有进展，有的进展显著。总的看来，形势不错，很有希望。从去年开始，感到残疾人工作受“气候”影响比较大。跑了几个省，发现有些同志不大了解残疾人工作情况，有的地方工作耽误了一下。但了解情况以后就又抓紧做了，我看这就很好。有人讲某些人在看“风”，看看“风”怎么转。我看，“风”总是要向着社会主义的方向转，这是肯定的。坚持一个中心两个基本点，“风”就是朝这个方向转。有些同志一时不理解残疾人工作，但我相信他们会逐渐理解，逐渐去做工作的。各地领导同志还是非常关心残疾人和残疾人事业的，是很愿意为群众做事的。关键是我们的同

① 这是邓朴方同志在华北、中南地区地方残联组建工作会议上的讲话摘要。

志要把道理讲给大家听,把这方面的知识、工作内容介绍给大家,让人们了解我们的工作,这样才能得到理解和支持。今天借此机会,我讲几点看法。

一、大气候、小气候的问题

造成这次政治风波的原因,与多年来资产阶级自由化泛滥有关,也与国际上一股否定社会主义的思潮(不仅是思潮,还有行动)有关系。国内一些同志也有糊涂的。自一八四八年二月《共产党宣言》发表以来,共产主义运动搞了一百多年,前七十年左右是发动阶段,后来五十至六十年进行了社会主义实践。现在遇到很多困难,遇到很多问题。在这个时候怎么办?其实很简单,应正确总结经验教训,对我国来说,就是在这个前提下,坚持以经济建设为中心,坚持四项基本原则,坚持改革开放。这就叫一个中心两个基本点。说起来简单,做起来却容易转向。经过一次动荡,回过头来看,还是这么两句话,还得这么走。不这么走,社会主义就没有希望,共产党就没有希望,中国就没有希望,中华民族就没有希望,中国残疾人事业就更没有希望。

这几年都在讨论这个问题。去年底、今年初,我跟几个省讨论过,比如内蒙古、河北、河南,与省领导交换意见,都有共同看法。坚持社会主义,不讲共产党领导不行,共产党还是好党嘛。改革是对了还是错了,生产发展没有,人民生活水平提高没有,还是应当肯定改革吧!可是在社会上,有些人缺乏理想,缺乏道德,教育又没跟上,这就给资产阶级自由化泛滥提供了可乘之机。一些人的行为失去了道德准则和正确导向,随之出现一种不守纪律的倾向。不守纪律,不守法律,不讲道德,社会的防线一层一层崩溃了。还能不乱,还不该治一治吗?在整个过程中,残联系统包括地方的一些同志,做了很多工作，还不错，虽说我们也有一手硬一手软的问题，总的来说还是好的。这与残联同志觉悟得比较早，政治工作抓得比较早、比较好有关系。我自己有点体会，觉得这跟我们的工作对象有关系。我们的同志随便走到哪儿都听到残疾人讲社会主义好、共产党好，这个调子和那个特定时候社会上一些人唱的调子是完全不同的。一些人不遵纪守法，可以去游行，可以上街去闹。我们的残疾人不好好学点本事，不依靠国家扶助，将来怎么活？这是个实实在在的问题。我们的同志表现得这么好，应该感谢全国千千万万残疾人给我们的教育。五千万残疾人在社会上是属于最困难的群体。是社会主义最好的公民。经常遇到困难的公民，就会对自己获得的每一点成果更加珍惜。有些年轻人对得到的东西不珍惜，认为都是理所当然的，早就应该得到的，这与我们残疾人的差距有多么大！

总的看来，就是一方面要坚持社会主义方向，坚持社会主义原则；另一方面要坚持改革开放。这不仅是建设有中国特色的社会主义的要求，也是振兴中华民族的要求。现在十三届四中全会召开了，重新确定这个方向，问题解决得很好。当然，不能说开一次会，一切都解决了，需要解决的问题很多。中国人建设社会主义，要振兴中华民族，不能光靠说，要扎扎实实、一点一点地去做。

二、社会稳定机制、发展机制的问题

这几年我们一直在谈这件事情，现在我还要再说说。一个社会要有它的发展机制，为此就要进行改革，使社会更加生机勃勃，中华民族这么多年来长期封闭，所以还要开放。要改革，就会触及一些人的利益，不可能大家都满意，大家都满意就用不着改革了。总有人满意，有人不满意。有些矛盾可以避免，有些则不可避免，社会不稳定因素是非常多的。所以必须有社会稳定机制,解决经济与社会的协调发展、社会内部协调发展、调整各类人群利益关系等问题。同时也要注意各种具体的稳定机制的建设,比如公检法、民政等等。残疾人工作是发展机制的一部分,也是稳定机制的一部分。在现实条件下,如果我们的工作能使五千万残疾人一面为社会奉献才智,一面共享社会物质文明和精神文明成果,就可以使两亿亲属更加安定。我们每办好一件事,群众每得到一些实惠,都是为社会增加一份稳定。

三、残联组建问题

提请同志们注意残联的三个功能:代表功能、服务功能、管理功能。我们分析了中国的国情,也吸收了国外有益的经验,认为由残疾人和残疾人工作者组成的残疾人联合会以定为"半官半民"性质的综合性事业团体为好。代表功能,就是代表各类残疾人的共同利益,维护残疾人的合法权益;服务功能,就是全心全意为残疾人服务,密切联系广大残疾人群众,并团结教育他们共同前进;管理功能,就是承担政府委托的任务,动员社会力量,开展残疾人工作,发展残疾人事业,加强残疾人事业的管理。实践证明,这三项功能是符合我国国情的,也是符合"高效、精简、统一"的原则的。我们打出"三个功能"和"事业团体"这个旗号来,好多人不知道是怎么回事,因为我国过去这种性质的组织很不普遍。有些省市领导不知是怎么回事,讲讲就知道了,讲清楚了他们是听得明白的。这样的经验还是很多的。事实上这是一种改革。"半官半民"的事业团体,是一种改革。既是改革的事物,它的组建当然也是一种改革。一年多来的实践证明,这种性质的组织与我国改革开放的大环境是适应的。

四、残联业务问题

关于残联的业务工作,我只强调一个原则:以任务带业务,以任务带干部。中国残联从成立时起,就承担大量业务工作,各地残联组建后都要担负大量业务。“三项康复”工作要上马,特教工作要上马,劳动就业与扶贫工作要上马,事情很多。在紧张的工作中才能锻炼干部,出人才。残联要吸收一些残疾人参加工作,选择政治上、业务上比较强的同志。各地市残联选人,要强调大业务量,这是一个考验,把业务工作干好,既可以保证为残疾人服务的方向,又能保证队伍的素质。

五、关于区县残联组建

省级残联的编制使用要先紧点,留有余地,不要一下全占满,我看这样好。区县建残联,现在还没有什么经验,有待在工作中积累。业务上去后,可能跟省级残联工作不大一样,会跟残疾人更靠近。原来我们说从上往下组建,最后跟残疾人基层组织接上头,头在哪儿呢?在区县残联。因此,区县残联无论如何不能官僚化,我现在就强调这一点,区县残联直接面对残疾人,要同他们对话,为他们服务。你要做官当老爷,绝对不能用你。建了组织就要跟基层接上头,要工作,要活跃,不能组织建立了,牌子挂上了,反而不为残疾人服务了。所以我想提醒大家,既然要组建,就要保证质量。残联干部要能工作,要干活,要密切联系残疾人,要起作用。现在群众意见大,包括对干部作风有意见。有的干部会做官,不会办事,这是个大问题啊!我们残联在组建过程中是比较注意这个问题的。越往下越要强调这一点。这是检验各级残联质量的一个标准。

发展有中国特色的基层社会保障网络①

（一九八九年十一月二十二日）

邻里互助、社区服务体现了中华民族传统文化的特点。这种传统文化就扎根在民间。谁都有难处，街坊邻里搭一把手就过来了。倒不一定明确意识到高层次的“人人为我、我为人人”，但它确实存在于我们民族朴实的、自然的心态中。这就是我们的传统文化特色。社会基层保障网络就是由各种社会力量结合起来去做，体现这种文化特色。邻里之间互相帮助、互相照顾的做法，群众有需要，有积极性，乐意做，形式多样，应该提倡。事实上它是一种新的社会形态的雏形，发展下去，有助于在基层形成自我保障的良性循环。

搞社会主义还是要靠点精神力量。不要什么事都以金钱来衡量，那样就坏了。过去我们的宣传中，有些是吹捧资本主义的拜金主义。儿子为父亲搞卫生、擦地板，还要父亲付钱。这还要吹捧。我们真要是这样，那就把好传统丢光了。我们要走我们自己的现代化道路，要多宣传这种邻里互助精神。我们国家还穷，但是我们用穷办法，也可以创造出良性循环的社会形态。就是以后富了，也要保持这种特色，而不能丢掉这个，另搞一套。我们说的这种邻里互助、便民服务，就是在传统文化土壤中生长出来、改造出来的社会主义精神文明。社会主义精神文明就是在这个基础上升华、发展起来的。

---

① 这是邓朴方同志在北京市宣武区基层社区调研时的谈话。

再有一个问题是资源问题。我们还有很多待开发的人力资源。当然,社会成员的能力,主要是组织在社会运转机器之中。但是,在我国,由于各种原因,常常不能使所有人力资源充分运用起来,闲散的人力资源及其他资源也是不少的。有的有专业知识,有的有一技之长,有的有可利用的时间,这些都是资源。比如说,残疾人发挥潜能,退休人员发挥余热,这都是一种资源。正确认识、开发和有效地加以组织,这些资源就会变成社会财富。我们讲的资源,并不一定是钱,群众中存在的积极性,存在的邻里互助传统,就是一种资源。我们的基层社会保障网络就是要开发、利用蕴于群众中的这种资源,社会中的这种资源,使大家生活得方便、温暖、相互友爱,使大家感到社会可亲。社会主义社会的基层社会生活就该是这样,这是我们很重要的一个优越性。

研究基层社会保障网络,有三点值得注意:一是弘扬优良的传统文化;二是开发利用各种资源;三是组织领导。前两点是客观存在的,蕴于群众中的,就看你怎样对待它了。我们的党和政府要重视、要开发利用群众中的资源,采取各种形式为群众服务。这里也有认识问题,只有认识上去了,才会重视,才能很好地领导。残疾人的事,牵涉各个方面;群众的事,也牵涉各个方面。作为政府,就是要领导、组织、协调。不去积极组织,群众中蕴藏的资源只能处于放任自流状态。组织起来,社会资源才能做到有序地开发利用。所以说,只有群众的积极性还不够,还要有人去发现、去组织、去领导。在组织领导中政府要起主导作用。

组织形式不外乎两种,一种是在西城区看的社区服务中心,那是政府支持搞的,是一种自上而下的形式;另一种是从下面生长出来的,可以说是自下而上的形式。这种形式,更具有浓郁的民族文化特色,而且,少花钱多办事,不花钱也办事。两种形式都要搞,不能偏废。只有搞两条线,既要布点,形成一些骨干,又要挖掘和发挥群众中的资源和积极性,使上下结合起来,工作才能搞活。残疾人福利基金会过去研究过这种形式,做了些事情,就是跟基层的线没接上,结果是你干你的,我干我的,没有结合起来。

现在看来,社会保障网络可以有有形的东西,也可以有无形的东西。可以固定,也可以不固定。救济对象、"三无"对象,定期救济就是固定的,群众性自我服务有些就是不固定的。便民服务,换煤气罐等等,有些就是有形的。调解纠纷、看护精神病残疾人、送温暖到家庭,有些就是无形的。邻里互助的内容、形式很多,有些就是半固定或者不固定的。也可能干几年,又出现什么新招。总之,基层社会保障网络中的事情,有不少以小见大的东西,见微知著的东西,很值得多看、多研究。

探索具有中国特色的残疾人事业理论[①]

（一九八九年十二月七日）

我国第一部阐述残疾人事业的教材性著作《残疾人工作概论》终于问世了，单单是为了这一点，我就要向这部书的编写单位——浙江省残疾人联合会表示由衷的感谢。

在党和政府的亲切关怀和社会各界的支持下，近些年，随着经济和社会的发展，随着社会主义人道主义的弘扬，我国残疾人事业有了较大进展：作为社会主义事业的一个组成部分进入了国家的大盘子，制定了五年工作纲要；政府有关部门落实纲要，推进了残疾人劳动就业、康复、教育、文化体育事业；从上到下建立了统一的残疾人组织——残疾人联合会。这项事业在稳定大局、促进社会主义建设、推进社会主义精神文明建设方面的作用正逐渐显示出来。广大残疾人工作者在这个过程中依靠政府，动员社会，克服困难，努力开拓，探索具有中国特色的残疾人事业，积累了不少经验。及时总结这些经验，使它上升为理论，反过来指导这项事业，并扩大影响，推动社会进一步理解、尊重、关心、帮助残疾人，这是一项十分有意义的工作。浙江省残疾人联合会与有关高等院校、部门合作，带头在这方面做出了贡献，这是弥足珍贵、可喜可贺的。这预示着，我国残疾人事业不仅在实际工作方面而且在理论方面，将有一个更大的发展。

我们常说，残疾人是社会的特殊困难群体。残疾人事业是正义

① 这是邓朴方同志为《残疾人工作概论》所作的序言。

的事业、人道的事业、文明的事业,使五千多万有着特殊困难、生活在社会底层的残疾人,通过代偿和社会给予的补偿,通过自身拼搏和社会给予的支持、保护,与健全人一样在实际上享有公民的权利,回归社会主流,成为社会主义建设的奉献者。这不是正义的事业吗?在推进这项事业的过程中,发掘中华民族优良道德传统,弘扬人道主义,树立理解、尊重、关心、帮助残疾人的社会风尚,从而优化人际关系,推动社会主义精神文明建设,促进社会主义新文化的成长,这不是人道的事业、文明的事业吗?而且,千万名从事这项事业的人,在困难的条件下任劳任怨,努力工作,默默奉献,直接间接地改善着残疾人的命运,发掘着残疾人生命的意义、价值,不是同样应当受到社会的尊重和支持吗?

残疾人的残疾是为人类文明和社会进步付出的代价。没有先天弱智、先天畸形,人类就不懂得优生和近亲何以不能婚配;没有脊髓灰质炎后遗症,就没有预防这种病毒的"糖丸";没有药物致盲致聋,就没有那么详细的药物应用和管理制度;没有工业交通事故引起的死亡和肢体残疾,就没有交通安全规则、安全作业规程和科学的救护方法。残疾是在人类繁衍及社会发展过程中不得不付出的代价。是一部分人的残缺,换来了更多人的躯体和心智的健全,换来了人类文明、社会进步。想想这个事实就会明白:理解、尊重、关心、帮助残疾人,不但是一种道德要求,一种文明的表现,也是人类良知的表现。

马克思说:"思想的闪电一旦真正射入这块没有触动过的人民园地,德国人就会解放成为人。"①照亮残疾人和残疾人事业的"闪电"是人道主义和社会主义精神文明。令人欣慰的是,她正在更多的国家机关、企事业单位、群众团体和社会各阶层生长出来。残疾人事业

① 《马克思恩格斯选集》第一卷第十五页,人民出版社,一九七五年版。

正随同社会文明一起兴起,一起走向灿烂的明天。

当事业这样起步的时候,我们不能不回过头来看看为残疾人服务的队伍。总观残疾人联合会上上下下的工作人员的情况,这显然是一支年轻的队伍。系统地熟悉残疾人事业,用社会化管理的方法推进这项事业,是我们的一门新课。我们需要重新学习,在新的实践中提高。《残疾人工作概论》问世的一个重要意义,就在于它作为一部初步的教材用书,将为我们学习这门新课提供帮助,也将为有志于这项事业的研究者、实际工作者提供帮助。我想强调的是,《概论》渗透了人道精神和新的残疾人观,框架新颖,内容充实,它提供的帮助是可靠的,有力的。

我希望理论工作者与实际工作者携起手来,为发展具有中国特色的残疾人事业和这项事业的理论做出贡献。

在北京市城乡基层考察残疾人工作的几点感受[①]

（一九八九年十二月十四日）

一、工作要实实在在、生动活泼

我总的印象是，这几年，北京市的残疾人工作确确实实有了很大进展，做了很多工作，已经不是四五年前的样子了。那时主要任务是宣传，宣传残疾人问题，引起社会重视，把社会动员起来。那个阶段已经过去了。现在，我们的主要任务是按照规划扎扎实实地为残疾人办实事，让残疾人逐步得到实惠。当然，对残疾人工作来说，这也仅仅是开始，也还是打基础。这个基础是不是很巩固了，还很难说。残联的组建工作还没有完成，许多工作只是开了个头，但毕竟有了一个良好的开端。

另一个印象是北京市的工作，无论是社区服务，还是残疾人工作，都很活跃。像社区服务网，是有计划有步骤地布点搞的。一个街道建一个社区服务中心，在社区起核心、中枢作用，既解决老年人问题，优抚对象问题，又解决残疾人问题。

天桥街道成立邻里互助协会，对老弱病残开展了群众性互助，充分挖掘群众中的潜能，利用了群众中闲散的人力资源，调动了人的积极性。邻里互助是中华民族的优良传统，中国古话叫作“出入相友，

① 这是邓朴方同志在北京市城乡基层调研时的谈话。

守望相助”。有这样的传统文化,有社会主义精神文明,再加上人民政府的组织工作,就形成具有中国特色的、群众性的服务形式。街道办的残疾儿童康复站、学前班、工疗站、福利厂和特教学校,办得很好,城乡基层的残疾人工作体系已基本建立起来,取得一定成效。北京市的工作实实在在,生动活泼,有许多经验值得总结推广。

二、要走“劳动福利型”和“以实业促事业”的道路

这几年的民政工作、残疾人工作提出了一系列新的理论,进行了一系列改革。无论是理论上,还是实践上,都做了大量工作。我感觉路子是对的。比如民政部领导提的社会保障问题,由封闭型转向开放型问题,由救济型转向福利型问题,“养治教”三结合的概念,“民政经济”的概念,经济效益和社会效益并重的概念,稳定机制问题等等。这几年又提出社区服务问题。社区服务一炮就把基层社会保障工作打响了。社区工作在国际上也是一种潮流,叫得比较响。进行了这样一系列的开拓之后,面貌大不一样了。

残疾人工作这几年也陆陆续续提出了一些新东西。比如残疾人平等参与问题,弘扬人道主义问题,残疾人工作和社会稳定的关系问题,在改革开放、发展经济中所起作用问题。还提出了建设具有中国特色的残疾人事业问题。

残疾人工作实际上起着稳定社会的作用。我们要体现社会主义原则,就要共同富裕,解决残疾人这个特殊困难群体的问题。

残疾人工作要走“劳动福利型”的道路,而不是西方国家的“福利型”道路。我们在北京的工作中看到了“劳动福利型”的优越性。这就对了。像西方那样完全靠政府出资不行。西方有些国家也发现这个问题了,他们把残疾人养起来,与社会隔离了。我觉得我们的

"劳动福利型"对了。很多残疾人,包括我本人,都是要求干活、干工作的。他们并不是单纯要求福利,而是要贡献。刘京生用嘴叼着笔写的"渴求理解,志在奉献",就表达了很多残疾人的愿望。我们为什么要大力推进残疾人就业?我们国家人口多、底子薄,不可能拿出那么多钱来。退一步说,就是可以拿出那么多钱来,把人养起来而不注重发挥他的创造性,也不是最体现人道主义的做法,还是要给大家贡献的机会,这就是国际上提倡的"平等参与"。这一点我们做得比较好,我们要发扬这个优势。

这几年我们还提出"以企业养事业"、"以企业促事业",或"以实业促事业"等等,说法不一,意思是一样的。残疾人工作光就事业搞事业不行。搞事业要经费,国家财政拿些,市财政拿些,还要从福利厂找点,从乡镇其他工厂、街道工厂找点,北京市民政这么多福利厂,一年产值十二个亿,利税二亿五千万元,利税大部分用于福利企业内部,还有一部分拿出来,布些"点",很多事都办了。还是得靠这条,这一条实实在在,几十年这么过来了,不能放弃。如果没有这块,单向财政要钱,谁也拿不起,多伟大的财政部部长也掏不出这些钱。

三、中国传统社会的团粒社区结构是建立基层社会保障网络的良好基础

我们还提出要搞基层社会保障网络。这几年,民政提出社区服务,卫生部和残联提出社区康复,社区工作日渐突出。我们以前也一直在讲这个事,我们很大一部分希望寄托在社区上。中国一直有比较稳定的社区结构,一直没有受到破坏,中国人对社区认同感比西方要强。中国两千多年前就有乡里制度,汉代刘邦就是亭长出身,后来曾国藩、国民党搞了保甲制度,一直到今天的居民委员会、村民委员

会，基层的社区结构基本上都维持着，这是团粒结构。西方的社会结构跟我们不同，它的社区形态很松散，是沙状结构。中国人不一样，我记得上学那阵，流氓打架，还问是哪溜儿、哪片儿的呢。这种东西，如果对其积极部分加以引导，也就是在社会团粒结构内赋予传统的东西以新的内容，对推动社区工作的发展是很有意义的。现在看来，我国这样的社会环境有利于社区工作的开展。基层社会保障网络在中国是很有潜力的。许多西方国家多方寻求而难以达到的社区模式，很可能在中国实现。

残联成立以后，提出“打好基础，讲究实效”的工作方针，这是从我国国情出发提出来的，是符合实际的，受到群众欢迎，大家积极性高，都觉得能干出名堂来。这和我们国家这几年的大环境有关。十一届三中全会以来，经济发展了，群众生活水平提高了，改革的路子走对了。民政工作、残疾人工作改革是成功的，有效的。这点我感受很强烈，也很高兴。不断总结经验，继续干下去，我们的事业大有希望。

四、社会稳定和社会管理问题

现在大家都开始重视这个问题了，但是还没有理顺。实际上社会稳定是一个非常大的题目，不是光民政一家能做的，也不是几个部委可以做下来的。这里包含政治稳定、经济稳定、生活稳定。政治上不要“翻烧饼”，经济上不要大起大落。生活上要说得过去。当前还是要建立以社会保障为主要内容的社会稳定机制，对最困难的群众要保底，形成社会安全网。

现在我们重视社会发展，但社会发展指标体系还没有搞出来。我们已感到这个问题应当提出来了。在发展过程中，如果不重视稳定机制，就会出娄子。前几年我们就嚷嚷了这事，是预感到稳定机制上有点问题,毛病到底出在哪了,不是很清楚。从今年的政治风波看,当然主要是一些人搞资产阶级自由化,一些问题出在党内。但同时也暴露了我们对建立社会稳定机制注意不够。现在中央强调第一位的问题是稳定问题,只要我们社会稳定,中国就有希望。

前几天李鹏同志在谈到解决待业率增高问题时,讲到"要利用这个机会把社会保险、社会保障制度建立起来"。社会保障制度与我们关系非常密切。老年人的社会保险有一点了,残疾人职工过去没保险的那块开始保起来了,民政干了一块,保险公司干了一块,不管谁干,这块总得干。

稳定机制到底是什么？要通过实践,通过研究,理出路数来,这个问题是非重视不可了。这方面我们也有责任,至于怎么搞,现在我还不能完全说清楚,慢慢实践吧。但是,我提醒大家注意社会保障问题、稳定机制问题。

还有一个社会管理问题,街道、居委会的主要职能是社会职能,区政府很大一部分也是社会管理职能,市这一级不能说是以社会管理职能为主。

社会稳定和社会管理,应该有一个综合的概念、综合的提法、综合的方针,虽然现在还没有,但提出这个问题,就可以把我们工作的着眼点提高到一个新的层次。

五、建设中华民族社会主义新文化问题

不论怎么搞,也不能抛弃在几十年革命斗争和社会主义建设实践中形成的光荣传统,这是牺牲了上千万人的生命换来的宝贵财富。我们不能因"文化大革命"把一些东西推向极端就把这些宝贵的东西丢了,否定党的优良传统是行不通的。

不能抛弃马克思主义，也不能抛弃我们民族的优良传统文化，而应批判地继承。像歧视妇女这样的糟粕，我们要去掉。但许多精华，还是要肯定，要发扬。

同时也不能排斥西方的优秀文化遗产，不能闭关自守，要开放，吸收好的东西。要在社会主义条件下，以马克思主义为指导，把党的优良传统、民族的优良传统和西方优秀文化遗产三种文化融为一体。这是很重要的一条原则。

社区服务体现了大量的传统文化，而它是共产党、人民政府领导的，共产党的性质决定我们要全心全意为人民服务，提倡献身精神、雷锋精神，再加上从西方引进的人道主义和社区观念，就形成了我们新的社区文化。社区、社区服务、社区康复都是从西方引进的概念。我们从西方吸收了一些好东西。

还有人道主义，中国虽然讲仁爱，友邻互助，但人道主义概念是从西方进来的。我们注意到，在社区的实际工作中，已经把这三者比较好地结合起来了，今后要继续坚持这样做。要坚定不移地在这个基础上形成新的中国文化。要以马克思主义为指导，通过群众的实践，将这三种文化熔铸在一起，形成我们中华民族的新文化。在这个过程中，我们的社会也会不断变化，不断进步，不断完善。

我们特别强调一个社会要有自己的精神力量、精神支柱。什么是我们的精神支柱？

一个是我们的思想理论。要搞社会主义、共产主义，要坚持四项基本原则，马列主义毛泽东思想就是我们的精神支柱。有段时间很多人不认这个账，现在慢慢认了。让一些群众，特别是青年人认这个账也不那么容易，但不容易不等于不做工作。

再一个精神支柱就是振兴中华。这个口号要喊响。中国人受外国人欺侮太多了。从一八四〇年鸦片战争起，屈辱的事情一宗又一宗,割地赔款、丧权辱国的条约一个接一个,到甲午战争就动了中国的老本了。接着又是军阀混战,中国人打中国人,哪个军阀不买外国人的武器啊,钱都流到国外去了。最后那点钱落到国民党手里,全裹到台湾去了。读一读中国近代史,美国、英国、法国……这些国家赤裸裸地在中国寻求"本国的利益",哪里有什么平等可言。"治外法权"有什么平等呢,开口就是"我们在中国的利益",中国人的利益在哪儿呢?帝国主义对我们真是欺侮到家了。我们是要合作,但是双方互利,也可以说他在利用我,我也在利用他。说他们无条件地希望中国强大,那是无稽之谈,是根本不可能的。他们认为中国越强大对他们越不利,这点我们要清醒。当然,也有许多外国朋友是真诚希望中国强大的,认为中国的稳定对世界是有好处的,是支持我们的。不管是不是共产党,只要是炎黄子孙,就要讲振兴中华。经过百余年的奋斗,历经无数的挫折,中国人民已经把振兴中华和社会主义道路紧紧地联系在一起。以此为精神支柱顽强奋斗,中国才有出路。我们的社会,要成为有理想、有道德、有文化、有纪律、生机勃勃的社会。

我看基层工作还是生机勃勃的,还是讲奉献精神的。我们应该宣传这些东西,提倡道德的、精神的力量,形成健康的社会舆论。不能到处都看重钱,钱本位的社会思维是具有破坏性的,在西方,它也不是支撑社会的基础。我希望中国永远不要走到这一步。

六、对基层残疾人工作的几点希望

第一点,在基层社区服务体系和残疾人工作中,要更多地与卫生部门合作。宣武区有一个工疗站,椿树医院精神病科的医生经常下来指导,这很好。在基层有基础的只有两家,一是民政,下面有民政助理员,负责一大摊儿。再一个是卫生,有三级卫生医疗网。有些地方把过去几十年建起的三级卫生医疗网扔了，不但我们认为可惜，很多外国人也觉得可惜。好几个外国人对我讲："我不是来看你们的洋医院的，我来看你们的赤脚医生，怎么没见到你们的赤脚医生啊？"其实这是最先进的，外国人搞了几十年都没搞出来，我们搞出来却扔了。我对陈敏章部长讲了，什么时候咱们合起来搞啊！？社区工作，民政、卫生两大摊，裹在一起搞，上下合作，到基层就更熔为一炉了。重要的是怎么与街道、居委会结合在一起。我希望将来卫生和民政工作结合在一块，建了骨干设施后，要和基层接上，仅一个医院是很难搞什么的。希望市领导协调这两条线，把卫生、民政工作裹着做，把各个口子网起来，形成一股力量，把条条理顺，基层工作很多事搭在一块做还是比较容易的，会有大成效。

第二点，关于残联的半官半民性质。市残联的半官半民性质基本形成，他们接受政府的领导，穿针引线，把政府各个部门协调起来，共同有计划地为残疾人做些事情。在下面也搞了些"点"，动员社会的人力物力资源，海淀区就是这样搞起来的。残联"半官"的问题，从市一级看解决得可以，已经发挥作用了，有生命力了。残疾人事业没有政府领导是不可能办好的。但是光靠政府办，光靠财政办，负担也太重。还是以政府为主导，动员社会，动员方方面面的力量，把各种积极性调动起来。不能光从政府兜里拿，也不能光从福利企业拿，福利企业本来就很穷，适当拿些可以，全靠它也不行。所以还得找点财源，除了拿事业费外，还可以募捐一部分。残联办经济实体，我的态度很积极，该办的就办，五年工作纲要和正在搞的《残疾人劳动就业暂行条例》里都有这方面内容。总之，我们的方针是依靠政府，动员社会，半官半民，既是代表机构，又是服务机构，又有管理功能。就这样搞下去，我相信我们走的这条路是对的。就是将来也不要政府化，不要成为官方的。我们也不能脱离政府，脱离政府就什么也干不成了。残联不是官，而是半官半民。我们还是事业团体,办的是事业。对上面是出主意,对下面是推动工作。发挥社会的活力是我们国家比较欠缺的一块,但残联应当体现得比较充分。以前基金会体现得就比较充分,这一点我们一直没有放弃。但是怎么把社会工作搞活,市残联包括中国残联,都要继续探索。只要方向对,我看就有搞头。半官半民,事业团体,北京已经搞出点味儿来了,要照这样走下去。

第三点,关于工疗站问题。我总想多搞点,但现在基本是徘徊状态。我觉得工疗站实在是个好东西,真为群众解决问题。我最早是在辽宁看的,当时就觉得这在中国有潜力。老百姓家里有个大儿大女,精神病或弱智,真是糟心啊!又爱又没办法,一家子怎么也不顺气。工疗站真为老百姓排忧解难,而且花不了多少钱。关键问题是政策,再就是选好当家人,要选椿树街道工疗站那样的当家人。我到西安时,一天上午出去,看见一个弱智人站在路中央,一大群人围着看,别人向他扔砖头,他也向别人扔砖头,两小时后我回来一看,这人还站在那儿,没人管他,中间汽车穿梭,就他一人站在那儿晃晃荡荡的。有工疗站,这些人的问题,他们家庭的问题就解决了。在中国还没有办法把这些人收养起来。盖福利院、盖精神病院、盖弱智人院,国家拿钱把他们养起来的做法行不通,还得靠工疗站这种小机构分别消化,解决问题。更重要的是精神病患者、弱智者在那里通过娱乐、识字、劳动、集体活动,可以缓解病情,提高智力,真正做到了开发。而且只要办起来,就使一部分群众实实在在受益,人们就拥护共产党。就是工疗站不发钱,甚至要家长掏钱,家长也干。如果我是家长,有这么个孩子,拿二十块钱,拿五十块钱给工疗站我也乐意。比请个保姆便宜多了。我觉得这个形式好,这里有政策问题,《残疾人劳动就业暂行条例》也要解决这个问题。也许还会遇到些困难,但我总有一个愿望,工疗站这个好东西,要千方百计把它扶植起来。

增强残联工作的活力①

（一九九〇年二月十七日）

经过全体代表的共同努力，第二次全国残联工作会议就要结束了。这次会议，以地方工作为重点，围绕残联系统的组织建设、思想建设、业务建设，回顾总结了一九八九年的工作，研讨并明确了一九九〇年的任务。会议采取务虚与务实相结合、大会与小会相结合的方法，统一了认识，振奋了精神，互相激励，改进工作。大家实事求是地分析形势，既肯定成绩，又找出差距，还探讨了解决问题的办法。

这次会议内容丰富，形式多样，时间紧凑，效果显著。大家集聚一堂，怀着促进我国残疾人事业发展的强烈愿望，畅所欲言，集思广益，献计献策，生动感人。大会气氛热烈，发言踊跃。大家一致认为，我们工作最有活力、最有成效的时候，是依靠政府、动员社会做得最好的时候。只要找准残联的位置，做好疏通、动员和协调工作，加强社会化管理，残疾人事业就有蓬勃的活力，就有取之不尽的力量。一年来，大家在组建残联，推进康复、教育、劳动就业、宣传、文体，筹集基金等各项工作中，创造了许多行之有效、各有特色的新鲜经验和做法，对中国残联机关的同志很有启发。大家交流了这些经验和做法，起到了取长补短、开阔思路和以会代培的作用。

---

① 这是邓朴方同志在第二次全国残联工作会议上的讲话。

一、关于去年的工作

一九八九年,我国残疾人事业取得了丰硕成果。正如有的同志所说,一九八九年的工作,难度大,成绩大,影响大;政府满意,社会满意,残疾人满意,我们自己也满意。同志们为了组建一个市县残联,理顺一个关系,安排一项工作,开展一项活动,都是一遍两遍,五遍十遍地跑,真是磨破了嘴,跑断了腿,不厌其烦地去做工作,全身心地投入残疾人事业。残疾人事业每个前进的脚印都洒下了同志们辛勤的汗水,残疾人工作的每一步进展都凝聚着同志们的心血,为残疾人办的每件实事中都渗透着同志们的情与爱。

在这里,我要特别指出的是,残疾人事业每项成绩的取得,都是各级党政领导和民政及各有关部门的关心、帮助、支持的结果。有的省长、书记亲自关心残疾人事业;主管这项工作的副省长、副秘书长担任残疾人事业领导小组组长,做规划和协调工作;我们各地的民政厅局长,为残联的组建付出大量的劳动和心血,我听了许多地方的情况介绍,深受感动。还有,我们在组建残联过程中,得到残疾人的大力支持。残疾人既是我们的工作对象,又是我们的广大支持者。

总之,去年残疾人工作取得了很大的成绩,小成同志工作总结报告中已经说了。但是,我们应该有一个清醒的认识,去年取得的成绩还是初步的,工作才刚刚开始,可以说是万里长征走了第一步。在我国经济比较落后、全民族的文化水平比较低的情况下,发展残疾人事业还需要长期的艰苦奋斗,同志们要有充分的思想准备。

二、关于今年的工作

关于今年的工作,我就一些大的原则、要点和值得注意的问题讲几点意见。

（一）总任务与指导原则

基本依据：国务院批准实施的《中国残疾人事业五年工作纲要》《全国残疾人"三项康复"工作实施方案》《关于发展特殊教育的若干意见》《关于组建中国残疾人联合会的通知》和《中国残疾人联合会第一次全国代表大会工作报告》是这几年发展残疾人事业的基本依据，我们要依此开展工作。

总方针：讲求实效，打好基础。

总任务：今年的工作围绕中国残联一届二次主席团会议工作报告提出的各项任务，认真实施《五年工作纲要》，加强自身建设，增进相互理解。还是那三句话"落实一部分，理顺一部分，开拓一部分"。

主要方法：总的工作没有什么新的路数，今年不给大家布置什么新任务，也不给大家出什么新点子，还是按照去年的做法来办。实施的办法略有变化，一是扎扎实实抓落实；二是深入基层、深入群众、深入实际。中国残联准备下去，尽量和省里配合好，既向地方同志学习经验，调查研究，又协助工作。当然，又不能过繁，给下面增加负担；三是从各地实际出发，实行分类指导。中国残联要采取各种各样的方式，根据各地不同的情况，认真地总结经验，进行分类指导。各级残联也要从本地实际出发，因地制宜地开展工作，对下级残联工作也实行分类指导。

（二）加强队伍建设

认真加强党组织的建设和政治思想工作。各省、自治区、直辖市和计划单列市残联要按照中央组织部最近批转的文件精神，经民政厅党组同意、当地党委批准尽快建立党组。有条件的市也可设立党组。省地市县（区）各级残联经当地民政厅同意、政府机关党工委

(党委)批准,建立健全机关党的组织。各级党组织要发挥政治核心、战斗堡垒和监督、保证作用,党员要发挥先锋模范作用。要建立健全党的组织生活制度,抓好政治思想工作。开展爱国主义、集体主义、社会主义、社会主义人道主义、自力更生、艰苦奋斗的教育。在我们残联系统内采取生动活泼的形式,开展热爱社会主义祖国和热爱残疾人事业的教育活动。

按照"四化"的要求和"人道、廉洁"的职业道德、"团结、实干、高效、开拓、服务"的工作作风抓好干部队伍,特别是领导班子的建设。各级残联要制订和执行干部调入和任务规定,把好进人关,抓好干部的培训工作。各地要主动向民政厅(局)、人事厅、党委组织部汇报,研究拟定残联的干部职务名称表和管理办法,按规章制度认真抓好干部队伍建设。另外,在领导班子中应注意培养和选拔残疾人或残疾人亲属。

(三)残联组建

保质保量地抓好各级残联的组建和完善,今年争取完成地市级残联组建,基本完成县级残联组建。不要拖拉,机不可失,这件事要尽快做好,对工作有利,我们现在没有太多的余地。前年残联组建时,我当时的想法是一定要稳妥,成熟一个建一个,把班子配好,各方面条件要创造好,根据实践的经验,工作都部署下去了,任务很多很重,没有组织和人员就无法完成任务。

省级和计划单列市残联以及已建立的地市县残联要继续按照国务院文件的规定,在体制序列、计划单列、经费等方面进一步理顺关系,创造工作条件。各地要努力疏通和落实,中国残联也将予以协助。残联建立了,就要积极开展工作,办实事,打基础。这样,已建的组织才有存在的价值和可靠的根基。

已建立残联的市(区)要抓好街道、大型厂矿、福利企事业等单位的基层残疾人群众组织的建设,把广大残疾人组织起来,群众性的工作开展起来,这也是一项重要的基础建设。

地市县级残联未建的要保质保量完成组建任务;已建的要加强自身建设,努力开展工作。有的县残联成立了不知道干什么,实际上残联的任务非常重。对这些干部一是要培训,二是要尽快地把任务压下去。昨天,河北省残联理事长跟我们说,他们去年在一个半月内建了一百个县级残联。今年怎么办?今年的重点是抓县级残联的队伍建设和工作的开展,立即让已经建好的县级残联懂得我们的任务,让他们开展工作。河北省残联理事长提的这个问题是有重要意义的。我的意见是,县级残联要有一定的编制,但先不要多进人,工作开展起来了,需要进了再陆续进。编制给你了,进人一定要从严把关,选好干部,宁缺毋滥。

(四)劳动就业

巩固、稳定现有的福利企业,促进已有政策、规定的兑现和落实。协助有关部门解决好治理整顿和深入改革中残疾人职工面临的问题和困难,稳定已就业的职工队伍。

从本地实际出发,继续拓宽渠道安排残疾人劳动就业。《五年工作纲要》及民政部领导都指出,残疾人组织可以办福利企业和经济实体。要积极办好以安排残疾人劳动就业和弥补经费不足为目的的福利企业和经济实体。有些大型厂矿职工及职工亲属中残疾人比较多,可以探索和这些厂矿的残疾人组织合办福利企业或支持他们办福利企业。残联现有的福利企业和经济实体要进一步巩固、办好,并因地制宜地发展。

完成《残疾人劳动就业条例》的修改工作,争取尽早批转实施。

在《条例》下发前,各地仍按原有规定办。也应探索制订本地的条例或办法。

(五)康　复

原原本本地按第二次全国"三项康复"工作会议的精神和工作报告的要求,保质保量完成任务。特别要注意抓好质量控制和一些薄弱环节、重点地区。

弱智、精神病残疾等领域的康复工作,各地可根据实际情况做一些探索和试点工作。

(六)教　育

去年,对特教工作会议精神的贯彻尚欠有力。今年要按照第二次全国特教工作会议的报告精神,以主人翁的态度当好配角,积极协助各地教委抓好特教工作。要密切横向配合,建立特殊教育工作协调组,统筹选择和平衡项目,用好特教补助费。

以多种形式抓好职业教育和在职职工的扫盲及技术培训。

(七)规划、政策与法规

各地要制订《五年工作纲要》的实施方案或规划。

在法规建设方面,希望各地积极探索和推动、促进地方法规、政策的制定,日积月累就能形成残疾人事业的法规和政策体系。

今年,中国残联要抓好残疾人保障法的进一步修改,争取早日定稿,提交审议。

(八)宣传文体

巩固和拓宽公共宣传渠道,建立协作网络,提高宣传效果,重点围绕《五年工作纲要》的实施开展宣传工作。

推动基层群众性文化、娱乐和体育活动的开展，抓普及促提高。前年和去年，全国大型的文体活动搞得比较多，各省的负担重了一些。但这些活动在当时是十分必要的，对推动全国的残疾人事业、争取社会各方面的理解、促进各省市残联的组建起到了巨大的作用。今年没有什么重大活动，重点放在抓基层和群众性的文体工作上。

（九）基层社会保障网络

与卫生部门的三级医疗卫生网、民政部门的社会服务网相结合，积极开展社区服务、社区康复工作，推动基层社会保障网络的形成。残联要积极参与、支持、配合，共同搞好社区康复、社区服务等各项工作。通过这些活动，逐步形成残疾人的社会保障网络。我在北京看了社区服务工作，感觉到基层社区工作与残疾人有非常密切的关系。我国有比较好的社区环境，比较容易开展活跃的社区工作。北京搞了大量的点，有为老年人的、儿童的、残疾人的，也有为一般群众服务的，因地制宜地结合起来搞，逐步形成社区服务网络，这样就把残疾人方方面面的事管起来了。要在一个社区内，把各个方面的力量紧密结合在一起，我们有力出力，大家共同开展工作，既省钱，又把包括残疾人在内的社区服务工作搞好了。

（十）开展“建家做友”、“扶残助残”和评选优秀残疾人活动

残疾人组织和福利企事业单位开展“建家做友”活动，在社会上开展“扶残助残”活动，在残疾人中开展评选先进个人活动，对树立“理解、尊重、关心、帮助”残疾人的社会风尚，培养残疾人“自尊、自信、自强、自立”的精神有着重要推动作用。各地要抓紧工作，进行评选和表彰。明年一季度中国残联将召开表彰会。

(十一)基　金

抓好地方残疾人福利基金会的建设,多途径多种形式筹集资金。这两年,我们的基金募集工作遇到相当大的困难,捐钱难。但在一些工作做得好的地方,同样也能捐到钱。为残疾人捐款要硬着头皮做,但气不能壮,要平,要晓之以理,动之以情,要顽强,不顽强就干不下来。分级就地结合任务去筹资,容易为人们接受。请大家共同来探索。

(十二)统　计

为做好残疾人事业基础工作,客观反映工作进展,交流信息,加强宏观指导,要建立残疾人工作的统计报表制度。这次的统计报表还不完善,经验不多。有些指标是否合适,还要摸索。残疾人事业没有一个量化的资料是不可能做到心中有数的。今年,中国残联将研究修订统计报表,并提早下发各地。请各地重视这项基础性工作,做好调查摸底,做好统计,认真填报。

(十三)重视信访,密切联系残疾人

我们是残疾人的代表组织,通过各种渠道和形式听取残疾人的呼声、意见和要求,维护他们的权益,并尽力解决它们的困难,是我们的宗旨和义不容辞的责任。中国残联将制定《关于加强信访工作的决定》,同时要求残联干部与残疾人交朋友。希望各地残联也能加强信访工作,采取各种措施联系残疾人。

三、应注意的几个问题

(一)要发挥残疾人事业领导小组的作用

有的地方叫“三项康复”工作领导小组,实际也是由多方面领导

组成的。残疾人事业领导小组起很大的作用,政府的主导作用可以通过这个领导小组来加强和体现。重要的是残疾人事业领导小组要发挥作用。有的省副省长、副秘书长亲自主持开个会,与各部门一起把事情安排了,各厅局都按安排顺利地运转和工作。我在北京调查时了解到,残疾人工作的一些重大问题都是残疾人事业领导小组协调的。我们建议在适当时候,将"三项康复"领导小组改名为本地残疾人事业领导小组。各地的"三项康复"办公室和即将成立的特殊教育工作协调组,都要在残疾人事业领导小组统一领导下开展工作,不要把机构和人搞得太多,要相对集中一点,这样既可以加强政府对残疾人事业的领导,也有利于各部门协同工作。

(二)密切与民政的关系

这次会上许多地方介绍经验,其中很重要的一条:凡是主动争取民政部门领导并与之密切合作的,工作都比较顺、比较好。这说明,残联的工作一定要密切与民政部门的关系,争取民政部门的领导、帮助和支持。残疾人工作是残联与民政部门的共同工作,许多事情要裹在一块儿干。

残疾人工作与民政部门有着天然的联系,分不开。无论是过去的盲聋哑协会、基金会,还是现在的残联,工作都离不开民政部门。民政部领导过去多次讲过,"各级民政部门与残联的关系是指导关系,所谓指导,就是方针政策上领导,具体工作上放手"。在这个问题上,我们残联的同志不要抠字眼,从我们这方面理解,指导就是领导,残联的同志一定要接受领导,密切合作,把事业搞好。

(三)注意体现代表性

坚持残联的正确方向,不能脱离残疾人群众,要为残疾人服务,这是残联最根本的宗旨。尽管我们的工作一时还没有深入到最基层,但是,作为一个残疾人工作者,他的心里首先想到的应该是残疾人。在我们的工作中,残联的代表性、基层残疾人组织的群众性,一定要很好地得到体现和发扬。

(四)改进工作作风、工作方法,实行社会化管理

残联的性质是半官半民,残联的工作方式是社会化。社会化协作、社会化管理,这是对政府部门工作的补充。如果残联也完全采取政府行政管理的做法,那就用不着残联了。残联如何在社会化管理方面充分发挥作用?第一,承担各地残疾人事业领导小组的日常工作,发挥纽带作用,协助政府做好工作。所谓纽带作用,就是通过反映情况、沟通联系、疏通渠道、提供服务,使各部门的工作衔接起来、协调运转,在政府的统一领导下,按各自职能开展工作,发挥作用,协同动作。第二,协助政府进行残疾人事业的综合性调查研究,了解和反映全面情况,协助做好规划、政策、法规的制定和实施工作。例如《五年工作纲要》的制定,就是我们在认真调查分析残疾人事业状况的基础上提出初步建议,先与民政部商量,基本取得一致意见后,再同教委、卫生、劳动、计划、财政等各个方面协商,共同修改完善,然后联合上报政府批准后协同实施。实际上是以参谋、助手来协助做好综合性工作。第三,要面对社会做工作,开发资源和潜能。这个面很广。有些资源是隐含在社会里面,不是显现的,有些则是显现的。很多资源并不是明摆着的,你开发它就有,不开发就没有。所以,残联的工作要主动点,要善于动员社会,把社会资源开发出来,为残疾人服务。有了这些资源还要有效地配置,就是说,对已经能够用于残疾人事业的资源,把它用在有效的方面。另外,残联要广泛动员各种各样的社会力量来做工作,我们自己可以做,别人也可以做,只要是为

残疾人,我们都欢迎。把能够开发的潜力开发出来,能够利用的资源都利用上,为残疾人服务。在这方面,各地残联做了很多工作。我们的多数同志是从政府机关和事业单位转过来的,还不大熟悉残联这方面的工作,需要逐渐熟悉并开展起来。第四,残联作为残疾人组织,要发挥代表功能。一方面要代表残疾人说话,反映要求和呼声,替残疾人伸张正义,争取合法权益,维护残疾人利益。另一方面就是要团结教育残疾人,共同搞社会主义,共同振兴中华民族,把残疾人的积极性调动起来,使他们自强、自立。第五,残联自己也要发展一些事业,扎扎实实地直接为残疾人服务。把这几点结合起来,当好代表、纽带、助手、参谋、桥梁,发挥综合、协调、服务及开发社会的作用,残疾人工作就能逐步走向社会化管理,半官半民的特点也就体现出来了,优势也就发挥出来了。我们按照社会化管理的路子走,在政府、社会和残疾人之间架起桥梁,当好纽带,就大有可为。只有这样,残联才能站住脚,残疾人事业也就发展了。我们的目标就是这个。

(五)加强党对残联的领导

省、自治区、直辖市、计划单列市残联要建立党组,各地残联也要建立党的组织,这是目前的大局,是党和政府加强对残疾人事业领导的措施,也是对我们残疾人事业的关心,我们深表感谢。我们的党组织要发挥战斗堡垒作用,领导班子既要有比较高的业务素质,更要有比较好的政治素质,要坚持四项基本原则,坚持改革开放,坚持发展我们国家的经济,就是说,要坚持“一个中心、两个基本点”。这是不能动摇的。领导班子要团结,要干事,要带好队伍。党和政府信任我们,关心我们,爱护我们,帮助我们,我们要自强,搞好自身建设,搞好工作,振奋精神,搞好残疾人事业。要把我们的队伍培养成一支政治素质好和作风过硬的队伍。

艰苦奋斗，改变特殊教育滞后的局面①

（一九九〇年二月二十四日）

一、关于形势任务

发展教育事业，提高人口素质，是国家富强、民族兴旺的根本大计。而残疾人教育正如李铁映同志和国家教委几位领导同志所说，“是社会主义教育事业的重要组成部分”。提高残疾人的文化教育水平，有利于从根本上改善残疾人状况，对促进他们平等参与社会生活，成为社会主义的建设者具有重要作用。发展特殊教育事业，切实保障残疾人受教育的权利，是国家、社会和残疾人家长的共同责任。

我国残疾人教育面临的现状是，严重滞后，势头很好，任务艰巨。

第一，严重滞后。由于历史原因和问题的长期积累，我国特殊教育严重滞后于社会、经济和教育的发展水平。我国学龄儿童入学率为百分之九十七点一，而残疾学龄儿童入学率不足百分之六；全国文盲、半文盲占总人口的百分之二十点六，而残疾人中文盲占残疾人总数百分之六十六点四。残疾儿童教育已成为我国普及义务教育的制约因素。

第二，势头很好。近几年，我国特教事业发展较快。从一九八六年到一九八八年，平均每年增加特教学校八十多所、特教班二百多个、在校学生六千多人，特别是一九八八年全国特教工作会议召开之

---

① 这是邓朴方同志在一九九〇年全国特教工作会议上的讲话。

后，由于各级政府和教育部门采取了一系列措施，一九八九年特教事业的发展出现了可喜的势头，特教学校、特教班和在校学生分别增加了百分之二十左右。部分高等师范院校开设了特教专业，全国部署了十七所中等特教师范学校。特殊教育的科学研究和教学研究机构相继成立。正在组织人员编写新的教学计划、教学大纲和教材。各种形式的职业教育和学前教育也开始发展起来。

第三，任务艰巨。国务院批准实施的《中国残疾人事业五年工作纲要》和《关于发展特殊教育的若干意见》分三个阶段提出了要求：近期目标到一九九二年，盲童、聋童的入学率从现在的不足百分之六分别提高到百分之十和百分之十五，弱智儿童入学率要有大幅度提高；发达地区的残疾儿童入学率应有更大的提高。中期目标到一九九五年，大中城市和经济文化比较发达的沿海地区及中等发达地区中条件较好的县市，残疾学龄儿童入学率达到百分之七十左右。远期目标到二〇〇〇年，力争全国多数残疾学龄儿童能够入学。这个规划是积极的、可行的，实现起来也是很艰巨的，需要长期不懈的努力。实现这一规划，第一阶段是关键，现在已过去两年，一九九〇年至关重要，我们一定要有紧迫感，扎扎实实做好工作。

二、关于方针政策

（一）方针与政策

发展方针：要贯彻普及与提高相结合、以普及为重点的原则。着重抓好初等教育和职业技术教育，积极开展学前教育，逐步发展中等教育和高等教育。

教育方针：要贯彻德、智、体、美、劳全面发展的方针，结合实际，面向社会，增强残疾人自立能力。对残疾学生进行思想品德、基础文化、身心补偿、劳动技能和职业技术教育。

办学方针:一是实行国家、集体、个人多种渠道办学,在国家办学的同时,鼓励社会力量办学。二是采取特教学校与混校、混班相结合的多种形式办学,在办好特教学校和残疾人职业教育机构的同时,在普通学校附设特教班及吸收残疾人随班就读。

(二)格局与布局

格局:逐步形成以一定数量的特教学校为骨干,以大量的特教班和随班就读为主体的残疾人教育格局。

布局:特殊教育,要根据各地区残疾儿童的数量和残疾类别,合理布校设班。

盲童教育,原则上以省、自治区、直辖市为单位,统筹安排设立盲校;有计划地在聋校、普校附设盲童班;普校吸收掌握盲文的盲童随班就读。

聋童教育,原则上以县为单位设校办班;要求普校吸收经过听力语言训练达到要求的聋童随班就读。

弱智儿童教育,城市建一定的弱智学校,办大量特教班和随班就读;农村实行就近入学,随班就读,有条件的县、乡(镇)也可以办班建校。

学前教育,在特教学校、残疾儿童康复和福利机构、幼儿园和社区举办残疾儿童学前班,并依靠家庭配合,对残疾儿童进行早期智力开发和功能训练。

中等教育,在基础好的大中城市的特教学校试办高中班。

职业教育,省、自治区、直辖市各建一个残疾人职业技术教育机构;在城市有条件的特教学校设职业高中;在普通中等职业教育机构开设特教班。

三、采取切实措施，确保国家任务完成

《中国残疾人事业五年工作纲要》和《关于发展特殊教育的若干意见》，是国务院批准实施的国家纲要和特教发展规划。继一九八八年国务院批准召开全国首次特教工作会议之后，时隔一年，又召开了这次会议，目的都是为了保证国家任务的完成。我们决不能辜负政府的重托和期望，要认真贯彻两次特教会议的精神，采取切实措施，出色完成任务。

（一）切实把残疾少年儿童教育纳入普及义务教育轨道

什么叫纳入轨道？就是要像《若干意见》和柳斌同志所讲的那样，使残疾儿童教育与健全儿童教育统一规划，统一领导，统一部署，统一检查；把残疾少年儿童教育发展规划的执行情况作为验收普及初等教育的内容之一。

所谓统一规划，就是在制订教育事业发展规划和年度计划时，要将特殊教育列入其中。

所谓统一领导，就是各级政府和各级教育部门要把特教工作列入议事日程，加强领导和管理，研究解决特教工作中的问题。

所谓统一部署，就是各级政府及有关部门将特殊教育工作列入年度工作计划，予以部署和总结。

所谓统一检查，就是将特殊教育工作列入本地、本部门教育工作的检查和考核内容，各地在对地方基础教育进行督导时，将特教工作列为督导对象。

按理说，凡是普及初等教育的地方，也应普及残疾少年儿童初等教育。但是，从目前实际状况出发，凡已宣布普及初等教育的地方，

应采取措施,尽快将残疾儿童教育作为考核、验收普及初等义务教育的内容,大力促进特教事业的发展。

以上四个统一工作做到了,残疾少年儿童普及初等教育就真正在实施义务教育轨道上确立起来了。这是发展特殊教育事业的一条最根本的措施。

(二)制订好本地发展规划,开好特教会议

各地都应当根据《若干意见》的精神和要求,由教委牵头,会同有关部门制订一个积极的、切实可行的特教发展规划,经政府批准实施。这个规划应把发展目标和任务分解到年,明确年度目标和任务,建立目标责任制。

全国连续召开两次特教工作会议,充分说明政府和教委对特教事业的重视。我们希望还没有召开特教会议的地方,回去以后向政府领导汇报,按照国家教委的要求,尽快召开会议,贯彻全国特教会议精神,部署和落实本地区特殊教育事业发展规划。

(三)发挥教育部门的主导作用,加强各部门的配合与协作

《若干意见》明确了残疾人教育工作的管理体制:“在各级人民政府的统一领导下,以教育部门为主,民政、卫生、劳动、计划、财政和残疾人联合会等部门和组织紧密配合,各司其职,共同做好特殊教育工作。”

各级教委(局)是本地教育主管部门,在特殊教育事业中起着主导作用,担负着宏观指导和行业归口管理的职能。我很同意柳斌同志的意见,“今年各省、自治区、直辖市应把特教的专职管理干部配齐,地市县要配备专职、兼职干部”。这也是国家人事部参与制订的

《若干意见》所明确要求的，请各地残联向当地残疾人事业领导小组反映这一情况，取得领导的理解和支持。另外，残联办的特殊教育机构，要接受教育部门的指导和管理，争取支持和帮助。

《若干意见》指出："残疾人联合会要把发展特殊教育作为自己的重要任务之一，协助政府，动员社会，做好特殊教育工作。"特殊教育工作是为残疾人服务的，作为残疾人组织，要以主人翁精神，当好教育部门的配角和助手，动员社会，疏通关系，并通过残疾人事业领导小组，争取领导和有关部门对特教事业的支持。为了安排好中央设立的特教补助费，四个单位成立了协调小组。中国残联将密切配合国家教委、民政部、中国社会福利有奖募捐委员会，统筹平衡好项目，提出资金合理分配方案，联合下达补贴经费。各地残联也应在教委召集下与有关部门配合，做好项目的筛选、平衡、审核和申报工作，管好用好经费。残联还要配合教育、劳动、民政等部门做好残疾毕业生的分配、就业安排工作。

（四）努力筹措经费

特殊教育是教育事业的薄弱环节，加之历史欠账过多，现在的发展是带有"补课"性质的。为扶持各地发展特教事业，中央设立了特殊教育补助费，也希望各地对特教事业在经费上给以特别关照。地方特殊教育专项补助费还没有落实的地方，希望各方共同努力，尽快落实。同时各地教育事业费内也应按照财政部、《中国残疾人事业五年工作纲要》和《若干意见》的要求予以安排，并随着教育事业费的增加逐步增加。

特殊教育的对象、方法和条件，决定了它是一项艰巨的事业、崇高的事业。发展特殊教育的方针政策已经明确，我们要共同肩负起发展特殊教育的历史重任，艰苦奋斗，做好工作。

认真推行无障碍设计规范[1]

（一九九〇年四月一日）

《方便残疾人的城市道路和建筑物设计规范》，经过全国人大、全国政协和建设部、民政部、北京市市政建筑设计部门的共同努力，于一九八九年四月颁布实施了。这是我国社会生活中的一件大事，也是新中国成立以来第一个方便残疾人、老年人的建筑设计方面的行政法规，体现了党和政府对残疾人的深切关怀。同志们为这个法规的制订和实施做了大量工作，付出了艰辛的劳动。

方便残疾人的城市道路和建筑设施，是社会主义物质文明、精神文明建设的组成部分，是社会公平的重要体现。它关系到五千多万残疾人、上亿老年人参与社会生活，也关系到妇女儿童的生活环境优化。这是一个涉及社会文明进步和千家万户群众切身利益的大问题。

最近，中共十三届六中全会通过了《关于加强党同人民群众联系的决定》。我们开这个会，动员贯彻实施这个设计规范，为残疾人参与社会创造良好环境，加强党和政府同残疾人群众的密切联系，这也是贯彻中央决定的一个实际行动。

我们是社会主义国家，党的领导、生产资料的公有制、以马克思列宁主义为主体的社会主义精神文明，决定了我们的社会在本质上

---

① 这是邓朴方同志在《方便残疾人使用的城市道路和建筑物设计规范》实施一周年座谈会上的讲话。

是最人道、最公平的。这就是我们实施《方便残疾人的城市道路和建筑物设计规范》,进而在更广泛的社会领域逐步实施无障碍环境的根本有利条件。我们坚信,在党和人民政府领导下,这条路一定会越走越宽广。

广大残疾人群众对实施这个《设计规范》,渴望已久。一九八五年,北京市对部分残疾人进行过一次问卷调查,收到过许多来信。不少残疾人反映,许多公共建筑、公共场所进不去。根据那次问卷调查,进展览馆困难的占百分之七十五,进商场困难的占百分之五十六,进图书馆困难的占百分之五十二,进影剧院困难的占百分之四十六,进医院困难的占百分之四十三。乘公共汽车、无轨电车、地铁困难的占百分之七十左右。街道的公共厕所没有方便残疾人的设施,许多残疾人不得不在外出前几小时坚持不喝水。盲人行路因为没有导盲设施也容易发生交通事故。残疾人确实是一个特殊困难群体,他们需要特殊的帮助和保护。残疾人的特殊困难和苦恼,恐怕仍有些人不很理解。实施方便残疾人的建筑设计规范,不但为残疾人参与社会生活创造了条件,也为残疾人的潜能开发、"回归社会"、贡献国家创造了条件。当然,这同时是保障残疾人公民权利的体现。可喜的是,当前理解、尊重、关心、帮助残疾人的社会风尚正在形成,理解、帮助残疾人的人越来越多了。这个设计规范的出台和实施就是一个重要表现。

办一件事情总要有个过程,许多事情不是一蹴而就的。在这方面,残疾人也要理解政府、理解社会。这个方便残疾人的建筑设计规范的出台,就经历了一个过程。一九八五年四月,全国六届人大、六届政协三次会议,提出了"在建筑设计规范和市政设计规范中,考虑残疾人需要的特殊设置"的提案。这是法律界老前辈、全国政协常委林亨元先生等二十多位政协委员提出的。经全国政协研究,将提案和处理意见呈报国务院,国务院十分重视,立即指示建设部制订“方便残疾人通行的规范”。建设部也十分重视,组织力量,调查研究,收集资料,考察论证,多次与残疾人座谈,征求意见,并进行试点。经过这些努力,《规范》终于在一年前公布实施。

在制订规范的同时,北京、上海、深圳、广州、沈阳等城市也在这方面做了一些努力。这些城市的党政领导很重视这项工作,抓了部分市政建设方便残疾人的设施,北京市召开了“残疾人与社会环境讨论会”,发出了为残疾人创造良好社会环境的倡议。在王府井等四条街道进行了部分改建试点;亚运会的一些工程也采取了无障碍设施。新建工程天安门广场地下通道,也是按照方便残疾人通行的要求设计的。深圳市在这方面也做得很出色。许多残疾人反映:“坡道,象征着中国社会的文明,不仅便利了我们的生活,更增添了我们自立自强的信心和平等感。”加一个坡道并不见得多花多少钱,但增强了党、政府同群众的联系,提高了社会文明的程度。这一层意义,我们一定要看到。

党中央号召我们聚精会神地把自己的事情办好。对我们残疾人联合会来说,就是依靠政府、动员社会,把中国残疾人的事情办好,其中包括依靠政府,动员社会各方面力量,贯彻实施好这个设计规范。

国家正在深入进行治理整顿和深化改革,压缩基建规模。实施方便残疾人的建筑规范,不是扩大基建规模,而是随着建设的发展做适当安排,从国情、国力出发,在城市道路和城市建筑物的设计上,增添方便残疾人的设施。免得建好再改建,造成浪费。事实证明,如果在建设项目的开始阶段,就考虑方便残疾人、老年人的因素,就可以在少量增加投资或不增加投资的情况下,把这件事情办好。对旧公共建筑物的改建,则应抓住重点,因地制宜,有计划、有步骤地量力而行。我们的社会正在一步步现代化,我们要增强无障碍设计意识。

这个意识增强了,《设计规范》就会得到较好的贯彻实施。希望省会和省会以上城市、计划单列市、旅游点和开放城市带头贯彻好《设计规范》。首先下大力量解决一批花钱不多、容易办到、又是残疾人急需的工程设施。中小城市、大城市里新搞起来的小区建设、农村新兴的集镇,也都应参照《规范》精神,因地制宜地搞一些方便残疾人、老年人的设施。

为了有效地推进这项工作,希望中央各有关主管工程建设部门和各省、自治区、直辖市以及计划单列市的建设行政主管部门、社会各界更加重视、关心这项工作,加强领导,纳入工程建设和城市规划,制订实施细则,明确执行和检查单位,建立责任制。希望这项工作能坚持经常化,不要热一阵又冷下来。要建立监督检查、管理、使用、维护制度。加强无障碍设计的学术研讨和交流,注意总结积累经验,培养骨干队伍,以便把今天和以后的事情办得更好。

我们相信,在各级政府领导下,在新闻、建筑、交通、法律等各界热情支持下,我们一定能够认真推行《设计规范》,不断改善社会环境,把我们的社会建设得更文明、更美好。

致全国残疾人事业宣传工作会议的信[①]

（一九九〇年五月五日）

这次全国各地残联宣传和文体部门的负责同志聚会昆明，参加全国残疾人事业宣传工作会议，我很高兴。我虽然不能出席会议，但我与你们的心是相通的。在这里首先要感谢各位，感谢各位通过辛勤的工作，推动了中国残疾人事业的发展。

你们所从事的宣传工作是中国残疾人事业的重要组成部分，也是我们党的宣传事业的组成部分。近年来，中国残疾人事业所取得的每一点进步，都蕴含着宣传工作者的努力和心血。在少年儿童中进行社会主义人道主义教育，开展红领巾助残活动已历时四年，成效显著；充分利用电视、广播、报刊等大众传播媒介，宣传了中国残疾人事业所取得的成就，宣传了《中国残疾人事业五年工作纲要》及实施情况，宣传了残疾人中的先进模范人物和扶残助残的先进事迹；在平等参与、充分展示的方针指导下，成功地举办了第二届全国残疾人艺术调演，残疾人艺术团参加了第二届中国艺术节的演出，出色地完成了几次出访任务；我们的残疾人体育代表团在第八届世界伤残人奥运会和第五届远南伤残人运动会上取得了优异成绩，声震海内外。可以这样说，我们的宣传工作正在走向成熟，与整个残疾人事业的发展是合拍的。

但是，我们必须清醒意识到我们所面临的任务是艰巨的、复杂

① 这是邓朴方同志致首次全国残疾人事业宣传工作会议的信。

的。说它艰巨,是因为中国的残疾人事业滞后于社会文化和经济发展水平;说它复杂,是因为社会上还有一些人对残疾人工作不够理解,甚至存有种种误解。因此,我们从事残疾人工作的同志,特别是从事残疾人事业宣传工作的同志一定要增强责任感和使命感,不畏困难,艰苦奋斗,齐心协力,勇于开拓,使我们的宣传工作走在残疾人事业其他各项工作的前面。

爱国主义和社会主义人道主义是残疾人事业的两面旗帜,她是能够为广大群众所理解和接受的,是经受得住历史的考验的。她是我们的事业得以生存、赖以发展的基础,也是我们宣传工作的核心所在。

一九八八年,由国务院批准,颁布实施的《中国残疾人事业五年工作纲要》中明确指出:“增进社会和残疾人之间的相互理解,是宣传工作的重要任务。利用报刊、广播、电视等大众传播媒介,宣传残疾人渴求理解,志在奉献的心愿和顽强拼搏的先进事迹,进一步激发广大残疾人自强不息的意志,努力成为有理想、有道德、有文化、有纪律的公民;进行社会主义人道主义教育,倡导良好的社会风尚,创造友爱和谐的社会环境;宣传残疾人事业,使全社会深刻地理解这一事业,真诚地关心和支持这一事业。”

最近党的六中全会又通过了《关于加强党同人民群众联系的决定》,宣传落实这一决定是当前的重大课题。实施《纲要》就是我们的党和政府为广大群众所办的一件重要实事,是一件得民心的大好事,对于稳定大局具有重大意义。我们要兢兢业业地做好工作,保证《纲要》中确定的宣传工作各项任务顺利实施。

各级残联的领导要重视我们的宣传工作。各地的实践也证明,哪里的宣传工作搞得好,哪里的残疾人工作就相对顺利,就富有朝气;各级残联的宣传部门在工作中,要坚持四项基本原则,坚持为人民服务,为社会主义服务和正面宣传为主的方针,坚持面向社会、面向残疾人的方向,坚持生动形象、灵活多样、晓之以理、动之以情的工作方法;我们的残联宣传干部要在提高自己的政治素质和业务素质上狠下功夫,以无愧于自己所从事的这一崇高事业。

同志们,我们的事业才刚刚开始,我们的事业已经有了一个良好的开端,我们的事业正在展示出壮丽而广阔的前景。不久前,我曾在一次会议上引用了一位著名残疾人奥斯特洛夫斯基的名言,现在把这段话抄录在这封信的最后,与大家共勉:“人最宝贵的是生命,生命属于人只有一次。人的一生应该这样度过:当回首往事的时候,他不因虚度年华而悔恨,也不因碌碌无为而羞愧;在临死的时候他能够说:‘我的整个生命和全部精力都已经献给了世界上最壮丽的事业——为人类的解放而斗争。’”

祝会议圆满成功。

多做打基础的工作[①]

（一九九〇年九月三十日）

你们的辛勤工作既体现了党和人民对残疾人的关怀，又维护了社会的安定团结，维护了民族团结和国家的统一，同时也对残疾人境况的改善起到了巨大的作用。

我今天就残疾人工作的一些共性问题跟大家谈谈心。

残疾人是伴随着人类社会的出现而出现的。随着经济社会的发展，有可能减少和减轻残疾，但是很难避免残疾的产生。残疾人是社会的成员，同时又有着特殊的困难。残疾人是社会中有着特殊困难的群体。这个群体要得到同等的机会，就必须采取特殊的办法。要对他们给予扶持，给予帮助，给予特殊的条件。所以一般都把残疾人工作的好坏，作为衡量社会文明进步的标志之一。看你这个社会发展到什么程度，看你的道德文化发展到什么程度，运用这个尺度来衡量是非常准确的。道德水平不高，即使经济水平高了，也不能叫完全的文明，所以，这是一把尺子。我们现在多数人已越来越认识到这把尺子的重要性。国际上现在也通常用这把尺子来衡量你这个社会发展到什么程度。所以，我们一定要做好残疾人工作，使它同社会、经济、文化协调发展，为中华民族的进步、国家的兴旺发达做出贡献。

一九八四年刚刚成立中国残疾人福利基金会，就碰到大量的残

---

① 这是邓朴方同志在接见新疆维吾尔自治区暨乌鲁木齐、昌吉回族自治州、石河子市、克拉玛依市民政、残联干部时的讲话摘要。

疾人问题。主要是就业问题,教育问题,家庭问题。比如大批来信来访涉及上学问题。当时有个体检标准,很多残疾青年分数线够了,就是因体检不合格,被卡下来。有的不让考试,考了也不录取。我听说自治区还有这种现象,这是不应当的。这种政策上的失误,往往造成政治性后果。一个残疾人,从小残疾。到上了学,慢慢感到和周围的同学有差别,感到了社会上对残疾人的歧视现象。小时候有几个孩子打架,还可能欺负他,到大了这种歧视就埋得更深了,到了初中毕业,有的上不了高中;有幸上了高中,又是升不了大学。不能上大学上中专吧,中专也不收。那么招工呢?招工也不收,又是体检标准把他卡下来了。那么让这个青年干什么呢?去拼体力、干活,他干得过别人吗?我们总要给这些人以活路吧!不能到三十岁、四十岁还靠父母养活,还靠兄嫂、弟妹养活。社会主义社会要给人以希望,给人以前途。我们国家现在当然还不富裕,但解决残疾人问题,有不少并不是靠钱。大量的问题不是由于经济落后而是由于认识落后造成的。认识不到残疾人事业的重要性。于是本来不应该发生的事情发生了。社会主义政权是共产党领导的,共产党就要全心全意为人民服务。人民之中最困难的就是残疾人。毛主席在江西的时候就讲"关心群众生活,注意工作方法",要求大家深刻地注意群众生活问题:穿衣吃饭啊,修桥补路啊,老乡生孩子怎么办啊!总之要关心群众的各样事情。我们共产党闹革命,就是要人人平等,要穷人翻身,现在最穷的还是残疾人。社会主义要讲共同富裕,很多做民政工作的同志可能有体会,共同富裕,最困难的就是残疾人,扶贫扶到最后就是这批人,这是"锅底"。

我们要做好这项工作,要使残疾人问题逐步得到解决,要综合发展残疾人事业,要有计划、有步骤地安排,要把资金、人力、物力用在最急需的地方。这几年残疾人工作在宣传上做了一些,其他方面都做了一些，当然很艰苦。残疾人状况略微有一些改善。什么原因？主要是有些人重视了，开始抓这方面的工作了。应该说我国从温饱到小康这个阶段，随着人们生活水平的提高，随着社会经济的发展，残疾人的问题越来越尖锐地摆在人们面前。这几年大家说残疾人的事情比较多一点，开始通盘研究安排，也就是说，残疾人工作逐步提到议事日程上来。其实道理很简单。原来，在一个还没有完全解决温饱的社会里，残疾人穷，吃不上饭，其他人也穷，也吃不上饭。大家都吃不上饭，也就没有什么比较，没什么更多的需求。现在，人民生活水平提高了，吃到饱饭了，生活差距开始拉大。社会的各种矛盾就表现出来了。残疾人工作正是在这个过程中提出来的。这个阶段，应该是各项社会工作活跃的阶段，包括各项福利、保险制度，包括残疾人工作，包括其他方面的工作，都应该蓬蓬勃勃发展起来，这是政治、经济、文化发展的要求。我们要在这个过程中，使残疾人事业和我们国家社会、政治、经济、文化事业结合起来发展。

现在我们还是处于落后的状态，我们还要往前赶。这个意义非常重要，如果滞后了，将来会越来越拖社会、经济、文化的后腿。现在要多做打基础的工作，要多做雪中送炭的事情。阳春白雪要不要？要！这个阳春白雪不能多要，也不能没有。比如自治区盖一些好的房子，我看有的房子很漂亮，这是必要的，因为它将起示范作用。比如盖一个好一点的儿童福利院，这是必要的。一个自治区搞一个好一点的儿童福利院，不算过分，但大家都办这么好的，各区县都办这么好的，那恐怕办不到，更多的还是要根据当地情况，少花钱，多办事，不花钱，也办事。要搞群众急需的，受益面大的，花钱少的项目。现在我们社会发展到这个阶段，残疾人事业提到日程上来了，我们要有所安排，然后合理地做下去。搞些打基础的事情，包括组织建设，思想建设，工作建设，理论建设，把各项工作的骨干、各项工作的方针搞出来,做些基础性的工作。这可能需要花点钱,但不多。

另外,还要大量地为群众办好事,办实事,办雪中送炭的事情。残联组建工作也要坚决地抓下去。没有组织,就办不成事。自治区的同志们也是很支持的,我们底下工作的同志也很艰苦,要咬紧牙关,干下去!

我们现在抓特殊教育,已经有一套了。残联的同志要和教委密切结合在一起,坚决地抓特殊教育的基础教育,抓入学率,抓职业教育,并逐步发展中专、高等教育和其他教育。同时要逐步形成以一定数量的特殊教育学校为骨干,以大量特教班和随班就读为主体的残疾少年儿童教育的格局。要发动方方面面,大家都来办残疾人教育。现在办起来,经过十年、二十年努力才能见成效。现在办不起来,十年、二十年以后,就要吃大亏。

劳动就业还是坚持集中与分散相结合的办法,多层次、多渠道地解决残疾人就业问题,把这件事情办好。

残联组建要坚决。组建以后,一定要请政策水平好一点的同志来主持,这一点要注意。这个人的素质要好。要配好人员,配好班子,把组织建设抓好。

我们现在正在进行理论建设,还有法律、法规建设,这些都要搞。把方方面面都安排好,把基础打好。同时,要做好某些抢救性的工作。特殊教育这样安排,也是具有抢救性的。现在抓的"三项康复",更是具有抢救性的。新疆也有白内障致盲,做手术后已经复明的人。有个老头失明多年,看不见孙子,做了手术以后,孙子也看见了,从心眼里讲共产党好,社会主义好,那是真心诚意地拥护你。小儿麻痹后遗症矫治,据吐鲁番的同志讲,效果还不错嘛!我去二十三医院看了,手术效果很好。患小儿麻痹后遗症的青年非常困难,就业,就业困难;行动,行动困难。你让他当小商小贩,他跑不动。成个家,又不好找对象。有的城市残疾青年找了农村的对象,还有个户口问题。我们一定要关心他们,既帮助康复,也帮助解决一个一个具体问题。白内障复明手术其实不复杂,但在农村、边远地区,有大量这样的盲人,有的根本不知道自己还能复明。现在他复明了,那是什么政治效果?!那是什么社会效果?!对他本人来说这是多么大的功德啊!

聋儿听力语言训练,我们也在抓。这项工作抓起来比较困难,主要是缺乏一定的设备和技术力量。全国每年新生聋儿三万左右(在二到四万之间波动)。新生聋儿多数具有残余听力,也就是说,如果对他们进行听力语言训练,从小就训练,他们将来还能讲话。如果家长都知道这个事情,他一定会把孩子教出来。北京就有一个家长,现在是聋儿康复中心语训部主任,她是个母亲,她的孩子聋得厉害,她自己掌握这方面知识后就从小训练自己的孩子讲话。这样教出来的孩子,听和说,一点困难也没有,上普通小学,朗诵比赛还得第一名,同别人交往完全没有障碍。我们教育一个,就是救了一个孩子的一生。这样的事情要早做。

大家是做残疾人工作的。目前,残疾人的生活水平在全国平均水平之下。在任何国家,最困难的那部分人几乎都是残疾人。残疾人群体是在社会中索取最少的。我做了几年残疾人工作,觉得中国残疾人非常可爱,非常可亲啊!有的聋了,有的盲了,有的身体或智力受损,有的有精神病。他们遇到了许多难以想象的困难。比如吃一口饭,拿一个东西,盲人就要摸,而视力正常的人,只要一看,顺手就拿过来了,盲人就要摸过去,要记忆。走路,盲人就更困难了,他看不见路。肢体残疾人,要摇个车就困难得多了。办任何一件事情,任何生活上琐碎的事情,比别人都要多付出一份代价。正是这些付出代价最多,向社会索取最少的人在说共产党好、社会主义好。所以残疾人是我们社会主义社会最好的公民,他们顾全大局,自尊、自信、自强、自立,顽强拼搏,艰苦奋斗,渴求理解,志在奉献。这些口号是残疾人喊出来的。所以我们的社会,有责任对残疾人的功能缺陷给予补偿。比如给盲人一条盲道,给肢残人一个坡道,给所有残疾人一个无障碍环境。要使残疾人得到机会的平等和事实的平等,就要做这些事情。这不是福利,这是社会应尽的责任。我们的同志是为残疾人服务的,应当增强对残疾人的感情,应当确确实实为残疾人服务,热爱残疾人,给他们以热情的帮助,给他们一个机会,让他们能够做出自己的贡献。

我希望自治区的残疾人工作者,民政部门的同志,其他各方面的同志,带着热爱残疾人的感情做残疾人工作。带着感情来做,带着热情来做。作为残联,我们的工作人员,要全心全意为残疾人服务,要有活力,要有推动力。搞这个工作,你没有推动力,是不行的。要学习残疾人的顽强拼搏精神。要掌握好党的方针政策。既维护大局,又推动残疾人事业。特别是在边疆少数民族地区,还有一个发展边疆、建设边疆的问题,还有一个维护各民族团结,维护中华民族的统一这样一个艰巨的任务。你们要结合这些特点,结合党的方针、政策,做好工作。另外,作为残疾人工作者,不客气地讲,就是要人道,要廉洁奉公。我们中国残联是将“人道、廉洁”作为职业道德提出来的,不符合“人道、廉洁”的标准,就不能做残疾人工作,这是最起码的要求。另外,我们要密切联系残疾人群众。残疾人工作者,脱离了残疾人,就像鱼儿离开了水。你不能广泛地、密切地联系残疾人,代表他们的利益,为他们服务,和他们建立密切的关系,那么,残联、残疾人工作者就不可能站得住脚,不可能得到残疾人的拥护,也不可能得到社会的理解、支持和同情。

开创残疾人社会学[①]

（一九九〇年十月）

自一九七九年中国社会学宣告重建以来，出现了蓬勃发展的势头，它已经渗透到其他各个专门学科领域，发展了许多跨学科的群体社会学或应用社会学。其研究正在日益扩展到社会科学的许多新的领域。浙江省残疾人联合会继编写出版《残疾人工作概论》之后，又编写了这本书，做了一件开创性的工作。我谨向全体编写人员表示热烈祝贺，对省残联这样关注和支持残疾人社会学的理论研究表示诚挚的谢意。

作为社会学的一个新兴分支，残疾人社会学是适应我国残疾人事业发展的需要而创立的。我国有五千一百六十四万残疾人。由于遗传、事故、疾病等难以避免的原因，我国的残疾人口每年以七十至八十万的速度增长，就是说，每天增加两千多名残疾人，每四十秒钟左右就要增加一名残疾人。到本世纪末，按一九八七年抽样调查的标准，我国的残疾人口很可能突破六千万。这一组数字，不仅道出了残疾人事业的分量，而且说明了建立残疾人社会学的必要性和重要性。

残疾人事业与社会协调发展，是时代的特点，也是我们研究的主题。这几年，我国残疾人事业有了很大发展，而且在思想理论上提出了一系列论题。例如，如何认识残疾人这个特殊群体的特点和功能？

---

① 这是邓朴方同志为《残疾人社会学》所作的序言。

如何解决残疾人这个重大的社会问题？如何帮助残疾人回归原本属于自己的社会？如何发挥残疾人从体力到智力蕴藏着的巨大潜能？如何提高残疾人自身素质？如何使残疾人增强角色意识？如何使残疾人与健全人建立良好的人际关系？如何在全社会树立新的残疾人观？如何弘扬中华民族互助互济、扶弱助残的传统美德？如何发扬社会主义的人道主义精神？如何形成一种理解、尊重、关心、帮助残疾人的社会风尚？如何使残疾人跟上经济和社会发展的步伐,与全国人民同奔小康？如此等等。所有这些,都是残疾人社会学所要研究的问题。正是在新的历史条件下,建立残疾人社会学被强烈地提了出来。这说明,残疾人社会学的建立与特定历史时期残疾人事业发展的要求相联系,与当前我国实现第二步战略目标、向小康水平过渡的前景相联系,与广大残疾人的生存发展和现实追求相联系。《残疾人社会学》一书的问世,是我国经济、社会文明水平发展到一定程度的产物,是我国残疾人事业发展的结晶。

该书首次对残疾人社会学的研究对象、任务、功能、理论基础、体系框架和基本内容做了较为全面、系统的理论概括与阐发。由于该书重视理论联系实际,借鉴国外资料,善于总结经验教训,所以不是泛泛而论,而是有的放矢,具有一定的理论和实践价值。可以预期,它将为中国残疾人事业的发展做出贡献,发挥新的作用。

在我国,残疾人社会学是一门新兴学科,尚处在开创阶段。该书对许多论题做了尝试性的探讨,颇有新意。但是有些论题还有待进一步研究与探讨,比如在残疾人群体问题上,如何在市场经济中提高其竞争意识和竞争能力;在残疾人联合会的“半官半民”的性质问题上,如何在强调“半官”作用的同时突出强调“半民”的作用;如何深入阐明残疾人工作社会化的内涵及意义,等等。顺便说一下,似乎还可以写上一章:“国际社会与残疾人”,这是残疾人社会学的应有之义。因为残疾人事业是国际性事业,随着改革开放的深入发展,残疾人事业的国际交流日益频繁,如何立足国情,吸取别国的经验,如何把这方面的内容上升到理论的高度,包容在残疾人社会学这个有机的体系之中,是一个不容忽视的问题,这对广大残疾人工作者来说,也是必要的,知己知彼,才能取长补短,推动我国残疾人事业发展。

中国残疾人事业的持续发展,离不开马克思主义的指导。同样地,也离不开这项事业自身理论的指导。为了中华民族的崛起和腾飞,为了中国残疾人事业的发展,我们既要重视实际工作,也要重视理论工作。理论研究还要超前。为此,我再次希望有更多的理论工作者和实际工作者携起手来,为发展具有中国特色的残疾人事业及其理论不断做出贡献。

写在《残疾人保障法(草案)》审议之际[①]

(一九九〇年十二月二十四日)

经过六年起草,《中华人民共和国残疾人保障法(草案)》终于提请七届全国人大常委会审议了,全国五千万残疾人渴望着这个草案能在第十七次常委会上获得通过。

这部法律直接涉及的是全国近五分之一的家庭及两亿多残疾人亲属,从这个意义上讲,它也是我国人民社会生活中的一件令人注目的大事。我相信,全国的残疾人及其亲属会为此感到由衷的高兴。这是我国在维护人权方面采取的一项重大措施,是社会主义制度优越性的生动体现。

有了残疾人保障法,将使残疾人的合法权益得到法律保护,将使残疾人事业走上法治化、规范化、制度化的轨道,从而使这一事业得到持续、稳定的发展。

在这一重要法律出台有望的时候,我想向全国的残疾人朋友和残疾人工作者说几句话。

残疾人保障法将成为我们残疾人保护自己正当权益的法律武器,如获通过,我们残疾人要善于掌握和运用这一武器。

首先要学好法律条文,熟知所有内容。这部法律的内容是十分丰富的,涉及方方面面,只有学好了,领会了,才能谈得上运用。很难想象,对残疾人保障法一知半解的人,能很好地运用它。

---

① 本文发表于一九九〇年十二月二十四日《法制日报》。

其次,还要学好与残疾人保障法相关的其他参阅资料,如《我国残疾人事业概况》《国外关于残疾人的立法情况》《我国关于残疾人的政策法规》《关于残疾人的世界行动纲领》《中国残疾人事业五年工作纲要》等,真正掌握其精神实质。

再就是要解决一个认识问题。不要以为有了一部法律,所有的问题在一个早晨就能全部解决。我们应当看到,残疾人保障法的实施将是个漫长的过程。在这一过程中,有些法律规定的事,要按我国的国情国力逐步去办。我所以这样说,并不是贬低这部法律的效力,而是对各类问题要分轻重缓急一个一个地解决,就像吃饭要一口一口地吃一样。我们可以肯定,随着将来残疾人保障法的贯彻执行,摆在我们残疾人面前的行路难、就业难、入学难、医疗难等诸多难字,会越来越少。

各级残联已逐步建立起来,残疾人工作者的队伍在不断壮大。这支队伍在以后残疾人保障法的实施中是不可忽视的重要力量。因为残疾人工作者与残疾人接触最多,对他们的疾苦和困难有深切的体会和深入的了解。他们在残疾人工作的实践中,知道哪些是工作的薄弱环节以及如何加强,哪些事是该办的而未办或没有办好。残疾人工作者除了学好残疾人保障法,还要热情宣传这部法律,使社会上更多的人了解它,执行它。残疾人工作者既要依法维护残疾人的正当权益,又要依法推进残疾人事业。我们常说,残疾人事业涉及各个部门,是一项综合性的事业。因此,残疾人工作者要善于协作,动员社会力量,促进残疾人保障法的实施。

学习、宣传、贯彻残疾人保障法将是摆在残疾人和残疾人工作者面前的一项重要任务。让我们在维护残疾人正当权益、依法发展残疾人事业的旗帜下,为残疾人这个特殊而困难的群体的状况的进一步改善,为残疾人事业宏伟目标的实现而不懈地努力吧!

保障残疾人合法权益，发展残疾人事业[①]

（一九九一年一月三日）

记　者：请你给读者谈谈残疾人保障法制定、颁布和实施的意义。

邓朴方：经过六年起草、反复修改的残疾人保障法，已经全国人大常委会审议通过，即将在全国实施。这是全国五千多万残疾人和他们数以亿计的亲属久已期待的一件喜事。它标志着我国将沿着法治轨道，进一步发展有中国特色的残疾人事业。全国的广大残疾人及其亲属会为此感到由衷的高兴。这部法律涉及的是全国近五分之一的家庭和两亿多人。因此，在这个意义上讲，它也是我国人民社会生活中一件令人注目的大事。这是我国在维护人权方面采取的一项重大措施，是社会主义制度优越性的又一体现。残疾人保障法的施行，将使残疾人的正当权益得到法律保障，将使残疾人事业走上法治化、规范化、制度化的轨道，从而使有中国特色的残疾人事业得到持续、稳定的发展。

记　者：你认为残疾人保障法有哪些特点？

邓朴方：首先，我认为残疾人保障法是残疾人和残疾人事业的基本法律，它有一定的高度、广度和时间跨度，包容了各个领域，明确了一些重要原则，着眼于解决主要问题，并为今后留有发展余地。第二，残疾人保障法是关于残疾人的特别法，正确、恰当地处理了公民

---

① 这是邓朴方同志就残疾人保障法制定、颁布和实施的意义答记者问。载于一九九一年一月四日《中国社会报》。

的共性与残疾人群体特性的关系,考虑到了各类残疾人的不同特点、需要和参与社会生活的特殊性。第三,残疾人保障法既体现了对残疾人的照顾和扶助,又与我国人口多、底子薄、经济还不发达的国情国力相适应,与国家的总体发展也是步调一致的。凡存在分歧、难以执行的,不写入这个法;暂时难以完全做到,但符合国家的根本利益和发展方向、可以逐步做到的,采取倡导性和具有弹性的写法。也就是大家常说的刚柔相济。第四,残疾人保障法是权益保护法与事业促进法的结合,既保护残疾人的正当权益,又指导残疾人事业的发展;既明确各方面的责任、义务,又倡导社会公德。

记　者:你对各级残疾人联合会和残疾人工作者有哪些希望?

邓朴方:中国残疾人联合会成立以后,地方各级残疾人联合会也已经逐步建立起来。各级残疾人联合会要进一步在政府、社会与残疾人之间发挥桥梁和纽带作用,代表残疾人的共同利益,维护残疾人的合法权益,团结教育残疾人,努力为残疾人服务。要承担起政府委托的任务,积极开展残疾人工作,并动员社会力量,发展残疾人事业。残疾人联合会在组织残疾人和残疾人工作者学习、宣传残疾人保障法的同时,要依法推进《中国残疾人事业五年工作纲要》《关于发展特殊教育的若干意见》和《全国残疾人"三项康复"实施方案》的贯彻执行,采取各种措施,千方百计地完成各项残疾人工作任务。残疾人工作者除了学好残疾人保障法,还要热情宣传这部法律,使社会上更多的人了解它,执行它。残疾人工作者既要依法维护残疾人的正当权益,又要依法发展残疾人事业。

记　者:请你对残疾人讲几句话。

邓朴方:残疾人保障法是保障残疾人正当权益的法律武器。我们残疾人要善于掌握和运用这一武器。首先,要学好法律条文,熟知所有内容。残疾人保障法的内容是十分丰富的,涉及方方面面,只有学好了,领会了,才谈得上运用。这跟使用武器先要掌握武器的性能是一样的道理。很难想象,对残疾人保障法一知半解的人,能很好地运用它。其次,还要学好与残疾人保障法相关的其他参阅资料,如《我国残疾人事业概况》《国外关于残疾人的立法情况》《我国关于残疾人的政策法规》《关于残疾人的世界行动纲领》《中国残疾人事业五年工作纲要》《关于残疾人事业协调机构》以及《残疾人保障法条文依据索引》等。学习这些材料,就能使我们更多地了解立法的必要性、依据、目的、宗旨以及国外残疾人立法情况。这对我们理解残疾人保障法的条文大有裨益。再次,要解决一个认识问题。不要以为有了一部法律,所有的问题就能在一个早晨全部解决。我们应当看到,残疾人保障法的实施是一个漫长的过程。在这一过程中,有些法律明文规定的事,也要根据我国的国情、国力逐步去办。我所以这样说,并不是贬低这部法律的效力,而是处理问题要留有余地、分轻重缓急一个一个地解决,就像饭要一口一口地吃一样。但是我可以肯定,随着将来残疾人保障法的贯彻执行,我国残疾人的状况会逐步得到改善。摆在残疾人面前的行路难、就业难、入学难、医疗难等诸多难字,会越来越少。我热切希望残疾人朋友们,在依法维护自己正当权益的同时,发扬光大自强自立、顽强拼搏、勇于进取、努力奉献的精神,为祖国的四化建设做出更大的贡献。

记　者:残疾人工作渗透各领域、各部门,是一项综合性的事业。你对有关部门能说几句话吗?

邓朴方:我认为,跨部门、综合性是残疾人事业的一个特点。残疾人的福利救济由民政部门管,教育由教育部门管,劳动就业由劳动部门管,文体工作分属文化和体育部门负责,康复与卫生部门关系密切,各项工作往往还与财政、计划、工商、建设、交通、邮电等部门有关,与妇联、共青团、总工会、部队也关系密切。党的十一届三中全会以来,我国的残疾人事业在比较低的起点上有较快的发展,其重要原因就是在党和政府的关怀下,各有关部门按照各自的职责,共同开展残疾人工作,发展残疾人事业。在这里我要特别提到民政战线的同志。几十年来,这些同志一直风里来,雨里去,为解决残疾人的困难四处奔波,为残疾人状况的进一步改善尽心尽力。我代表全国五千多万残疾人和中国残疾人联合会向民政部门和其他有关部门的同志表示衷心感谢。实施残疾人保障法,需要有关部门的大力支持和密切协作。让我们在维护残疾人正当权益、发展残疾人事业的旗帜下,为残疾人这个特殊而困难的群体全面参与社会生活创造良好的精神环境和物质环境,为残疾人"平等·参与·共享"目标的实现而不懈地努力!

今后两年的任务①

（一九九一年二月二十七日）

一、遵循的基本原则

（一）必须实行“讲求实效，打好基础”的发展战略

由人口多、底子薄的国情和残疾人事业起点低、条件差的现实决定，我国残疾人事业在现阶段必须实行“讲求实效，打好基础”的发展战略。

实行这一战略，就是要有实事求是的精神和务实的作风；就是要处理好当前利益和长远利益的关系；就是要着重解决残疾人迫切需要、又有可能解决的基本问题，办好那些受益广、见效快、效益好的事情，使残疾人得到切实利益；就是要注重建立残疾人事业的业务体系、工作体系、政策法规体系和残疾人组织体系，为具有中国特色的残疾人事业的长远发展奠定基础。

（二）必须坚持“社会化”的工作方针

残疾人群体的特殊性，构成的复杂性，分布的普遍性，需求的多样性，参与社会生活的全面性，涉及工作领域的广泛性，这诸多的因素都决定了残疾人事业很强的社会性。为适应这一属性，残疾人事

---

① 这是邓朴方同志在中国残联一届三次主席团会议上的报告的后半部分。

业的业务体系、工作体系、管理方式必须坚持“社会化”的方针，不能走封闭的、孤立的、一家包揽的路子。

坚持“社会化”的工作方针，就是要将残疾人事业纳入国家经济、社会发展的全局，各项业务分别融于国家的相关业务领域，整体研究，统筹规划，同步发展，形成适应残疾人特点、与国家事业一体化的业务体系；就是要建立以政府为主导、社会为基础、有关部门各司其职、残疾人组织的作用和残疾人的主观能动性得以充分发挥的工作体系；就是要实行以政府为领导，广泛动员社会力量，各方密切协作，各尽其力、互为补充、相互促进的社会化管理方式。

(三)残疾人组织必须保持活力。

实现残疾人“平等·参与”的目标和残疾人事业的社会化管理，要求残疾人组织必须具有效能和活力。国家赋予残疾人联合会“半官半民”的性质和“代表、服务、管理”融为一体的职能，为残疾人组织发挥活力提供了可能和条件。

要发挥效能、保持活力，各级残联必须密切联系残疾人，当好残疾人共同利益的代表；增进政府、社会和残疾人之间的联系，当好桥梁与纽带；以主人翁的态度、服务者的身份、社会化的方式，完成政府委托的任务，发挥综合、咨询、建议、疏通、促进作用，当好政府的助手，协助政府，动员社会，发展残疾人事业。

(四)残疾人工作者必须具有奉献精神。

为困难的特殊群体服务的残疾人事业，是人道的事业、高尚的事业、艰巨的事业，要求残疾人工作者必须具有奉献精神，遵循“人道、廉洁”的职业道德，发扬“团结、实干、开拓、高效”的工作作风。

二、认真学习、宣传、贯彻残疾人保障法

残疾人保障法是国家的重要法律,是公民的行为规范。每个公民和一切组织,都应当增强法律意识,提高执法、守法的自觉性。国家将把残疾人保障法列入《在公民中开展法制宣传教育的第二个五年计划》。全国人大常委会办公厅、国务院办公厅和有关部委,将就法律的贯彻问题分别下达通知。全国人大内务司法委员会将在适当时候对法律的贯彻情况进行检查。全国人大常委会新闻局将组织新闻采访团,发挥舆论监督的作用,推动法律的实施。残联系统更要做好残疾人保障法的学习、宣传、贯彻工作。

(一)残疾人保障法是发展残疾人事业的法律准绳。

残疾人保障法科学地总结了新中国成立以来特别是党的十一届三中全会以来,发展有中国特色的残疾人事业的基本实践和基本理论,将实践证明是正确的方针、政策、规定和做法上升到法律高度并加以确立,形成国家关于残疾人的和残疾人事业的基本法律。这部法律,以残疾人平等参与社会生活为宗旨,重申了残疾人权利和义务,规定了政府、社会、残疾人组织的责任,确立了残疾人事业和残疾人联合会的法律地位,明确了残疾人事业各领域的指导原则、工作方针、发展途径和重大措施,是保障残疾人权益的法律武器,是进一步拓展有中国特色的残疾人事业的法律准绳和行动指南。

(二)学习、宣传、贯彻残疾人保障法是一项长期的战略任务,要采取与此相适应的工作方法。

学习、宣传、贯彻残疾人保障法,是一项长期的战略任务、基础工作和系统工程,应依轻重缓急统筹安排。要本着“积极稳妥、勇于开拓、注

重实效”的原则,持续地、有步骤地、分层次地进行。在工作中要注意:依靠立法、执法、司法和宣传机构,发挥社会各方面的作用,密切协作,加强协调;从实际出发,根据需求与可能,做到因地制宜,因时制宜,因事制宜;努力做好沟通和促进工作,争取支持,化解矛盾;倾听残疾人的意见和呼声;做好咨询服务和说明解释工作;使残疾人保障法的学习、宣传、贯彻工作与其他各项工作有机结合,相互促进。

(三)残联系统要深入、系统地学习残疾人保障法。

各级残联应当本着理论联系实际、学用结合的原则,制订计划,采取措施,通过适当方式,组织好本系统的学习。学习材料以《中华人民共和国残疾人保障法》和《中国残疾人法律指南》为主。通过全面深入的学习,使残联职工特别是领导干部和业务干部,熟悉残疾人事业的全貌,领会残疾人保障法的精神实质,理解这部法律条文的含义,掌握所从事业务领域的工作方针、原则和主要做法,提高业务素质、工作水平和职业道德水准,自觉依法决策、依法管理、依法办事。

各级残联还应当协助和促进广大残疾人、福利企业事业单位和有关部门开展学习,并主动做好服务工作。

(四)广泛、深入地宣传残疾人保障法

残疾人保障法的宣传,是一项广泛的社会教育工程。只有让社会各界了解这部法律的基本精神和相关内容,相互沟通,增进理解,形成执法、守法的舆论和社会环境,才能使残疾人保障法得以有效贯彻。各级残联要运用电视、广播、报刊等各种宣传舆论工具和群众喜闻乐见的形式,进行广泛、有效的宣传。要围绕残疾人保障法的实施,不断结合一定主题掀起宣传高潮,形成声势。此后,宣传工作应围绕残疾人保障法的贯彻实施和残疾人事业的发展,以报道典型、交

流经验、推动工作为重点,逐步深入,并使之经常化。

(五)积极、稳妥、全面贯彻残疾人保障法

贯彻残疾人保障法是长期的、艰巨的任务,各级残联要从各地和残疾人事业各个领域的实际出发,根据残疾人需求、本地的现实条件和承受能力,因地制宜,区别对待,积极开拓,分步操作。

残疾人保障法今年五月十五日起在全国施行。以往颁发的行政法规、地方法规,凡与残疾人保障法相悖的内容,以残疾人保障法为准。贯彻残疾人保障法,要根据法律条款的不同类别、内容和性质,采取相应的实施方式和步骤:对政策性、方针性规定,要准确理解,认真贯彻;对倡导性、道德性规定,以正面宣传和表彰为主,形成良好的社会舆论环境;对责任性、义务性规定,要严格依法办事,维护法律的尊严;对强制性规定,如关于招生、毕业生分配、盲人免费乘车等,应主动协助有关部门制订可行的办法,做好实施工作;对某些"弹性"条款,各地应结合实际情况,积极创造条件,逐步加以实施;对委任性规定,应制订实施办法或专项规定,将法律提出的原则具体化。当前要抓紧《残疾人教育条例》和《残疾人劳动就业条例》的修订工作,争取早日出台。

各地应根据残疾人保障法的要求,尽快建立或完善残疾人事业协调机构,协调各有关部门保证这部法律的实施。各地残联还要重视法律咨询服务工作。

三、努力完成《五年工作纲要》规定的各项任务

(一)康　复

组织全国"三项康复"工作中期检查;采取地区间协作、组派医疗

队，解决贫困患者的医疗费用，抓好聋儿语训设备、在聋校和有条件的地区增设语训点、组织家庭语训等措施，攻克难点，抓好薄弱环节，保质保量完成“三项康复”任务指标：儿麻矫治一九九一年完成总任务的百分之六十五，一九九二年达到百分之八十五；聋儿语训一九九一年完成总任务的百分之五十，一九九二年达到百分之七十；白内障患者复明一九九一年完成五年规定五十万名的全部任务。

各级残联要与民政、卫生、教育、劳动等部门和基层组织协作，依托社区服务网、医疗预防保健网、福利企事业单位、残疾人家庭，积极开展社区康复工作；编写残疾人康复丛书，指导残疾人进行功能和自理能力训练；进行盲人行走导向训练试点。

广泛联系社会的康复机构和康复工作者，开展康复工作，培训人才，交流信息，推广技术，进行残疾预防的宣传，下力量普及残疾预防知识。

（二）教　育

各级残联要主动配合教育部门深入贯彻《关于发展特殊教育的若干意见》，切实把残疾少年儿童教育作为国家普及初等教育的内容之一；要城乡兼顾，建校、办班和随班就读结合，着重发展普校附设特教班和随班就读，推广“盲童金钥匙计划”，使盲、聋、弱智少年儿童在校学生年增长百分之二十五左右。

地方残联要办好已有的残疾人职业技术教育机构，合理安排专业结构和课程设置，适应本地区的就业需要；没有残疾人职业技术教育机构的省份，要积极筹建，到一九九二年底，使每个省级行政区都有一所残疾人职业技术教育机构。

积极做好疏通工作，使符合录取标准的残疾考生进入普通中专、技校和高等院校学习，并做好毕业生的分配工作。办好长春大学特教学院;试办盲人、聋人普通高中班;推广“中国手语”;组织“带调双拼”盲文的推广。

(三)劳动就业

残联系统要切实加强劳动就业的组织服务工作,逐步建立纳入各地劳动服务系统的残疾人劳动就业服务网络,开展就业登记、培训、介绍、咨询、指导;并组织残疾人集体从业或个体开业,做好统办营业执照、落实优惠扶持措施等就业服务性工作。

省级残联应积极会同有关部门,为推行分散按比例安排残疾人劳动就业制订具体比例和办法,并指导地市县残联开展这项工作;省级以下残联可以主动先行,探索分散按比例安排残疾人劳动就业的办法。

地方残联要巩固、发展福利企业、盲人按摩医疗机构、工疗机构,促进或与大中型企业事业单位和社会力量联合兴办福利企业。

各级残联要积极协助政府制订和落实对农村残疾人生产劳动的优惠、扶持的政策,充分利用农村各类服务网和扶贫渠道,帮助农村残疾人参加劳动,脱贫致富。

充分利用教育、劳动部门和社会现有的职业培训机构以及农村技术服务网,开展各种形式的残疾人职业技术培训。做好参加第三届国际残疾人职业技能比赛的组织工作。

(四)文化生活

本着“面向基层,融于社会公共文化生活,适应各类残疾人的不同特点和需要,使残疾人广泛参与”的原则,活跃群众性的社会文化、体育、娱乐活动;组织出版盲人有声读物、聋人读物和弱智人读物;动员社会为残疾人参与公共文化生活提供方便,因地制宜地兴办残疾人活动场所；在有条件的城市积极开办盲人有声读物图书馆，开设电视手语节目；以福利企业和特教学校为依托，有重点地培养文体活动骨干，提高特殊艺术、特殊体育水平；组织好中国残疾人艺术团巡回、出访演出，做好第三届全国残疾人运动会、第九届国际伤残人奥运会、第六届远南地区残疾人运动会的各项工作。

（五）福　利

地方残联，特别是市县两级残联和基层残疾人组织，要会同有关部门逐步落实残疾人保障法规定的扶助、救济和福利措施，协同做好救济供养工作；鼓励和帮助残疾人参加社会保险；促进地市县乡和基层组织因地制宜，增加对残疾人的照顾、扶助和服务，逐步改善残疾人的福利状况。

（六）切实抓好残疾人用品的供应服务

国家计委已将残疾人用品、用具的供应列入“八五”计划。中国残联将组织研制和生产残疾人急需、适用、适应购买力水平的残疾人特殊用品和辅助器具；中国残联建立残疾人用品供应服务总站，依托地方残联在全国建立六十个残疾人用品供应服务站（部），逐步形成全国残疾人用品供应服务网络，开展残疾人生活、学习、劳动、康复等用品、用具的信息咨询、销售供应和维修服务。

（七）重视智力残疾和精神残疾领域的工作

进行精神残疾和智力残疾领域工作的调研、试点和经验推广，摸清底数，理清思路，与有关部门合作制订工作方案；各级残联要与有关部门、特殊教育机构、福利企业事业单位和城乡基层组织合作，大力发展工疗机构，对智力残疾人和精神残疾人进行康复训练，增强其智能、自理能力和劳动能力。

(八)宣 传

宣传工作要面向社会、动员社会,沟通社会对残疾人和残疾人事业的理解,创造良好的舆论环境并使它形成社会风尚;各级残联要建立与公共传播媒介有机结合的宣传协作网络,办好“残疾人事业好新闻奖”评选活动,成立残疾人事业新闻工作者联谊会;宣传工作要向广度和深度发展,特别是地市县残联,应逐步做到使本地的广播、电视、报刊都能反映残疾人生活,支持残疾人事业;抓好残疾人保障法,全国助残日,表彰优秀残疾人和扶残助残、“建家做友”表彰,红领巾助残等重大活动的宣传。

(九)组织好“全国助残日”活动

今年五月十九日,是第一个法定“全国助残日”,也是第一次全国统一行动的助残活动,参与面要广,层次要高,声势要大。各级残联要高度重视,依靠当地政府,会同有关部门,认真做好筹备和组织工作。

(十)积极筹集资金

各级残联要广泛联系社会,努力开发社会潜能,搞好基金会建设,发挥理事的作用,做好残疾人福利基金的筹集工作;依据国家政策,因地制宜、多种形式地搞活基金的募集、开发和增值工作;本着“取之于社会、用之于残疾人”的原则,加强基金的管理、使用和审计,定期公布收支情况,及时向捐助者通报基金的使用效果,争取更广泛的理解与支持。

各级残联要主动疏通渠道,按照残疾人保障法的要求,将经费列入当地政府财政预算,实行计划单列,争取经费逐步增加。

（十一）其　他

要建立残疾人事业的统计指标体系，培训统计人员，完善残疾人工作统计年报制度。加强信息交流和宏观指导，办好《残疾人工作通讯》和地方的简报。开展科技工作。发展国际交流与合作。

四、建设一支全心全意为残疾人服务的队伍

（一）完善组织体系，积极开展工作

一九九一年上半年，完成地市县级残联的组建；已建立的要努力开展工作，尽快走上轨道。积极推动街道、乡镇、福利企事业单位和大中型厂矿建立残疾人基层群众组织。

各级残联要边工作边建设，进一步理顺关系，完善机制，逐步达到国务院一九八七年75号文件、中央组织部一九九〇年5号文件的要求，进一步改善工作条件与手段，履行残疾人保障法赋予的职责。

市级以上残联在进行宏观指导的同时要帮助基层解决问题，直接为残疾人服务。要深入实际，深入基层，抓好典型，总结推广经验。

县级残联是工作的基础和汇集点，承担着大量为残疾人服务的具体工作，是落实各项任务的关键。要直接面向广大残疾人，调查掌握本地残疾人的状况，了解需求，提供服务，解决实际问题。

基层残疾人群众组织要把残疾人组织起来，使他们活跃起来，依托所在地方、单位，开展服务。

地方残联直属单位建设要本着拾遗补阙、注重实效、综合利用、规模适度、直接为残疾人服务的原则，避免重复建设和贪大求洋。原则上不要建儿麻矫治、白内障复明等医疗性康复机构。可以建设包括职业培训、聋儿语训、功能训练、用品用具供应服务和文化活动等

内容的综合性活动场所和康复培训机构。

要依据《中国残疾人联合会评议委员会监督咨询暂行实施办法》,进一步发挥评议会的监督咨询作用。认真贯彻执行《关于专门协会工作的若干规定》,通过适宜的活动,使委员的作用和残联的代表功能得到更好发挥。

(二)加强队伍建设,提高人员素质

要制订《中国残联思想政治工作纲要》,坚持“一个中心、两个基本点”,以热爱社会主义祖国,热爱残疾人事业为主题,以马列主义基本理论和残疾人保障法为主要学习内容,深入进行切实有效、生动活泼的思想教育和业务培训,提高残联系统职工的政治素质和业务水平。

要加强党的组织建设和领导班子建设。省级和计划单列市残联都要建立党组,各级残联要完善党的组织,发挥政治核心和战斗堡垒作用。各级残联领导班子要努力学习,勤于实践,进一步提高政治水平和领导艺术,增强科学、民主决策能力,成为“为公、团结、勤政、廉洁”的领导集体。

注意培养、吸收残疾人从事残疾人工作,选拔优秀残疾人进入领导班子。

要加强制度建设,建立、修订、完善、执行各项规章制度,使工作既充满活力,又有序进行。建立岗位责任制,实行目标管理,一级抓一级,逐级落实。

(三)密切联系残疾人,深入开展“建家做友”活动

召开全国首次“扶残助残”、“建家做友”、优秀残疾人表彰会,推动“建家做友”和“扶残助残”活动深入、广泛、持久地开展。县级残

联和残疾人基层群众组织要成为“残疾人之家”，残疾人工作者要做“残疾人之友”，进一步动员社会扶残助残。

各级残联要重视信访工作，热情接待来访，认真处理来信，完善并坚持领导干部信访接待制度。

各级残联要采取多种形式深入实际、深入基层、深入群众，调查研究，倾听呼声，切实为残疾人解决实际问题。

他把一生献给了党[1]

——沉痛悼念吴运铎同志

（一九九一年五月十一日）

一九九一年五月二日，党的优秀儿子、“中国的保尔”吴运铎同志，与世长辞了。噩耗传来，我的心情十分悲痛。

前几天，也就是召开全国助残先进集体、个人暨自强模范表彰大会前夕，我怀着崇敬的心情，前往医院看望正在接受治疗的吴运铎同志。当时，他病得很重，然而，当他知道我来看望他的时候，显得十分高兴，非常关切地询问有关残疾人事业方面的事情。当他得知大会准备请他带领残疾人自强模范接受表彰时，他兴奋地表示在可能情况下一定到会。我为他如此热心残疾人事业而深受感动。我想，这位曾经多次征服过死神的强者，总会恢复健康的。不料这次会面竟成了我们的永别。

运铎同志以毕生的奋斗实践了自己“把一切献给党”的誓言。无论是在战火纷飞、硝烟弥漫的岁月，还是在和平建设时期，他为党、为人民无私奉献了自己的一切。战争年代他舍生忘死，日日夜夜研制兵器，为此多次身负重伤，失去左手、左眼，右腿膝盖被炸裂，全身伤痕累累……但是，他身残志更坚，以顽强的意志与病残作斗争，同时拿起笔继续为党的事业奋斗，直至生命的最后一刻。他自强不息、无

---

① 原载于一九九一年六月《中国残疾人》杂志。

私奉献的精神,他的《把一切献给党》,教育着几代人。他的精神将永远激励人们奋进。

五六十年代,我和许许多多的青年人一样,把他视为人生的导师,以他为榜样。后来,正是他的这种精神,无数次激励我在困境中坚定信心,为党和人民做些事情。每当我想起他的时候,就感到有使不完的劲。

运铎同志十分关心、支持残疾人事业。他担任中国残疾人福利基金会理事,带着伤残和重病,不断为残疾人事业操劳。对一些丧失生活勇气和信心的残疾青年,他倍加爱护,不仅在精神上给予鼓励,而且在物质上给予帮助。许多残疾青年把他当成自己的知心朋友。他关心、帮助其他青年的事例,也不胜枚举。

运铎同志始终保持无产阶级革命战士艰苦朴素的本色,在生活上总是坚持低标准。他说:“人民养育了我,我不能给人民增加负担。”

“峰高无坦途,我当自奋力。”这是运铎同志生前说过的一句话。他无愧无悔地走完了自己平凡而伟大的人生。他无愧为时代的楷模。

他永远活在我们心中。

残疾人事业是社会主义事业的一部分①

（一九九一年五月三十日）

残疾人问题是全社会的问题。残疾人不限于某个民族或地区，而是各个民族都有，分散在各个地区，贫困地区残疾人在总人口中的比例更大。从民族分布上看，大体差不多，只是比例不全一样，如新疆哈萨克族，残疾人就相对少一些，因为没有近亲结婚这些陋习。草原空气新鲜，没有污染，也是一个原因。其他各个民族大体差不多。有些边远山区有近亲结婚的现象，残疾人就多一点。江西有一百六十八万残疾人，占全省总人口的百分之四点五。

残疾人由于残疾，在社会生活上有很多困难。八十年代初期，大批残疾人就不了业，有的二十几岁、三四十岁了还不能就业。残疾人不能转干，不能考技校，也不能考大学，干个体户又干不过健全人，问题非常尖锐。在社会主义国家里，残疾人怎么活？怎么生存？当然，不仅是我国，世界上许多国家，都面临着残疾人问题。在旧中国，残疾人根本没人管。当然，再往前说，古代中国也有像孔夫子这样的思想家，提出了一些人本主义的看法，但根本变不成现实。一些不发达的国家，管得也很少。

西方发达国家对残疾人问题比较重视。从文艺复兴运动开始，资本主义逐渐代替封建主义，资产阶级把人道主义作为向封建主义进行斗争的一个武器，把它推向整个社会，到现在已有相当深厚的社

① 这是邓朴方同志在江西省省地市县残联负责干部大会上的讲话摘要。

会基础。但西方残疾人事业真正得到发展,是在第二次世界大战后。当时,有许多负伤的战士。开始是把他们养起来,后来发现他们可以多方面参与社会,逐步提出了残疾人要有平等的机会参与社会生活的问题。残疾人的康复工作开始于第一次大战以后,不过规模很小,范围也很小。真正意义上的现代康复医学、康复理念还是在二战以后才发展起来的。西方发达国家往往把残疾人问题或其他社会保障的问题作为政治上争取选票的资本。所以六七十年代,逐步喊出了"福利国家"的口号,有的政党就把这些抬出来,争相提高待遇,形成福利国家这种现象,这在北欧特别突出。当然,福利国家的维持现在恐怕也有点困难,但总的来说,残疾人问题无论在社会意识形态上,还是在政府工作上,都受到了相当的重视。

我国面对这些问题怎么办?当然,我们是社会主义国家,应当做得更好。五十年代,在周恩来总理的关怀下,成立了盲人福利会和聋哑人福利会,后来合并为盲人聋哑人协会,民政部成立了残疾人工作机构,教育部也有了管残疾人教育的机构。新中国刚成立的时候,组织残疾人生产自救,后来举办福利工厂,把残疾人吸收到工厂里来。一九五八年这种工厂有相当的发展,在"文化大革命"中福利工厂受到很大的冲击。十一届三中全会后,随着由温饱逐步向小康过渡,国家对残疾人问题给予了相当的重视,开始恢复盲人聋哑人协会的工作,接着成立了残疾人福利基金会,组织了全国残疾人抽样调查,组建了中国残疾人联合会,制定了《中国残疾人事业五年工作纲要》,通过了残疾人保障法,采取了一系列措施。

我们应该怎样认识这个问题呢?残疾人工作是衡量一个国家社会发展水平和文明程度的标志。首先,应当看到,残疾人也是人,一切健全人所需要的,残疾人同样需要,残疾人也跟其他人一样,有着生理、安全等方面的需要,有着社会交往和尊重的需要。残疾人是人,也应该受到人格方面的尊重,其公民权利应受到法律的保护。坚决禁止歧视、侮辱、侵害残疾人。共产党人的目标是解放全人类,而残疾人的解放就是全人类解放的一部分。五月九日,江泽民等领导同志接见了出席全国助残先进集体、个人和优秀残疾人表彰会的代表并与他们进行了座谈。江泽民同志对残疾人问题很重视。他说,残疾人事业是社会主义事业的一部分,残疾人是社会大家庭里的一员,残疾人事业对整个国家的稳定具有重要的意义。共产党的宗旨是解放全人类,不但要消除压迫、剥削,还要消除歧视、偏见和传统观念导致的不平等现象。几十年来,党领导中国人民始终不渝地为争取实现社会主义、共产主义而奋斗,无数革命先烈前赴后继,流血牺牲,就是为了争取国家的独立、人民的生存和发展的权利。江泽民同志还讲到,残疾人在政治、经济、文化、社会生活等各方面享有同其他公民平等的权利。社会主义有两条原则:一条是共同富裕,一条是公有制。所谓公有制就是所有制问题;所谓共同富裕是指分配制度问题。在所有制、分配制度的问题上,坚持社会主义,搞共同富裕,就不能把社会上最困难的人丢掉,这些人就是残疾人。老年人中最困难的是残疾老人;妇女中最困难的是残疾妇女;儿童中最困难的是残疾儿童,这些,基层工作的同志是很有体会的,扶贫扶到最后就是残疾人和残疾人家庭,他们最困难。对这些最困难的人,共产党不管谁管?

不久前,我到印度去,在新德里大街上,只要汽车一停,马上就有残疾人来要饭。印度的经济虽然不如我国,但他们的人均大学生数、人均医生数却比我们高。他们虽然有很多值得我们学习的经验,但他们不能把残疾人问题都管起来。而我们中国共产党就能对残疾人问题负起责任来。我们是社会主义国家,要搞共同富裕,不能丢掉最穷的兄弟们。做好残疾人工作,对稳定社会能起到很大的作用。

要坚持不懈地搞改革。改革就是要改变僵化的体制,在分配制度上就是克服绝对平均主义。改革符合广大人民的根本利益。但是改革必定会触及一部分人的眼前利益。在改革过程中,会有各种各样的风险。大家知道,新中国成立后,推翻了三座大山,中国人民翻身做了主人,消除了剥削、压迫、奴役,这样,大家都相信共产党,相信社会主义。但许多人都没有注意到,新中国刚成立不久,国家颁布了劳动保险条例,解决了职工生老病死问题,对政治的稳定,人民群众积极性的调动有着多么大的历史作用。这就是初期的社会保障。我们要建设社会主义,必须搞好社会保障。在生产发展的同时,如果社会稳定机制没有协调进行,那么,这个社会就是畸形的,危险的。社会发展和经济发展必须相互协调,相互适应,比如,医疗保健,退休制度,老年人、残疾人、孤儿等问题如果不能解决,社会就难以稳定,经济发展会受到影响。残疾人及其家属占全国人口的五分之一,近两亿人口,残疾人问题不容忽视啊!

残疾人要充分参与社会生活,特别是要参加到社会主义建设中去。目前,全国福利企业有四万五千多个,七十五万残疾人在其中就业,年产值三百亿元,创造利税十八亿元,这是一支很了不起的劳动大军。江西企业单位残疾人占在职职工的百分之零点九,有的地方调查占百分之零点九三,有的到百分之一。在残疾人中,绝大多数有劳动能力,并且能够创造价值。残疾人不但是国家物质文明的创造者,也是精神文明的创造者。

残疾人提出了“自尊、自信、自强、自立”的口号,“四自”精神写进了残疾人保障法。“四自”精神,江泽民同志也给予充分肯定。他说,自强不息这种精神应当发扬光大。几千年来我们民族经历了许多大风大浪,依靠我们的祖先自强不息的奋斗,不仅没有在历史的惊涛骇浪中沉没,反而成为屹立在世界东方的伟大民族。靠这种精神,我们的祖国创造了光辉灿烂的古代文明;靠这种精神,我们推翻了三座大山,开创了我国的社会主义新纪元;也是靠这种精神,我们解决了十亿人口的吃饭问题。

我跑了很多省、市,到处听残疾人讲"共产党好"、"社会主义好","没有共产党、没有社会主义,就没有我的今天"。许多残疾人做出了成绩,生活条件比过去好了,但更多的残疾人生活还非常艰难。西北有位老太太,住着一间非常破旧的房子,生活极为困难,我们到她家里看了,房顶漏,往下掉土,生活全靠村里帮忙。她讲:"还是社会主义好,共产党好,共产党的干部好。"残疾人是生活最困难的人。向社会索取最少,可是每做一件事都要付出很大的代价。北京有个孩子摇着轮椅上学,每天来回要三个钟头,上学的课堂要从第一层爬到第四层,拄着拐杖非常艰难,她只要一出门就不能喝水,因为没有一个厕所能让她用。残疾人是在最艰难的情况下喊出了"自尊、自信、自强、自立"、"渴求理解,志在奉献",我认为这种精神是最可贵的。一个国家、一个民族,如果它的公民只想享受、只想得到利益,而不想奉献,那就不可能振兴。一个国家、一个民族要发展起来,要实现民族振兴,没有一点奋斗精神是不行的。少一点索取意识,多一点奉献精神,国家、民族才能振兴。一个国家、一个社会的道德风貌,也是社会进步的一项内容。试想,一个社会的人群只关心自己,不关心他人,这个社会将是个什么样子?我国有十一亿人口,如果大家都唯利是图,都是个人主义,日子还能过吗?

我们从小就要树立集体主义思想,心中有他人,要理解、尊重、关心、帮助残疾人,全社会关心残疾人,社会风气就会改变。不仅对残疾人,对其他人也是一种良好影响。在全国一千多万少先队员中开展助残活动已经四年了,有的家长到学校,感谢学校的助残活动使孩子第一次懂得帮助他人。一千多万还不够,还应该更多地组织少年儿童参加这种活动，让青少年从小就有人道主义思想，心中有他人，有社会，这样的国家才是文明的，才能够发展，整个社会的发展才能健康。

做好残疾人工作，无论是在稳定社会方面，还是在精神文明与物质文明建设方面，都有着积极的意义，这是我们义不容辞的责任。这几年来，我国在改革、开放的推动下，经济蓬勃地发展，人民生活水平提高了，残疾人工作也逐步得到各级党和政府的重视，列入议事日程。国家采取了一系列重大的步骤和措施，推进残疾人事业。今年五月开了全国助残先进集体和自强模范表彰会，广大群众扶残助残，体现了社会主义社会人与人之间的新型关系，同时也可以看到党和人民对残疾人事业的支持和对残疾人的关心。在"保障法"制订的整个过程中，中央各部委都非常热心。"保障法"送审稿报送到法制局，在二十天时间里，国务院就通过了。全国人大常委会开了两次会议，八十多位常委就"保障法"做了热情发言。他们不但说残疾人保障法应该搞，而且认为这个法的刚性条款定得还不够，还得进一步完善，保护残疾人权益的刚性条款要增加。这些充分体现了国家对残疾人的关心。对于一些可能做到的，我们积极去做。要制订配套法规，做好宣传。既要大张旗鼓，又要扎扎实实。

总的讲，我认为做残疾人工作有几点要注意：

第一，要从国情出发。我国人口多、底子薄，这一客观条件不可忽视，我们的发展战略是"打好基础，讲究实效"。残疾人事业的发展要与我国社会的发展协调一致。两者要相适应，要相互促进。做残疾人工作既要有利于残疾人，也要有利于国家的发展。只有国家进步、民族振兴，才有残疾人的利益。在座的同志们有的是残疾人，有的不是残疾人，只要做残联工作，就要代表残疾人的利益，为他们说话。同时要把残疾人利益与国家利益结合起来考虑。

第二,要搞有中国特色的残疾人事业,要根据实事求是的原则,怎么有利怎么办。作为残疾人,谁也不希望成为社会的包袱,而要为社会做贡献。所以我们提出了建立劳动福利型的残疾人事业,使残疾人的劳动就业权利得到保证,残疾人就业是"救人一命,稳定一家,影响一片",这样的好事为何不做?残疾人工作,一方面,要国家投入人力、物力、财力,但当前不可能很多;另一方面,残疾人要创造价值。民政部门搞了几十年的福利工作,现在有了比较好的基础,以后还要继续搞。

我国社区建设比较早,西方搞社区非常难,在中国搞社区相对容易些。中国人对社区认同感比较强。中国从秦始皇建立郡县制起,直到国民党的保甲制度,到共产党的居委会、村委会,都有完整的社区结构。就形成基层社区而言,这些有一脉相承之处。社区结构完整是我国一大特点。使残疾人工作在社区得到发展,是有中国特色的残疾人事业的重要方面。

要搞好残联组建。目前县残联多数建立了,少数还没建立。要建立,建立以后要能正常地工作。

我听说县级残联有三分之二开展工作有困难,这个问题要解决。县残联的工作要往基层伸展,要搞好基层残联,直接为残疾人解决困难。现在残联有很多干部是从民政过来的,比较熟悉业务,对搞好社会化工作起着很大的促进作用。我再强调两句:第一句话,残疾人的事情就是政府的事情,义不容辞;第二句话,残疾人的事情是大量的社会工作,要动员社会。不可能单靠政府、也不可能单由民间去做,两者必须结合起来。要把残疾人纳入国家经济和社会发展规划。要整体研究和规划,统筹安排,建立政府为主导、社会为基础、各部门各负其责的管理体制,使残疾人组织和残疾人的能动性得到充分的发挥。我们不仅要学会配合政府做工作,而且要学会社会化管理方式。

残联要保持活力，残联要有好的领导班子，第一把手要有活力，要公道、廉洁、正派，要能够团结人，有比较高的政策水平，领导班子要团结、能干活，有战斗力，有协调能力。要解放思想，要有坚忍不拔的毅力。

说老实话，残疾人太苦了，需要我们去帮助。温饱问题，全国人口中绝大部分已解决了，而我们残疾人将近一半还没有解决，有百分之三十的残疾人靠自己养活，百分之二至三的残疾人靠国家救济，有百分之六十七的残疾人靠家庭，这怎么得了？全国，没有配偶的成年人是百分之八，而残疾人为百分之四十六，差别很大。为此我们大家必须积极地、努力地工作，争取逐步改善残疾人的状况。

残疾人与残疾人工作①

（一九九一年六月二日）

首先，我想讲一讲残疾人。残疾人是最困难的人，同时是最可爱的人。最困难，大家都看得到，因为功能有缺陷，无论是盲人、聋人、肢残人、还是精神病人，都处于困难境地。比如说一个家庭，有一个精神病的孩子，那是非常痛苦的，家庭负担也重，只能把孩子锁在家里，不敢放到外面去。昨天我们在路上，看到有个人在马路中间晃荡，我问这个人怎么回事啊？司机说他是个精神病人。残疾不仅给本人和家庭带来精神负担，也给社会带来负担。我们有的残疾人，说年龄也不年轻了，三四十岁了，还靠父母养着。父母年纪大了，要退休，不可能养一辈子啊！

这几年，大家对残疾人工作比较重视了，残疾人受教育也有所改善。前几年可不行，残疾青年考学，因受体检标准限制，不录取；招工，工厂不收。上技工学校，上职业学校都不行，只好往民政这里推，民政也不可能全包揽下来啊！一九八四年我在《人民日报》发表过一篇文章，提出了残疾人事业是人道主义事业。山东有位残疾青年把这篇文章撕成碎片寄给我，还在信上说："我干什么都行不通，处处受刁难，上学，不让我报考；招工不让我报名，做个小买卖也受到多方刁难。就因为我残疾，没别的。你们这些当官的，也应该为残疾人想

---

① 这是邓朴方同志会见江西省九江市委市政府及各部门领导干部时的谈话摘要。

想。如果共产党不能帮助我们,也别把我们的活路堵死。"这话说得很尖锐啊!他没有出路,叫他怎么办?像这样因为招工、考学不录取给残疾人带来的困难是非常多的。还有些事情显然不合理。比如说,农村一个小学民办教师,多年的优秀教师,她的学生都成了国家正式教师,而她还是个"民办"教师。就因为她是个残疾人。我们的组织、人事部门有个规定,招工转干都要符合体检标准,不符合标准就不能招工,不能转干,这位教师也就永远不能成为正式教师。这是何等不公平啊!我们过去就是被这些条条给框死了。有些事情,不是我们做不到,也不是我们穷,而是认识不到;也有的说是因为忙,顾不过来。在政策上对残疾人和健全人起码应平等对待,这是完全可以做到的,这本来和经济发展是没有关系的,和社会发展也没有关系,用体检的办法卡残疾人,这就是一个由认识问题而形成的歧视性的政策。

我们的贫困户,我不知道九江市的情况怎样,全国的贫困户中一半是有残疾人的家庭。前不久我到青岛、烟台转了一下,他们那儿贫困户里四分之三以上是残疾人。这个问题能不能解决,实际上是一个能否达到小康水平的问题。大家都生活好了,剩下没脱贫的都是残疾人,这怎么行。你要达到小康的战略目标,就必须帮助残疾人脱贫。今年五月九日江泽民同志接见残疾人自强模范代表的时候讲了,我们共产党人的目的,就是要解放全人类。也就是说,种族要解放,民族要解放,妇女要解放,残疾人也要解放。无产阶级只有解放全人类,才能最后解放自己。解放全人类是大目标,具体落实到现在就是要实现小康。

由于残疾的影响,残疾人在参与社会生活方面遇到的困难是常人难以想象的。北京办了一个伤残军人盲人按摩班,其中有一位战斗英雄,他说他致盲以后,一盒录音带掉在地下,这对健全人来说是非常容易解决的事情,可他是个盲人,只能用手去摸,结果录音带没摸着,却摸了一手脏物。就这么简单的事情,对我们的盲人就这么困难。你想我国千千万万的残疾人,他们是怎样生活,怎样的劳动啊?他们每做一件事情,都要付出许许多多的代价。

这次我在南昌,到了一个残疾人家里,那个小伙子姓什么啊?(省残联理事长陈继帮:"姓沈。")小沈流着眼泪跟我说话,他说没有共产党,没有社会主义,哪有我们的今天!一些福利厂的厂长和残疾人职工也都有这样的感受。这说明残疾人热爱共产党,热爱社会主义,而且喊出来的都是心声,你看我们残疾人政治素质多好啊!昨天晚上,我看到你们残联送来的一份材料,讲一位青年女教师,一九七七年高考因残疾没有录取,但她还是非常努力,年年被评为优秀教师,学生家长都很尊敬她。刚才说的那位小沈,走路全身弯着,胯关节、膝关节都直不起来,也是考大学不让他考,但他自修了大学专业课程,回过头来为残疾人服务,还要去唱歌去演讲,而且外语讲得非常好,搞翻译很内行。我在《九江残联》这一期上看到,你们这里有一位高位截瘫的农村青年,他在政府的关心和帮助下,自学电器修理,不仅毅力感人,而且很有作为。你看看,我们残疾人多努力啊,这能说不可爱吗?

所以我在想,在中国的社会里,残疾人付出的最多,得到的最少。许多残疾人克服难以想象的困难,刻苦学习,创造性地工作,顽强地生活,为社会主义建设做出了卓越的贡献。这种与命运抗争、自强不息、顽强拼搏的精神,难道不可以说是可爱的吗?像吴运铎、高士其、张海迪那样的残疾人,以自己的高尚情操和精神风貌,鼓舞着广大青少年,他们以自己的精神作用于社会,推动着社会的文明进步。所以,我说残疾人是最可爱的人是有根据的。绝大多数残疾人热爱党,热爱社会主义,和那些在改革开放中得到好处又反过来骂共产党、骂社会主义的人相比,我们的残疾人对人民政府最忠实,是最值得信赖、最好的公民。为什么残疾人对共产党、对社会主义有如此深厚的感情,就因为共产党推行的是一条共同富裕的社会主义道路,有了共同富裕,才能使广大残疾人有希望,才能真正实现我们国家的小康目标。

第二点,我想讲一讲残疾人工作。残疾人工作是个跨部门、多学科的工作。今天各个局的领导也来了,因为残疾人工作涉及各个部门,光靠残联是做不好的。刚才王文敬副市长提出“齐抓共管”,我认为很好,这样就可以形成一个以政府为主导、各部门各司其职、齐抓共管的局面。政府要有规划,要选择一些最有效的、群众最拥护的、雪中送炭的事情入手。各项工作必须从我国人口多、底子薄的基本国情出发,从每个地方的具体实际出发,从九江的市情出发,从各个县(区)、乡镇的具体情况出发,打好基础,讲求实效,这样才能形成地方特色、中国特色。

我们讲马列主义,不是王明的教条式的马列主义,而是要把马列主义的普遍真理同中国革命的具体实践相结合。这个基本道理同样适合残疾人工作。有了总体规划,有具体实施方案,还要充分地、广泛地动员社会力量。当然,政府要抓要管,但光靠政府是不够的,因为残疾人工作是全社会的工作,必须依靠全社会。无论是残疾人的康复、教育还是劳动就业,都必须动员全社会。拿劳动就业来说吧,除民政部门安排残疾人就业外,其他部门和单位也要安排,乡镇街道也要安排。我主张各个企事业单位都招收一些残疾人。目前各单位的残疾人职工已有百分之一,现在再加百分之一或百分之零点五,应该说问题不大。我们要充分发挥残疾人那一部分健全的功能,将他们安排在适当的工作岗位。我建议将九江市作为按比例就业的试点城市之一。这种分散就业的办法,既减轻了政府的负担,也减轻了国家减免税收的压力,于国于民都有好处。问题是我们如何做好工作。希望九江市带个好头。特教方面,九江市办一二所特教学校或一些特教班为什么不可以呢?九江市的小学有上千所吧?(市教育局胡源茂局长:"四千多。")四千多学校,办几个特教班是没有问题的。我看是没有问题的,是办得起来的。所以我赞成王副市长的"齐抓共管"的提法。大家齐抓共管,各个部门各司其职地把这些事情做好,同时动员社会做好,残疾人工作肯定就做好了。

第三点,讲讲残联。残联要全面履行自己的职能,当好政府的参谋,搞好社会化管理,主动地把工作承担起来,除特别困难的问题需要请政府解决外,有些困难自己能克服的要自己克服。要通过你们的工作来减轻书记、市长的压力。残联是政府发展残疾人事业的助手。残联干部,无论是第一把手,还是一般干部,都要求素质要好,要有人道主义精神,要有无私奉献的精神。整个残联队伍,应该是"人道、廉洁"的队伍,充满活力的队伍。残联每个工作人员,都要密切联系残疾人,自觉地和残疾人打成一片。残疾人是水,我们是鱼,我们和残疾人的关系是鱼水关系。同时,要重视培养残疾人干部,多从政治上关心他们,要把他们中间的优秀分子吸收到残联工作岗位上来、领导岗位上来。

把事业一往无前地干下去[①]

（一九九二年一月二十日）

三年多来，我国残疾人事业比以前有了很大发展，残疾人逐步得到了实惠，所有这些都是来之不易的。我们千千万万的同志为此付出了辛勤的劳动和巨大的代价。

一、争取支持，艰苦创业

在推进残疾人工作过程中，各级计划、财政、教育、卫生、劳动、人事、编委、组织、宣传等部门，都给予了很大的支持。这里，我要特别说一下民政部门。各级民政部门的厅局长和有关同志，真是鼎力支持残疾人事业。可以说，没有民政部门的指导和大力支持，就没有中国残联的今天。在民政部崔乃夫部长关注下，许多省、市、地、县、乡民政部门领导亲自为残联选拔优秀干部，配备班子。有些厅局长一个地区一个地区、一个县一个县地帮助残联搞组建。可以说，各级民政部门既对残联加强领导，又尊重残联，放手让残联工作；既是残联的后盾，又是残联的兄长，也是齐心配合的伙伴。我们大家都应当对各级民政部门表示深深的感谢。

今天我还要感谢在座的同志们，感谢各省、市、地、县、乡残联理事长和全体工作人员。我们残联这支队伍不愧是一支政治素质

---

① 这是邓朴方同志在第四次全国残联工作会议闭幕式上的讲话摘要。

好、朝气蓬勃、努力工作、能打硬仗的队伍。在残联组建初期,我们一无所有,又接连承担重任,压力真是很大。中国残联给同志们压了不少任务,你们当时是既无权,又无钱,也没有办公地点,没有交通工具,有时候还得不到承认、理解,心理上承受着巨大压力,有些地方还得不到支持。在那个时候创业,真是困难重重,一百个、一千个不容易啊!但是,我们的同志不怕困难,不怕千辛万苦,艰苦奋斗,一往直前,一步一步开拓前进。为了最困难的残疾人和残疾人事业,各位同志吃了不少苦,受了不少气,大家忍辱负重,坚持下来了,做了大量卓有成效的工作。不但完成了任务,而且还带出了队伍。

有的省领导讲,残联是工作辛苦、条件艰苦、生活清苦。我知道实际情形比这还难得多。我们有的同志为事业奔波忙碌,积劳成疾,甚至献出了宝贵的生命。例如,原湖南省残联理事长胡盛穆同志,受任之际,县残联组建还是零,他一个县一个县地跑,一年之内,除了抓其他工作外,还要把县级残联组建起来。白天干不完晚上干,没有汽车就步行或搭便车,一趟又一趟地做说服工作。最后积劳成疾,不幸逝世。他是为残疾人事业贡献了最后的人生。对他的死我很难过。在座的许许多多同志也是这样工作的。中国残联和党组的同志真心实意地感谢大家。毛泽东同志说过,“数风流人物还看今朝”。我看,今朝的风流人物就是千千万万个优秀残疾人和广大残疾人工作者,就是在重重困难中,不顾个人得失,创造了事业奇迹的在座各位。

二、群众是真正的英雄

会上给大家发了三十几份经验材料,有些同志发了言,包括特邀代表。我跟特邀代表一起座谈过。基层工作的这三十多份经验,是从众多的材料中选出来的。在会议讨论过程中,同志们又介绍了许多好的做法、经验,我听了、看了,心里很激动。我们广大的残疾人、残疾人工作者做出了那么多、那么出色的贡献,这是我们始料不及的。从这些经验介绍和大会小会的发言中我们看到,大家改变残疾人状况的愿望、决心是那么强烈;表现出的艰苦奋斗、奋发图强、坚韧不拔的工作作风,是那么顽强;体现的主动性、积极性和首创精神以及聪明才智,是那么感人;社会各界对残疾人的帮助是那么真诚、广泛,热情是那么高涨。这一切都深深地震撼了我的心。在这里我们看到了一个真理,那就是:“群众是真正的英雄,而我们自己往往是幼稚可笑的。”我们中国残联要老老实实做小学生,向各省区市的同志们学习,向地市县乡残联的同志们学习,向广大群众学习。大家的精神、作风和工作成绩极大地鼓舞了我们。我们中国残联和各级残联的领导都要到群众中去,依靠群众、宣传群众,也要引导和教育群众,与广大人民群众共同奋斗,共同创造。只要我们这样做,我们的事业就一定会健康、有序、扎实、迅速地向前发展。

三、不可动摇的战略决策

中国残疾人事业“八五”计划纲要是国家计划,体现了共同富裕的方针、国家的第二步战略目标,是残疾人事业的重大战略部署。它体现的是社会主义制度的优越性,是社会的文明与进步。从我们的工作步骤看,它是由一九八八年到一九九五年这八年连续攻坚战的关键战役。经过这个战役,我们要使残疾人状况得到重大改善,奠定残疾人事业的基础。有了这个坚实的基础,再在“九五”期间进行充实、完善和提高,到二〇〇〇年,我们就可以在基础、构架、知识、人才等方面为下个世纪残疾人事业的大发展做好准备,从而适应我国由小康向中等发达国家水平迈进的总的战略目标。这就是我们对残疾人事业的总体布局。这是宏伟的,也是经过努力可以做到的。所以,中国残联下了最大的决心,必须坚决完成这个总体布局,坚决完成“八五”计划纲要规定的任务,坚决实现这个不可动摇的战略决策。不然我们就对不起千千万万的残疾人。刚才阎部长讲,没有残疾人的小康,就不能说实现了全国人民的小康。形势要求我们跨出这一大步。这既是现实的任务,也是历史的责任,既是国家的重托,也是残疾人的重托,人民的重托。残疾人事业必须在我国整体发展中占有一席之地,并与整体发展相协调。

近年来我们的残疾人事业已经取得了很好的成绩,特别是残疾人保障法的实施,使残疾人事业进入了最好的发展时期。客观条件对我们很有利,这是不可多得的优势。刚才庆彤同志讲,这是不可多得的“东风”。我们一定要充分借助这个优势,这个“东风”,当机立断,把事业搞上去。机不可失,时不再来。中国残联党组、执行理事会的这个决心是不可动摇的。我希望通过这次会议,把这个决心变成大家的决心,变成广大残疾人工作者的决心。

建议同志们回去以后,进一步学习刘小成同志在开幕式上的讲话。这个讲话,对“八五”计划的各个方面做了详细说明,对各项工作脉络有清楚的表述。这是几年来全国上下工作经验的深化,应当仔细阅读、领会。实现这个战略目标,我认为最根本的条件和要求是要有决心、有信心。实现“八五”计划是攻坚战、苦战,只有苦干实干,付出巨大的辛劳才能完成。不能有任何侥幸心理,不能有任何松劲情绪,气可鼓而不可泄。这就好比打仗,两军对峙,不顶住是不行的。如果前线指挥官都到总部来说,我们的伤亡太大了,打不下去了,阵地守不住了,攻不动了,那么这个仗就没法打。这几年就是要打这样的硬仗、苦仗,只有横下心、咬住牙,挺住,才能取得最后胜利。同志们要理解,现在不是叫苦的时候,我们要以最坚定的意志,最顽强的作风,把事业一往无前地干下去。待事业的基础打牢,宣告大捷那一天,我们再凑到一块,痛痛快快地诉苦,可以开怀畅叙,也可以喝酒,想哭也可以哭它一场。那是胜利的眼泪,英雄的眼泪,喜悦的眼泪。但是,现在,我们只能咬住牙,迎着困难上,把事业干上去。我相信,只要有了这个决心和信心,我们就一定能够胜利。

四、要讲究科学

完成“八五”计划纲要提出的任务,没有振奋的精神、充沛的干劲不行,没有科学的态度和方法也不行。我们一定要有科学态度。什么是科学态度?最重要的就是实事求是,从实际出发。我们国家大,各地情况千差万别,事业又是千头万绪,如果不讲科学,不从实际出发,就是盲动,就会脱离干部,脱离群众,就会失败,就会把好事变成坏事。应当看到,我们的工作靠干劲,但不是靠蛮干。不讲科学方法不行。现在是九十年代了,我们拥有许多现代技术,使用了许多现代的方法,如系统工程和社会化管理的方法等。这些科学方法都应当为我们的干部所熟练运用。

对中国残联来说,要始终把握正确的方向,始终把残疾人事业建立在国情的基础上,孜孜不倦地寻求残疾人事业健康发展的道路。还要向地方的同志们学习,认真听取大家的意见。对这次会上大家提出的各种意见,我们都要认真对待,认真修改方案,该硬的地方,决不含糊;该有弹性的地方,要保持灵活性,给大家留有余地。对一个个具体问题,一定要以实事求是精神,慎重对待。这就叫在战略上藐视,在战术上重视。这就是科学精神。今年中国残联将派大批干部下到基层去,与地方的同志一块摸爬滚打,一方面在实际工作中向地方同志吸取政治营养,协助地方的同志开展工作;另一方面,了解情况,研究问题,不断地用大家的智慧、经验充实自己,从而取得指导全国工作的主动权。

各省、市、自治区的同志们回去以后,对“八五”计划纲要还要进一步消化,要注意具体、实际问题,但更要在理解指导思想、指导原则上下功夫。要吃透大精神,特别是对这次会议重印的江泽民同志的讲话及会上发的主要文件精神要吃透。这次会议文件多、任务多,但都有内在联系,它们是一个整体,绝不是互不搭界的。大家要理清头绪,梳好辫子,排好工作顺序,有条不紊地开展工作。在工作中要善于发挥文件、政策的作用,特别要注意使优免政策、特殊保护政策到位,使残疾人事业纳入政府的大盘子,发挥残联应有的职能和作用。政策到位了,才能发挥巨大的作用。

我要再说一遍,各地开展工作一定要从实际出发,做好普遍原则与具体情况相结合这篇文章。“结合”就是创造,结合得好,工作就有生气,有成效,生搬硬套往往事倍功半,甚至失败。实事求是是我们事业的基本指导思想。各地要以这种精神制订省、市、自治区残疾人事业“八五”计划,既保证国家“八五”目标完成,又有地方特色。要用千百万群众创造的实实在在的办法,来保证总目标的实现。有些开拓性工作,要先试点,取得经验之后,再逐步推广。大家要深入基层,解剖麻雀,取得第一手材料。这也是一种科学态度。社会化管理是这些年大家运用得最多的、行之有效的工作方法,也是一种科学的工作方法,无疑应当坚持下去。对于我们社会工作者来说,这是看家本领,是最基本的工作方法。对所有工作我们都要有主动精神,但不能大包大揽,而要动员、协调各方去办。我相信,只要我们既有革命干劲,又有科学态度,求实作风,我们就一定能够从纷乱中理出头绪,就一定能够从重重困难中走出来。

为贯彻落实《关于残疾人的世界行动纲领》而努力奋斗[1]

（一九九二年四月二十四日）

出席世界残疾人的这个盛大集会，我感到十分荣幸。作为中国残疾人组织的代表，我想围绕会议的主题，结合中国残疾人事业的情况讲点看法。

在我们这个星球上，生活着几亿残疾人。残疾人作为人，在政治、经济、文化和社会生活的各个方面，享有同其他公民平等的权利。历史和现实表明，残疾人有充分参与社会生活的能力，他们同样是物质文明和精神文明的创造者，是推动人类文明和社会进步的力量。荷马的史诗、爱迪生的发明、贝多芬的音乐、孙膑的兵法、司马迁的《史记》，就是残疾人对人类文明做出杰出贡献的证明。如果歧视或者忽视占世界人口十分之一的残疾人，就意味着不尊重人权，不尊重人的价值和意义。

中国有五千多万残疾人。中国残疾人联合会的宗旨是，保障残疾人的合法权益，使他们以平等的权利、同等的机会充分参与社会生活，共享社会物质与文化成果。十年来，中国残疾人和残疾人组织响应“联合国残疾人十年”和《关于残疾人的世界行动纲领》的号召，呼

---

① 这是邓朴方同志在加拿大温哥华国际残疾人组织“独立九二”大会上的发言。

吁社会,并协助中国政府采取了一系列重大措施:

一是一九八七年进行了大规模的全国残疾人抽样调查,摸清了基本情况,提供了解决残疾人问题的依据。

二是建立和完善了全国各类残疾人的统一组织——中国残疾人联合会。目前,全国的省市县(区)都建有地方组织,在街道、乡镇和企事业单位建有基层组织。中国的残疾人已经组织起来,谋求和维护自己的正当权益。

三是国家和地方政府建立了残疾人工作协调机构,协调机构的秘书处设在残疾人联合会,残疾人在其中发挥着重要作用。

四是制定实施了《中国残疾人事业五年工作纲要》和康复、教育工作规划。

五是国家对残疾人采取了一系列扶助措施。如减免残疾人的税收、公共服务机构为残疾人提供优先服务和特别照顾、兴建一批福利安养机构和服务设施、施行无障碍设计规范等。

六是颁布施行了《中华人民共和国残疾人保障法》,使残疾人工作走上法治轨道。

七是通过广播、电视、报刊广泛宣传人道主义,并以法律规定"每年五月的第三个星期日为'全国助残日'",数千万人和一千多万少年儿童参加了扶助残疾人的活动,表彰了一批助残先进集体和个人。越来越多的人开始理解、尊重、关心、帮助残疾人。

八是用"自尊、自信、自强、自立"的精神激励残疾人,在残疾人中开展自强活动,表彰了一批优秀残疾人,激发了广大残疾人的参与意识和奋斗精神。

九是积极参与"联合国残疾人十年"活动,承办了有关残疾人问题的国际会议,同联合国机构、残疾人国际组织及几十个国家和地区的一百多个残疾人组织开展交流与合作,借鉴了宝贵经验。

心灵的呼唤、积极的行动和有力的措施，使我们初步体验到成功的喜悦，中国残疾人联合会成立四年来，中国残疾人事业取得显著进展与成效：

——通过白内障手术已使六十二万名盲人复明，进行了二十二万例小儿麻痹后遗症矫治手术，对一万七千余名聋儿进行了听力语言训练，都能开口说话；康复基础设施建设和社区康复也有较大进展。

——特殊教育学校每年增长百分之二十，普通学校附设的特教班每年增长二倍，在校的盲、聋和弱智学生每年增长百分之三十；职业教育有较大发展；接受高等教育的残疾人数量显著增加。

——集中安排残疾人就业的福利企业已达四万五千多个，七十五万名残疾人在其中就业；分散在普通企事业单位就业的残疾人，平均占职工总数的百分之一；还有五万多名残疾人个体开业；八千多名盲人从事按摩医疗。通过多种形式，使城乡残疾人就业率达到百分之六十以上。

——举办了两届全国残疾人艺术会演和三届全国残疾人运动会。中国残疾人运动员在历次重大国际体育比赛中赢得四百多枚奖牌，打破数十项世界纪录。这些活动，既丰富了残疾人的文化生活，又展示了他们的参与能力、才华和意志。

虽然中国残疾人事业取得了一些成绩，得到联合国秘书长授予的“和平使者奖”和“残疾人十年特别奖”，但我们面临的问题还很多。中国是个发展中国家，正经历着经济的迅速发展和社会的深刻变革。如何使残疾人事业融于这一历史进程之中，进一步改善残疾人的状况，是摆在我们面前的一个重要课题。为实现《关于残疾人的世界行动纲领》提出的“平等 · 参与 · 共享”目标，在中国乃至全世界还需做出更大的努力。中国正在采取切实行动，以保持“联合国残疾人十年”所产生的积极势头。在未来五年中,我们将全面实施《中华人民共和国残疾人保障法》,完成中国残疾人事业第二个五年规划所提出的任务。

“联合国残疾人十年”行将结束,我呼吁,联合国采取进一步行动,为贯彻执行《关于残疾人问题的世界行动纲领》和全球残疾人事业的发展注入新的活力。

我呼吁尽早召开关于残疾人的各国首脑会议,制订残疾人国际公约。

我呼吁国际各残疾人组织作为残疾人利益的代表者,以更加务实的精神,为进一步改善残疾人状况发挥更大的作用。

我还高兴地告诉大家,刚刚在北京闭幕的亚太经社会第四十八届会议通过了中国和其他一些国家的共同提案,宣布一九九三至二〇〇二年为“亚太区残疾人十年”。我呼吁联合国机构和各地区,支持“亚太区残疾人十年”活动,并在各地区根据实际情况,采取进一步行动。

回顾过去十年,我们感到欣慰的是,用辛勤的耕耘为文明、人道、进步的残疾人事业带来了希望,残疾兄弟姐妹的境况有了不同程度的改善。

展望未来,残疾人同健全人一样,一定会有更加美好的前景。

让我们携手并肩,为实现人人共享的社会,为全人类光辉灿烂的明天,承担起光荣而神圣的使命,以此来纪念“联合国残疾人十年”活动的结束,同时开始书写残疾人事业的新篇章。

教育对残疾人意味着什么?[①]

（一九九二年九月）

人类对于残疾人教育的认识经历了漫长的几千年，直到近代社会，物质文明的进步和人道主义的弘扬才为它的形成和发展奠定基础。如今，残疾人教育的状况，已经成为衡量一个国家教育水平和文明程度的重要标志。

近些年来，我国的残疾人事业在改革开放的大潮中崛起。随着各级党政领导的日益重视，残疾人教育事业也取得了长足的进展。但是，同我国社会与经济的发展水平相比较，同教育事业的整体水平相比较，我国的残疾人教育仍然是很落后的。这种局面是由历史与现实的诸多因素造成的，其中主要的制约因素，就是残疾人教育的意义未能获得社会的普遍认同，如同残疾人与健全人平等的社会地位未被普遍认同一样。在这里，我想针对几种有代表性的观点，就相关的几个问题谈一谈看法。

一、教育对残疾人意味着什么?

根据一九八七年全国抽样调查，我国的残疾人口共有五千一百六十四万，其中将近百分之七十是文盲或者半文盲。很显然，这样的一个社会群体是不可能跟上现代化的发展步伐的。我国儿童初等教

① 本文是邓朴方同志应《求是》杂志之约而写，原题为《文明与进步的呼唤》，载于一九九二年第九期《求是》杂志。

育的入学率已达百分之九十七点八,而盲、聋与弱智适龄儿童的入学率虽几经发展,仍不足百分之十,这意味着残疾人中文盲、半文盲的比例不是在下降,而是在继续上升。严峻的局面就这样摆在我们面前。共同富裕的目标要求我们必须扭转这种局面。要扭转这种局面,首先必须澄清模糊与错误的认识。

有这么一种观点:"残疾人受不受教育,没有什么关系。"这种观点似乎不应当属于我们这个时代。它至少有如下三个错误。

第一个错误是无视残疾人在本质上与健全人需求的共同性。残疾人是人,残疾儿童是正在成长中的人,他们都具有自己应该得到的权利,包括接受教育的权利。这是再明白不过的事情。同健全人一样,他们也有从生理到精神的多方面和多层次的需求。在他们身上,也蕴藏着从体能到智能的巨大潜力。

残疾人(尤其是残疾儿童和青少年)的精神需求,突出表现为对学习的渴望,这种渴望的强烈程度往往是一般人难以想象的。山西省一个十多岁的女孩子因病双目失明,失学后的极度焦虑和苦闷使她小小年纪就生出满头白发。我们推行的帮助盲童学习的"金钥匙"计划使她重返校园,过上愉快的学习生活。不久,她的白发脱落了,竟然奇迹般地长出了乌黑的头发。这个童话般的真实故事,反映了教育在残疾儿童的生命和生活中占据着何等重要的位置。通常认为弱智儿童接受教育是最困难的。有关科研人员做过学龄前弱智儿童社会适应能力的调查实验。结果显示,尽管在大多数项目上弱智儿童与普通儿童相比有显著差距,但在学习态度一项,即是不是喜欢学习,学习怕不怕困难,有没有成功的信心这三个问题上,弱智儿童的回答却大多是积极的,与普通儿童的回答没有多大区别。多么令人疼爱的孩子们啊！事实表明,在良好的环境中,即使对于接受教育障碍最大的弱智儿童,学习也具有非同寻常的意义。

教育作为适应人的基本需求的人类活动,对于残疾人的必要性丝毫不亚于健全人。

第二个错误是低估了残疾人通过自身的功能代偿和社会的补偿克服残疾影响的惊人潜力,从一种思维定势出发,以一成不变和消极悲观的态度看待这个问题。当代康复学的理论与实践表明,残疾造成的绝大多数功能缺陷,通过实施综合的康复工程是可以减轻或者克服的。何况残疾人自身还具有常人不可想象的生理代偿能力。

教育是康复工程中的重要环节。盲童学会盲文,是对阅读与写作能力的补偿。聋童学会手语,是对交流能力的补偿。弱智儿童中绝大多数属于轻度或中度,都在可教育或可训练的范围内。我们的特殊教育工作者做过弱智儿童的观察力训练实验。令人振奋的是,弱智儿童的观察力虽然赶不上普通儿童,但是经过训练,他们观察力的提高幅度却明显高于同样经过训练的普通儿童。事实证明,对于弱智儿童实施早期教育,相当多的人长大以后可以承担与健全人相近的社会义务。教育对聋哑儿童产生的效果也十分明显。对聋哑儿童进行早期语言开发,完全可以做到聋而不哑,从而进入普通学校接受教育。即使是进入特教学校,也都能相当好地掌握文化基础知识和职业技能,成长为社会财富的创造者。南京市一个先天聋哑的小女孩周婷婷,通过家庭的早期教育和学校的培养,能够准确背出圆周率小数点后的一千位数字,在小学阶段连跳两级,并被评为“全国十佳少年”。她在父亲的帮助下写的十二万字的自传《从哑童到神童》已经出版。这是爱和教育创造的人类战胜自我的奇迹。

教育作为一种康复措施,一种特殊的社会补偿手段,对消除或减轻残疾的后果,发掘残疾人的潜在能力,常常有惊人的效果。在这个意义上可以说,残疾人比健全人更加需要教育。

第三个错误是低估了教育对于残疾人生存的意义。教育是残疾人生活与生命的重要源泉,是残疾人自立的根基。在残疾人的经济、文化、政治和社交生活领域里,在他们从童年、青年、壮年到老年的各个人生阶段,教育都占有不可忽视的地位。

教育是残疾人参与社会生活的桥梁。在残疾人掌握基本的生活技能、熟悉必要的社会规范、确立正确的道德观念和人生态度的过程中,教育起着无可代替的主导作用。没有教育的作用,就会出现我们常见的那种社会化不足的情况,残疾人会由于生活不能自理,由于心理扭曲或行为偏离而与社会生活不相适应,甚至与社会隔绝。

尤其应当强调的是,对残疾人来说,能否受教育意味着能否在事实上得到生存的权利,能否掌握自己的命运,摆脱在社会生活中"沉底"的境况,跟上我国第二步发展战略目标。因为问题的核心在于,教育是实现残疾人就业的重要条件。教育使残疾人增加就业机会、提高就业层次、增强生产与工作技能,从而提高收入水平。调查表明,在农村,具有初等以上教育水平特别是受了一种职业技能教育的残疾人,同文盲、半文盲的残疾人相比,在劳动脱贫和劳动致富的道路上具有很大的优势。在城镇,具有初级中等以上教育水平的残疾人基本上能够适应生产技术的需要,甚至可以与先进的生产技术结合,收入水平也与一般人不相上下;而低于这个水平的残疾人在就业方面则具有很大的障碍。我国残疾人中间,依靠家庭、亲属供养或国家、集体救济者约占残疾人总数的百分之七十,这与残疾人文盲、半文盲的比例惊人地接近。这种接近并非偶然,它有助于我们得出这样的结论:如果缺少教育,残疾人就很难摆脱依赖他人、依赖社会的可悲境地。

教育为残疾人由社会的负担变为社会发展的动力创造了条件。教育启迪残疾人的参与意识,培养他们行使公民权利、履行公民义务的能力。教育也为残疾人献身社会提供了可能。在我国的文学、艺术、科技、体育、经济、政治、军事等各个领域做出突出贡献的残疾人灿若群星。可以想象,如果没有教育,残疾人之中会有多少优秀的人才被埋没。我们无法估量,由于缺乏教育,有多少残疾人的聪明才智得不到发掘和施展。归根到底,这是社会本身的损失。

二、发展残疾人教育的社会意义

还有一种错误观点是,“健全人的教育都管不过来,还管什么残疾人教育”。这种把残疾人教育打入“另册”的观点,无论是有意还是无心,都是对于残疾人的明显歧视,于情、于理、于法,哪一条都说不过去。

这种观点违背了社会主义的人道主义精神。社会主义的人道主义是我国社会的基础思想之一,是人际关系的一个重要准则。社会主义的人道主义包括两个要点:第一,注重社会全体成员的幸福,而不是部分成员的幸福;第二,尊重个人全面发展的需求,而不是部分层面的需求。我国现有五千多万残疾人,这是一个具有特殊困难的巨大群体。对于这样一个社会群体的利益与命运置之不顾,显然不符合社会主义的人道主义的第一个要点。我国的五千多万残疾人中,三千三百多万是文盲或半文盲。我国有六百多万盲、聋和弱智适龄儿童,五百多万未能接受初等教育。残疾人的需求和发展被压抑在最低层次。容忍这种状况继续下去,显然有悖于社会主义的人道主义的第二个要点。一个忽视残疾人的社会是有缺陷的社会。我们是社会主义国家,难道不应当在这方面做出榜样吗?

这种观点也背离了我们国家经济与社会协调发展的战略目标。经济增长与社会进步在改革与发展的过程中是相互依存、相互促进的。在社会发展方面,残疾人的状况是一个不容回避的问题。对残疾人,过去我们是以救济和收养为主,着重保障残疾人的基本生存需求,教育问题还不太突出。现在我们已进入从温饱型向小康型社会过渡的新的历史时期,残疾人事业也由收养救济型转为劳动福利型。残疾人的发展需求日益强烈,残疾人的素质与我们的事业不相适应这一问题日益突出。因此,对于残疾人教育严重滞后的问题,绝不能掉以轻心。

残疾人教育是我国教育事业的薄弱环节和制约因素,直接影响我国人口素质的整体水平。残疾人教育也是发展我国残疾人事业的制约因素,影响事业的其他方面。关系最大的是劳动就业问题。我们发展福利企业,始终把安置残疾人就业作为首要任务,这是完全必要的。由于残疾人的文化水平和职业技能普遍比较低,我们在减少显性失业的同时,也就不可避免地造成隐性失业即低效率的就业。这是福利企业的致命弱点。在福利企业中,"劳动"成分与"福利"成分的比例及其消长,决定着它的生命力的强弱,决定着它的前途。福利企业在优惠政策的保护下,只有提高劳动效率,增加生产的技术含量,增加对技术更新和产品转换的适应能力,才能在市场经济的大环境中站稳脚跟,才能发展壮大。这一切主要取决于职工素质的提高,取决于培训和教育。农村的问题更为明显。我国的贫困人口约八千万,其中残疾人就有两千多万,这无疑是社会的沉重包袱。贫穷与愚昧总是相伴而生的。文化构成低下,是农村残疾人始终沉淀在社会最底层的重要原因。教育扶贫和康复与科技扶贫结合起来,是使农村残疾人脱贫致富的有效途径。在我国城乡推进残疾人教育,是一项紧迫的任务。

轻视残疾人教育的观点还同我国的宪法与法律规定相抵触。我国宪法赋予残疾公民接受教育的权利。残疾人保障法明确规定,"国家保障残疾人受教育的权利"。"各级人民政府应当将残疾人教育作为国家教育事业的组成部分,统一规划,加强领导”。义务教育法也对普及残疾儿童的义务教育做了具体规定。这些法律规范是保障残疾人的人权的重要内容,恪守这些法律规范,是各级政府以及全社会的义务。在发展残疾人教育的问题上,没有任何理由推托和延宕。

三、发展残疾人教育的现实依据

再有一种观点是,“我国基础差,底子薄,没有力量发展残疾人教育”。这种认识不能说全无道理,但是有一定的片面性。

发展残疾人教育确实需要投入一定的人力、物力和财力,确实面临各种各样的困难。但是,认真审视我们的环境和条件就会发现,我们利用已经调动和能够调动的积极因素完全可以克服消极因素。

首先,广大残疾人身上蕴含着巨大的动力和潜力。他们与命运抗争的勇气和信念,他们追求知识、渴望奉献的热诚,他们承受挫折和压力的韧性,他们自强不息的拼搏精神……是我们发展这项事业的宝贵资源。

其次,我们国家的改革与社会的进步为这项事业提供了新的基础和新的环境。这表现在几个方面:一,我国国民经济的整体实力有了较大提高,物质条件有了较大改善。我们现在的基础仍然比较差,底子仍然比较薄,但是同几十年前或十几年前相比,已经不在同一个水平线上,不可同日而语了。这为我们的残疾人教育事业提供了物质基础。二,党和国家重视残疾人事业。一九八八年,国务院批转了《中国残疾人事业五年工作纲要》,将残疾人事业纳入政府工作的轨道;一九九〇年,全国人大常委会通过《中华人民共和国残疾人保障法》,明确规定了残疾人权益包括接受教育的权利;一九九一年,国务院批转《中国残疾人事业“八五”计划纲要》,以国家计划的形式安排残疾人事业;同年五月,江泽民同志发表讲话,将残疾人事业同人类的解放联系在一起,从理论上把它提到一个崭新的高度,各级政府和有关部门对残疾人事业也更加重视。政府的规划和各级党政领导的重视是我们事业走向胜利的基本保证。三,精神文明建设取得成果,社会主义的人道主义日益深入人心,理解、尊重、关心、帮助残疾人的新观念正在取代歧视残疾人的陈旧落后观念,愈来愈多的人愿意为残疾人献出爱心。这就形成了较好的精神环境。四,改革与开放推进了我国的社会化发展水平。我国的经济结构和社会结构正从条块型向网络型转化,发展机制逐渐多样和灵活,社会性事业由政府包办的局面已经打破。这为我们动员社会,多形式、多渠道地发展这项事业开创了新的天地。

再次,我们已经制定出发展残疾人教育的正确方针,摸索出切实可行的发展路数。我们的教育方针重点突出、层次分明,符合中国的国情,也符合广大残疾人的实际需要。在普及义务教育方面,我们正在走一条投资较少、收益较大、见效较快的办学道路。在扩大特殊教育学校办学能力的同时,我们注意发挥我国普通教育的优势,利用现有的近百万个普通中小学校的办学能力,以特教班和随班就读为主要形式,解决残疾儿童的入学问题。残疾人的职业技术教育起步较晚,难度较大,目前也正采取多种形式,通过多种渠道,由点到面地逐步推进。

从全国范围看,我国残疾人教育的发展是很不平衡的,这种不平衡同我国经济发展的不平衡并不完全一致。残疾人教育在有些经济发达的地区发展迟缓,而在一些经济不那么发达的地区取得了较大进展。比如某个经济发达大省,至今只建立了两所盲校,而几个经济水平一般的省份,已经或者即将普及盲童的初等教育。看来经济状况不能决定一切,关键在于政府主要领导是否重视,是否将这项事业纳入议事日程和计划轨道。

最后,我国与国际社会的合作和交流,对这项事业也是有力的促进。二次世界大战后,残疾人问题日益引起世界各国的关注。联合国通过了一系列保障残疾人权益的决议和公约,如《残疾人权利宣言》《弱智人权利宣言》(又译《智力迟钝者权利宣言》《智障者权利宣言》)等。联合国确定一九八一年为“国际残疾人年”,一九八三年至一九九二年为“联合国残疾人十年”,并通过《关于残疾人的世界行动纲领》。从一九八三年起,联大每年都审议“行动纲领”的执行情况,并通过决议。我国成立的“联合国残疾人十年”中国组织委员会与国际组织合作,进行了卓有成效的工作。此外,我们还得到了国际社会技术和设备上的支持,借鉴了其他国家的宝贵经验,少走了不少弯路。今后这种合作和交流还会进一步加强与扩大。

应当看到,残疾人教育也具有一般教育的两个特点。一是投资期较长,收获期更长;二是不光具有生产性投资的性质,更具有社会性投资的性质。发展残疾人教育的最终受益者将是全社会。

一个国家的残疾人口在总人口中所占的比例在一定时期内是相对稳定的。根据一九八七年的全国残疾人抽样调查和近几年我国的平均人口自然增长率,我们可以做出如下推算:由于遗传、事故、疾病等难以避免的原因,我国的残疾人口以每年七十至八十万的速度增长,就是说,每天都要增加两千多名残疾人,每四十秒钟左右就要增加一名残疾人。到本世纪末,我国的残疾人口很可能会突破六千万大关。这一组触目惊心的数字,已经道出了残疾人事业以及残疾人教育事业的分量。“为群众解愁,为国家分忧,为社会造福”,这是人们对于残疾人教育事业的赞语,它准确地概括了这项事业的意义。

当代国际社会的发展观念正经历着深刻的变化。新的观念认为,发展的焦点不应集中于人类需求的满足,而应集中于人类的贡献能力的开发。它不仅强调人的素质和创造力的提高是经济增长和社会进步的根本动力,而且认为人和人的能力的发展是社会发展的终极目的。这种观念体现着人类的文明与进步。一九八九年,由联合国社会发展和人道主义事务中心(UNCSDH)召开的国际专家会议通过的《开发残疾人资源的塔林行动纲领》指出,“只有通过人的资源开发,残疾人才能够有效行使作为一个公民的权利。”我们发展残疾人教育事业,就是开发人的资源(潜能),就是对人类文明与社会进步的呼唤。

残联要把工作做到残疾人家里去①

（一九九二年九月二日）

感谢承德市各级领导和全市人民对残疾人工作的大力支持和对我们的热情接待。这次来承德，是中国残联今年深入基层的任务之一。中国残疾人联合会经过几年工作，在大政方针、指导原则和组织建设等方面大致有了比较成形的东西，事业的轮廓也逐渐显现出来了。问题是怎样使残联工作不是只停留在机关里，停留在办公桌上，而是做到残疾人家里去。所以我们下了决心，使我们的干部在近两年或更多一点时间内深入到大部分县里面帮助工作，一方面是推动基层的工作，另一方面是向群众、向基层的同志学习，吸取营养。

这次我来承德接触了很多人，看望了一些残疾人，深受感动。在西北沟村我们看望了王凤云同志。这个女同志真是了不起。她自己得了小儿麻痹后遗症，架着双拐走路，丈夫是聋哑人，还养着两个孩子，夫妻两个早晚在地里干活，白天，丈夫到专业队工作，她到制毡厂干活，家里还养着几口猪，还要做家务活，街坊邻居有什么做衣服的活，有点什么需要帮忙的事，她也热心帮忙。这些表现的是一种自强自立精神，这是应当大力提倡的。

我们还见了承德市劳动模范——钢厂医生孙志诚。这个同志致残后仍坚持为群众行医，克服了人们想象不到的困难。而我们见到她的时候，她只是说，我做了一点应该做的事情，是党，是政府，是社

---

① 这是邓朴方同志在承德调研基层残疾人工作时的讲话摘要。

会主义给了我这样一个机会。这样的思想境界，非常令人敬佩。有些坐机关的同志不能由副主任科员升到主任科员，还要闹情绪，对比一下，应该觉得惭愧。这次也看到不少人生活仍是非常苦，非常艰难，他们的就业，他们的教育，他们的康复都需要我们关心，需要我们做工作。

这次来，我们也接触一些残疾人工作者和有关部门为残疾人服务的同志。残疾人工作者，民政干部，在基层面对群众，工作条件非常艰苦，又不受人重视，有时候甚至还受一些人的奚落。每做一件残疾人的工作，都要磨破嘴，跑断腿，有时还要承受相当大的压力，有时候可能还会在家里受点埋怨。可是，我们看到同志们工作是很出色的，非常踏实、深入。我们的基层干部是残疾人工作的主力军。

这几年河北省残疾人事业取得了长足的进步和发展，特别是在一九八九年“六·四”风波刚刚结束的时候，河北省下决心在全省组建地市县及乡镇残联，这着棋走在全国前面，在最困难的时候给了中国残联最大的支持。这几年河北省的残疾人工作出了不少经验，有不少好人好事，这些都是对残疾人工作的贡献。

中国的残疾人事业要搞好，要注意发达地区，也要注意中间地区、贫困地区。最值得重视的工作在什么地方呢？是在农村。中国要实现现代化，农民必须富裕起来。中国目前工业已经有了相当的基础，但农民仍然是大多数。只有我们的农民达到小康了，才能说我们的国家达到小康了；只有农民富裕了，才能说我们中国富裕了，才能说我们民族振兴了、强大了。中国残联的某些工作，过去总是做不到农民中去，浮在上面。这次我来到承德市，看到这里的工作已开始做到农村去了，我觉得心里有底了。

下面给大家介绍一点残疾人工作的情况。我开始做残疾人工作时，想法很简单。我想，残疾人不是没有康复机会吗？就想方设法建个康复医院。没有钱呢，就想搞个基金会。可是，一接触残疾人的事情，就发现这个问题相当严重。一九八四年，中国残疾人福利基金会接到大批群众来信，其中有相当一部分是高考成绩优秀但不被录取的，因为体检“不合格”。在我们社会主义国家，残疾人得不到劳动的机会、受教育的机会、做贡献的机会，得不到作为一个有人格尊严的人的机会，叫人怎么理解呢？

国际上有个统计指数，叫作“痛苦”指数，就是指失业率加物价上涨率。一般认为，这个指数要是超过百分之十，社会就动荡不安了。超过百分之十五、百分之二十，整个社会就要“爆炸”了。我国残疾人的“痛苦”指数是多少？仅失业一项就超过百分之四十，应该认真地想一想。一九八七年残疾人抽样调查表明，靠个人劳动收入维持生活的残疾人占残疾人数的百分之三十多一点，由国家救济、补助的占百分之二点七，靠家庭供养的占百分之六十七点一。这就是我们的状况。全国八千万贫困人口中，大概两千多万人是残疾人。在经济比较发达的地区，大概贫困人口中有一半是残疾人。苏南、青岛、烟台贫困人口中的百分之七十五至百分之八十是残疾人。北京郊区的顺义县，贫困人口的百分之九十多是残疾人。随着经济的发展，人民生活水平的提高，贫困人口基数的缩小，贫困人口中的残疾人比例会进一步增大，这是无可怀疑的事实。

我国残疾人事业的发展水平，落后于经济和社会发展水平，许多能做到的事情还没有做到。现在全国逐步实现从温饱到小康的过渡，还有许多残疾人的温饱问题没有解决。而能不能解决这些人的温饱，我们还没有底，还不能说“八五”期间肯定能解决。

我们的统计标准比世界其他国家严，残疾人占全国人口百分之五。世界卫生组织估计，残疾人占世界总人口百分之十，北欧、美国、加拿大统计数更大些，加拿大说残疾人占总人口百分之十二，美国占百分之二十,英国认为糖尿病患者、脏器有毛病、精神方面有些疾患的都算残疾人,都享受优惠政策。我们不跟他们比,我们这五千多万残疾人都是十分困难的。五千多万人,平均每二十个家庭就有一个家庭有残疾人,关联两亿多亲属。这么大的面,不能忽视。

我国正在进行经济体制改革,经济要起飞。从温饱到小康过渡时期,及时把残疾人工作提到各级党政领导的议事日程上来,及时做到基层去,应该说是一个极好的时机。早了做不到,晚了就被动了。我想再强调一下,这项工作并不是经济上去了,它自然而然也就上去了,必须努力做工作才行。这里的关键是要解决认识问题。我国政府这几年已做了大量工作,主要是制定了两个五年工作纲要;颁布了残疾人保障法;全国从上到下建立了残疾人联合会;各级政府成立了残疾人事业协调机构等。

要使残疾人的合法权益得到保障,就必须发展残疾人事业。没有这些事业,保障权益就是一句空话。

残疾人工作的基本方针是"打好基础,讲求实效"。坚持社会化的工作方针,充分发挥残疾人组织的作用。"八五"期间要继续完成白内障复明手术等硬任务。同时要探索建立社会化的、开放式的精神残疾康复体系。开展寓于社区的残疾人医疗康复、后期康复工作。教育方面,城市和发达地区入学率要达到百分之六十,中等发达地区要达到百分之三十,贫困地区要有较大提高。要发展残疾人的职业教育,使机关、企事业单位、学校能够录用他们。劳动就业方面,主要实施按比例就业,对其他就业形式要有保护性规定,并且使福利企业发展提高。按比例安排残疾人就业,现在已在八个城市试点。无锡市已经做起来了,第一年情况很好,不少机关、厂矿、企业已按比例吸收残疾人就业,达不到比例的交纳就业基金。还要把残疾人个体从业和农村残疾人参加生产劳动的组织指导和服务网络建起来。"八五"期间要使城乡残疾人的就业率提高百分之十。扶贫方面,要广泛开展康复扶贫。全国要建立六十个残疾人用品用具供应服务站,"八五"期间要逐步形成网络。文化生活方面,出版、影视、文学艺术等单位要努力为残疾人提供场地、机会,要创作更多的反映残疾人生活的作品。我们已筹集到一笔款,每年几十万,奖励为残疾人服务的新闻报道、广播、电视、电影、书刊,每年奖励一两个项目。河北省这几年出了一些好片子,希望继续搞好。影视作品影响面广,使人在娱乐中得到教育,群众最容易接受。在社会环境方面,既要教育残疾人自尊、自信、自强、自立,也要发动群众帮助残疾人,要把全国助残工作搞得生动活泼,深入人心。在残疾人中要开展自强活动,对表现突出的,给予奖励。还要评选助残模范。地市要把所订措施落到实处,确确实实地为残疾人办实事。要加强残联的建设,关心残联干部的工作、生活。

残疾人工作者,应该受到尊重。残疾人工作涉及各个单位,教育部门、劳动部门、卫生部门、民政部门、财政、计划、工商、税务、银行各个方面,都与残疾人工作有密切联系。没有你们的支持、帮助,残疾人工作什么也做不成。希望各部门、各方面继续给残疾人工作以大力支持和帮助。我们的目标,是要创立一个残疾人、健全人友爱相处的、和谐美好的、充满人道精神的社会,我们有优越的社会制度,有社会主义精神文明,我们一定能够做到这一点。只要大家共同努力,就一定能够把我们国家建设成为一个美好的社会主义大家庭。

提高残疾人素质关键在教育[①]

（一九九二年九月八日）

出席这个充分体现着中美两国人民友谊的项目评审会，我感到格外高兴。吉米·卡特先生和美国全球二〇〇〇年发展基金会做了一件非常好、非常有意义的事情。中国有句谚语："与其锦上添花，不如雪中送炭。"吉米·卡特先生领导的全球二〇〇〇年发展基金会对中国特教事业的帮助，就是"雪中送炭"。中国人是重情谊的，不会忘记帮助过我们、特别是在困难的时候帮助过我们的朋友。

大家知道，中国有可观的人力资源。但人力资源可因受教育程度的不同而差别很大。教育上去了，有人就有技术，有人就有发展，就有文明、进步、繁荣。这个道理同样适用于残疾人。因为，不论从参与社会生活的广度和深度上看，还是从扭转社会上一些人对残疾人的歧视与偏见上看，或者从充分而恰当地运用宪法赋予的权利上看，教育都越来越起着决定的作用。不能设想，一个以文盲半文盲为主的群体能够适应社会的现代化，更不要说在较高层次上参与社会生活了。这就是中国残疾人联合会在经费困难又百业待兴的情况下毅然把残疾人教育摆在突出重要位置的原因。吉米·卡特先生和先生所领导的二〇〇〇年发展基金会就是在这样的时候，在关键的事情上，向我们伸出援助之手，给我们以帮助的。

本着"平等·参与·共享"的精神，这些年我国残疾人事业有了

---

① 这是邓朴方同志在中美特殊教育合作项目评估会开幕式上的讲话。

可喜的进展。在摸清残疾人底数的基础上，中国制定并实施了保障残疾人权益的残疾人保障法；制定并实施了两个《残疾人事业五年工作纲要》，成立了由政府主要领导人主持的残疾人工作高层协调机构，建立了全国统一的、代表各类残疾人共同利益的残疾人组织——中国残疾人联合会。我感到宽慰的是，上述这些并没有停留在字面上、口头上，而是已经在我国大陆各省区市和省以下市县、街道、乡镇一项一项地贯彻实施。不到四年时间，我国使七十万因患白内障致盲的残疾人得到医治，脱盲率百分之九十九点七；使二十三万因患小儿麻痹后遗症致残的残疾人获得矫治，有效率达百分之九十八点七；对大批聋儿进行了听力语言训练，使其能够开口说话。生活在农村的近千万残疾人、生活在城镇的近三百万残疾人，在政府优惠政策扶持下获得平等劳动的机会，从而得到稳定的收入并使生活日益丰富多彩。

我要特别说一下残疾人教育发展的情况。一九九一年和一九八七年相比，除台湾地区外，特殊教育学校由五百零四所增加到八百八十七所，增长百分之七十五点八；普通学校附设的特教班由五百七十八个，增加到一千三百二十九个，增长百分之一百一十四点四；接受特殊教育的学生由五万两千人增加到八万五千人，增长百分之六十点八。残疾人职业教育普遍开展。义务教育阶段增加了劳动技能的教育，特教学校增设了职业高中，专为残疾人开办的职业技术教育机构发展到二十九个。残疾幼儿教育也普遍发展，幼儿教育机构达一千多个。近年来，还试办了盲人高中，聋人高中，创办了特殊教育学院。在普通高等院校就学的残疾人大幅度增加。为了培训特教师资，已建二十四个特教师资培训机构，普通师范学校开设了特教专业，已有四所师范大学设置了特教专业。特殊教育的科研机构也比过去增加。

现在,我们国家正处在日益深刻的变革时期。这将给我国经济、社会注入新的活力,也将给我国残疾人事业注入新的活力。我们变革的目标,不仅是建构产业结构合理、经济运行高效的现代化大生产,还要发展高度的文明,为人类也为残疾人的发展创造更多的有利条件。

杰出音乐家贝多芬说过一句激励无数残疾人的话:“扼住命运的咽喉。”靠什么、用什么“扼住命运的咽喉”呢?不仅仅是靠坚强的毅力,还要靠出众的本领,靠不断提高自身的素质。政府越重视,外部环境越好,命运越掌握在我们自己手里,提高自身素质越具有决定意义。而增长本领、提高自身素质的关键在教育。吉米·卡特先生,你和你发起组织的二〇〇〇年发展基金会在特殊教育方面给予我们热情帮助,这无异于给我们残疾人增添了“扼住命运咽喉”的力量。这力量是无形的,但是它可以是很大的、具有决定性的力量。为了这一点,让我再次向你和你的助手们道声“谢谢”!

在第四十七届联合国大会上的发言[①]

（一九九二年十月十二日）

在联合国近半个世纪的历史中，首次举行关于残疾人问题的特别全会，对于保障人权，建立人人共享的社会，具有深远的意义。我很高兴有机会在这个庄严的讲坛上就占世界人口十分之一的残疾人的问题发言。

残疾人作为公民，在政治、经济、文化等社会的各方面都应享有同其他公民平等的权利。事实证明，残疾人有全面参与社会生活的能力，他们同样是人类财富的创造者。保障残疾人的权利，尊重残疾人的价值，发掘残疾人的潜能，是文明与进步的标志。在我们这个星球上，生活着五亿多残疾人，残疾人及其亲属占人口的四分之一。由于自身残疾的影响和外界环境的阻碍，残疾人在社会中处于不利地位，是最困难的群体。人类社会发展到今天，如同民族解放、妇女解放一样，残疾人的解放已成为国际社会面临的紧迫而艰巨的任务。

顺应时代的要求，第三十七届联大宣布了“联合国残疾人十年”，通过了《关于残疾人的世界行动纲领》。这一具有历史意义的重大举措，为在全球解决残疾人问题掀开了新的一页，唤起了公众关注残疾人的意识，推动各国残疾人工作取得了程度不同的进展。《关于残疾人的世界行动纲领》提出的旨在使残疾人以平等的权利、同等机会充

---

① 这是邓朴方同志在第四十七届联合国大会关于残疾人问题特别全会上的发言。

分参与社会生活、共享社会物质文化成果的目标,以及促进其实现的基本原则,在过去、现在及未来都具有宝贵的指导作用。

过去十年,在各国政府、联合国有关机构以及残疾人组织的共同努力下,残疾人工作取得了一定的成绩,但我们的目标远未实现。残疾人的状况落后于经济社会发展水平,教育、就业机会匮乏,缺少必要的康复医疗,他们仍生活在困境中。对此,国际社会应有充分的认识。残疾人问题是不容忽视、无法回避的社会问题。解决好残疾人问题,是国际社会和各国政府的责任。“联合国残疾人十年”行将结束,为给执行“世界行动纲领”注入新的活力,推动残疾人事业继续向前发展,我们建议:

在建立和平、稳定、公正、合理的国际新秩序的过程中,应当关注社会问题,寻求经济和社会的协调发展。在国际经济、技术合作中,充分考虑残疾人特别是发展中国家残疾人的需要,合理安排资源流向。联合国负责社会发展和残疾人事务的机构应得到加强,努力解决人力、财力方面存在的困难。

在联合国拟召开的社会发展问题世界首脑会议上,将残疾人问题列为重要议题。

联合国机构和各国政府应制订新的计划,采取更加务实的行动,全面落实“世界行动纲领”的基本原则,促进残疾人康复、教育、就业,改善残疾人平等参与社会生活的环境与条件。

各国应建立和加强长久设立的、高层次的关于残疾人问题的国家协调机构,有效地组织和协调涉及多学科和跨部门的残疾人工作。

联合国亚太经社会第四十八届会议,在北京一致通过了三十三个成员国的提案,宣布一九九三年至二〇〇二年为“亚太区残疾人十年”,并得到了经社理事会认可。我们吁请联合国机构和世界其他地区,对这一旨在巩固和发展“联合国残疾人十年”成果的行动,给予有力支持，并采取适当方式推动世界其他地区残疾人工作的发展。

中国是个发展中国家，正经历着经济的迅速发展和社会的深刻变革。在这一历史进程中，中国以“联合国残疾人十年”为契机，政府响应“世界行动纲领”的号召，从本国国情出发，采取了切实可行的措施，努力改善残疾人状况。颁布了残疾人保障法，设立了残疾人工作协调机构，制定并执行国家关于残疾人事业的两个五年计划，建立了中国残疾人联合会及其各级地方组织，规定了对残疾人的优惠、扶持政策，开展了残疾人领域的国际交流与合作。仅以近四年为例，在我国白内障手术已使七十万名盲人复明，进行了二十五万例小儿麻痹后遗症矫治手术，对两万多名聋儿进行了听力语言训练；特教学校每年增长百分之二十，普通学校附设的特教班每年增长一倍，在校的盲、聋和弱智学生每年增长百分之三十；集中安排残疾人就业的福利企业达到四万多个，七十五万名残疾人在其中就业，分散在普通企事业单位就业的残疾人平均占职工总数的百分之一，城乡残疾人就业率达到百分之六十以上；残疾人的文化、体育活动也日趋活跃。

我们虽然取得了显著成绩，但还面临许多问题。在世界残疾人总数中，中国占较大比重。我们深知自己的责任和可以发挥的作用。中国在进一步改革开放、加速现代化建设的过程中，将努力解决好残疾人问题，并承担与我国发展水平相应的国际责任和义务。

我们祝愿这次会议对全球残疾人状况的改善产生积极影响，为人类的文明与社会的进步做出贡献！

肩负起开拓未来世纪残疾人事业的重任①

（一九九二年十一月二十五日）

当我以残疾人国际亚太区第三届大会组委会主席的名义宣布大会开幕的时候，我为亚太各国残疾人朋友相聚在北京感到非常亲切和兴奋。我想说，这是一次难得的、将给人们留下深刻美好印象的盛会。为此，我代表大会组委会，也代表中国五千多万残疾人以及中国残疾人联合会，对各位朋友的到来表示热烈的欢迎和诚挚的问候。

众所周知，残疾人国际是一个在推进残疾人工作方面起着重要作用因而享有崇高威信的残疾人组织。它的存在以及卓有成效的活动本身雄辩地说明，残疾人参与社会生活的能力是惊人的，不容忽视的。残疾人国际亚太区第三届大会将以“机会均等、改变社会、向二十一世纪挺进”为主题，交流经验，深入探讨，共商亚太区残疾人工作的大计，这本身也说明并将进一步显示残疾人参与社会生活的无可争辩的能力。

女士们、先生们，我们是在联合国“残疾人十年”活动即将结束、亚太区残疾人十年即将开始这样一个重要的历史时刻召开这届大会的。毫无疑问，它具有继往开来的重要意义。总结既往的经验，规划、开拓未来十年亚太区残疾人工作的重任，历史地落在我们的肩上。想到我们肩上的这个重任，我们不能不注意到，由于各国、社会

---

① 这是邓朴方同志在残疾人国际亚太区第三届大会上的讲话摘要。

发展状况不同,历史背景不同,大量的残疾人问题在发展中国家特别是不发达国家尤显突出,亟待解决。所以,我们必须既重视、倡导制订一个亚太地区残疾人工作的共同的行动纲领,又重视、倡导把这个行动纲领与各国的实际相结合,唤起各国政府的重视,将这个行动纲领的基本要求因地制宜地纳入各国政府的职责和立法范围,努力贯彻执行,以便切实达到改造社会、改善残疾人自身状况和参与社会生活状况的目的。我们确实还有不少困难,但是,也有不少有利条件。总的来看,亚太地区政治比较稳定,经济增长较快,人道主义的力量正在增强,这是极其重要的有利条件。发扬有利条件,克服不利因素,我们完全有信心达到我们的目的。

开展亚太地区残疾人十年活动,离不开联合国《关于残疾人的世界行动纲领》及其他相关国际文件的指导;离不开国际合作,包括国家之间、国家与地区之间、地区之间的合作。我们一向认为,国家、民族不分大小强弱,各有优长与不足。不但应当平等相待,相互尊重,而且应当相互学习,取长补短。我相信,在开展亚太地区残疾人十年活动中,我们一定能够更好地加强团结,增进理解,相互帮助,共同提高,使亚太地区残疾人工作做得更好,也使我们这次大会开得更好。

女士们、先生们,亚太地区集中了世界人口的百分之五十四,集中了世界一半以上的残疾人。开好这次大会,做好亚太区残疾人工作,对建设一个文明、进步的世界是一个巨大的贡献,对推动世界残疾人工作,对建设“人人共享”的社会,具有重大意义。为世界做出这样的贡献,是我们亚太区残疾人的光荣,亚太区各国政府的光荣,亚太区各国非政府组织、各政府间组织的光荣。伟大、光荣的重任落在我们肩上,让我们携起手来,向着“机会均等、改变社会、向二十一世纪挺进”的目标前进!预祝我们的会议圆满成功!

为着共同的事业携手奋斗[①]

（一九九二年十二月三十日）

我怀着兴奋与激动，与当今世界两个最大、最有影响力的组织残疾人国际和康复国际亚太地区的杰出领导人和优秀代表坐在一起，研讨、展望残疾人工作。我想说，这本身就是一种美好的预示和象征。它预示着亚太地区残疾人工作将更加协调一致地向前推进；它象征着亚太地区残疾人工作将出现一个更加和谐友好因而更加兴旺喜人的局面。

中国有句古谚，叫“人心齐，泰山移”，还有一句古谚，叫“众志成城”。意思相同，就是我国在一首歌里唱的“团结就是力量”。弗兰西斯·培根说“知识就是力量”。我想说，团结也是力量，而且是更重要的力量。因为，没有团结的局面，知识也难以转化为力量。这些古谚是几千年人类智慧和经验的结晶。它告诉我们，只要团结起来，加上知识，就没有什么困难不能克服，没有什么事情不能办成。

残疾人事业具有很强的共同性、整体性。可以这样说，在社会工作这个领域，没有哪项工作能在诸多的共同性与极强的整体性上与这项工作相比。比如，共同的宗旨、共同的目标、共同的任务、共同的措施、共同的概念。而事业本身，不论是康复、教育，还是劳动就业，都具有不可分割的内在联系。正是我们所从事的事业的这种共同性、整体性，需要我们团结起来，形成整体的力量，协调共事。

---

① 这是邓朴方同志在亚太地区“残疾人十年”非政府组织会议上的发言。

残疾人具有广泛参与社会生活的能力。残疾人国际多年来卓越的、富有成效的工作,已经并将继续证明这一点。但是,从残疾人不能孤立地在自己这个圈子里生活而要融于社会主流生活这个根本点上看,我们不能离开来自任何一方面的帮助,就如同一个健全人在社会生活中不能离开这种帮助一样,只要这种帮助被证明是真诚的、友好的、不带偏见的。而康复国际自一九二二年成立至今,历经七十年,集中了不少志士仁人,包括著名的社会学家、康复专家、社会活动家。出于人道主义和善良友好的愿望,他们已经并且愿意继续为残疾人做更多的事情,愿意从残疾人组织那里得到支持与帮助。我想,这就是我们亚太区两大组织携起手来,共同开拓残疾人事业的基础和缘由。这就是说,加强我们之间的团结与合作,不仅是事业的共同性、整体性的需要,也是我们相互的需要。

比起别的事业来,残疾人事业在亚太地区兴起并不算早。至今在不少国家残疾人参与社会生活的平等机会和残疾人工作者应有的社会地位仍未被充分认识。许多发展中国家特别是不发达国家,残疾人处境还很艰难。残疾人世界远不是一个鸟语花香的世界。大量的实际问题、认识问题有待我们协调一致地去督促解决。面对这种局面,我们只有互谅互让、团结一致、共同奋斗的义务。我们中国有句名言,叫“团结起来向前看”。我想,这是事业的呼唤,理性的呼唤,智者的呼唤。让我们发出理性的光芒,着眼于残疾人工作的现实与未来,在人道主义和“平等·参与·共享”及“亚太区残疾人十年”的大旗下,紧密地团结起来,亲密无间地合作,协调一致地推进亚太区残疾人工作。

携起手来，为推进亚太区“残疾人十年”而共同努力[①]

（一九九三年四月十五日）

参加新加坡举办的残疾人、老年人用品用具展览会开幕式，我觉得赏心悦目。请允许我代表中国残疾人联合会，代表中国五千多万残疾人，对贵国举办的这个很有意义的展览会的隆重开幕表示热烈的祝贺！对于你们盛情邀请我及我的同事以及我国残疾人艺术团到贵国访问，表示衷心的感谢！

贵国举办的这个展览会，使我想到了广大残疾人的平等充分参与，想到了残疾人共享社会物质和精神文明，想到了我们应当怎样采取务实的步骤实施亚太区残疾人十年行动计划，怎样通过实施这个计划推动社会的文明与进步。诸位尊敬的女士和先生，我经常对我的同事和我国广大残疾人工作者说，残疾并不是造成残疾人问题的根本原因。主要是来自社会的物质和精神环境方面的障碍决定了残疾对一个人日常生活的影响。如果我们的社会文明到这种程度，它不但为健全人的一切着想，也为具有特殊需求的残疾人和老年人的一切着想；不但为残疾人提供和谐的、无障碍的精神环境，同时为他们提供适合的、无障碍的物质环境，包括各种各样常人难以想象的用品用具，并且努力创造条件，使残疾人在事实上得到并且自如地使用

① 这是邓朴方同志在新加坡举办的残疾人、老年人用品用具展览会开幕式上的讲话摘要。

这些用品用具，那么，这个社会至少从这个侧面就可以说是“人人共享”的社会了。也只有在这种情况下，残疾人平等、充分参与社会生活才能由理想变为现实。我们知道，这正是“亚太残疾人十年”所追求的目标，也是我们残疾人工作者所追求的目标。正是在这个意义上，我认为，贵国举办这个展览，是贵国开展“亚太残疾人十年”活动的一个重要内容，是向实施“亚太残疾人十年行动计划”迈出的重要一步。贵国在推进“亚太残疾人十年”活动方面起到了模范作用。这就是我对贵国举办这个展览感到特别高兴的原因。

纵观全球形势，我们深深为亚洲是当今世界政治最稳定、经济发展最具有活力的地区而感到欣慰。对于发展残疾人事业来说，这是很好的机遇。我想告诉大家，中国残疾人联合会也正在充分利用这个机遇，依靠政府，动员社会，努力做自己的事情。我们协助政府制订并颁布了新中国成立以来第一部残疾人保障法。为了使这个法律的各项条款落到实处，省级立法机构正在制订本省实施办法，这项工作一九九五年可望完成；同时，正在依据残疾人保障法制订各种专项条例，比如残疾人教育条例、劳动就业条例。还正在为改善农村残疾人状况制订、实施康复扶贫计划和各种优免措施。半数以上的县、乡已对农村残疾人实行这种措施，包括优先供应化肥、种子，优先收购农副产品、免除农业税、教育费、义务工和各种提留。我们还协助政府制定并实施了发展残疾人事业的两个五年计划。为八十二万名因白内障致盲的残疾人做了手术，复明率百分之九十八点八；为二十九万四千名小儿麻痹后遗症患者进行了矫治，功效明显；为三万名聋儿进行了听力语言训练，使他们能够开口说话。残疾人教育有了长足进展。这几年，残疾少年儿童入学率有了较大的增长，特教学校由几百所发展到一千一百九十四所，年均增长百分之二十。各省、市及许多县、乡兴建了残疾人职业培训机构，大批残疾青年从这里学到技艺走上工作岗位。越来越多的城市正在推行残疾人按比例就业。残疾人用品用具的开发、生产、供应、服务正在日益受到各级政府重视,全国建立残疾人用品用具供应服务站六十个。所有这些,都是实施“亚太残疾人十年行动计划”的重要举措。

各位嘉宾,各位朋友,一个文明、公平的社会不应当以人的躯体功能健全与否来划分人的优劣,就如同不应当以肤色、性别、民族大小来划分人的优劣一样。从对残疾人的偏见中解放出来,不但是社会文明的表现,也是人类自我完善的必然要求。残疾人解放是与种族解放、妇女解放、民族解放一脉相承的人类自我解放运动的一部分。我希望,这种文明在亚洲特别是在文化传统非常接近的新加坡和中国这两个国家首先逐步实现。

新加坡是一个管理得非常好又非常美丽的现代化国家。我到贵国来,不但带来我国五千多万残疾人的问候和祝贺,带来中国残疾人艺术团的表演,而且还要向你们学习。我们期盼着向你们学习更多的经验。

让我们紧紧地携起手来,为发展残疾人事业,推进亚太残疾人十年行动计划而共同努力!

按比例安排残疾人就业是一项战略措施[①]

（一九九三年五月十九日）

我衷心地祝贺残疾人按比例就业工作研讨会在北京召开。我代表中国残疾人联合会向与会的各位代表表示热烈的欢迎，向倡议和支持召开这次会议的世界劳工组织表示由衷的感谢，向关心、支持中国残疾人事业的莫姆先生、圭亚先生、刘斯武先生以及与会的国家计委、劳动部、国家经贸委、全国总工会、中国企业管理协会的同志们表示衷心的感谢！

残疾人问题，是当今世界各国普遍关心的问题。在“联合国残疾人十年”结束后，亚太经社会通过决议，决定开展“亚太残疾人十年”活动。在“亚太残疾人十年”的第一年，我们聚集一堂，研讨残疾人按比例就业工作，这对残疾人状况的改善，促进残疾人平等充分参与社会生活有着十分重要的意义，也必将对中国残疾人事业的发展产生积极影响。

劳动是公民的基本权利。劳动就业是残疾人全面参与社会生活的关键环节。绝大多数残疾人有劳动就业的愿望和能力。帮助残疾人发挥潜能，参加劳动，既有利于经济发展和社会稳定，又改善了残疾人的生活，提高了他们的社会地位。因此，抓好残疾人劳动就业，

---

① 这是邓朴方同志在国际劳工组织中国劳动部、中国残联在北京举行的残疾人按比例就业工作研讨会上的讲话。

符合国家整体利益,体现了社会进步和文明,是解决残疾人问题的重要环节。

为解决残疾人劳动就业问题,我国实行了集中与分散相结合的方针,采取优惠政策和扶持保护措施,通过多渠道、多层次、多种形式,安排残疾人劳动就业。由于中国政府的重视和扶持,目前,我国城镇残疾人劳动就业率已超过百分之五十,农村有百分之六十的残疾人参加多种形式的生产劳动。中国集中安排残疾人就业的福利企业达到四万多个,在各机关、团体、企业事业单位工作的残疾人占职工总数的百分之一。还有一批残疾人自谋职业。

但是,由于受经济条件和外界的制约,残疾人在劳动就业方面仍存在着极大的困难。特别是在建立社会主义市场经济的过程中,由于竞争的加剧,这一问题更加突出。因此,国家在大力发展经济的同时,必须促进社会的全面发展;在改革用工制度、给企业以更大用工自主权的同时,必须对残疾人的劳动就业给予特别扶持。使我们感到欣慰的是,中国已不失时机地采取了多项重大措施,在一九九一年开始实施的《中华人民共和国残疾人保障法》中,对残疾人劳动就业专写了一章,其中包括按比例安排残疾人就业这一国际社会较为普遍采用的办法。这是各国针对市场经济特点,为保障残疾人劳动就业采取的重要措施。中国政府在“全民所有制工业企业转换经营机制条例”中,也对残疾人劳动就业做了相应规定。这也是中国响应和执行国际劳工组织关于《残疾人职业康复和就业公约》的重要步骤。中国各省、自治区、直辖市先后制定了《〈残疾人保障法〉实施办法》,规定机关、团体、企事业单位必须按职工总数的百分之一点五至百分之二的比例安排残疾人就业,这是解决残疾人劳动就业问题的一项战略措施。

从一九九二年开始,中国在一些城市开展了按比例安排残疾人就业的试点工作。当然,这些法规的进一步全面落实,还要有一个艰苦细致的工作过程,还有一些问题需要解决,这也正是这次会议研讨的议题。

我十分感谢国际劳工组织对中国残疾人劳动就业工作的关注和指导,并希望以此为良好开端,在这一领域尤其是残疾人职业培训方面得到国际劳工组织更广泛、更有效的支持。

祝大会圆满成功!

宣传贯彻实施残疾人保障法是一项综合系统工程①

（一九九三年八月二十七日）

首先，请允许我代表中国残疾人联合会，代表五千多万残疾人，感谢国务委员、国务院残疾人工作协调委员会主任彭珮云同志发表了重要的讲话，感谢司法部部长肖扬同志做了一个非常好的报告，感谢中宣部、全国人大内司委、国务院法制局及有关部委的领导同志对会议的支持和发表的讲话。

我们开了一个很好、很重要的会议。为了使残疾人合法权益切实得到保障，使残疾人事业更好、更快地沿着法治的轨道发展，北京、上海、山东、河南、辽宁、浙江等省市介绍了很多宝贵的经验，发表了许多很好的意见。

《中华人民共和国残疾人保障法》实施以来，党中央、全国人大、国务院、全国政协、人民解放军以及地方各级党委、人大、政府、政协和各有关部门高度重视，为宣传和实施这部法律做了大量艰苦细致的工作。新闻出版和广播电视部门在这方面发挥了巨大作用。各省、自治区、直辖市人大、政府积极制订“实施办法”，各级政府结合当地实际制定地方规章，推动了这部法律的实施。残疾人保障法的宣

① 这是邓朴方同志在中宣部、司法部、全国人大内司委、法制局和中国残联共同召开的全国宣传实施《中华人民共和国残疾人保障法》工作座谈会上的讲话。

传、实施，提高了残疾人的社会地位，改善了残疾人的生活状况，推进了社会文明与进步。在这里，我向为宣传、实施残疾人保障法而辛勤工作的同志们及到会的各位同志表示由衷的感激。

残疾人保障法是我国第一部保护残疾人合法权益的专门法律。这部法律，贯穿着作为我国社会基础思想之一的社会主义的人道主义精神，融进了中华民族扶弱济残的传统美德。作为公民的行为规范和发展残疾人事业的法律依据，这部法律充分反映了当代社会文明，反映了社会主义制度的优越性。这部法律颁布的时候，广大残疾人奔走相告，挥泪欢呼，说这是残疾人的“生存法”，反复学习，而且随身携带。残疾人期盼这部法律，期盼通过这部法律的实施，改善自身合法权益保障的状况，得到平等参与社会生活的机会，为国家贡献力量，创造财富。

众所周知，目前我国残疾人事业仍然滞后于经济社会的发展水平。残疾人中文盲、半文盲占百分之六十六点四；盲、聋、弱智儿童教育，几经发展，入学率仍比较低；城镇达到就业年龄的残疾人就业率仅为百分之五十；生活主要靠家庭和亲友扶养的残疾人将近百分之七十；约有百分之四十六的成年残疾人没有配偶；不少地方贫困人口中的残疾人占半数以上，经济发达地区高达百分之八十至百分之九十；社会上对残疾人的歧视和偏见仍然程度不同地存在，侵犯残疾人合法权益、甚至残害残疾人的案件仍然时有发生。这些情况表明，宣传、实施残疾人保障法，维护残疾人合法权益是十分迫切和重要的。

当今国际社会十分重视以法律手段保障残疾人的合法权益。全世界有一百三十二个国家和地区制定了有关残疾人的法律，其中半数左右是保障残疾人权益的专门法律。内容包括充分参与，反对歧视，改善环境，保障残疾人教育、康复和平等就业的机会，实行特别扶助，支持残疾人组织的建设等。据不完全统计，全世界已有八十七个国家建立了由政府主要领导人主持的国家残疾人工作协调机构,协调残疾人工作规划、计划、法规的制定与实施。近半个世纪以来,联合国通过了一系列保障残疾人权益的文件、决议。改革开放以来,我国政府积极参与这类国际文件的制订工作,并以行动做出响应,扎扎实实为保障残疾人权益做事情,受到国际社会好评。

宣传、实施残疾人保障法,发展残疾人事业,保障残疾人合法权益,是一项综合系统工程,不是哪一个部门、团体能够独自完成的,必须在党委、人大、政府的领导下,立法、司法、执法等各部门及各级残联通力合作。两年多来,宣传、实施残疾人保障法取得的成绩是靠这种通力合作得来的,今后仍要坚持这种通力合作。

这次会议之后,各级残疾人联合会要特别注意做好以下工作:

第一,协助人大、政府认真传达贯彻好会议精神。重点是彭珮云同志的讲话,肖部长的工作报告和中宣部、全国人大内务司法委员会领导同志的讲话及国务院法制局领导同志所做的会议总结。要配合有关部门向党委、人大、政府认真汇报,结合本地实际,提出落实措施。

第二,在协助人大制订贯彻残疾人保障法的“实施办法”、协助政府制订地方规章的过程中进一步做好调查研究工作。主动提供信息、依据,主动参与起草、修改,主动提出政策性建议,主动与有关部门协商,做好沟通、服务工作。要通过制订与残疾人保障法配套的法规,使残疾人工作协调机构健全起来,发挥更大的作用,使各级残联充分发挥活力,把各项业务工作抓起来。

第三,加强对残疾人工作者和广大残疾人的法治教育。残疾人工作者、各级残联干部和广大残疾人应当首先学好用好残疾人保障法,真正做到知法、守法、用法。残联干部尤其是领导干部要精通这部法律,联系实际,会讲会用。

要帮助残疾人增强法律意识和遵纪守法观念，通过教育、帮助，使残疾人懂得全局与局部的关系，努力顾全国家大局；懂得国家给残疾人以特别扶助，目的在于鼓励自强自立，促进平等参与，不能将这误解为“享受特殊待遇”，可以做“特殊公民”，不能产生依赖思想。残疾人作为公民，不但享有同其他公民平等的权利，而且应力所能及地尽公民的义务。我坚信广大残疾人能够顾全大局，爱国守法，自尊、自信、自强、自立，为社会主义建设贡献力量。

第四，要按照残疾人保障法的要求，加强各级残联的组织建设。各级残疾人联合会是法定的“半官半民”的事业团体，它是政府与社会的中介，也是政府与广大残疾人的中介。充分发挥残联的作用，是符合“小机构，大服务”的精神，符合转变政府职能、精简政府机构的精神的。建议各级政府给予与其承担的任务相适应的工作条件。各级残联要本着精干、务实、高效和人道、廉洁的精神，加强自身建设，切实代表残疾人的利益，为残疾人服务，完成政府委托的任务。

我相信，在党中央、全国人大、国务院的领导与关怀下，通过各地党委、人大、政府及社会各界的共同努力，经过在座同志们的努力，广大残疾人合法权益的保障以及我国残疾人事业的发展，一定会进一步走上法治化的轨道。

在中国二〇〇〇年消除碘缺乏病目标动员会上的讲话

（一九九三年九月二十二日）

伴随科学技术的进步和社会的发展，人们对碘缺乏的认识逐步深化。碘是影响智力发育的重要微量元素，人体缺碘会产生不同程度的损害，导致智能下降乃至发生碘缺乏病和残疾。碘缺乏，危害严重而长久、涉及地域广、威胁人口多，是影响人类健康的重大公共卫生问题；对人体补碘，是增强儿童智能、消除碘缺乏病、预防残疾、提高人口素质的战略性举措。

中国是世界上碘缺乏危害最严重的国家之一，危及人口四亿多，占世界受碘缺乏危害人口的百分之四十。在人类社会控制碘缺乏危害的进程中，中国深知自己的责任和可以发挥的作用。中国残疾人组织响应世界儿童问题首脑会议和中国政府的号召，将全力支持并积极参与消除碘缺乏症的行动。

中国采取食盐加碘和对特需人群补用碘油的综合防治措施。在这一工作中，中国残疾人联合会将根据政府的统一规划和卫生部的总体指导，在配合有关部门推行食用盐加碘的同时，认真组织实施对特需人群补用碘油。我借此机会介绍一下补用碘油工作，希望得到指导和帮助。

我们计划，一九九六年年前，对缺碘地区的五千六百四十九万名新婚育龄妇女、孕妇、零到二岁婴幼儿补用碘油制品，使特需人群补用碘油率达到百分之八十五；进而，本世纪内实现补用碘油率百分之九十五的目标。为此,中国残疾人联合会会同有关部门制定了实施方案;向各省下达了任务指标;正着手完善碘油制品生产、供应系统和补用碘油的指导、服务网络;编写出版宣传手册、普及读物和音像制品;发动计划生育、计划免疫、婚姻登记、妇幼保健、地方病防治和残疾人组织机构力量,抓住婚姻登记、计划生育、儿童免疫三个关键环节,对新婚育龄妇女、孕妇和婴幼儿的家长进行宣传、动员,做好指导、服务,使特需人群按要求服用碘油。为确保任务完成,政府财政部门拨出了专项经费,随着宣传工作的深入开展,必将进一步得到社会各界的广泛支持。

我相信,这一浩大的造福于民的社会工程,在我国政府、各有关部门、社会各界和国际组织的共同努力下,一定会取得丰硕成果。

为祖国的繁荣昌盛和残疾人事业的发展而奋斗[①]

（一九九三年十月六日）

一、历史性的成就

中国残联第一次全国代表大会以来的五年，是不平凡的五年。在党和政府的关怀与领导下，在改革开放和现代化建设大好形势的推动下，经过各地区、各有关部门、社会各界和广大残疾人的共同努力，我国残疾人事业取得了历史性的成就：颁布残疾人保障法，奠定了残疾人事业的法律基础，为实现残疾人的公民权利提供了法律保障；制定实施《中国残疾人事业五年工作纲要（1988—1992 年）》和《中国残疾人事业“八五”计划纲要（1991—1995 年）》，将残疾人事业纳入国家发展计划；康复、教育、劳动就业、文化生活、福利、环境等各业务领域全面拓展，初步确立了残疾人事业的基本格局；建立残疾人工作协调机构，加强了残疾人工作体系；组建各级残疾人联合会，完善了残疾人组织体系；发扬爱国主义、集体主义、社会主义和乐观进取精神，在残疾人中广泛开展自强活动，增强了残疾人的参与意识和奋斗精神；弘扬社会主义人道主义，全社会进行多种形式的助残活动，改善了残疾人“平等参与”的社会环境；党和国家从人权保障和人类解放的高度阐明了残疾人事业的意义，为认识和解决残疾人问题

---

① 这是邓朴方同志在中国残联第二次全国代表大会上的报告。

提供了理论指南。这一切,既给残疾人带来实实在在的利益,又为残疾人事业的长远发展奠定了基础。

1. **康复**:“三项康复”工程取得巨大成效:九十余万白内障患者重见光明,三万八千聋儿开口说话,三十二万小儿麻痹后遗症患者得到矫治,上述各项得到康复的残疾人完成计划一百二十六万,超额百分之五十二完成五年任务。开拓了精神病综合防治、智力残疾预防和低视力康复工作:在每省的一市一县试点,采取社会化、开放式、综合性的措施,在涉及七千多万人口、七十多万精神病人的大范围内进行防治精神病的实践;建立了近百个低视力康复点,为低视力残疾者配用助视器使其脱离盲人生活状态;针对导致智力残疾的遗传和缺碘两大因素,六个省和十三个智残高发县制定了控制遗传性智力残疾的法规和规定,向全国部署了食用盐加碘及对新婚育龄妇女、孕妇和婴幼儿补用碘油制品,以提高儿童智能、消除碘缺乏病,预防残疾。广泛开展社区康复训练:建立了一千二百多个社区康复站和三百多个特殊用品辅助用具供应服务站,与残疾人家庭相结合,帮助残疾人补偿和训练功能,增强其生活自理和参与社会的能力。适当开办了骨干康复机构:三级综合医院普遍设立康复科(室),六所医学院校开设了康复医学专业,发挥了人才培养和技术指导作用。

2. **教育**:义务教育入学率大幅度提高:普通中小学普遍接收肢体残疾学生入学;特殊教育学校增加一倍多,达一千一百零八所;普通学校附设特教班增加五倍,达三千五百六十八个;盲、聋、弱智儿童随普通班就读人数大幅度增长,在校学生共增加六倍多,达到三十七万人。五年的发展,超过了我国自有特殊教育以来百余年的总和。职业技术教育广泛开展:普通技校、中专五年来累计招收残疾学生四千三百人;建立了残疾人职业高中八十九所、技工学校九所、中等专业学校十五所及各类培训机构二百六十八个,开办各类中短期职业培训班四千五百多期,共培养培训十三万人。高级中等以上教育初见成效:普通高校五年累计录取三千八百五十九名残疾学生,山东滨州医学院专设医学二系招收肢体残疾学生;开办了青岛盲人高中、南京聋人高中、长春大学特殊教育学院,新疆、南京中医学院开设盲人按摩专业,天津理工学院开设聋人机电专业。盲文、手语的改革和推广取得成果:制定了《汉语双拼盲文方案》,规范盲文数理化和民族器乐符号;出版了首部统一、规范的《中国手语》和盲人触摸世界地图集。

3. **劳动就业**:集中安排残疾人的福利企业在稳定的基础上有所发展,各类福利企业达到四万九千多个,八十余万残疾人在其中就业,一九九二年实现产值六百一十八亿元、创利税六十五亿元。分散按比例就业迈出了开拓性的一步:一百四十多万残疾人分散在各单位就业,占全国职工总数百分之一;在此基础上,残疾人保障法规定各单位按比例安排残疾人就业,上海、福建及广州、沈阳、武汉、大连、青岛、无锡、九江、洛阳、深圳地区已按百分之一点五至百分之二的比例实施,结果表明,难度比预料的小,效果比预想的好。个体从业的残疾人大幅度增加,人数已达数十万。残疾人劳动服务网络正在形成:建立了四百三十五个残疾人劳动服务机构,与城镇劳动服务系统和农村社会化服务体系相结合,开展了残疾人待业登记、能力评估、职业培训、就业介绍,组织并指导农村残疾人参加生产劳动。在八十三个国家参加的第三届残疾人职业技能奥林匹克竞赛中,我国获金、银、铜牌及总分四个第一,集中展示了残疾人的能力,表明他们同样是社会财富的创造者。

4. **扶贫**:针对贫困残疾人及其家属占全国贫困人口的半数及以往的扶贫措施对残疾人难以奏效的状况,国家设立了"康复扶贫"专项贴息贷款,在五百个县帮助残疾人恢复补偿功能、培训提高劳动技能、组织参加生产劳动,使其解决温饱。扶贫工作和残疾人事业的这一新举措，已初显成效。

5. **文化生活**：精神产品增多：公众文化单位努力为残疾人服务，并适应残疾人的特殊需要，在影视作品中增加字幕，开办电视手语节目，摄制了《启明星》等引起强烈反响的十多部影片和五十余部电视剧；残疾人文化出版单位发行盲人、聋人、弱智人读物和有关教育、康复、就业的书刊一千二百余种数千万册。文化活动活跃，公共活动场所为残疾人提供方便，并开辟了两千一百多个残疾人活动场所和五十一个盲人有声读物图书馆（室）；两万多名残疾人参加了自下而上的两届艺术汇演，演出万余场，展示了才华，感动了社会；中国残疾人业余艺术团出访十二个国家和香港，引起轰动，被誉为“一流表演，一流精神，美和友谊的使者”。体育成绩显著：广大残疾人踊跃参加体育活动，参加县级以上运动会的达十四万人；第三届全国残疾人运动会刷新二百三十八项全国纪录；在残奥会等重大国际赛事中获金牌一百三十三枚、银牌六十二枚、铜牌二十九枚，破二十九项世界纪录。

6. **社会环境**：社会环境逐步改善：国家发布了《方便残疾人的城市道路和建筑物设计规范》，一些大中城市的主要道路和重要公共建筑逐步采取无障碍措施，为残疾人参与社会创造了条件。公众助残意识提高：大众传播媒介积极反映残疾人渴求理解、志在奉献的心愿和顽强拼搏的精神，报道残疾人事业的进展，展现团结、友爱、互助之情，唤起社会的爱心；残疾人组织开展建“残疾人之家”、做“残疾人之友”活动；五千多万少先队员参加了历时八年的“红领巾助残”活动；残疾人保障法颁布后，分别以“宣传保障法”、“走进每个残疾人家庭”、“扶助与共进”为主题，开展了三次“全国助残日”活动，各级领导看望残疾人，数千万人为残疾人办实事、送温暖；国家表彰了助残先进集体和个人，越来越多的人理解、尊重、关心、帮助残疾人。

7. **残疾人组织建设**：一九八八年中国残疾人联合会成立后，地方各级残联相继建立,我国各民族、各类别的残疾人有了自己的统一组织。残联"边工作边建设、以任务带队伍、以建设促事业",在组织、思想、作风和业务建设上取得了成效。广大残疾人,虽然遭遇不幸,依然奋发进取,自强不息,努力投身祖国建设,涌现出许多感人肺腑的事迹和先进人物,一些人被国家授予"自强模范"称号。

8. **法制建设**:颁布《中华人民共和国残疾人保障法》,以国家意志规定了每个公民和一切组织对待残疾人问题的行为规范,确定了国家发展残疾人事业的法律准绳,明确了残疾人维护自身权益的法律依据和履行公民义务的行为准则,残疾人事业开始进入法治的新阶段。广泛开展残疾人保障法的宣传教育:国务院发出宣传贯彻的通知;国家将其列入"二五"普法规划,各地也纳入普法计划;发行汉文、盲文及七种少数民族文字的法律文本近一千万册;各级领导和人大代表带头宣讲,并以各种宣传工具和生动有效的形式在公民中普及基本知识,增强法律意识。积极制订配套法规:"残疾人教育条例"已报请审议;八个省人大常委会颁发了《〈残疾人保障法〉实施办法》,近二十个省已将实施办法提请审议;各级政府普遍制定了扶助残疾人的规定。认真进行执法检查:全国人大连续两年检查了五个省执行残疾人保障法的情况,并在二十九个省的义务教育法检查中将残疾人教育列为专题;全国人大新闻局组织二十多家新闻单位赴地方采访,发表大量报道,进行舆论督导;今年又召开了全国宣传实施残疾人保障法工作座谈会,进行总结和部署。

9. **国际交流**:我国响应《关于残疾人的世界行动纲领》的号召,积极参与"联合国残疾人十年(1983—1992 年)"和"亚太残疾人十年(1993—2002 年)"行动。参加了各大残疾人国际组织,与五十多个国家进行了残疾人事业领域的交流与合作,承办了十二次重要国际会议。在第四十七届联大关于残疾人问题特别全会等重要国际会议上,我国提出的原则和建议得到普遍响应;我国残疾人事业发展受到高度赞扬。通过交流,增进了相互了解,发展了合作,扩大了影响,展现了我国人权保障的广泛性、真实性和公平性。荣获联合国"残疾人十年特别奖"与"和平使者奖"。

五年的成就,饱含着党和国家的深切关怀,饱含着各地区、各部门的热忱帮助,饱含着社会各界的深情厚意,饱含着广大残疾人的自身奋斗。

我代表全国五千多万残疾人及其两亿多亲属,向一切关心残疾人、支持残疾人事业的人们表示由衷的感谢和崇高的敬意!

我们知道,残疾人状况与社会平均水平相比还存在不小的差距。残疾人群体的文盲率为百分之六十左右,近百分之八十的盲、聋、弱智儿童没有入学,百分之四十的残疾人未能就业,农村残疾人的人均收入只及全国农民人均收入的一半,近半数成年残疾人没有配偶,大多数残疾人缺乏康复医疗,三分之二的残疾人靠亲属供养。我们理解,这是由于历史的原因,又受经济社会发展水平的制约,残疾人事业起点低,基础薄弱。

我们认识到,建立社会主义市场经济体制,必将极大地增强综合国力,为残疾人状况的改善提供日趋有利的条件,这是残疾人根本利益所在。残疾人为国家发展奋斗,也是为自身解放奋斗。我们要引导和带领广大残疾人,积极支持和投身改革与振兴经济的伟大实践。

我们也看到,在向社会主义市场经济转换的过程中,竞争机制、效率原则,使比较脆弱、处于不利地位的残疾人面临一些新问题。这就需要研究新情况,采取相应的措施。

江总书记和李鹏总理曾经指出:残疾人事业是社会主义事业的一部分,发展残疾人事业已成为全社会面临的紧迫而艰巨的任务,各级党委、政府和社会各界都要对残疾人事业给予更多的关注和支持。

二、今后的工作

今后的五年,是实现我国现代化建设第二步战略目标的关键性五年;也是加快发展残疾人事业,进一步改善残疾人状况的关键性五年。我们要有使命感、责任感、紧迫感。

关于残疾人事业的宗旨与目标,残疾人工作的基本指导方针,各业务领域的工作原则、发展途径和主要任务,在残疾人保障法和残疾人事业的国家计划及工作方案中已有规定。残联作为残疾人共同利益的代表,政府发展残疾人事业的助手,社会与残疾人之间的桥梁,应当全面熟悉并认真贯彻这些规定。

(一)关于宗旨

中国残疾人事业旨在创造良好的物质条件和精神环境,保障残疾人以平等的权利,充分参与社会生活,共享社会物质文化成果。

要达到这一根本目的,需要经过与国民经济和社会发展水平相适应的分阶段的长期努力。

(二)关于目标

今后五年乃至本世纪末,残疾人事业发展的目标是:在残疾人的基本需求方面,缩小与经济、社会发展水平的差距,使残疾人参与机会增多,参与范围扩大,自身素质提高,生活状况改善。

解决残疾人的温饱问题;

残疾儿童少年义务教育入学率达到百分之八十;

待业残疾人职业技能培训率达到百分之八十左右;

城镇残疾人就业率、农村残疾人在业率达到百分之八十左右;

多数残疾人能够在社区和家庭进行康复训练；

实施一些急需的、效益好的康复项目，使二百万左右的残疾人康复；

残疾人文化生活日趋丰富。

针对导致残疾的主要因素开展预防。

（三）关于基本指导方针

全面贯彻残疾人保障法。依法规范公民行为，依法发展残疾人事业。

实行“讲求实效、打好基础”的发展方针。着重抓好残疾人迫切需要的、受益广、见效快、效益好的工作；进一步完善残疾人事业的业务体系、工作体系、政策法规体系和基础设施。

坚持“社会化”的工作原则。残疾人群体的特殊性，需求的多样性，参与社会领域的全面性，决定了残疾人事业具有很强的社会性。这样一个业务广泛、多边介入的工作，必须发挥各方面的积极性，有关部门各司其职，密切配合，并广泛动员社会力量。

充分发挥残疾人和残疾人组织的作用。密切联系残疾人，激励残疾人的自强精神，发挥残疾人的能动性；完善残疾人组织，增强活力，发挥效能。

（四）关于主要业务领域的工作原则与发展途径

康复　将现代康复技术与我国传统康复技术相结合；以康复机构为骨干，社区康复为基础，残疾人家庭为依托；选择实用、易行、受益广的康复内容为重点，为残疾人提供有效的康复服务。保质保量完成白内障复明、小儿麻痹后遗症矫治、低视力残疾者配用助视器、聋儿听力语言训练任务。采取符合科学、体现人道和文明的先进方法,降低精神病的发病率,提高治愈率。食用盐普遍加碘,并对新婚育龄妇女、孕妇、婴幼儿等特需人群补用碘油制品。做好残疾人特殊用品辅助用具供应服务。广泛开展社区康复训练。

教育:残疾人教育要依特性施教,加强身心补偿,以义务教育和职业技术教育为重点,依据残疾类别和接受能力,采取普通教育方式或特殊教育方式。凡是可以通过普通教育方式接受教育的残疾儿童少年,进入普通学校学习;并将盲、聋、弱智儿童特殊教育切实纳入义务教育轨道,进行统计和考核。职业技术教育,面向农村生产和城镇劳动市场,重点抓好短期培训,帮助残疾人掌握急需的实用技术和技能;适当开展学历教育。

劳动就业:采取集中与分散相结合的方式安排残疾人就业,完善残疾人劳动服务网络,认真做好各单位按比例安排残疾人就业的试点和推广,稳定并发展福利企业,鼓励并帮助残疾人个体从业。

扶贫:各类地区都有贫困残疾人,国家依三种类型地区通过不同途径开展康复扶贫。凡列为国家和省的贫困县,将贫困残疾人列为扶贫对象,在扶贫资金和物资上给予安排和照顾;得到中央康复扶贫贷款的县,要用好贷款,尽快见到实效;其他地区,由各省安排一定的信贷资金,用于对贫困残疾人的康复扶贫。

至于各领域的具体任务,在“八五”计划纲要和十六个配套方案及这次会议印发的六个专题报告中已明确,这里不再赘述。国家还会适时制定“九五”计划纲要。只要我们以主人翁的态度、服务者的身份、社会化的方式,协助政府和有关部门,广泛动员社会力量,扎扎实实地去落实,创造性地去实践,就一定能够做好工作,取得成效。

三、加强自身建设

残联,作为由残疾人和残疾人工作者组成的、半官半民性质的、肩负“代表、服务、管理”职能的综合性事业团体,其自身建设对残疾人事业的发展至关重要。我们要切实加强各级残联的组织、思想和作风建设。

加强残联建设。进一步完善各级残疾人联合会和基层残疾人组织;加强党的建设和思想政治工作;认真培养残疾人从事残疾人工作,注意选拔优秀残疾人进入各级残联领导岗位;建设“为公、勤政、团结、廉洁”的领导班子;履行好职责,发挥活力与效能。

提高残疾人工作者素质。我们所从事的是人道、高尚、艰巨的事业,要求残疾人工作者必须具有奉献精神,恪守“人道、廉洁”的职业道德;努力提高思想、政治、业务素质,发扬“团结、实干、开拓、高效”的工作作风;掌握社会化的工作方式,培养一专多能的才干;深入基层,面向实际,密切联系残疾人,全心全意为残疾人服务。

开展“建家做友”活动。把建设“残疾人之家”和做“残疾人之友”推向社会和基层,使更多的基层残疾人组织和残疾人比较集中的单位成为“残疾人之家”,更多的人成为“残疾人之友”。

树立乐观进取的人生态度。残疾人平等参与社会生活,有赖于社会的帮助,也取决于自身的奋斗。残疾人应当珍惜人生,热爱生活,热爱事业,热爱祖国;遵守法律,履行应尽义务,遵守社会公德;自尊、自信、自强、自立,为社会主义建设贡献力量。

当前我国政治稳定、经济发展、社会进步,改革开放和现代化建设事业进入新的发展阶段。我们要在党的“十四”大精神指引下,紧密地团结在以江泽民同志为核心的党中央周围,再接再厉,为祖国的繁荣、民族的振兴、人民的幸福与残疾人状况的改善而奋斗!

《中国残疾人》杂志社的光荣任务[①]

（一九九四年五月二十一日）

今天，是《盲人月刊》创刊四十周年、《中国残疾人》杂志创刊五周年纪念，同时举行向残疾人赠刊活动。

首先，我非常感谢创办杂志的各位同志。新闻、宣传领导机关的同志参加了这个活动，这是对中国残疾人事业的支持，也是对我们《中国残疾人》杂志社的支持。

我代表中国残疾人联合会，向《盲人月刊》《中国残疾人》杂志表示热烈的祝贺。四十年以前，《盲人月刊》就诞生了。老一辈无产阶级革命家谢觉哉同志和在座的黄老都亲自领导和参与了创刊工作。那时我们还是小孩子，还在上小学。那时候，我们的前辈就已经创建了《盲人月刊》。四十年来，这本杂志始终如一地为盲人服务，几十年的风雨历程，非常艰难，也非常可贵。《中国残疾人》创刊五年，《三月风》创刊近十年。这些年来，这两本杂志高举人道主义、爱国主义的旗帜，广泛宣传残疾人和残疾人事业，不仅成为残疾人和残疾人工作者的朋友，也成为社会各界的朋友，这是非常可贵的。我经常读其中的一些文章，觉得这些文章残疾人会喜欢，社会上的同志们也会喜欢。在这里，我对杂志社的编辑同志们、各位领导和所有的员工表示衷心的感谢。

---

① 这是邓朴方同志在《中国残疾人》杂志创刊五周年、《盲人月刊》创刊四十周年暨向贫困地区残疾人赠刊仪式上的讲话摘要。

现在,我们的国家正在蓬勃发展。我认为,残疾人事业取得的成绩与国家的蓬勃发展是分不开的。杂志社取得的成绩也是由于顺应了国家改革开放的潮流。我们国家正在从旧的僵化的体制中走出来,寻求一种解放,以便更好地发展经济,使人民生活水平迅速提高,中华民族重新振兴。在这个历史发展过程中,我们的杂志在宣传人道主义和残疾人事业方面发挥了作用。我经常说这样一句话,就是我们取得的一切成绩都是改革开放时代的成果。我们应该感到幸运,因为我们处在这个时代。

我们现在正在走向市场经济,在这个过程中,残疾人问题还会更加突出,将来还会有更多的问题出现,所以残疾人工作还要解决许多新问题。现在,残疾人仍然是很困难的,常人很难想象他们有多么艰难。以后可能还有更多的残疾人会遇到更多新的问题,有些人还会更加艰难。因此,我们的杂志社要承担起宣传、教育、呼吁等多方面的任务,宣传残疾人事业,宣传各种扶助措施,团结、教育残疾人,成为残疾人的知心朋友,鼓励残疾人在各种困难面前自强自立,不断提高自身素质,适应新的历史潮流。

杂志社还有一个任务,就是要宣传社会,提出残疾人需要解决的各种问题,使社会对这些问题有更多的了解,请社会上千千万万的人来帮助残疾人解决这些问题。

杂志社要继续高举社会主义、人道主义、爱国主义的旗帜,把我们的杂志办成主题鲜明、指导思想明确、有战斗性的、广大群众喜闻乐见的、在社会上有影响的刊物。

祝愿《盲人月刊》《中国残疾人》《三月风》杂志越办越好。

中国残疾人福利基金会成立十年回顾[①]

（一九九四年五月二十五日）

中国残疾人福利基金会一九八四年三月成立，至今已整整十年了。十年来，基金会以弘扬爱国主义和人道主义、探索有中国特色残疾人事业的道路为己任，广泛联系社会，努力开拓进取，为残疾人状况的改善付出了艰辛的劳动。今天召开第十次理事会议，我们聚集一堂，回顾十年，十分欣慰。

一、十年的历程

一九八三年四月，李维汉、季方、华罗庚、赵朴初、黄鼎臣、张邦英、吴作人、胡子昂等八位德高望重的老前辈，怀着对残疾人的一片爱心，在全国政协六届一次会议上，建议成立中国残疾人福利基金会。党和政府采纳了这一建议，经国务院批准，一九八四年三月十五日中国残疾人福利基金会正式成立。十年来，伴随着国家改革开放和现代化建设的步伐，中国残疾人福利基金会从我国国情和残疾人事业的实际出发，一步一步开拓：

提出残疾人问题是不容忽视的社会问题。自有人类社会，就有残疾人，残疾人问题任何社会都无法回避；残疾人不是“残废人”，他们同样是社会物质文明和精神文明的创造者；残疾人有参与社会生

---

① 这是邓朴方同志在中国残疾人福利基金会第十次理事会上的工作报告。

活的权利,保障残疾人的公民权利,扶助残疾人平等地充分参与社会生活,共享社会物质文化成果,是全社会义不容辞的责任,是人类文明的重要标志。

调查残疾人状况。建议并协助政府进行了首次全国残疾人抽样调查,摸清了底数,提供了工作依据。

鼓励残疾人自强不息。团结残疾人,激励残疾人“自尊、自信、自强、自立”,努力为社会主义现代化建设做贡献。

呼吁社会扶助残疾人。倡导理解、尊重、关心、帮助残疾人的社会风尚,开展扶残助残活动。

探索社会化的发展路子。募集福利基金,动员社会力量,发展残疾人事业。

倡议建立新型的残疾人组织体系。本着“精简、高效、统一”的原则,发起建立了具有“半官半民”性质的综合性的全国统一组织——中国残疾人联合会。

促进残疾人工作体系的完善。形成了政府为主导,社会为基础,有关部门、残疾人组织、社会福利团体各司其职的残疾人工作体系。

协助制订实施国家计划。制定残疾人事业的两个五年计划,明确了现阶段残疾人事业发展的基本指导方针、任务目标和措施。

推动残疾人事业法治化。经过六年的努力,一九九〇年国家颁布实施《中华人民共和国残疾人保障法》。

二、事业的进展

在党和政府的关怀、领导下,在改革开放和现代化建设大好形势的推动下,经过各地区、各有关部门、社会各界和广大残疾人的共同努力,我国残疾人事业经过十年的探索,总结经验,逐步走上适合我

国国情的发展道路,取得了历史性的成就:

颁布残疾人保障法,奠定了残疾人事业的法律基础,为实现残疾人的公民权利提供了法律保障;

各级政府残疾人工作协调机构和各级残联、基金会的建立,加强了工作力量,完善了残疾人组织;

制定和实施《中国残疾人事业五年工作纲要(1988—1992年)》和《中国残疾人事业“八五”计划纲要(1991—1995年)》,将残疾人事业纳入国民经济、社会发展计划;

残疾人的康复、教育、劳动就业、文化生活、福利、环境等各项业务领域全面拓展,初步确定了残疾人事业的基本格局;

发扬爱国主义、集体主义和乐观进取精神,在残疾人中广泛开展自强活动,增强了残疾人的参与意识和奋斗精神;

弘扬社会主义人道主义精神,全社会进行多种形式的助残活动,改善了残疾人“平等参与”的社会环境;

党和国家在人权保障和人类解放的高度上阐明了残疾人事业的意义,为认识和解决残疾人问题提供了理论指南。

这一切,不仅为残疾人谋取了现实的利益,而且为残疾人事业的长远发展奠定了基础。

(一)康　复

重点康复工程取得巨大成效:

使一百零三万白内障患者重见光明,五万聋儿开口说话,三十六万小儿麻痹后遗症患者得到矫治,共一百四十四万残疾人康复;

在每省的一市一县,采取社会化、开放式、综合性的措施,在覆盖七千多万人口、七十多万精神病人的大范围内进行了具有深远意义的防治精神病实践;

建立了五百五十六个低视力康复点,为近万名低视力残疾者配用助视器,使其脱离盲人生活状态;

针对导致智力残疾的遗传和缺碘两大因素,六个省和十八个高发县制定了控制遗传性智力残疾的法规和规定;

为提高儿童智能、消除碘缺乏病、预防残疾,在全国开展食用盐加碘并促使新婚育龄妇女、孕妇和婴幼儿补用碘油丸。

广泛开展社区康复训练:建立了五千五百二十五个社区康复站和三百六十七个特殊用品辅助用具供应服务站,与残疾人家庭相配合,帮助残疾人补偿和训练功能,增强其生活自理和参与社会的能力;

适当开办了骨干康复机构:三级综合医院普遍设立康复科(室),六所医学院校开设了康复医学专业,发挥着人才培养和技术指导作用。

(二)教　育

义务教育入学率大幅度提高:普通中小学普遍接收肢体残疾学生入学;特殊教育学校增加一倍多,达一千二百六十三所,普通学校附设特教班增加七倍,达四千五百九十五个,盲、聋、弱智儿童随普通班就读的人数大幅度增长,在校学生共增加六倍多,达到三十七万人。近几年的发展,超过了我国自有特殊教育以来百余年的总和。

职业技术教育广泛开展:普通技校、中专五年累计招收残疾学生五千人;建立残疾人职业高中八十九所、技工学校九所、中等专业学校十五所及各类培训机构三百七十个,开办各类中短期职业培训班四千五百多期,共培养、培训十五万人。

高级中等以上教育初见成效:普通高校累计录取五千名残疾学生,山东滨州医学院专设医学二系,招收肢体残疾学生;开办了青岛盲人高中、南京聋人高中、长春大学特殊教育学院,新疆、南京中医学院开设盲人按摩专业,天津理工学院开设聋人机电专业。

盲文、手语的改革和推广取得成果:制定了《汉语双拼盲文方案》、盲文数理化和民族器乐符号,出版了首部统一、规范的《中国手语》和盲人触摸世界地图集。

(三)劳动就业

集中安排残疾人的福利企业在稳定的基础上有所发展,各类福利企业达到五万六千个,八十四万残疾人在其中就业。

分散按比例就业迈出了开拓性的一步:一百四十多万残疾人分散在各单位就业,占全国职工总数百分之一;各地按残疾人保障法的规定主动积极地按比例安排残疾人就业,上海、福建、广州、沈阳、武汉、大连、青岛、无锡、九江、洛阳、深圳和其他一些市县已按百分之一点五至百分之二的比例实施,结果表明,难度比预料的小,成效比预想的好。

个体从业的残疾人大幅度增加,人数已达上百万。

残疾人劳动服务网络正在形成,建立了六百四十个残疾人劳动服务机构,与城镇劳动服务系统和农村社会化服务体系相结合,开展残疾人待业登记、能力评估、职业培训、就业介绍,组织并指导农村残疾人参加生产劳动。

在八十三个国家参加的第三届残疾人职业技能奥林匹克竞赛中,我国获金牌、银牌、铜牌及总分四个第一,集中展示了残疾人的能力,表明他们同样是社会财富的创造者。

(四)扶　贫

针对贫困残疾人及其家属占全国贫困人口半数而以往的扶贫措

施对存在生理和功能缺陷的残疾人又难以奏效的状况，国家设立了“康复扶贫”专项贴息贷款，已在五百个县帮助残疾人恢复补偿功能，培训提高劳动技能，组织参加生产劳动，使其解决温饱问题。扶贫工作和残疾人事业的这一新举措已初见成效。

（五）文化生活

精神产品增多：公众文化单位努力为残疾人服务，并适应残疾人的特殊需要，在影视作品中增加字幕，开办电视手语节目，摄制了《启明星》等引起强烈反响的十多部影片和五十余部电视剧；残疾人文化出版单位发行盲人、聋人、弱智人读物和教育、康复、就业的书刊一千二百余种数千万册。

文化活动活跃：公共活动场所为残疾人提供方便，并开辟了两千五百五十六个残疾人活动场所和五十一个盲人有声读物图书馆（室）；两万多名残疾人参加了自下而上的两届艺术汇演，演出万余场，展示了才华，感动了社会；中国残疾人业余艺术团出访十二个国家及香港，引起轰动，被誉为“一流表演，一流精神，美和友谊的使者”。

体育成绩显著：广大残疾人踊跃参加体育活动，参加县级以上运动会的达十九万人；第三届全国残疾人运动会刷新二百三十八项全国纪录；在残奥会等重大国际赛事中获金牌一百三十三枚、银牌六十二枚、铜牌二十九枚，破二十九项世界纪录。第六届远东及南太平洋地区残疾人运动会，今年九月在北京举行，将有四十多个国家和地区的两千多名运动员参加角逐，我国将组派六百人的代表团参加比赛。

（六）社会环境

环境条件改善：国家发布了《方便残疾人的城市道路和建筑物设

计规范》,一些大中城市的主要道路和重要公共建筑逐步采取无障碍措施,为残疾人参与社会创造了条件。

公众助残意识提高:公众传播媒介积极反映残疾人渴求理解、志在奉献的心愿和顽强拼搏的精神,宣传残疾人事业的进展,展现团结、友爱、互助之情,唤起了社会的爱心;残疾人组织开展建"残疾人之家"、做"残疾人之友"活动;五千多万少先队员参加了历时九年的"红领巾助残"活动;残疾人保障法颁布后的四年间,分别以"宣传保障法"、"走进每个残疾人家庭"、"扶助与共进"和"我们同行"为主题,开展了四次"全国助残日"活动,各级领导看望残疾人,数千万人为残疾人办实事、送温暖;国家表彰了助残先进集体和个人,越来越多的人理解、尊重、关心、帮助残疾人。

(七)法制建设

颁布《中华人民共和国残疾人保障法》,以国家意志规定了每个公民和一切组织对待残疾人问题的行为规范,确定了国家发展残疾人事业的法律准绳,明确了残疾人维护自身权益的法律依据和履行公民义务的行为准则,残疾人事业开始进入法治的新阶段。广泛开展残疾人保障法的宣传教育:国务院专门发出宣传贯彻的通知;国家将其列入"二五"普法规划,各地也纳入普法计划;发行汉文、盲文及七种少数民族文字的法律文本近一千万册;从中央到地方的各级领导和人大代表带头宣讲,并以各种宣传工具和生动有效的方式在公民中普及基本知识,增强法律意识。

积极制订配套法规:"残疾人教育条例"已报请审议;十六个省人大常委会颁发了残疾人保障法实施办法,其他省已将实施办法提请审议;各级政府普遍制定了扶助残疾人的规定。

认真进行执法检查:全国人大连续两年检查了五个省执行残疾

人保障法的情况，并在二十九个省的义务教育法检查中将残疾人教育列为专题；全国人大新闻局组织二十多家新闻单位赴地方采访，发表大量报道，进行舆论督导；召开了全国宣传实施残疾人保障法工作座谈会，进行总结和进一步部署。

（八）国际交流与合作

我国响应《关于残疾人的世界行动纲领》，积极参与“联合国残疾人十年（1983—1992 年）”和“亚太残疾人十年（1993—2002 年）”行动。参加了各大残疾人国际组织，与五十多个国家（地区）进行了残疾人事业领域的交流与合作，承办了十二次重要国际会议。在第四十七届联大关于残疾人问题特别全会等重要国际会议上做了发言，我国提出的原则和建议，得到普遍响应；我国残疾人事业的做法和发展，受到高度赞扬。通过交流，增进了相互了解，发展了合作，扩大了影响，展现了我国人权保障的广泛性、真实性和公平性。我国荣获联合国“残疾人十年特别奖”与“和平使者奖”。

（九）资金募集与使用

十年来，我会共接受海内外捐款二千四百七十笔，折合人民币合计二亿二千九百四十万元，其中外汇折合人民币一亿三千一百八十二万五千元（按一九九三年十二月三十一日中国人民银行公布的外汇牌价折算），还接受了部分物资。捐赠者中，既有企事业单位，又有机关团体，既有离退休的老同志、解放军官兵、青少年学生、个体工商业者，又有港澳台同胞、海外侨胞、国际友好人士，既有健全人又有残疾人。他们对残疾人倾注了情与爱。

中国残疾人福利基金会十年累计支出一亿零五百三十一万二千元，用于各地残疾人康复、教育、劳动就业、宣传文体、基础设施建设等,有效地促进了残疾人事业的发展。

在回顾走过的十年历程时,我们怀着崇敬的心情,深深地感谢各位名誉理事、理事和已经离任的理事。因为他们运用自己的威望和能力,在繁忙的公务之外,为残疾人事业的发展,奔走呼吁,做出了历史性的贡献。我们特别怀念已故的国家副主席、中国残疾人福利基金会名誉理事长王震同志,怀念已故的名誉理事李维汉、康克清、程子华、黄镇、华罗庚、爱新觉罗·溥杰等老前辈,他们为残疾人状况的改善呕心沥血,五千多万残疾人及其亲属会永远铭记他们的功绩。

十年的成就,饱含着党和国家的深切关怀,饱含着各位名誉理事、理事的辛勤努力,饱含着各地区、各部门的热情帮助,饱含着社会各界的深情厚意,饱含着广大残疾人的顽强奋斗。

我代表全国五千多万残疾人及其两亿多亲属,向各位名誉理事与理事、向为残疾人事业捐赠的朋友们,向一切关心残疾人、支持残疾人事业的人,表示由衷的感谢和崇高的敬意。

三、今后的工作

今后几年乃至本世纪末,是实现我国现代化建设第二步战略目标的关键时期;也是加快发展残疾人事业、进一步改善残疾人状况的关键时期。对此我们要有使命感、责任感、紧迫感。

我会的宗旨是发展残疾人事业。关于残疾人事业的目标、基本指导方针,各业务领域的工作原则、发展途径和主要任务,残疾人保障法已有明确规定,残疾人事业的国家计划及工作方案中已有具体部署。我们要充分发挥基金会的特点,广泛联系和动员社会,深入宣传并协同实施。

（一）目　标

本世纪内，残疾人事业发展的总目标是：在残疾人的基本需求方面，缩小残疾人事业与国民经济、社会发展水平的差距，使残疾人参与机会增多，参与范围扩大，自身素质提高，生活状况改善。

重点任务包括：解决残疾人的温饱问题；城镇残疾人就业率、农村残疾人在业率达到百分之八十左右；残疾儿童少年义务教育入学率达到百分之八十；百分之八十左右的待业残疾人得到职业技能培训。帮助多数残疾人在社区和家庭进行康复训练；实施一些急需的、效益好的康复项目，使二百万左右的残疾人康复。残疾人文化生活日趋丰富。针对导致残疾的主要因素开展预防。

（二）基本指导方针

全面贯彻残疾人保障法。依法规范公民行为，依法发展残疾人事业。

实行“讲求实效、打好基础”的发展方针。着重抓好残疾人迫切需要的、受益广、见效快、效益好的工作；进一步完善残疾人事业的业务体系、工作体系、政策法规体系和基础设施。

坚持“社会化”的工作原则。残疾人群体的特殊性，需求的多样性，参与社会领域的全面性，决定了残疾人事业具有很强的社会性。这样一个业务广泛、多边介入的工作，有赖于发挥各方面的积极性，有关部门各司其职，密切配合，并广泛动员社会力量。

充分发挥残疾人和残疾人组织的作用。密切联系残疾人，激励残疾人的自强精神，发挥残疾人的能动性；完善残疾人组织，增强活力，发挥效能。

(三)主要业务领域的工作原则与发展途径

康复:将现代康复技术与我国传统康复技术相结合;以康复机构为骨干,社区康复为基础,残疾人家庭为依托;以实用、易行、受益广的康复内容为重点,为残疾人提供有效的康复服务。保质保量完成白内障复明、小儿麻痹症矫治、低视力残疾者配用助视器、聋儿听力语言训练任务。采取符合科学、体现人道和文明、节省经费的先进方法,降低精神病的发病率,提高治愈率。搞好残疾人特殊用品辅助用具供应服务。广泛开展社区康复。

残疾预防:做好计划免疫;控制遗传因素导致的残疾;食用盐普遍加碘,并对新婚育龄妇女、孕妇、婴幼儿等特需人群补用碘油制品。

教育:残疾人教育要依特性施教,加强身心补偿,以义务教育和职业技术教育为重点,依据残疾类别和接受能力,采取普通教育方式或特殊教育方式。凡是可以通过普通教育方式接受教育的残疾儿童少年,尽量安排他们进入普通学校学习,以利于他们增强参与社会正常生活的能力,也有利于残健融合,又节省教育经费。职业技术教育,面向农村生产和城镇劳动市场,重点抓好中短期培训,帮助残疾人掌握急需的实用知识、技术和技能。

劳动就业:采取集中与分散相结合的方式安排残疾人就业,积极推广各单位按比例安排残疾人就业的办法,稳定并发展福利企业,鼓励并帮助残疾人个体从业。

扶贫:各类地区都有贫困残疾人,国家按三种类型地区通过不同途径开展康复扶贫。凡列为国家和省的贫困县的,将贫困残疾人列为扶贫对象,在扶贫资金和物资上给予安排和照顾;得到中央康复扶贫贷款的县,要用好贷款,尽快见到实效;其他地区,由各省安排一定的信贷资金,用于对贫困残疾人的康复扶贫。

至于各领域的具体任务,在残疾人事业“八五”计划纲要和十六个配套实施方案中已明确,这里不再赘述。国家还会适时制定“九五”计划纲要。只要我们广泛动员社会力量,扎扎实实去落实,创造性地去实践,就一定能够做好工作。

回顾历史,豪情满怀,甚感欣慰;展望未来,任重道远,信心倍增。残疾人事业,是高尚、人道的事业。顺应着人类文明进步的大趋势,伴随着祖国改革开放、繁荣昌盛的历史进程,这一事业必将受到更加广泛的关注,必将吸引越来越多的有识之士投身其中。各位能够率先垂范,是事业有幸,是历史的选择。让我们总结经验,继续努力,为我国残疾人事业的发展做出更大贡献!

教育是残疾人平等参与的阶梯[①]

（一九九四年六月七日）

我有机会参加世界特殊教育大会，感到十分荣幸。请允许我代表中国残疾人联合会，对联合国教科文组织、西班牙王国政府表示衷心感谢，并对此次大会的召开表示热烈祝贺。

随着联合国"残疾人十年"的开展，国际社会日益重视残疾人问题。众所周知，残疾人是社会中最困难的群体，解决残疾人问题、实现残疾人平等参与社会生活的目标，是国际社会所面临的一个重要课题。

残疾人接受教育的权利是残疾人人权保障的重要组成部分，教育是残疾人充分参与社会生活并实现其人生价值的重要条件，我们十分赞赏国际社会在这方面所做的不懈努力。

随着我国改革开放的不断深入和社会的发展，中国残疾人事业，近几年得到全面发展。中国残疾人联合会，作为全国残疾人的统一组织，积极配合政府，在发展特殊教育事业方面发挥了重要作用。

一、中国残疾人联合会的性质与作用

中国残疾人联合会是中国政府批准的全国性残疾人事业团体，代表中国各类残疾人的共同利益，维护残疾人的合法权益，为残疾人

① 这是邓朴方同志在西班牙举行的世界特殊教育大会上的发言摘要。

服务,并承担政府委托的任务,发展残疾人事业。它是将代表功能、服务功能、管理功能融为一体的"半官半民"性质的综合性组织。

中国残疾人联合会,在各地省市县乡镇(街道),都有地方组织,在残疾人比较集中的企业、事业单位也建有残疾人基层组织。

为加强对残疾人事业的领导,中国政府于一九九三年十月,设立了国务院残疾人工作协调委员会,秘书处设在中国残疾人联合会。

二、中国残疾人事业发展状况

中国有五千多万残疾人,约占全国人口百分之五。这样一个庞大的特殊困难群体的存在,确实是一个严峻的社会问题。中国残疾人联合会的宗旨是,使残疾人在事实上享有与健全人一样全面参与社会生活的权利,履行社会义务,共同分享由于经济发展和社会进步所带来的物质文化成果。在中国残疾人联合会的推动与参与下,自一九八八年以来,中国政府制定了两个关于残疾人事业的五年计划,颁布实施了《中华人民共和国残疾人保障法》,残疾人事业在康复、教育、就业、文化生活、福利等方面得到了全面发展,并取得显著成绩:九十万白内障患者重见光明;三十二万小儿麻痹后遗症患者得到矫治;三万八千聋儿受到听力语言训练;特殊教育学校发展到一千二百所,特教班四千个,普通学校广泛招收残疾儿童,在校学生达到三十七万。福利企业发展到五万个,残疾人按比例就业逐步推开,一百六十万残疾人得到就业。残疾人文化、体育活动日趋活跃。

三、中国残联在发展特殊教育中的重要作用

中国六至十四岁的残疾儿童有六百多万。中国残疾人联合会成立以前,特殊教育已有一定发展。一九八七年,有特殊教育学校五百

所,特殊教育班六百个,在校学生五万人。中国残疾人联合会成立后,十分重视特殊教育,把发展特殊教育作为一项重要工作,以主人翁态度,积极配合政府,在发展特殊教育方面做了一系列扎实、有效的事情。

(一)广泛宣传人道主义,在全社会倡导扶残助残的风气,为发展特殊教育创造良好的社会环境。

在中国传统观念中,残疾人特殊教育属于社会福利事业。经常有这样的说法:“健全人教育还管不过来,哪有力量管特殊教育。”所以,发展特殊教育,首先要转变人们的观念,树立正确的残疾人观,提高对特殊教育的认识。中国残疾人联合会把关心残疾人事业的新闻工作者组织起来,成立残疾人宣传新闻工作促进会,充分利用电视、广播、报刊、图书等社会公共宣传媒介,在全社会宣传人道主义,弘扬中华民族优良传统,唤起民众对残疾人的理解、关心、支持和帮助。在中国残疾人联合会的倡导下,每年五月的第三个星期日为法定的全国助残日,在中小学普遍开展经常性的“红领巾”助残活动。中国残疾人联合会和政府有关部门经常举办残疾人职业技能比赛、文艺汇演和体育运动会,向社会展示残疾人的才华;还共同组织对残疾人中的自强模范人物和助残先进集体及个人的表彰活动。经过深入持久的宣传和组织一系列活动,社会各界逐渐改变了对残疾人的偏见,越来越多的人表现出对残疾人事业的关心和支持,因而为发展特殊教育提供了有利条件。

(二)与政府部门共同召开会议,商讨、制定特殊教育方针、政策和发展规划。

一九八八年和一九九○年,中国残疾人联合会与国家教委、民政部联合召开两次全国特殊教育工作会议。会议明确了特殊教育是国家教育事业的一个重要组成部分,要求各级地方政府把特殊教育与其他教育统一规划,统一组织实施;制定了"重在普及"的教育方针,确定了以一定数量特殊教育学校为骨干,以大量特殊教育班和随班就读为主体的特殊教育格局;制定了到二〇〇〇年的发展规划;设立了国家专项补助款,由中国残疾人联合会与政府有关部门共同筹集经费,用以扶持地方发展特殊教育。以这两次会议为契机,特殊教育进入了一个崭新发展阶段。

(三)向政府建议制定特殊教育的政策、法规

几年来,经中国残疾人联合会建议并实际参与制订了《残疾人教育条例》《关于发展特殊教育的若干意见》《关于高等院校招收残疾考生的规定》《关于中等专业学校招收残疾考生的规定》《关于技工学校招收残疾考生的规定》。还制定了《残疾儿童少年义务教育"八五"实施方案》《残疾人职业技术教育"八五"实施方案》。这些政策、法规和实施方案的制定,使残疾人教育有了一套比较完善的法规和政策,为特殊教育健康、稳步发展提供了可靠保障。

(四)参加经常性的督导检查,与政府有关部门共同组织表彰活动。

中国残疾人联合会每年派人参加政府组织的督导检查,下到基层检查特殊教育。一九九三年十月,中国残疾人联合会与国家教委、民政部共同筹集经费,对自一九八八年以来特殊教育取得显著成绩的二百六十个县给予表彰或奖励

(五)与地方政府联合办学,创办示范性特殊教育学校。

中国特殊教育的办学层次,从总体上说还处于小学或初中阶段。

为推动特殊教育向高层次发展,逐步完善特殊教育体系,在国家暂时还顾不过来的情况下,中国残疾人联合会提供经费资助,采取与地方政府联合办学的形式,分别在青岛、南京试办盲人、聋人高中,在长春试办特殊教育学院,填补了特殊教育在办学层次上的空白。

(六)承办国际会议,与国外友好团体建立合作关系,引入先进教育思想、办学经验和资金、设备,促进特殊教育的改革和提高。

承办了一九八八年在北京举行的国际特殊教育学术报告会,一九九二年在哈尔滨举行的亚太地区特殊教育研讨会。中国残疾人联合会与世界上许多国家和地区的友好团体在特殊教育领域建立了长期合作关系,他们提供经费、派专家讲学,为中国培训了数以千计的特殊教育师资、管理人员和研究人员,对推动特殊教育的改革、提高办学水平和科研水平起到了重要作用。

由于中国残疾人联合会的积极推动,政府的重视和社会各界的支持,在短短的六年时间内,中国特殊教育有了较大发展,取得了可喜成绩。与一九八七年相比,特殊教育学校增加七百所,特教班增加三千五百个,在全国普遍推行了残疾儿童随班就读,在校学生增加三十二万;从无到有,开办了盲人、聋人高中和特殊教育学院;设置了特殊教育研究机构;创办了特殊教育刊物;普遍开展了残疾人职业技术教育和培训。特殊教育发生了巨大变化。

主席先生、各位代表,正像各位所知道的那样,中国是发展中国家,有五千多万残疾人,办着世界上规模最大的特殊教育。尽管近几年特殊教育有较大发展,但由于基础差,起点低,目前仍处于低水平的发展阶段。根据我国教育事业发展的总体规划,到二〇〇〇年,残疾儿童少年义务教育水平将达到与其他儿童基本同步;城市和经济比较发达地区基本上满足残疾青年学习职业技术的需求。要实现这个目标,会遇到许多困难和问题,需要付出艰苦努力。中国残疾人联合会将一如既往,为发展特殊教育继续不懈地努力工作。我们也希望与世界各国加强合作与交流,为中国和世界特殊教育的发展,为人类的文明与进步做出贡献。

一项影响深远的社会文明工程①

——祝第六届远南残疾人运动会胜利举行

（一九九四年九月）

第六届远东及南太平洋地区残疾人运动会（简称远南运动会）将于今年九月四日至十日在北京举行。这是远东及南太平洋地区两亿多残疾人生活中的一件大事，受到各国政府和国际社会的高度重视。届时，将有四十多个国家（地区）的数千名残疾人运动员、政府官员和记者参加。联合国有关机构、亚太经社会、国际体育组织、国际残疾人组织及参赛国的高层代表，也将出席运动会开幕式。在历届远南运动会中是规模最大的一届。举办这届运动会，也是我国社会生活中的一件大事，是我国继成功举办第十一届亚运会之后又一次承办的大型运动会，是我国首次举办国际残疾人运动会。

一、富有感染力的特殊体育运动

残疾人体育运动是一种特殊体育运动。它的起源可以追溯到第二次世界大战期间。因战争而致残的人们，需要通过适当的体育活动，获得康复，重新参与社会生活。于是，残疾人体育运动逐步受到重视。后来，英国著名康复医学家洛特维西·古度曼博士提出不用手术而以运动方式医治脊髓损伤的方案，并倡议组织下肢瘫痪的残

① 本文原载于一九九四年九月第九期《求是》杂志。

疾人举行轮椅运动会。轮椅运动会便逐步发展成为残疾人的国际体育比赛。此后，相继出现了国际轮椅运动会、世界伤残人奥运会、国际特殊奥运会、远东及南太平洋地区残疾人运动会等国际赛事，残疾人体育运动迅速发展起来。到目前，国际奥林匹克体育运动已形成两大系列，一个健全人的，一个残疾人的；而且形成惯例：凡申办健全人奥运会的城市，要同时申办残奥会。

残疾人体育运动从兴起始就具有特殊意义。它超越缺陷，通过意志和技能、体能的较量，向生命的潜能挑战，展示人的创造力和价值。同时促进康复，陶冶情操，增强生活信心和勇气，推动平等参与。已故著名康复医学家、体育家中村裕先生说过："残疾人体育运动，不仅仅是为了比赛，它的主要目的是通过体育运动把残疾人从病房和家庭解放出来，走向社会，享受与健全人同等的待遇。"不论在世界还是我国，残疾人体育竞赛都以其不畏艰难、百折不挠、乐观进取、顽强拼搏的精神和对人生的深刻理解及人道主义的深邃内涵为世人瞩目。它不仅有激烈的竞争性，而且有很强的感染力，给观众以体育之外的深刻启迪。

二、第六届远南运动会——系统文明工程

远东及南太平洋地区残疾人运动会创始于本世纪七十年代，迄今已先后兴办过五届，是国际上最重要的区域性残疾人体育赛事。我国是远南运动会联合会的正式成员国。经我国政府批准，北京市于一九八九年接受了远南运动会执委会的一致建议，承办第六届远南运动会。一九九〇年，国务院批准成立了第六届远南运动会组织委员会。在国务院领导下，远南运动会组委会和北京市人民政府做了大量准备工作，目前各项工作已基本就绪。首都人民正满怀热情

地迎接这一国际体育盛会。

在我国举办第六届远南运动会具有深远意义。首先,通过举办运动会,展示我国改革开放和现代化建设的丰硕成果,体现中国人民奋发图强、振兴中华的精神风貌,弘扬人道主义、爱国主义、集体主义,促进社会文明与进步;第二,展现我国残疾人事业在党和政府的领导与关怀下所取得的巨大成就,体现社会主义制度的优越性和我国人权保障的广泛性、公平性与真实性;第三,展现残疾人自强不息、奋勇拼搏的精神和高超的竞技才能,增进公众对残疾人的了解,提高全社会对残疾人事业的认识,进一步推动这项事业的发展;第四,对增进亚太地区各国人民包括残疾人之间的友谊,对创造亚太地区政治、经济、文化发展的良好和谐环境,对进一步推进“亚太残疾人十年”活动,也将产生重要的积极影响。

第六届远南运动会,不仅是一场特殊的体育竞赛,而且是一项系统的社会文明工程,目前,已有数万人投入这项工程。来自大、中学校的数千名志愿者冒着酷暑为运动会服务;许多建筑工人、工程师汗流浃背奋战在赛场工地,紧张地进行无障碍设施的改造;八千多名战士、学生和文艺工作者顶着烈日进行大型文体表演“我们同行”的排练;来自海内外的企业家、国内外朋友、革命老区、少数民族地区和解放军为运动会和中国代表团踊跃捐赠,奉献爱心;台北歌舞团同大陆残疾人运动员联欢,相互鼓励;残疾人运动员巡回报告演出团向机关、团体、部队、学校做了近四十场震撼人心的报告,听众近十万人;中国代表团的运动员、教练员进行着艰苦卓绝的赛前训练,他们有的推迟婚期,有的放弃高考,有的亲人有病、妻子分娩都不离队,不叫苦,不喊累,一心一意扑在远南备战上。许多新闻记者深入各地采访,感受到残疾人运动员、教练员、志愿工作人员可歌可泣的事迹,有的禁不住流下热泪。他们把最感人的事迹以生动的形式重现于各种传媒,使之变成了亿万人的精神财富。这些都是最富感染力的精神文明实践。

三、献给祖国的五百枚奖牌

残疾人体育是残疾人事业的组成部分,也是国家体育工作的组成部分。

近十年来,在国家体委和有关部门支持下,我国残疾人体育取得巨大进步。先后举办了三届全国残疾人运动会,在广泛开展群众体育的基础上,不断提高竞技水平。先后派出残疾人体育代表团参加二十多次重大国际比赛,中国残疾人运动员在残奥会和远南运动会等重大赛事中共获奖牌近五百枚,其中金牌二百三十六枚,打破三十八项世界纪录。在先于健全人奥运会一个多月于一九八四年三月在美国纽约举行的第三届国际残奥会上,我国盲姑娘赵继红、平雅丽分别夺得 B3 级和 B2 级女子跳远两项冠军,在中国奥运史上实现了“零的突破”。一九八八年在汉城举办的第八届残奥会上,我国派出四十三名运动员,获得四十四枚奖牌,其中金牌十七枚。一九八九年在日本神户举行的第五届远南运动会上,仅有五十六名运动员的中国代表团获得金牌九十九枚、银牌三十二枚、铜牌八枚,金牌数和奖牌总数均占第一位。我国残疾人体育运动起步虽晚,但进步很快。

受经费、器材等条件制约,过去在国际比赛中我国残疾人运动员参赛项目较少。第六届远南运动会在首都北京举行,我国政府决定派出六百多人组成的残疾人体育代表团参加所有十四个大项的比赛,是参赛人数和参赛项目最多的一次。残疾人运动员都是业余选手,来自农村、城镇、工厂、学校、福利企事业单位。他们家庭生活大多不富裕,不少人刚得温饱。平时训练没有场地,没有器材,也没有经济保障。但他们不畏艰苦,不怕困难,以昂扬的斗志坚持训练。残疾人由于存在功能缺陷,在训练和竞赛中付出的辛劳和血汗不知比一般人高出多少倍。在第四届远南运动会上,我国一位双腿截肢的女运动员摘取了女子 THS2 级铅球、铁饼、标枪三枚金牌,在赛前一个多月的集训中,磨破了三套假肢,为增加投掷铁饼的爆发力,她变原地不动投掷为旋转投掷,残肢在假肢接受腔中猛地一旋,生生拧下一层皮,鲜血淋漓。盲人运动员、截瘫人运动员以及其他重残运动员在训练与比赛中遇到的艰险同样多,他们为国争光,在赛场上拼的是精神,是毅力,是血肉。有的记者报道这动人事迹时,说残疾人运动员获得的奖牌是“血染的奖牌”。

四、残疾人的期待

残疾人体育运动同社会的总体发展包括残疾人事业的发展是密切联系的。残疾人只有获得生存权,获得平等参与社会生活的权利,才谈得上广泛开展文化体育活动。

由于历史的原因,我国残疾人事业目前仍滞后于社会总体发展的水平。残疾人状况亟待改善,他们中的文盲、半文盲占百分之六十六,盲、聋、弱智儿童入学率,七年前调查不足百分之六,经过几年努力,目前仍只有百分之十二左右,百分之四十六的成年残疾人没有配偶,残疾人参与公共生活存在环境障碍,残疾人生活状况落后于社会平均水平,社会上依然不同程度地存在着对残疾人的歧视和偏见。广大残疾人期待祖国富强,社会繁荣昌盛,期待残疾人事业发展,平等参与社会生活。

经过抽样调查,党中央、国务院完全了解这个特殊困难群体的情况,为改善残疾人状况,采取了一系列重大举措:建立了具有“半官半民”性质的综合性统一组织——中国残疾人联合会及其地方组织；各级政府成立了由政府领导人主持的、各部门和残联负责人参加的残疾人工作协调机构；全国人大常委会通过并颁布实施了保障残疾人合法权益的《中华人民共和国残疾人保障法》，大部分省、自治区、直辖市已制定这部法律的实施办法；国务院制定、实施了发展残疾人事业的两个五年工作纲要，明确了这项事业的基本方针、任务、目标和措施，针对残疾人急需解决的问题，抓了几项系统工程，获得巨大成效。

通过康复，使一百零三万名白内障患者重见光明，三十六万儿麻后遗症患者得到矫治，五万聋儿经听力语言训练后开口说话。在每个省的一市一县，采取社会化、开放式的综合措施，在覆盖七千万人口、七十多万精神病人的范围内进行防治精神病的实践，使他们解除关锁，缓解病情。在全国建立了五千五百二十五个社区康复站，三百六十七个特殊用品、辅助用具供应站，使残疾人就地就近得到康复训练，增强自理和参与社会生活的能力。康复对于残疾人具有重塑生命、再造人生的意义，上百万经过康复的残疾人走上了自立、自强、为社会创造财富之路。残疾人教育也是今非昔比，特殊教育学校比十几年前增加二倍多，普通学校附设特教班增加七倍多，盲、聋、弱智儿童在校生增加六倍多，残疾人职业技术教育、高级中等以上教育都有相应的发展。教育对残疾人具有在社会实践中根本改变命运的意义，是实现残疾人“平等·参与·共享”目标的根本保障。劳动就业方面，各类福利企业已达五万六千个，八十四万残疾人在其中就业；分散按比例安排残疾人就业迈出了可喜的一步。已在企事业单位、机关团体就业的残疾人，约占职工总数百分之一。按比例安排残疾人就业意味着残疾人的劳动权利进一步受到法律保护，残疾人将与比较先进的生产技术结合，同健全职工融为一体，共同创造财富。针对以往扶贫措施对存在功能缺陷的贫困残疾人难以奏效的状况,国家设立"康复扶贫贴息贷款",首先帮助残疾人康复,然后针对功能特点授以专业技能,组织他们参加生产劳动。这项工作已有五百个县实施,取得显著成效。残疾人文化体育生活也日趋活跃。公众文化单位努力为残疾人服务,不少电视台开办了聋人手语节目,摄制了反映残疾人生活的电影和电视剧,发行盲人、聋人、弱智人读物和康复、教育、就业书刊上千万册。在社区开辟了两千五百五十六个残疾人文化活动场所,五十一个盲人图书馆。两万多名残疾人参加了两届艺术汇演,演出万余场,展示了才华,感动了社会。中国残疾人艺术团出访欧、美、亚洲十四个国家和香港地区,普遍引起轰动,被誉为"美和友谊的使者"。自一九九一年起,每年五月依法举办"全国助残日"活动,数千万人参加,五千万少年儿童参加的"红领巾助残"活动,已连续进行八年。在大中城市推行无障碍设施,逐步改善了残疾人平等参与的环境。

中国残疾人联合会积极参加了联合国"残疾人十年"的活动,发起和参与了亚太地区"残疾人十年"活动,本着"和平、进步、友谊、人道"的原则,同五十多个国家和地区的一百多个残疾人组织开展了交流与合作,同联合国有关机构和国际残疾人组织建立了良好的合作关系。

五、文明工程的启示

从我国国情出发,发展有中国特色的残疾人事业是一项具有战略意义的社会文明工程。举办好第六届远南运动会正是这项文明工程的组成部分。

一九九一年五月,江泽民总书记在接见全国残疾人自强模范代表讲话时，把残疾人问题提高到人权和人类解放的高度来看待。他说，残疾人问题也是一个人权问题。在我们的社会里，残疾人在政治、经济、文化、社会生活等方面，确实享有同其他公民平等的权利。他高度赞扬残疾人的自强精神，强调当前要实现三步走的发展战略，把我国建设成为一个富强、民主、文明的社会主义现代化国家，必须大力发扬自强不息的民族精神。他还指出，残疾人事业的发展水平，是社会文明、进步的标志之一，各级党委、政府、社会各界都要对残疾人事业给予更多的关注和支持。李鹏总理也曾经指出：在社会主义国家，残疾人的合法权益应该得到保证。各级政府都要支持残疾人事业，使残疾人在社会上能够自食其力、幸福地生活。中央领导同志的讲话，为我国发展残疾人事业指明了方向，确定了指导思想。

我国残疾人从来没有像今天这样，以他们的成功引起社会的震动与鼓舞，以他们的困苦引起社会的不安与关注。社会文明已使残疾人与社会结为一个整体，这是社会进步的表现。当我们围绕残疾人的社会实践，联系社会文明的进程，进行历史性思考的时候，清楚地认识到：残疾人问题是人类社会固有的问题；残疾人的残疾，是不得不为人类文明和社会进步付出的代价；没有哪一个群体像残疾人群体这样集中了人的生理缺陷；在他们的生命中，最能显示人在承受种种缺陷的情况下能够达到怎样的高度。人类值得自豪的事情之一就是人在缺陷的刺激下产生的补偿能力和创造力，特别是当他们受到一个崇高的、轰轰烈烈的信念鼓舞的时候。在远南运动会上，在中国残疾人运动员身上，我们将集中地感受到这种闪光。

残疾人体育运动重在参与。残疾人参与得越多，越能显示这项体育运动的意义。近些年全国近二十万残疾人运动员参加了县以上运动会，这无疑是社会进步现象。

残疾人运动员经历了更多的人生磨难，对人生意义有深刻的领悟,他们珍视、热爱生活,热爱祖国,以生命的创造力为祖国赢得荣誉。这不仅是一场技能与体能的角逐,而且是向生命的潜能挑战。在中国残疾人这个数目庞大的群体中,蕴藏着巨大的能量,一旦释放出来,就是巨大的社会财富。

残疾人生活在社会中,离不开社会的滋养,离不开国家的保护。远南运动会的胜利举行,正是政府和社会各界包括亚太地区朋友们支持的结果。这次运动会是残疾人自强的展现,也是海内外朋友们爱心的展现。希望大家继续发扬这种精神,为推进光荣、高尚的残疾人事业而努力。

通过远南运动会切实推动残疾人工作①

（一九九四年九月二十日）

记　者:邓朴方先生,你作为中国残疾人联合会主席,认为远南运动会在北京举办对中国残疾人事业有什么意义?

邓朴方:“远南”残疾人运动会,是远东及南太平洋地区两亿多残疾人的一件大事,也是我国首次承办国际残疾人体育赛事。它为残疾人参与体育活动提供了机会,更为重要的是,它对残疾人全面参与社会生活也有极大的促进作用。

这次运动会是提高公众对残疾人和残疾人事业认识的重要机会。虽然我国的各项残疾人工作已初步走上轨道,但残疾人事业的进一步发展还有赖于各方面的进一步支持。我们的一些同志对残疾人不是不关心,而是不知道,或知道得太少。这主要是因为我们过去的宣传还没有真正打动人心。体育是每个公民都感兴趣的,残疾人体育比赛趣味性更强。盲人怎么打球?什么叫坐地排球?大家都不了解。我想每一个健全的人只要去看了,就会被吸引。运动会搭台,残疾人事业唱戏,这是我们下大力气抓好远南运动会的一个重要原因。

从更宽泛的意义上讲,远南运动会是一个系统文明工程,它弘扬爱国主义、集体主义、人道主义精神,充满自强不息、顽强拼搏、振兴

---

① 这是邓朴方同志就第六届远南运动会的意义答《中国妇女报》记者问,载于一九九四年九月二十日《中国妇女报》。

中华的精神,将有力地促进社会理解、关心、帮助残疾人,推进社会的文明和进步。

这届运动会,还将向亚太地区、向全世界展示我国社会发展包括残疾人事业发展的成果和对残疾人人权保障的重视,增进各国人民对中国的了解,增进亚太地区残疾人和残疾人组织之间的友谊,增进各国人民之间的友谊。这对于创造一个良好和谐的国际环境有着深远的影响。

记　者:远南运动会将促进残疾人事业,你能否具体地谈一谈中国残疾人事业取得了哪些成绩?

邓朴方:我国有五千多万残疾人,占全国总人口百分之五,平均每五个家庭就有一个家庭有残疾人,与残疾人直接相关的亲属有两亿多。

残疾人作为公民,在政治、经济、文化和社会生活各方面享有同其他公民平等的权利。残疾人有全面参与社会生活的能力,他们同样是社会物质和精神财富的创造者。保障残疾人的权利,尊重残疾人的价值,促进残疾人平等参与社会生活,是人类文明和社会进步的重要标志,是全社会和各级政府的责任。

党和政府致力于保障残疾人的权利,扶助他们平等地充分参与社会生活,共享社会物质文化成果。这些年,伴随着经济与社会的发展,采取了一系列重大举措。

颁布了《中华人民共和国残疾人保障法》;连续制定实施了两个残疾人事业五年计划;建立了统一的残疾人组织——中国残疾人联合会及其地方组织;设立了残疾人工作高层协调机构;在全社会开展多种形式的助残活动;在残疾人中广泛开展自强活动。六年来,展开了下列重要工作:

有一百零三万白内障患者经手术治疗复明、三十六万小儿麻痹后遗症患者得到矫治，五万聋儿开口说话，更多的残疾人分散在五千多个社区康复站、康复中心和家庭进行功能训练；

特殊教育学校增长一倍半，大批残疾学生随普通班就读，接受义务教育的盲、聋、弱智儿童增长六倍，七千多残疾人进入普通大学，专门为残疾人建立了三百七十个职业培训机构、六十所职业学校；

兴办五万六千个福利企业，集中安排残疾人就业；以法律规定社会各单位按比例安排残疾人就业，一些省市县已开始实施；

建立了近三千个残疾人活动场所、出版千余种残疾人读物、摄制百余部反映残疾人生活的影视作品，两万多残疾人参加全国艺术汇演，中国残疾人艺术团出访了十五个国家和地区；

我国还积极响应《关于残疾人的世界行动纲领》，积极参与“联合国残疾人十年(1983—1992 年)”和“亚太残疾人十年(1993—2002年)”活动，与五十多个国家开展了交流与合作，获联合国“残疾人十年特别奖”。这些成就，包括远南运动会，饱含着党和国家的深切关怀，饱含着各省、自治区、直辖市、政府各部门及社会各方面的热忱帮助，饱含着海内外朋友们的深情厚谊，饱含着广大残疾人的自身奋斗。在这里，我代表全国五千多万残疾人及其两亿多亲属，向一切关心、支持远南运动会和残疾人事业的同志们、朋友们表示由衷的感谢。

记　者：你认为在残疾人事业取得以上成就的同时，残疾人还有哪些困难需要引起社会重视？

邓朴方：最近，各报刊对远南运动会的宣传比较多，我非常感谢。但如果由此认为残疾人都生活得很好，面临的问题都解决了，那就未免失之片面了。

大家知道，残疾人的状况与社会平均水平相比还存在不小的差距。残疾人群体的文盲率为百分之六十左右，近百分之八十的盲、聋、弱智儿童没有入学,百分之四十的残疾人未能就业,农村残疾人的人均收入只及全国农民人均收入的一半,近半数残疾人缺乏康复医疗,三分之二的残疾人靠亲属供养。这种现状的造成,既有历史的原因,也跟国民经济、社会发展水平的制约有关,这是大家都可以理解的。

当前,我国正在建立社会主义市场经济体制,这将极大地增强综合国力,为残疾人状况的改善提供日趋有利的条件,这是残疾人根本利益所在。但眼下随着竞争加剧,会使残疾人面临一些新困难。

从上述情况可以看出,进一步改善残疾人状况,还有大量工作要做,残疾人工作任重而道远。

记　者:通过远南运动会怎样推动残疾人事业?

邓朴方:前面讲过了,远南运动会是一项系统文明工程。数万人参加远南运动会的服务工作,残疾人运动员巡回报告演出团连续做了五十多场震撼人心的报告,直接听众近十二万人。我国残疾人从来没像今天这样,以他们的顽强拼搏引起社会的震动与鼓舞,以他们的困苦引起社会的不安与关注,越来越多的人理解、尊重、关心、帮助残疾人。在北京,形成巨大的"远南冲击波"。我希望把这种激情转化成扎扎实实的助残扶残行动,希望大家像支持"远南"那样,支持残疾人工作,关心身边的残疾人,为进一步改善残疾人状况扎扎实实做些事情。

我们各地的残疾人工作协调委员会、地方残联,要把残疾人在康复、教育、就业等方面面临的困难和问题排一下队,力争去解决一些现在经过努力可以解决的问题。希望每个省、市、地、县、乡镇、街道,都抓住这个有利时机,为残疾人多做几件实事。

同行的朋友，谢谢你[①]

（一九九五年一月）

第六届远东及南太平洋地区残疾人运动会的圣火已经熄灭，但那明亮的烈焰带给我们的温暖依然留在心里。在那些令人激动不已的日日夜夜里，我们真真切切地感受到了这次盛会在人们心中引起的强烈共鸣和产生的巨大震撼。时至今日，我的心情依然难以平静。回顾我们共同度过的那段难忘的时光，我深深体会到：我们的党是伟大的党，我们的国家是文明的古国，我们的人民是善良友爱的人民。所有这些，正是远南运动会圆满成功的根本保证。

我们适逢一个充满希望的伟大时代，生活在一个古老而又充溢着活力的国度。在运动会申办之初，我们的党和政府就做出了庄严承诺，对运动会兴办的全过程一直高度重视。江泽民总书记等党和国家领导人亲切接见中国残疾人体育代表团，听取优秀运动员、教练员的事迹介绍，观看残疾人艺术团的演出；李鹏总理亲自宣布运动会开幕；全社会伸出援助的手，发出“我们同行”的心声。广大残疾人由此深深感受到党、政府和全社会的亲切关怀，切切实实体会到社会主义祖国对人权的保障。

首都是一个国家的中心，体现国家的文明和风貌。北京市委、市政府高瞻远瞩，将远南运动会视为跨世纪的精神文明工程，倾注了无比的热情和心血，把特别的爱献给特殊困难的残疾人。在五年多的

① 本文载于一九九五年一月第一期《中国残疾人》杂志。

时间里北京市各有关部门精心组织、安排,做了大量的、卓有成效的工作。首都人民更是同声相应,不避辛劳,细致入微地为运动会创造了一个热烈、友爱、文明的社会环境。尤其让人感动的是,远南运动会残疾人报告演出团的六十五场报告演出,场场都是台上台下互相呼应,“我们同行”成为深入人心的响亮口号。这不仅表达了首都人民对残疾同胞的理解和关心,而且反映了广大群众渴望友爱、追求和谐、向往真善美的内心世界。我不禁要说,我们的北京真好,我们的首都人民真好!

本届运动会上,由三十个省、市、自治区运动员、教练员组成的中国残疾人体育代表团取得了辉煌的成绩。这个成绩饱含着体育界与地方各级政府和广大人民的深情厚意。运动会前备战期间,体育系统派出最优秀的教练员,牺牲节假日,放弃国外的高薪聘请,陪伴并加强残疾人运动员的训练;各省、自治区、直辖市领导深入训练基地,看望残疾人运动员,送温暖,解除后顾之忧,给他们以鼓舞和激励,保证了训练的顺利进行。运动会期间,各省、自治区、直辖市领导亲自带队莅临北京,观看比赛,为运动员鼓劲加油,在座谈会上的发言更是感人至深。运动会结束之后,各地相继召开隆重的庆功会,表彰为国争光、为家乡争光的优秀运动员,给他们以崇高的荣誉。在运动会的赛场内外,在神州大地的每一个角落,我们都能感受到中华民族大家庭的友爱和温暖,感受到鼓荡在这片土地上的世纪文明之风。从上到下,举国一致,我们的国家和民族具有极强的凝聚力。

气势恢宏、场面壮阔的开幕式大型文体表演,给每个人都留下了极为深刻的印象。我们的解放军武警官兵、中小学生和各界青年,冒着酷暑,牺牲假日,刻苦排练,全身心地投入,用磨破的肩头托起黄河的浪涛,用年轻的双臂驾起生命之舟!还有更多的志愿者、啦啦队,以饱满的热情,积极参与,把友谊和温暖传递给各国残疾人运动员。

数十万现场观众和几亿电视机前的朋友,与残疾人运动员息息相通,为他们的顽强拼搏赞叹不已。从场内场外情景交融的激动人心的场面,我们又一次深刻地理解了什么叫同呼吸、共命运——我们共同享受着推动世界和平友谊的冲动和欢愉,我们共同承担起建筑社会文明系统工程的义务和责任!

我要特别提及我们的新闻工作者。他们是本届运动会最活跃的一支队伍。赛前深入集训基地,与运动员促膝交谈;赛中奔波往来于各个赛场,常常吃不上饭、喝不到水;他们不是为了完成任务,而是用自己的心体验运动员的顽强与艰辛,在采访中常常泪流满面……数以千计的新闻记者用他们极富创造性的工作架起理解、友爱的桥梁,营造出团结、友谊的"远南"氛围,宣传了自强不息、顽强拼搏的"远南"精神,他们的笔勾勒出文明大厦的灿烂轮廓,他们的镜头留下了光辉的历史瞬间。可以说,正是由于广大新闻工作者的不懈努力,"远南"精神才能如此深入人心,"远南"效应才能经久不衰。

"海内存知己,天涯若比邻。"一项高尚的人道主义事业必定会成为善良人们的共同事业,我们的海内外同胞、侨胞和广大朋友以他们的赤子之心鼎力支持和帮助,这同样是本届远南运动会能够走向辉煌的因素之一。

还有很多、很多的成功因素,在这短短的篇幅中不能一一历数,但无论如何——

"远南"成功了!这一盛会展示了我国改革开放和现代化建设的巨大成就,体现了全国人民团结奋斗振兴中华的昂扬气氛,表现了我国社会主义制度的优越性和我国人权保障的广泛性、真实性、公平性,促进了广大残疾人的"平等·参与·共享"。第六届远南运动会不仅是团结友谊的体育盛会,也是全社会文明进步的隆重庆典。在我们残疾人事业的编年史上,本届运动会无疑留下了空前光辉的一页!

“远南”成功了！这一盛会顺应了时代潮流，显示了民心所向。我们永远无法忘怀我们的工人和农民，我们的领导干部和青年学生，我们的解放军干部战士和武警官兵，我们所有的父老乡亲、兄弟姊妹；我们永远无法忘怀那一份份情，那一双双手，那一句句真挚的话语；我们永远无法忘怀那更多的熟识和陌生的朋友，更多的台前和幕后的英雄，更多的遥远和亲近的问候，更多的古老和崭新的企盼……我们从中看到了民族伟岸的身躯、祖国前行的脚步，感触到了时代冉冉升腾的灼热气息，体验人类文明的又一次升华！

“远南”成功了！这一盛会已经结束，而中国的残疾人事业方兴未艾：一个契机，一种动力，一股巨大的精神感召力量，她的深远意义和广泛影响，在今后的一段时间会更清楚地显示出来。如果说，取自太阳和长城的“远南”圣火是一种象征，她正象征了中华民族辉煌的过去和灿烂的未来，象征了中国残疾人事业蜿蜒曲折的奋斗历程。在我们的前方，是一条充满希望的不断向前延伸的宽阔大道。让我们再一次从心底发出最强劲的呼唤——我们同行！

残疾人事业的发展是历史的必然①

（一九九五年一月六日）

今天召开第八次残联工作会议。我首先对大家过去一年辛勤的工作表示感谢。元旦刚过，春节在即，祝大家新年好！向大家致以春节的问候！也向你们的妻子、丈夫、家人致以春节的问候！祝你们阖家欢乐，万事如意！

一、新时期残疾人工作的足迹

这个会，省级残联主要领导成员都到了。我想借这个机会同大家回顾一下十几年来残疾人工作的足迹。新时期的残疾人工作是在党的十一届三中全会路线指引下，伴随着我国政治、经济、文化的发展，人民生活水平的提高，社会的稳定以及社会主义精神文明建设发展起来的。记得一九九二年开工作会议的时候（当时刚刚制定“八五”计划纲要），我曾跟大家说过，十几年来，我国残疾人事业迈出了两大步，制定“八五”计划纲要是迈出的第三大步。

第一步是一九七八年至八十年代中期。以盲人聋哑人协会恢复工作（一九七八年）、残疾人福利基金会成立（一九八四年）、中国伤残人体育协会成立（一九八三年）以及一些地方残疾青年协会成立（一九八三年、一九八四年）为标志，向社会呼吁残疾人问题。这时

① 这是邓朴方同志在第八次全国残联工作会议上的讲话摘要。

候,在国际上出现“联合国残疾人年(一九八一年)”、“联合国残疾人十年(1983—1992年)”,我国政府对此是赞同、支持的。联合国这两个活动以及这时候颁布的《关于残疾人的世界行动纲领》对我们帮助很大。我国新时期残疾人工作开始萌动、起步。当然,我这里说的是十一届三中全会以后的残疾人工作。当时,一切都处于开创阶段,困难很多。我记得刚成立基金会时,房无一间,地无一垅,靠跟朋友借了五千块钱,买了笔墨纸砚,这才开了张。伤残人体育协会成立时,也相当艰难,巡回报告演出团的平雅丽讲过那时的艰难情况,李成钢在那么困难的情况下顽强训练,第一次从香港捧回金牌,当时我们多么激动啊!初创阶段,一切都不为人知,首要的是进行社会宣传。宣传人道主义,宣传残疾人问题是人类社会固有的问题,开始起草残疾人保障法,并会同建设部、民政部制定了我国第一个公共建筑无障碍设计规范。这时反映最强烈的,是残疾考生达到分数线而不被录取的问题。一九八四年中国残疾人福利基金会刚刚成立,信访中多半是这类问题(这一部分残疾人有文化,反应比较快)。福利企业发展也很快,各地残疾人就业人数激增。特殊教育、职业教育也有所开展。总之,这是起步阶段,主要作用是宣传了残疾人事业,开始赢得了社会同情与支持,初步形成了残疾人事业的框架。这是最艰难的也是最激动人心的阶段。

一九八八年中国残联成立,是新时期残疾人工作迈出的第二步。经过前一段摸索,我们已经有了比较完备的组织,有了比较完整的思路,工作路数也大体上清晰了。可以从事业的整体需要出发,研究问题、提出问题、有计划地解决问题了。如果说第一步打的是游击战,那么,现在打的是正规战了。首先,从中央到省市县成立了残疾人联合会,部分乡镇也成立了残疾人联合会,组织体系比较完整了。其次,根据前一段工作路数,提出了“打好基础,讲求实效”的工作方针。

更重要的是，国家制定了残疾人保障法，使发展残疾人事业有了法律依据。不少地方在这个阶段还制定了扶助残疾人的优惠政策，如云南思茅地区的“九优九免”等，给农村残疾人解决了很大问题。残疾人问题的理论宣传达到了新的高度，不仅我们到处讲，党和国家领导人也讲，把残疾人问题提到了人权保障和人类解放的高度，还开展了自强、助残活动，表彰了自强模范和助残先进集体、先进个人。在这个阶段，制定并贯彻实施了“五年工作纲要”。工作不仅有序了，而且纳入政府相关部门。比如教育纳入教委，纳入九年义务教育轨道，并形成了发展特殊教育的格局。康复也有了一套路数，形成了系统工程。劳动就业等各方面工作的路数也都拉出来了。

遇到的困难也很多，因为任务都是硬碰硬的，稍有松动，就会退下来，是靠同志们的拼搏精神克服困难，取得这些进展的。就说残联组建吧，中央建了，赶紧建省残联，省里建了，赶紧建市残联、县残联，一个县一个县地催建。就这么马不停蹄地一级一级往下推。这中间要克服多少困难，做多少宣传、协调、说服工作啊！记得那年开会，大家异口同声地说：“磨破嘴，跑断腿。”那时候确实苦，工作确实费力，要权没权，要钱没钱，又常常不被认同，确实苦了大家。最突出的是湖南，许多地方残联组建得差不多了，湖南当时还差得远。省残联新来了胡盛穆同志。这个同志一头扎在组建工作上，一个县一个县地跑，同这个谈、那个谈，同各级领导协商。组建任务上去了，胡盛穆同志却因累因病倒下，离开了我们。什么是全心全意为残疾人服务的精神？这种整个身心投入工作的劲头，就是全心全意为残疾人服务的精神。我们就是靠这种精神，靠顽强拼搏，靠共产党员的党性，在那个艰难困苦的阶段把工作抓上去并且打开局面的。十几年来，我们心心相印，在最困难的时候风雨同舟。同大家一起回顾这段历史，我感到弥足珍贵。

这项事业迈出的第三大步是实施“八五”计划以来这一大步。一个显著特点是,进入九十年代以来,大环境中市场经济的特征更多地显露了。社会生活中出现了许多新东西。原来属于推想的,现在证实了;原来未显露的,现在显露了。我们的工作必须由过去自觉不自觉地适应计划经济体制,转到自觉适应市场经济上来。这是一种具有巨大、长远意义的转变。谁转变得早谁主动。“八五”计划的实施事实上是这种转变的开端。第三步与第二步的区别不仅仅在于各项业务领域在深度上、广度上更开拓了,也不仅在于各项任务完成量累计大幅度增加,比如白内障复明累计达一百一十九万,儿麻矫治达到四十万,聋儿语训达到五万,特教学校由五百五十七个增到一千二百八十八个,特教班从五百多个增到五千三百多个,在校学生从五万多人增到十八万,福利工厂残疾人就业人数由五十五万增到八十四万等等,更重要的是,这些工作正开始由计划经济轨道向市场经济轨道靠拢。毕业生不包分配而开始双向选择了,职业培训机构所学专业技能,不再重传统而开始重市场需求、社会需求了,因而个体开业的增多了(由原来的三万增到几十万、近百万),劳动服务机构不仅有硬件服务,而且开始有软件服务(信息服务)了;保护残疾人合法权益,开始由重道德保护转到重法律保护了;按比例就业开始运作,扶残、济贫工作开始受到重视并有所开展了,如此等等,不一一列举了。这些工作,有的表面看似与原来一样,但事实上已开始具有某种新的意义,因为它们已经开始由受计划经济影响向市场经济靠拢了,只是有些同志对这些转变还未认识或还不那么自觉罢了。这样,坚持实事求是的原则,适应形势与社会的变化,我们就能得到社会的认同、残疾人的认同。这是非常重要的。我们的各项业务体系、法律法规体系、组织体系都应转到适应市场经济上来,理论工作也应重点研究这方面的问题。我们要注意研究这方面的新鲜经验,以便使广大残疾人在市场经济中变不利为有利，变被动为主动，并对我国市场经济的完善有所推动、补充。

当然了，第三步刚开了个头，“八五”计划纲要还没有执行完，我们还要继续执行好，我们还要制订“九五”计划。我估计，到二〇〇〇年，这第三大步才能迈出个样子来，社会主义市场经济中的残疾人事业才会出现一个比较大的改观。这样，到了下个世纪，残疾人事业就会有一个崭新的面貌。作为新时期残疾人事业的奠基人，我们这一代人含辛茹苦，历经风霜雪雨，但我们挺过来了，成绩斐然。面对既往，我们感到欣慰；展望未来，我们豪情满怀。我相信这绝不仅仅是我一个人的感受，而是我们大家共同的感受。

二、残疾人事业的发展是历史的必然

残疾人事业在这个历史时期勃兴并向平等参与发展，是历史的必然。表面看有几个因素。一是，十一届三中全会后全面贯彻“一个中心，两个基本点”的路线，我国政治、经济、文化全面发展，为残疾人事业的发展提供了良好的物质和文化基础。但同时出现了新的问题：残疾人生活水平与社会平均水平距离拉开了。以前是平均主义，“大锅饭”，大家一个样，现在你拥有得多了，我吃不饱，这就是问题。解决这个问题要做一系列工作，包括康复、教育、就业等等，这就引发了残疾人事业的发展。二是，国际残疾人事业的发展进入了新阶段。大家知道，第一次世界大战后，由重伤员引发了康复工作，康复国际出现。第二次世界大战后更多的重伤员得到康复机会，因为有些人是有功人员，这就又提出了教育、就业等问题，最终提出回归社会、平等参与问题，这就在更深刻的意义上和更广大的范围内提出了残疾人问题。加上西方国家竞相以社会福利作为竞选资本，到了六七十年代,残疾人工作就发展到相当规模了。联合国通过了残疾人世界行动纲领,向各国提出“平等·参与·共享”问题。我国举了手。这就在我国产生了广泛影响。可以说,当代残疾人事业的一些基本思路、基本要领,这个国际文件都提到了,对我国残疾人事业是很大的推动。三是,经抽样调查摸清了残疾人底数,党中央、国务院及各级政府越来越重视残疾人工作,纳入职责,切实推动;社会各界、海内外同胞也大力支持。应当特别提到的是,广大残疾人自强不息,业绩感人,形成了一个英雄群体,通过宣传媒介广泛向社会传播,深深地打动了社会,争得了理解与关心。社会环境就这样逐渐好起来了。四是,广大残疾人工作者卓有成效的工作。同志们顽强拼搏、艰苦奋斗,是使这项事业发展起来的最直接、最活跃因素。这种创造性劳动把我们的工作从零、从很低的起点一直推到如今这个规模。国际的影响叫“天时”,国内的需求和条件叫“地利”,残疾人和残疾人工作者的努力叫“人和”。天时、地利、人和这几点撞在一起,迸出火花,形成燎原之势,于是有了我们眼前这番事业。

这项事业发展起来还有更深层的原因。比如人道主义,为什么一经提出就得到那么广泛的认同呢?这同人们经历了那场迫害人身、践踏人权、辱及人格的“文化大革命”有关。在那个人妖颠倒、是非颠倒的动乱年代,受迫害受摧残的人何止千万!“文革”是一场灾难,是封建主义的大表演、大暴露!十一届三中全会解放思想、实事求是的号召一出来,犹如大地回春,把压在人们心上的石头搬掉了。正是在这个背景下,我们提出了人道主义,要以人为中心,要尊重人包括残疾人的权利、尊严、人格,这就很容易得到人们发自内心的认同。人道主义的提出,是社会进步的内在要求。

就这样,将残疾人问题摆上议程,实行平等参与,是一个社会由大乱到大治,到更高级文明的历史必然。我们坚信,我们的社会是朝着文明进步的方向发展的，这就决定了残疾人事业必定会向前发展而不会衰落。我们应当把对这项事业的信心建立在这上面。

人道主义是一个历史概念。在中世纪的尽头，面对着宗教统治，面对着神权、君权，打出人道主义的旗帜当然是进步的。因此它是资产阶级反对封建主义的一个进步的思想武器。马克思主义出现以后，人们对人类历史发展的认识进入了科学的、自觉的阶段。这是划时代的变化。但马克思主义与人道主义不是对立的，而是相容的。为什么要创立马克思主义？就是因为工人苦啊、社会不公平啊、存在阶级剥削、阶级压迫啊！闹革命、推翻压迫阶级，为了什么？发展生产搞建设为了什么？如果不是为了人，那不就是为斗争而斗争，为建设而建设了吗？应当指出，马克思主义所说的“人”，是具体的人而不是抽象的人。总之，人道主义在我国“文革”后提出，得到了广泛的同情与共鸣，是有群众基础的，所以能在社会产生巨大反响。这表明，讲人道主义，尊重人，把人摆在中心的位置，包括尊重残疾人，把残疾人的各种需要提上议事日程，对内符合社会发展趋势，对外符合国际潮流，这就是新时期残疾人事业发展的根本动因。

由于传统的影响，对共同富裕的向往在我们国家是有着悠久历史的，是扎根于群众当中的。而随着经济的发展，残疾人的绝对生活水平在提高、相对生活水平在下降，有的差得很远。所以，在这种背景下我们提出残疾人问题容易被各方接受。当然，更本质的原因是，共同富裕是社会主义制度所要求的，也是社会经济发展的根本需求。西方早期发展经济，根本不考虑什么共同富裕、社会保障，那是资本原始积累阶段，比如十八、十九世纪，资本家一味追求高额利润，无休止地残酷剥削工人、农民，甚至掠夺殖民地，贩卖人口。随着工业的发展，无产阶级越来越贫困化，造成极大的社会矛盾。马克思面对的西方世界就是这样一个世界。后来，西方国家总结了经验，加强了政府干预,加强了二次分配,逐步完善了社会保障事业。这是无产阶级反复、激烈斗争的结果。许多有识之士如今认识到,在发展经济的同时,发展社会保障事业,这是一个有效、有序的现代社会所必需的,必不可少的。一个社会,如果只有经济这个轮子转,社会保障、社会发展这个轮子不转,这个社会就维持不下去了,经济的轮子最终也就转不动了。这些道理,如今已是常识。我们国家正处在既重视经济发展,也重视社会发展包括社会保障的阶段。以前我国的保障大多是企业保障、家庭保障、自我保障,现在要逐步演化为社会保障,比如待业保险、医疗保险、养老保险等等。发展这项事业,不但能保障经济的发展,也能促进经济的发展。

发展残疾人事业是改革的要求。改革要触及人们的利益。每项改革措施出台,都可能解决一部分人的问题,也会影响一部分人的利益。没有十全十美、不触及任何人利益的改革措施。建立现代企业制度,就要建立劳动力市场。残疾人怎么办?弱智人怎么办?这就是问题。据国家统计局公布,一九九四年消费品零售价格比上年上涨百分之二十一,工资增长百分之二十四。发不出工资的怎么办?没工作的残疾人怎么办?改革必须向前推进,现代企业制度必须建立,金融体制、财税体制改革必须进行。这一系列事情都要干。但是,如果残疾人问题得不到解决,在道义上就说不过去。如果我们做好工作,比如下力气抓好赤贫残疾人问题、按比例就业问题,就会给改革一个很大的助力。

残疾人事业的兴起,符合我国精神文明建设的要求,符合广大人民群众对美好事物的向往,也符合广大人民群众对建立美好社会的希望。中国的文化传统,封建时期主要是儒家传统,后来提出打倒“孔家店”,1949 年以后马克思主义占据了统治地位。“文化大革命”后,思想一度混乱,儒家思想不行了,马克思主义不信了,寻求西方的东西,学习西方文化,好的不易进来,坏的进来不少,这就形成文化“真空”,道德“真空”,甚至“滑坡”。社会上许多丑恶现象冒出来了:金钱至上,唯利是图,人与人之间的关系冷漠。对这些,人民群众是不满意的。那么,大家希望什么呢?希望有一个和谐、友爱、互助的社会,希望社会稳定、团结、祥和。电视剧《渴望》在那几年为什么引起那么普遍的共鸣?说明人们还是渴求真善美的东西。而残疾人事业的发展正是呼唤我国优良文化传统,促进人道主义,唤起社会生活中真的、善的、美的东西,促进互济、互助和社会和谐。所以,这项事业,从思想、道德意义上说,有利于我国的精神文明建设,有利于发扬民族优良传统。

以上讲的几点可以这样归结:残疾人事业之所以如此发展,从根本上说是因为社会发展到这一步了,文明到这一步了,这发展是我们国家、民族在进步过程中必然要出现的。不是因为有了邓朴方,残疾人事业才发展起来了。而应该说,残疾人事业的发展,无论在国内还是在国外,都是人类文明进步的一种必然。任何个人的作用,只有与社会发展的这个必然相一致时,才能显示力量。这就解答了“红旗能打多久”的问题。残疾人事业至少从一个侧面促进着人类文明的进程,这是我们每一个残疾人工作者的光荣,也是我们的历史责任。我们说这项事业是高尚的事业,伟大的事业,根本的意思就在这里。

三、当前工作中的几个方向性问题

残联的工作怎么做,我不想多说,只讲几点:

(一)要永远和残疾人在一起

各级残联要与残疾人心心相印、息息相通,建立血肉联系。大家知道,残联是自上而下组建的,先是中国残联、省残联,接着是市(地)残联、县残联、乡镇残联。它不是在残疾人中自发生长起来的。我们这样做,是为了加快进度,早建立早做事情。这样做现在看来是对的,但弱点就是我们与残疾人的联系不密切。在残疾人眼里,容易把残联看成“你们”,而不是“我们”。这就是问题。不能让残疾人认为或者感到残联是残疾人之外的组织,而要让残疾人感到是他们自己的组织,我们是他们当中的一员。解决这个问题,必须认认真真改进作风,密切联系残疾人,重视基层工作。去年基层工作会议,提出了一个《基层工作要则》,这几年,各地大力开展下基层的工作。现在我们提出要把乡镇残联建起来,县、乡残联要形成独立工作能力。我看这是密切联系残疾人的一个关键。县级残联加强了,就可以把乡镇残联带起来,就可以跟残疾人联系在一起。县级残联弱了,什么都谈不上。邓朴方可以跟很多残疾人交朋友,能交几个?而且交的大多是出了头的,那没有出头的、特别贫困的,找谁去?所以,各位理事长要特别注意县和乡镇残联的建设。县残联无论如何要定为正科级;无论如何要选调热心的有活动能力的干部;无论如何要形成独立工作能力。有个问题大家要想清楚,你跟残疾人建立了血肉联系,你那残疾人联合会就会立于不败之地;你跟残疾人建不起血肉联系,你那残疾人联合会早晚要垮、早晚要取消、早晚要被兼并。道理就这么明摆着。

(二)要学会社会化工作方式

政府的工作有些同志很熟悉,对“半官半民”的工作就不大熟悉。要尽快上线,尽快熟悉。我们要依靠政府,但不能由国家包下来,必须注意发动社会这一面。这里有说服、宣传、协调工作,也有组织工作。常常是,要靠我们把分散的力量发动起来,组织起来,把空气搞热,形成整体力量,就会出现生机勃勃的局面。当然,要做得漂亮就要懂政策、摸情况、知分寸,但敢做是首要的,不敢做,什么也谈不上。大家都说远南运动会这活儿干得好。这是怎么干起来的?光靠残联干得起来吗?光靠地方干得起来吗?原来只想搞运动会,不搞开幕式。不搞大型开幕式行吗?不搞大型开幕式,中央领导请得到吗?电视转播得着吗?影响出得去吗?还有报告演出团,共报告九十九场,直接听众二十万人。没有这个发动群众的过程行吗?这就是做游说工作、宣传工作啊!三万志愿工作者投入,几十万观众参与,这就是组织工作、群众工作啊!体育代表团的训练工作、组织工作以体委为主,组委会、代表团的干部百分之七十是体委的。光靠残联行吗?个别地区残联干部总想自己把各种担子挑起来,不让体委介入。体委说,我们帮你吧。"我不要你帮。"问有什么困难,说"我们没有什么困难"。这样做哪是社会化工作方式啊?这是封闭的工作方式嘛。搞运动会,连体委你都让人家靠边站,能叫社会化工作方式吗?搞捐款,同样要发动社会方方面面,在有的公司、企业那里,我们的同志三进三出、七进七出,不厌其烦地做工作。而且,对不捐款的也热情周到,不失礼数。这样才能赢得理解啊!这样,远南运动会形成了一个系统工程,就把社会化的工作方式用足用活了。这只是一个例子。各位在这几年的工作中,也尝到了社会化工作方式的甜头,大家一定有体会。我们要把这种工作方式推广到各级残联,包括县和乡镇残联。基层残联面对残疾人,而解决残疾人的问题,光靠政府不够,要发动方方面面的力量,这样才能具有更充沛的活力。社会化工作方式是残联"半官半民"的性质所要求的,是残疾人事业所需要的,是我们的看家本领,基本功。希望大家不断总结经验,在总结中提高,把这种工作方式运用得更好。

(三)面向贫困残疾人

以前,我们提过这个事情,但强调得不够。说老实话,也不敢强调。那时候残联力量那么弱,提出问题容易,解决问题就难了!你有这个本事吗?少数省市提过这个问题。记得北京就提过重残人问题。如今在大盘子中提出了扶助贫困残疾人的问题,安排了任务、做法、措施,以国务院残疾人工作协调委员会文件的方式下发了。这就有条件把这个问题提出来了。“八五”计划提出解决残疾人温饱问题,这几年做了些工作,有进展,但不够得力。从长远看,在市场经济条件下,残疾人由于自身残疾和外界障碍,加上信息不灵,在竞争中往往处于劣势,贫困是长期困扰残疾人的问题。现在,全国已基本解决温饱问题,残疾人却温饱难保。八千万贫困人口中,有一半是残疾人和残疾人家属,非贫困地区,贫困残疾人所占比例更大。作为残疾人联合会,不碰这个硬不行。我认为,这是我们在相当长时期内工作的一个重点。

四、对领导班子说几句话

最后,我想同各位理事长讲一讲领导班子方面的问题。这几年残疾人事业的发展证明,我们省、市、自治区残联领导班子是好的,能完成硬任务、重任务,能张罗、能吃苦,有拼搏精神、开拓精神。省辖市、县级残联基本上也是好的。我们基本上是满意的。我想重申、强调的是六个字:干活、团结、学习。

(一)要干活

各级残联领导同志都要成为实干家,集中精力抓工作。残疾人工作任务那么繁重,不实干,事业怎么发展?以平等参与为宗旨的残疾人事业是新事业,前人没给我们留下什么经验,所以除了务实,还要开拓,这两个东西是统一的。我们历来抓领导班子的做法,是以任务带班子、带队伍、带思想作风。离开任务,空谈什么作风建设?只要大家一心一意扑在工作上,这些就可以带出来。所以,我们多次说过,要有事业心、责任感、使命感,这些年,同志们就是这样干过来的,要照这样干下去,要干得更好。

(二)要团结

一个好的领导班子,必定是团结的班子。一个领导班子的业务能力固然要强,但更重要的是要团结,不能搞内耗。再强的班子,如果搞内耗也就不强了。有的省的工作这两年滑下来了,根本原因就在内耗。所以这个问题不可不注意。关键是一班人要以事业为重,要坚持原则。工作有不同意见是正常现象,但不能有成见,不能互相拆台,不能搞小动作,不能有私心。内耗不但贻误工作,还会腐蚀队伍。所以"团结"也是道德上的要求。第一把手要以身作则,要胸襟开阔,要善于"弹钢琴",还要勤于做思想工作。领导班子所有同志都要相互谅解、相互支持。大家心往一处想,劲往一处使,事业就无往而不胜。切望同志们以此自勉。

(三)要学习

读书是学习,实践也是学习,只有不断学习,不断积累、更新知识,才能开阔眼界、提高水平、增长才干,才能进步。当前要特别注意学好邓小平同志建设有中国特色的社会主义理论。这是马克思主义和当代中国实践结合的最新科学,是中国共产党人和中国人民集体智慧的结晶,是中国人民为之付出重大代价并为全党全国各族人民所共同接受的真理。改革开放以来,经济繁荣,社会发展,人民生活水平提高,我们国家的国际地位提高,所有这些成就,都是在这个理论指导下取得的。毫无疑问,残疾人事业也是在这个理论指引下发展起来的。小平同志文选里没有华丽的辞藻,没有那么多引经据典,句句都是实实在在的。读起来就让你豁然开朗,就让你震动。这就叫马列主义。引经据典、辞藻华丽,但言之无物不解决问题,这不是马列主义。真理是朴素的,在实践中行得通的,是经得住实践检验的。我们所取得的每一个成绩都离不开小平同志的思想指导。残疾人工作任务很重,大家工作很忙,但切切不可放松对这个理论的学习。

今天就讲到这里,祝大家在新一年的工作中取得更大的胜利。

平等参与，共创辉煌[1]

（一九九五年二月）

这是一本不寻常的摄影画册。

她真实、形象地记录了一九九四年北京第六届远东及南太平洋地区残疾人运动会的盛况；她充溢着令人振奋、催人向上的激情；唤起人们内心对真善美的渴望和追求；荡漾着温馨的亲情和友情。

以"平等·参与·友谊·进步"为宗旨的第六届"远南"残疾人运动会，规模空前，气势恢宏。运动会的圣火虽然已经熄灭，但那明亮的烈焰和蔚为壮观的场面依然留在我们的眼前和心间。这本摄影画册使我们得以回顾那难以忘怀的日日夜夜，重新感受这届体育盛会给人们心灵带来的巨大震撼。画册的作者都是活跃在我国摄影界的中、青年摄影家。他们赛前深入运动员集训基地，赛中奔波往来于各个赛场；他们与运动员促膝交谈，结为知心朋友，用心去体验残疾人运动员的顽强与艰辛，用镜头去捕捉闪光的瞬间。这些用心血和汗水凝结的摄影作品展示生命潜能，追寻命运轨迹，体现不屈精神，高扬人道旗帜，是残缺与完美相融的艺术结晶。

中国有六千万残疾人，中国的残疾人正以前所未有的信心和勇气前进；中国的亿万人民正在与广大残疾人携手并肩共创美好的未来。时代呼唤真情，圣火辉映文明，"远南"之声响彻华夏大地：我们同行！

---

① 这是邓朴方同志为第六届远南运动会摄影画册所作的序言。

感谢同行的朋友,感谢支持和帮助中国残疾人事业的人们。愿我们努力奋斗,共创辉煌!

盲文改革要为盲人教育和平等参与服务[①]

（一九九五年六月十七日）

我怀着非常喜悦的心情参加盲文改革工作会议。首先，我代表中国残疾人联合会，代表六千万残疾人包括广大视力残疾人，并且以我个人的名义，向这次会议的召开表示热烈祝贺！

我不是专门搞文字或声韵工作的，但是，我知道文字对人类和人类社会的重要，对人类文明的重要。当然，比文字更早的是语言。在人类刚形成时就有简单的语言了。语言起源于劳动，文字起源于记事。最初是结绳记事，后来用刻画的方法记事，再后来才有象形文字出现。文字是文化的载体，是超越时空的传播工具，是现实生活的交流与交往工具。其实，文字不仅是这样的载体和工具，而且是推动一个民族思想发展的重要因素。不能设想，离开古老而有生气的、优美的汉字，中华民族会有那么光辉灿烂、浩如烟海的文学、史学、科技、书法典籍，中华民族会有如此辉映世界史的民族智慧。

盲文对于我国广大盲人，对民族、对国家、对社会生活，同样具有上面讲的这些意义。我们知道，远在公元前五百年左右的周朝，我国盲人就对我国早期历史文化做出过卓越贡献。当时就有一些老年盲人受朝廷委托，在民间“采风”，收集民谚、民谣、民歌。后来的《诗经》，有相当一部分内容就是这样收集起来，由孔子编定的。我们相信，有了一种好的文字——一个好的载体与工具，我国盲人同样会像

---

① 这是邓朴方同志在全国盲文改革工作会议上的讲话。

上古时代为我国文明做出贡献的盲人那样,在今天的条件下,以多种方式在更广阔的领域为我国现代化建设做出贡献。

文字是在悠久的岁月中,随着经济、政治、文化的发展逐步创造、逐步积累、逐步完善的。汉字,从我国最早的文字,从仰韶文化算起,已有六七千年历史,由甲骨文到钟鼎文,到大篆,到小篆,到隶书、楷书、行书,直到如今中国语言文字工作委员会公布的《汉语拼音方案》及某些简化的汉字。在这个过程中,历经多少改革,有多少志士仁人做出过贡献啊!盲文依托汉语,从所谓"康熙盲文"到新中国成立初期黄乃同志设计的、由原教育部批准的现行汉语盲文,也已有近百年历史。社会越繁荣昌盛,社会生活越多样化、现代化,越要求作为文化载体与交流工具的文字不断完善。现行汉语盲文就遇到这种挑战。因为它虽然有功于世,但不利于盲人深造,不利于更好地学习、理解现代科学文化知识。挑战就是机遇。这就有了老一代和比较年轻一代的盲文专家、盲文工作者对盲文孜孜不倦的研究,这就有了经国家批准试行的《汉语双拼盲文方案》。这是一项重大改革,重大完善步骤,也是盲文演进过程中的一个重要环节。

《汉语双拼盲文方案》是一种新盲文。它的出现,既包容了前人的经验,又凝聚了当代志士仁人特别是黄乃同志的心血,是盲文工作者集体智慧的结晶。它的明显优点是字字标调,摸读准确,体现了汉字音、义一致的优点,有助于理解文意,为盲人学习文化知识特别是高层次文化、科技知识提供了方便,也为盲文与现代科技接轨创造了条件。

现实生活证明,随着外部条件的逐步好转,残疾人充分参与社会生活越来越取决于自身素质的提高。这里所说的自身素质,主要是指文化素质和专业技能素质。我想强调说明,我们是在推行社会主义市场经济的条件下发展平等参与的残疾人事业的。改革越深入,市场经济越发展,给我们带来的机遇与挑战越多。我们正依法推行按比例就业。这项举措对残疾人来说,就是机遇与挑战。挑战就是要尽力使自己在掌握科学技术与专业技能上成为企业事业单位需要的人。这给盲人提供了广阔的“用武之地”。因为只要有一种好的、便于使自己得到深造的文字,有适应自己的用具、工具,盲人就可以像海伦·凯勒那样接受多种高层次教育,可以在更广阔的领域参加工作,参与社会生活。我们已经有了比较完善的盲文文字,已编制了一套完整的数理化盲文符号,一套完整的民族器乐盲文符号。老一辈盲文专家黄乃同志,康棣、李欣、张德辉同志,比较年轻的一代盲文工作者商荣杰、李仁伟、邵作夫等同志及教育部门,为此做出了重要贡献。我想起雨果的话——“天才不是为天才而生,而是为人类而生”,“把理想运用到真实的事物上,便有了文明”。我们这些专家、盲文工作者及所有帮助他们工作的同志,就是这样推进社会文明的。

《汉语双拼盲文方案》已经得到国家批准,是具有法规性质的行政规章。当今一件大事就是动员各级教育行政部门、各级残联、各级盲协,密切配合,认真推广。要充分认识汉语双拼盲文的优越性,充分认识推广这种新盲文的深远意义。要结合实例,深入进行社会宣传,培训教师和骨干,扎扎实实做好推广工作。广大盲人要努力学习新盲文,努力运用新盲文掌握文化科学知识,提高自身素质。我相信,经过这些努力,《汉语双拼盲文方案》一定能够尽快得到推广,一定能够尽快在社会生活中发挥重要的作用。

预祝会议圆满成功。

发展残疾人事业
是世界和平与发展主题应有之义①

（一九九五年九月）

欣逢康复国际第十届会议在世界著名的美丽城市雅加达召开，我谨代表中国残疾人联合会并以我个人的名义，向会议表示热烈祝贺。

中国政府和中国残疾人联合会致力于改善残疾人状况，实现残疾人平等参与的总目标。近些年来，响应联合国号召，推行《残疾人机会均等标准规则》，在帮助残疾人自立的工作，包括康复、教育、劳动就业、文化生活等方面，取得广泛的、长足的进展。截至一九九五年九月，完成白内障复明手术一百三十四万例、小儿麻痹后遗症矫治手术四十四万九千七百例，聋儿听力语言训练六万三千二百余人。为两万名低视力残疾者配用了助视器，培训弱智儿童家长三万人。获得康复机会并取得成效的人数累计一百九十余万人。我们一直把这项工作作为残疾人自立于社会的前提来看待，来推行。这项工作的广泛开展，标志着我国残疾人工作由传统向现代化迈进了一大步。

教育是残疾人自立的基本条件，只有花大力气发展教育，才能最终改变残疾人命运，在市场经济的条件下尤其是这样。目前，我国除台湾地区外，已有特教学校一千二百八十八所、特教班五千三百零一个，在校盲聋弱智学生达数十万人。全国县以上城市依据市场需要，以多种形式举办传授专业技能的培训班，仅一九九四年就培训近十

① 这是邓朴方同志在康复国际第十届会议上的书面发言摘要。

万人。残疾人学到一技之长，就便于为他们找到合适的工作岗位，这就使残疾人获得经济自立。中国大陆依法实行按比例安排残疾人就业的制度。法律规定机关、团体、企事业单位按占职工数百分之一点五至百分之二的比例录用残疾人，目前已有一百四十多万残疾人在福利企业以外的企业就业，还有五十余万残疾人从事个体经营。城镇已就业残疾人达百分之六十以上。我们认为，用多种方法为残疾人创造就业的机会，是残疾人自立的核心，因为它不仅能够向社会显示残疾人的价值，有利于克服某些人的偏见，而且能够提高残疾人在社会和家庭里的地位。

随着这些年生活的改善和社会地位的提高，残疾人文化生活也日渐丰富。这是残疾人自立的一个重要表现，它有助于开发残疾人的智力，提高残疾人的生活信心和志趣，丰富残疾人的精神世界。近些年，中国举办多次全国残疾人文艺汇演，从乡镇、街道到首都北京，约十九万残疾人参加演出，选拔优秀演员和节目组成了中国残疾人艺术团，赴欧美、亚洲十二个国家和地区访问演出，受到热烈欢迎。中国还在基层广泛开展群众性体育活动，在这个基础上，举办了三次全国残疾人运动会。中国残疾人体育代表团参加十多次重大国际体育比赛，共获得奖牌一千一百二十枚，其中金牌五百三十四枚。残疾人文化和体育活动显示，残疾人像健全人一样，具有参与现代文化和现代体育的能力，能够自立于世界文化和体育之林。

意大利人文主义的先驱薄伽丘说过："爱情是人的天性。在所有的自然的力量中，爱情的力量是最不受约束和阻拦的。"残疾人同样有爱和被爱的权利。中国法律保障残疾人恋爱自由，婚姻自主。但由于存在封建的影响与偏见，残疾人的婚恋有时要冲破重重阻力。中国残疾人组织对残疾人婚姻恋爱给予热情支持。目前，中国成年残疾人中有配偶的占百分之五十三点九，未婚占百分之十八点七七。

河北省唐山市一九七六年大地震后,数千名因地震造成的重度截瘫患者长期住在福利院和截瘫医院,孤寡男女截瘫人在生活中互助互济,产生了爱情,政府和医院为他(她)们联姻,举办婚礼,建立美好家庭。《中国残疾人》杂志还对截瘫夫妇的性生活问题提供咨询,并介绍相关知识。

无障碍设施同样是残疾人自立生活的前提。康复是内在的,这是外在的。无障碍设施正在引起我国重视。我认为,推行这项工作的阻力,与其说是经费困难,不如说是认识跟不上或者缺乏这种观念。这些年,我们加强了这方面的宣传,北京、上海、广州、深圳、沈阳等城市的道路和公共建筑物,如商场、剧院、宾馆、图书馆等陆续出现了方便残疾人的无障碍设施。一些城市的区,出现了全区公用建筑、公共设施无障碍。我们正在加强这方面的宣传力度,使社会各界特别是地方政府领导人拥有这种观念,通过立法推行这项工作。

歌德说过:"若要看重自己的价值,就得给世界创造价值。"这是残疾人自立的最高境界。中国残疾人联合会对残疾人提出了"自尊、自信、自强、自立"的号召,目的是激励残疾人乐观进取,顽强拼搏,在为社会贡献才智中实现自立。我们希望通过残疾人个人和集体的耕耘,更好地实现这个目标。

当前,中国残疾人联合会正在依据"平等·参与·共享"的总目标,制定《中国残疾人事业"十五"计划纲要(1996—2000年)》。中国将为更多的残疾人提供康复、教育、就业和参与文化生活的机会,使更多的残疾人在为社会做力所能及的奉献中实现自立。

我高兴地看到,当今世界的主旋律是和平与发展。这是发展残疾人事业的良机。残疾人事业是顺民心、应民意的文明事业,如果通过发展我们共同的事业而能更好地促进世界的和平与发展,从而为残疾人事业的发展创造更好的外部环境,那将是我最大的心愿。

《中国残疾人事业年鉴》前言

（一九九五年九月二十五日）

就通常而言，一个重视自己足迹的人，大抵是善于在总结中提高的人。对一个人是这样，对一项事业也是这样。

这是因为，“足迹”不仅仅是既往时光的记录，“昨日”的累积，它还蕴涵着孕育未来、引发未来的规律，由此可以产生指导未来的蓝图。

岁月倥偬，新中国的残疾人事业，已历经近半个世纪。它由小到大，由点到面，足迹斑斑，犹如散落在迂回道路上的簇簇星火，昭然可见。把这“足迹”收集并且有序地编排起来，给关心和从事这项事业的人们在追忆往事时提供些方便，并尽力从中发掘些什么、探求些什么，以便今后的路走得更准、更稳，这就是编纂这部《中国残疾人事业年鉴（1949—1993）》的主旨和用心所在。

人类文明演进的历史可证，怎样对待残疾人和残疾人的事业，是社会文明的一个标志。可以直截了当地说，什么时候社会文明全面、深刻地展开，什么时候这项事业发展得就比较好；什么时候社会文明出现偏颇以致倒退，什么时候这件事情就遇挫、受损。因为，说到底，这是测试和完善人性的事业，是使人性中美好的东西不断得到升华的事业。

这项事业与社会主体的关系是“像忧亦忧、像喜亦喜”的关系。从几十年残疾人事业发展的脉络中可以清楚地看到这一点。但是，这不是说，经济、社会发展了，这项事业自然而然就会发展。前者只是提供了发展的可能性,把可能变为现实,需要一个条件,这就是把"一切为了人,包括残疾人"的观念放在心上,把社会上的弱者特别是残疾人的平等充分参与放在心上,放在公众的心上,更放在决策人和对社会有重要影响的人的心上。有了这个条件,更多地理解了这项事业,才能将它融入国家整体,融入社会的方方面面,使它得到发展。

应该说,1949 年以来,党和政府就致力于帮助残疾人进入社会,使残疾人在事实上得到各种合法权益。只是限于不同时期经济、社会发展的客观条件,使这项事业在自己的发展历程中,区分出"收养救济"与"平等参与"这些阶段罢了。当然,改革开放以来总结并引入大量于我国社会发展有益的新观念,对这项事业的发展也是重要的。正是这些新观念使我们得以对几十年经济、社会的发展予以重新审视。我国正在按照既容纳健全人,也容纳残疾人这种新观念来重新设计、改造现实社会和现实社会生活。这是一种具有划时代意义的变革。它带来的是这样一个崭新的社会,在那里,所有社会群体包括残疾人群体,都能够平等劳作生息,共创共享,而不是只容纳健全人而把残疾人阻隔在社会的一隅。我们知道,这就是人们常说的"人人共享"的社会。我们有条件随着经济、社会的发展做到这一点,并且,比别的国家做得更好,因为,这个目标不但与我国的优良传统相一致,而且,为我党"人类解放"的根本宗旨所包容,更不要说是我国精神文明建设的内在要求了。

我们不应、不能也不会辜负这一历史的重托。

从《年鉴》中可以发掘的感想还有很多,这里不过是作抛砖之谈罢了。在即将结束这篇短文的时候,我只想强调一点,面对近五十年残疾人事业发展的业绩,我们将更加坚定一个信念:为创建"人人共享"的社会不遗余力地贡献我们的一生。

《年鉴》是历史的记录、信息的总汇。我更希望它是一种启迪、一种呼唤，启迪人们从中认识历史的规律，沿着这个规律推动残疾人事业前进；呼唤人们美好的心灵和良知，在推进残疾人事业和维护残疾人合法权益中，使人性放射出更灿烂的光芒。

附　录

（残疾人事业与残疾人工作中常见的重要人物、组织、文献、活动等专门术语，作为条目按类别逐条解释于下，供阅读时参考。）

国际残疾人年·联合国残疾人十年·亚太区残疾人十年　一九八〇年召开的联合国大会宣布一九八一年为“国际残疾人年”，继而确定一九八三年至一九九二年为“联合国残疾人十年”。一九九二年四月二十三日，在北京举行的联合国亚太经社委员会第四十八届会议闭幕式上，通过了由中国等三十三个国家提出的提案，联合国亚太经社委员会第四十八届会议通过决议，宣布一九九三至二〇〇二年为“亚洲及太平洋地区残疾人十年”，继续实施联合国《关于残疾人的世界行动纲领》，与“联合国残疾人十年”（一九八三至一九九二年）活动相衔接，进一步推进世界残疾人事业。

“平等·参与·共享”与现代文明社会残疾人观　《关于残疾人的世界行动纲领》第一次提出残疾人“机会平等”和“充分参与”的思想，一九九四年联合国通过《残疾人机会均等标准规则》，正式将“平等·参与·共享”作为残疾人事业总的奋斗目标提了出来，成为社会宣传和自我激励的口号和现代文明社会残疾人观的核心内涵。“平等”是这个总目标的核心，是指残疾人在政治、经济、文化、社会和家庭生活等方面，享有与其他公民平等的权利，这种权利受宪法和法律保障，不得因为残疾等原因而受到限制或排斥，禁止任何歧视、侮辱、侵害残疾人的行为。在社会生活中，残疾人的平等权利常常表现为要求机会均等，即国家和社会应采取相应的措施，使残疾人在医疗康复、教育、娱乐、体育、环境、信息交流等方面能够同其他社会成员一样，享有同等参与社会事务和利用社会资源的机会。“参与”是指残疾人参与社会生活和发展，包括参与经济和社会的发展，同时获得自身的发展。“参与”是残疾人对环境和社会的积极意识和行为，残疾人通过积极参与使自己与环境和社会相融合而不是隔离，使自己跻身于社会发展主流而消除不同程度的边缘化状态。残疾人参与社会生活和发展,需要争取并得到法律的保障、政府与社会的扶助。“共享”是指残疾人与其他公民共同担负为人类、国家和社会做贡献的义务,共同创造精神和物质财富,同时共同享受由经济社会发展所带来的精神和物质成果。

残疾人工作者职业道德 残疾人工作者在从事残疾人工作中应当遵循的基本道德准则和道德规范。残疾人工作者职业道德是“人道、廉洁”。人道,就是要弘扬人道主义思想,践行人道主义准则,尊重残疾人的权利、价值和尊严,反对任何形式的歧视和偏见;廉洁,就是要品德高尚,清正廉洁,遵纪守法,自觉接受监督,拒腐防变。

自尊·自信·自强·自立 简称“四自精神”,对残疾人自强不息精神品格的概括,彰显了民族精神和时代精神,是社会主义核心价值观的具体体现,是社会主义精神文明建设的宝贵财富。邓朴方一九八六年四月二十五日在中国残疾人康复协会第一次理事会议闭幕式上首次提出,一九八七年《残疾人工作宣传提纲》正式确立:“残疾人要自尊、自信、自强、自立,努力使自己成为社会主义建设的奉献者。”自尊,就是直面人生困厄,敢与命运抗争,不自卑,不消沉,展现出人的尊严;自信,就是信念坚定,乐观向上,百折不挠,对生活充满信心;自强,就是克服障碍,顽强拼搏,积极进取,具有坚强的意志;自立,就是自主安排自己的生活,努力学习,提高素质,奋发有为,奉献社会,为社会创造财富,实现人生价值。

“三个活跃” 二〇〇二年一月,中国残联主席邓朴方在第十六次全国残联工作会议上提出,要使残疾人在残疾人组织中更加活跃,残疾人组织在基层更加活跃,残疾人和残疾人组织在社会上更加活跃。“三个活跃”为专门协会的健康有序发展指明了方向。

《中国残疾人福利基金会宣传提纲》 一九八四年三月邓朴方主持制定、中国残疾人福利基金会发布的关于残疾人、残疾人事业比较系统的基本认识和基本观点,是新时期中国残疾人事业的第一个宣言。提纲第一次提出“残疾人”的定义,第一次提出以人道主义为旗帜,并认为“残疾”对一个人生活、劳动影响的大小,取决于社会为其提供的条件。在适当的条件下,残疾人可以成为社会财富的创造者，成为推动社会前进的力量而不是社会的负担，不是“废人”。为各类残疾人提供这种条件是政府与社会的责任。提纲出台后，成为当时残疾人事业发展的指导方针。

《残疾人工作宣传提纲》　一九八七年四月，邓朴方主持制定、中国残疾人福利基金会和中国盲人聋哑人协会联合发布的旨在进一步提高人们对残疾人和残疾人事业的尊重、理解、关心、帮助，提高全民助残意识，全面发展残疾人事业的文件。提纲全面介绍了残疾人与社会、残疾人事业的历史与要求、改革开放的新局面以及新形势下的残疾人工作；强调残疾人的公民权利和义务；阐述了残疾人事业与文明建设的关系，残疾人社会团体以及政府、社会对残疾人的责任等，更加系统和准确地表述了残疾人事业发展前景与规划。中国残疾人联合会成立后，该提纲成为中国残疾人事业发展新的宗旨和指导方针。

中国残疾人联合会章程　中国残疾人联合会的基本纲领和行动准则，包括总则、任务、全国组织、地方组织、基层组织、经费、会徽和附则等八章。中国残联章程是具有规范作用和约束力的根本性规章制度，由中国残联全国代表大会通过和修改，对中国残联的性质、宗旨、职能、任务、组织架构、经费、会徽等做出了明确规定。

残疾人事业五年规划纲要　国务院批转实施的指导全国残疾人事业发展的纲领性文件，属国家级专项规划，主要是对我国残疾人事业发展的总体要求、指导思想、基本原则、主要任务、政策措施及监督实施评估等做出安排部署，为残疾人事业发展规定目标和方向。中国残联成立以后，一九八八年九月，国务院批转实施《中国残疾人事业五年工作纲要（1988 年—1992 年）》。一九九一年十二月，依据《国民经济和社会发展十年规划和第八个五年计划纲要》，国务院批转实施《中国残疾人事业“八五”计划纲要（1991 年—1995 年）》，五年工作纲要后两年的任务纳入“八五”计划纲要实施。一九九六年四月，国务院批转实施《中国残疾人事业“九五”计划纲要（1996 年—2000 年）》；二〇〇一年四月，国务院批转实施《中国残疾人事业“十五”计划纲要（2001 年—2005 年）》；二〇〇三年六月，国务院批转实施《中国残疾人事业“十一五”发展纲要（2006 年—2010 年）》；二〇一一年五月，国务院批转实施《中国残疾人事业“十二五”发展纲要（2011 年—2015 年）》；二〇一六年八月，国务院印发《“十三五”加快残疾人小康进程规划纲要》；二〇二一年七月，国务院印发《“十四五”残疾人保障和发展规划》。

《发扬民族精神和良好社会风尚，积极推进残疾人事业》 江泽民总书记一九九七年为《自强之歌》（一九九七年卷）撰写的序言，历史、全面、深刻地阐述了现代文明社会的残疾人观，为中国残疾人事业发展奠定了坚实的理论基础，指出了明确的发展方向。

《发展残疾人事业，共同创造幸福生活》 胡锦涛总书记为《自强之歌》（二〇〇三年卷）所作的序言。序言深刻阐述了新时期残疾人事业的重要性，高度评价了自强模范和助残先进的优秀品质和模范行动，对发展残疾人事业提出了殷切希望。

《关于促进残疾人事业发展的意见》（中发〔2008〕7 号） 二〇〇八年三月二十八日，中共中央、国务院印发。这是新中国成立后第一个以党中央、国务院名义下发的关于发展残疾人事业的文件。文件深刻阐述了促进残疾人事业的重要意义，提出了促进残疾人事业发展的指导原则和总体要求，明确加强残疾人医疗康复和残疾预防工作、保障残疾人基本生活、促进残疾人全面发展、改善对残疾人的服务、优化残疾人事业发展的社会环境和加强对残疾人工作的领导等各个方面的政策措施，要求促进残疾人事业在新的起点上加快发展，努力使残疾人同全国人民一道向着更高水平的小康社会迈进。为把中央 7 号文件的要求落到实处，各地区相继制定了实施办法。

《中华人民共和国残疾人保障法》 我国为了维护残疾人的合法权益，发展残疾人事业，保障残疾人平等充分地参与社会生活，共享社会物质文化成果，根据宪法制定的法律。一九九〇年十二月二十八日第七届全国人民代表大会常务委员会第十七次会议通过，一九九一年五月十五日起施行，标志着中国残疾人事业走上法制轨道。二〇〇八年四月二十四日第十一届全国人民代表大会常务委员会第二次会议修订，根据二〇一八年十月二十六日第十三届全国人民代表大会常务委员会第六次会议《关于修改〈中华人民共和国野生动物保护法〉

等十五部法律的决定》修正。保障法包括九章:总则、康复、教育、劳动就业、文化生活、社会保障、无障碍环境、法律责任、附则。各省区市陆续制定了本地的保障法实施办法。

《中华人民共和国残疾人保障法》执法检查　全国人大常委会和地方人大常委会对《中华人民共和国残疾人保障法》的贯彻实施情况进行的执法检查。全国人大内务司法委员会于一九九二年和一九九三年分别对云南省、浙江省、江苏省和福建省、四川省贯彻实施残疾人保障发的情况进行检查。二〇一二年五月至六月,根据全国人大常委会监督工作计划,全国人大常委会执法检查组首次在全国范围内对《中华人民共和国残疾人保障法》的实施情况进行检查。执法检查组采取听取汇报、召开座谈会、实地检查、网上公开征求意见、信访、大范围发放调查问卷等方式,在全面了解《中华人民共和国残疾人保障法》实施情况的基础上,重点对残疾人基本生活保障、残疾人劳动就业、残疾人医疗康复和残疾人教育的情况进行调查。之后,各地方根据实际需要适时开展对《中华人民共和国残疾人保障法》的执法检查。

全国残疾人抽样调查　经国务院批准,一九八七年四月至五月月进行了第一次全国残疾人抽样调查。调查结果显示,视力、听力语言、智力、肢体、精神病五类残疾和综合残疾共七万七千三百四十三人,占调查总人数的百分之四点九。根据抽样调查结果推算总体,全国各类残疾人的总数约有五千一百六十四万人。其中,听力语言残疾约一千七百七十万人,智力残疾约一千零一十七万人,肢体残疾约七百五十五万人,视力残疾约七百五十五万人,精神病残疾约一百九十四万人,综合残疾约六百七十三万人。

二〇〇六年四月一日起至五月三十一日进行了第二次全国残疾人抽样调查。根据调查数据推算,全国各类残疾人的总数为八千二百九十六万人,推算残疾人占全国总人口的比例为百分之六点三四。其中,视力残疾一千二百三十三万人,听力残疾两千零四万人,言语残疾一百二十七万人,肢体残疾两千四百一十二万人,智力残疾五百五十四万人,精神残疾六百一十四万人,多重残疾一千三百五十二万人。

《世界人权宣言》 联合国一九四八年十二月十日通过的人权保障文献。这是国际组织第一个系统地提出保护人权和基本自由为内容的国际文献,它对战后国际人权运动的发展以及包括《关于残疾人的世界行动纲领》《智力迟钝者权利宣言》在内的区域性和专门性人权宣言的产生,在根本指导思想上起到奠基的作用,其中的基本规则成为指导各领域人权宣言的法则。

《智力迟钝者权利宣言》 融合国际一九六八年发表了《智力迟钝者特殊权利宣言》,一九七一年十二月二十日二十八届联合国第2856号决议正式采纳命名为《智力迟钝者权利宣言》。该宣言的宗旨是贯彻联合国宪章和世界人权宣言所申明的原则,强调从人格尊严、康复、社会安全、家庭亲属照顾、监护人、生活保障、尽可能地帮助他们参与社会生活等方面保障智力迟钝者的权利。

《残疾人权利宣言》 联合国第三十四届大会一九七五年十二月九日第3447号决议宣布的文献。该宣言共十三条,提出了残疾人应当享有的政治、经济、文化、教育等各项权利。其宗旨是贯彻联合国宪章和世界人权宣言所申明的原则,保障残疾人享有与健全人平等的权利,帮助他们开发潜能,使他们平等参与社会生活,共享经济与社会发展获得的物质文化成果。《宣言》规定了“残疾者”的定义,强调残疾人享有与健全人同等的公民权利、政治权利,包括人格尊严、康复医疗、教育培训、自立就业、社会安全、免受歧视及法律保护等权利。

《盲聋者权利宣言》 一九七七年九月十六日,为盲、聋青少年和成人提供服务的海伦·凯勒世界会议通过了该宣言并在第三十四届联合国大会作为“国际残疾人年”(一九八一年)文件印发。《宣言》强调盲人、聋人同健全人一样享有人格尊严、康复、教育、就业、文化生活、婚姻等方面的权利。

《关于残疾人的世界行动纲领》 联合国大会第三十七届会议一九八二年十二月三日第37/52号决议颁布的在“残疾人十年”活动中实施的、国际性的残疾人工作纲领。内容包含着丰富的思想内涵和处理残疾人事务的基本原则,最重要的是提出残疾人“机会平等”和“充分参与”的思想,对残疾人康复、教育、就业、环境、残疾预防诸方面提出了方针、政策和措施,是国际残疾人事务的指导性文献。在贯彻落实纲领的十年间,联合国、各国政府及非政府组织进行了中期检查评估和关于康复、特教、劳动力资源与就业等专家会议，有力地推动了各国残疾人事业的发展。它要求各国政府承担责任，确保残疾人及其组织能够充分参与有关决策和活动，并在物质环境、社会保障、康复、教育、就业、公众宣传、残疾预防等方面采取措施，使残疾人获得均等参与的机会和平等的地位。一九八四年六月，中国政府接受了纲领。一九八六年七月经国务院批准，由民政部、卫生部、国家教委、劳动人事部、中国残疾人福利基金会、中国盲人聋哑人协会等二十一个单位组成了"联合国残疾人十年"中国组织委员会。一九九一年组委会成员扩大到三十四个，秘书处设在中国残联。

《残疾人职业康复和就业公约》　一九八三年六月二十日第六十九届国际劳工大会通过的关于保障残疾人职业康复和就业的文献，简称第一五九号公约。我国第六届全国人大常委会第二十二次会议决定，批准了这项公约。

《开发残疾人资源的塔林行动纲领》　一九八九年由联合国社会发展和人道主义事务中心召开的国际专家会议通过的纲领，主张通过人的资源开发，让残疾人能够有效地行使作为一个公民的权利。

《残疾人机会均等标准规则》　联合国大会第四十八届会议一九九三年十二月二十日第48/96号决议通过的关于保障残疾人平等·参与和机会均等权利的国际文献。该文献是根据"联合国残疾人十年"的经验拟订的，是继联合国《关于残疾人的世界行动纲领》之后，又一个重要文献，提出了"平等·参与·共享"总的奋斗目标。中国残联派专家参加了文献的起草与制定。

《促进残疾人无障碍环境指导原则》　亚太经社会根据"亚太残疾人十年（1993—2002年）行动计划"的要求，为促进亚太区无障碍环境建设，制定了《促进残疾人无障碍环境指导原则》等国际文件，并于一九九五年选定中国北京、印度新德里、泰国曼谷三个城市，进行无障碍环境建设试点项目。

《残疾人权利公约》（Convention on the Rights of Persons with Disabilities）根据二〇〇一年十二月十九日联大56/168号决议，联合国就制定残疾人权利公约所成立的开放式特设委员会于二〇〇二年七月二十九日至八月九日在纽约召开第一次会议。欧盟、拉美、非洲及亚洲部分国家代表出席会议，国际残疾人非政府组织的代表也出席了会议。经过认真的讨论,各方对制定一项旨在保护残疾人人权的国际公约已不持异议,在未来几年中,特委会将继续召开会议,着手起草公约文本。墨西哥政府率先提交公约草案,作为会议的基础性文件。中国积极倡导并推动公约的制定,也是首批签约国之一。

公约于二〇〇六年十二月十三日由第六十一届联合国大会通过,并于二〇〇七年三月三十日开放供签署。这是联合国在二十一世纪通过的第一个综合性人权公约,也是首个开放供区域一体化组织签字的人权公约。

公约由序言和包括宗旨、定义、一般原则等在内的五十项条款组成。宗旨是促进、保护和确保所有残疾人充分和平等地享有一切人权和基本自由,并促进对残疾人固有尊严的尊重;核心是确保残疾人享有与健全人相同的权利,并以正式公民的身份生活,从而在获得同等机会的情况下,为社会做出宝贵贡献。公约涵括了残疾人应享的各项权利,如享有平等、不受歧视和在法律面前平等的权利;享有健康、就业、受教育和无障碍环境的权利;享有参与政治和文化生活的权利等。公约还就残疾人事业的国际合作提出了相应措施。公约生效日是在第二十份批准书或加入书交存后的第三十天。

《新世纪残疾人权利北京宣言》 为了唤起国际社会对残疾人问题的关注,并采取相应行动,国际残疾人组织领导人会议二〇〇〇年三月十日至十二日在京举行,残疾人国际、康复国际、世界盲人联盟、世界聋人联合会和代表智力残疾人的融合国际等全球具有代表性的残疾人组织领导人以及来自部分国家残疾人机构的高层代表出席了会议。会议以"面向新世纪的国际残疾人运动发展战略"为主题,展开了广泛的研讨,并发表了《新世纪残疾人权利北京宣言》,强烈呼吁国际社会制定《残疾人权利公约》,使其对各国具有法律约束力,成为义不容辞的责任与义务,以加强联合国《关于残疾人的行动纲领》和《残疾人机会均等标准规则》的权威性。

中国残疾人福利基金会 经国务院批准成立的全国性社会组织,1984 年 3 月 15 日由李维汉、胡子昂、季方、华罗庚、赵朴初、黄鼎臣、吴作人、张邦英"八老"等德高望重的老前辈和社会知名人士积极倡议在北京建立。其宗旨是:弘扬人道，奉献爱心，全心全意为残疾人服务。理念是“集善”，即集合人道爱心，善待天下生命。工作目标是努力建设成为公开、透明、高效率和高公信力的基金会。公益品牌为“集善工程”。

中国残疾人福利基金会的登记管理机关是民政部，业务主管单位是中国残疾人联合会。基金会的决策机构是理事会，每年召开至少两次会议，由理事长负责召集和主持。理事会下设理事长办公会，承办中国残疾人福利基金会的日常工作。

中国残疾人福利基金会按照《中华人民共和国慈善法》《基金会管理条例》等相关法律法规开展公益活动，业务范围包括：(1)宣传残疾人事业，呼吁社会“理解、尊重、关心、帮助”残疾人，鼓励残疾人自尊、自信、自强、自立；(2)举办募捐活动筹集资金；(3)接受自然人、法人或其他组织捐赠的财产；(4)管理和使用残疾人福利基金，在国家法律法规政策许可的范围内进行基金保值增值；(5)开展和资助有利于残疾人康复、教育、劳动就业、文化生活、社会保障、社会服务和残疾预防等社会公益活动；(6)开展与国内外友好团体、机构、人士以及港澳台同胞、海外侨胞的交流与合作；(7)支持、推动并组织实施残疾人问题的研究工作；(8)加强与地方残疾人福利基金会的联系，共同开展业务工作。

中国残疾人福利基金会成立以来，为中国的残疾人事业做了一系列开创性、基础性的重要工作。建立中国第一个残疾人康复研究中心，推动残疾人保障法的制定与实施、首次全国残疾人抽样调查，募集款物近七十亿元，实施启明行动和助听行动等一大批帮扶贫困残疾人群体的公益项目，多次获得“中华慈善奖”，两次被授予“全国先进社会组织”称号。三十多年来，在党和政府支持下，中国残疾人福利基金会高举人道主义旗帜，广泛动员社会资源，为残疾人谋福祉，为改善残疾人生活状况、推动社会文明进步做出贡献。

残疾人专门协会　在同级残联领导下按残疾类别设立的群众组织，是残联的主体协会和重要组成部分。专门协会的主要任务：代表、联系、团结、服务本类别残疾人，反映特殊愿望及需求，维护合法权益，争取社会帮助，开展适宜活动。《中国残疾人联合会章程》规定，县（市、区、旗）及县以上残联设立盲人协会、聋人协会、肢残人协会、智力残疾人及亲友协会、精神残疾人及亲友协会。

截至二○一二年八月,五个全国残疾人专门协会全部完成社团法人注册,成为独立法人。

海伦·凯勒国际(简称 HKI) 由海伦·凯勒与其他美国人于一九一五年创建,旨在协助政府开展防盲工作,着重于融入社会主流的盲童教育以及使成年盲人得以独立生活的康复工作等。海伦·凯勒国际大力帮助发展中国家制定上述工作的各项规划。它还从事对营养不良及由维生素 A 缺乏所引起的干眼、沙眼及其他传染性眼部疾病的研究和防治项目,同时也为白内障致盲者复明提供手术服务。在具备条件的地方,海伦·凯勒国际都将防盲项目与初级医疗服务有机地结合在一起。海伦·凯勒国际为盲人及其他视力残疾人服务,为与盲人工作有关的政府部门和志愿者机构提供服务。海伦·凯勒(Helen Keller,1880—1968 年)是美国著名作家、教育家,幼时因病双目失明、双耳失聪,从六岁起学会摸读识字,二十岁时考入哈佛大学拉德克里夫学院。大学毕业后,投身于盲人福利事业,筹建和领导了美国盲人基金会,帮助世界各地的盲人和聋哑人。一九六四年获美国总统颁发的"自由奖"。

国际狮子会(Lions Clubs International) 全称为国际狮子会俱乐部,是目前全世界最大的国际性慈善服务社团,是联合国经社理事会所联系的非政府团体组织。同世界卫生组织、联合国教科文组织等均有良好的合作关系。该会于一九一七年六月七日创建,目前在一百八十二个国家和地区设有分会,会员人数一百八十万。该会有七百二十四个狮子会分会,成员来自各行业,以商人和专业人士为主,全部为义工。"我们服务"是国际狮子会的口号,其宗旨是向社会提供各种服务,向一切需要帮助的人提供援助,增进友谊,维护和平。国际狮子会的业务范围相当广泛,包括医疗卫生、伤残护老、环境服务、公民教育和减灾扶贫等。国际狮子会为慈善服务工作设立了一个庞大的国际狮子基金。

中国狮子联会 二○○五年六月十四日经中国国务院批准在北京正式成立。联会是一个新型的社会组织,是借鉴国际狮子会的管理运作模式,依照国家相关法规在民政部正式注册登记的公益慈善服务组织。对内发展和管理会员,组织和引导会员开展形式多样的公益慈善服务活动;对外统筹与国际狮子会的关系，与其他国际组织交流及合作。服务范围遍及助残、扶贫、赈灾、助学、敬老、公共卫生、文化传播等各个领域，是中国慈善服务领域一支充满活力的生力军。自成立以来，遵循“自主建会、独立运作、坚持宗旨、依法办事”的办会原则，坚持走中国特色狮子会发展道路，探索具有中国特色的办会机制，建立符合中国国情的组织体系和管理运作方式。其宗旨是“正己助人、服务社会”，愿景是“创建富有活力和创新精神的慈善组织，做社区服务和人道主义服务的生力军”，使命是“身体力行，实践人道主义；扶贫济困，促进社会和谐”，价值观是“包容、传承、凝聚、创新、奉献、成长”。联会秉持“出心、出钱、出力、出席”的服务宗旨，亲力亲为参与各项慈善服务，活动十分活跃，为建设更加美好和谐的社会奉献爱心和力量。目前在深圳、广东、大连、青岛、北京、沈阳、浙江、陕西等地，有超过四百支服务队、一万一千余名会员，会员队伍稳定壮大。其中，深圳、广东狮子会具有独立法人资格。

康复国际（Rehabilitation International，简称 RI）　从事残疾人康复工作的非政府国际组织，属非营利、非政府性质的全球性残疾人组织，由残疾人组织、残疾人工作者组织、政府机构和个人组成。创立于一九二二年，前身为“国际跛足儿童协会”。协会的创建人和首届会长是美国俄亥俄州的艾德加·艾伦。一九七二年更名为“康复国际”，大陆初译“国际康复会”，当时主席为方心让（香港）。秘书处设在纽约，分设六个地区委员会。康复国际目前拥有八十六个正式会员，二十七个准会员，分属于七十七个国家和地区，尚有九个国际会员组织。下设阿拉伯、亚太、非洲、北美、拉美、欧洲等地区委员会，以及教育、技术、休闲娱乐、体育、医学、组织与行政、社会、职业等各专业委员会。康复国际具有联合国经济社会理事会特别咨商地位。其宗旨为通过自身的工作改善残疾人生活质量。中国残疾人联合会一九八八年参加该组织，现为国家级会员。

亚太经社会　全称联合国亚洲及太平洋经济社会委员会，是联合国经济社会理事会下属的五个区域委员会之一，是联合国在亚太地区唯一的政府间综合性经济社会发展组织。其主要职能是通过区域和次区域合作促进本地区社会经济的发展，是联合国在亚太地区的主要经济和社会发展事务的论坛。多年来为开展区域和次区域合作、促进亚太地区的经济社会发展做出了积极贡献。亚太经社会的前身是一九四七年三月二十八日在上海成立的亚洲和远东经济委员会,一九四九年六月由上海迁至泰国首都曼谷,一九七四年改为现名。作为亚太地区最大的政府间多边组织,亚太经社会现有五十三个正式成员和九个准成员,最高决策机构是部长级会议,每年定期举行;日常办事机构为秘书处,秘书处的最高官员为执行秘书。

世界聋人联合会(World Federation of the Deaf,简称 WFD)　世界聋人联合会为世界范围内聋人自身的组织。成立于一九五一年,是一个与联合国经社理事会、联合国教科文组织、国际劳工组织和世界卫生组织有正式关系的国际性非政府组织。在联合国经社理事会具有特别咨商地位。有来自近一百个国家和地区的一百二十个各类会员组织。其宗旨是,造福于世界各国聋人,捍卫聋人的权利,帮助聋人康复。总部设在意大利罗马。主要活动为:制定政策性文件和工作计划,建议并推动会员组织参照实施;利用其咨商地位和残疾人事务特别报告员专家小组成员的身份或通过其会员组织所在国家政府,推动并参与联合国残疾人领域文件的制定,促进其实施;参与联合国在残疾人领域的其他活动;为各国聋人组织提供咨询、信息和专业方面的服务;与联合国专门机构和其他非政府组织和残疾人组织协作,促进旨在改善聋人状况的合作项目;强调聋人与健全人和其他类别的残疾人的不同,主张聋人与其他人平等参与,并突出手语的作用和地位,力主使手语成为世界法定语言之一;与各国聋人组织协调和组织世界聋人大会。中国聋人协会为正式会员。

融合国际(Inclusion International)　融合国际是由各国智残人及其亲友组织组成的国际组织。前称“国际智力残疾人联盟”,成立于一九六〇年,其一百个会员组织来自六十七个国家和地区。总部设在比利时首都布鲁塞尔,秘书处设在法国。该组织在联合国经社理事会享有咨商地位。该组织的宗旨是维护弱智人和精神残疾人的权益,增进智残人亲友的理解,为保障全世界智残人的平等权利而工作。该组织成立以来,举办了多种培训班,培训从事智残人工作的专业人员、智残人家属和智残人;帮助各国智残人组织建立合作项目,出版各种刊物;呼吁公众尊重、关心、帮助智残人;交流传授各种专业技术。一九六八年发表了《智力迟钝者特殊权利宣言》,后经联合国采纳正式命名为《智力迟钝者权利宣言》。该宣言在呼吁全世界关心智残人,保障智残人的平等权利,推动智残人康复事业的发展方面发挥了重要作用。中国于一九九二年加入该组织。

残疾人国际(Disabled People's International,简称 DPI)　残疾人国际是残疾人自身的非政府组织。一九八一年在新加坡成立,在联合国经社理事会享有咨商地位。其宗旨是遵循联合国人权宣言,致力于残疾的预防与康复,实现残疾人平等参与社会生活,分享社会与经济发展成果。残疾人国际有一百多个国家级会员组织,具有普遍的代表性。总部和秘书处设在美国纽约,委员会由亚、非、拉、北美、欧洲五个地区委员会各推选的代表组成。第一任主席为新加坡盲人南杜里。该组织自成立以来,参与了"联合国残疾人十年"规划的制定和执行工作,并举办了专题座谈会和残疾人组织领导人培训班。我国于一九九一年加入该组织,成为正式会员。

世界盲人联盟(World Blind Union,简称 WBU)　世界盲人联盟是世界盲人自助组织。成立于一九八四年,由世界盲人福利会和国际盲人联合会合并而成。其宗旨是促进全世界的盲人以平等的机会和权利参与社会生活。现成员来自七十二个国家和地区,总部设在法国巴黎,设有七个地区委员会。世界盲人联盟在联合国各有关组织中具有咨商地位,主要任务是防盲,促进各国制定保障盲人合法权益的法律和政策,激励盲人自立精神,开发盲人潜力和促进国际交流合作。中国盲人协会是其正式成员。

国际残疾人体育组织(简称 ISOD)　又称国际残疾人体育运动联合会,一九六〇年九月成立,其宗旨和任务是促进世界残疾人体育运动的发展,加强各国残疾人运动员的友谊与联系,培养奥林匹克精神。中国残疾人体育协会是该组织正式成员。自一九六〇年在罗马举办首届世界残疾人运动会开始,伴随着四年一次的奥运会,由主办国同时承办世界残疾人运动会。一九七六年更名为残奥会。中国自一九八四年参加纽约残奥会开始至二〇二一年,参加了历届残奥会,获得辉煌成绩和巨大进步。

国际聋人体育联合会(Comié International Sports des Sourds,简称 CISS) 国际聋人体育联合会成立于一九二四年,总部设在美国。主席是澳大利亚的洛维特。其宗旨是"通过体育达到平等,促进聋人体育运动,发扬体育精神及交流竞赛经验"。其任务是在聋人体育运动尚未普及的国家开展体育活动,积极组织聋人的体育竞赛。每四年举办一次世界聋人奥运会。到目前为止,已举办了十六届世界聋人运动会。该联合会共有八十三个会员国,我国聋人体育协会是国际聋人体育联合会的正式会员。

国际盲人体育协会(International Blind Sports Association,简称 IBSA) 国际盲人体育协会是一九八三年为视力障碍者成立的体育组织,总部设在挪威,主要任务是组织和发展盲人的体育活动。该组织现有六十多个会员国。中国残疾人体育协会是国际盲人体育协会的正式会员。

国际特殊奥林匹克理事会(Special Olympics International,简称 SOI) 国际特殊奥林匹克理事会创立于一九六八年,是一个国际性的弱智人体育运动的民间团体。其主要任务是帮助和推动世界各国开展弱智人体育运动,通过参加体育训练及比赛改善增强他们的认知、活动能力,从而更好地参与社会生活;定期举办国际特奥运动会。该组织选后举办了十届夏季国际特奥运动会和七届冬季国际特奥运动会。国际特奥运动会(又译"世界特殊奥运会",简称"国际特奥会"),是为全球智障人士设立的运动会,英文称谓 Special Olympics World Games,这是国际奥委会唯一特许使用 Olympic 字样的残疾人运动会,但 Olympic 后边须加个 s,而且 Special Olympics 两个词必须连用(汉译简称"特奥")。国际特奥会的创始人是美国前总统肯尼迪的妹妹尤尼斯·肯尼迪·施莱佛女士及其丈夫萨金特·施莱佛先生,总部设在美国华盛顿特区,负责举办国际特殊奥运会和指导各国特殊奥运会的举办。其经费来源主要依靠美国及一些发达国家的跨国公司、财团的捐赠和资助。目前,参加国际特奥会组织及活动的国家和地区已有一百六十多个。我国弱智人体育协会是国际特奥会的正式成员。

中国特奥运动 一九八五年成立了中国弱智人体育协会(对外称中国特殊奥林匹克委员会),同年加入国际特殊奥林匹克委员会。在各级政府和社会各界的关心、支持下,经过广大弱智人体育工作者十多年的努力,推动了特奥运动在中国的开展,全国有二十多个省区市建立弱智人体育组织。中国于一九八七年、一九九一年、一九九五年和一九九九年参加了四届国际特殊奥运会,一九九六年中国在上海承办了第一届亚太特殊奥运会,先后举办了两届全国特奥运动会。中国特奥会此后五年的发展目标是:“五十万人参加特奥运动”,特奥运动覆盖全国;建立六到八个全国和三十个省级特奥项目培训基地;建立五千个社区特奥活动中心;开展适合中国国情的运动项目,扩大参与面,开展项目由六个拓展到十个。对于中国特奥取得的巨大成绩,国际特奥给予了很高的评价。影响较大的活动有二〇〇〇年的“中国特奥世纪行”和二〇〇五年的“快来参加特奥”等,国际特奥会主席蒂姆·施莱佛、首席执行官布鲁斯和国际特奥会全球慈善大使阿诺·施瓦辛格,中国残联主席邓朴方、理事长汤小泉等及京沪地方领导及特奥运动员和各界人士出席活动。邓朴方获颁“特殊奥林匹克全球运动杰出领导人奖”。

远东及南太平洋地区伤残人运动会联合会(The Fareastand South Pacific Games Fede－ration for the Disabled,简称 FESPIC)　远东及南太平洋地区通常指巴基斯坦以东,国际日期变更线以西的亚洲、大洋洲国家和地区。远东及南太平洋地区伤残人运动会联合会成立于一九七五年,总部设在日本。该组织的主要目的和任务是通过比赛和其他活动,提高残疾人的社会地位和福利,促进相互了解,交流情况及与其他有关机构进行联系。从一九七五年开始,“远南”运动会已举办了九届,成为本地区规模最大、水平最高、影响最深远的残疾人体育盛会,是仅次于残奥会的国际综合性残疾人运动会。

我国残疾人体育协会一九八四年加入“远南”运动会联合会,成为正式会员,已组团参加了第三、四、五、六、七、八、九届“远南”运动会,从第四届开始,已连续六届夺得金牌总数第一名。一九九四年九月四日至十日,在我国北京举行了第六届“远南”运动会。

二〇〇六年十一月二十七日远东及南太平洋运动会联合会召开最后一届会员大会,会议决定,从二〇〇六年十一月二十八日起,“远南”运动会联合会更名为亚洲残奥委员会(Asian Paralympic Committee)。吉隆坡召开的第九届“远南"运动会也就成为了最后一届,并确定从下届起将"远南"运动会更名为亚洲残疾人运动会(Asian Para Games)。二〇一〇年十二月十二日,第一届亚洲残疾人运动会(简称"亚残运会")在中国广州开幕。

国际残奥委员会(The International Paralympic Committee,简称 IPC) 汉译简称"国际残奥委会"(不得误称为"国际残疾人奥林匹克委员会"、"国际残障奥林匹克委员会"等),是代表所有残障类别和残疾人运动员的非赢利性国际组织,成立于一九八九年九月二十二日,总部设于德国波恩。国际残奥委会由两百多个国家和地区的残奥委会以及国际脑瘫人体育与娱乐协会(CP-ISRA)、国际盲人体育联合会(IBSA)、国际斯托克·曼德维尔轮椅体育联合会(ISMWSF)、国际残疾人体育组织(ISOD)、国际聋人体育委员会(CISS)和国际智力残疾人体育联合会(INAS-FID)等六个国际性残疾人体育联盟组成。其中国际聋人体育委员会因各种原因退出了国际残奥委会的管理,保留了自己独立的组织和比赛形式。

国际残奥委会是残奥运动的全球管理机构。它的职能是组织夏季和冬季残奥会,并作为国际体育联合会,监督和协调世界锦标赛和其他比赛;目标是"让残奥运动员能够取得优异的比赛成绩,以此鼓舞和感召全世界(To enable Para athletes to achieve sporting excellence and inspire and excite the world)"。国际残奥委会负责组织并指导、协调残奥会和其他高水平残疾人体育比赛,主要是重要的世界和地区锦标赛。其最高权力机构是会员大会,每两年至少召开一次,每个会员单位只有一个投票权。

国际残奥委会的主要任务包括授予残奥会的举办权并进行监督和协助等,使命是实现由管理者到残奥运动关键催化剂的飞跃,并在未来获得"更多更优秀的运动员、高度的国际认可、显著增长的预算、高效率的组织"。二〇〇三年三月批准通过新目标:"让残奥运动员能够取得优异的比赛成绩,以此鼓舞和激励全世界。"

二〇〇〇年六月十九日,国际奥委会与国际残奥委员会又达成新的协议:从二〇〇八年夏季残奥会和二〇一〇年冬季残奥会开始,残奥会不仅将在奥运会之后的相同城市举行,并应使用相同的运动场馆和设施。残奥会会徽的主体由三个富有动感的蝌蚪形图案构成，三个蝌蚪图案表示人类最重要的组成要素：心智、身体和精神。残奥会旗帜为白底、无边，中心是绿红蓝三种颜色的残奥会徽标。残奥会会歌是《未来赞美诗》（“Hymn of the future”），由法国人达尔尼（Thierry Darnis）创编。

海内外对残奥会有不同的称谓，如“残疾人奥林匹克运动会”、“残障人奥林匹克运动会”，这些名称都是错误的。奥林匹克运动和残奥运动是两个不同的品牌，套用奥林匹克运动，有侵权之嫌。

夏季残奥会　迄今已举办过十一届。比赛项目经过几十年的发展和淘汰，几乎每届都有所变化，有些仅仅是昙花一现，有些则经久不衰，保留至今。目前，国际残奥委员会规定的正式比赛项目有射箭、田径、意式滚木球、自行车、马术、击剑、门球、柔道、力量举重、帆船、射击、足球、游泳、乒乓球、轮椅篮球、轮椅橄榄球、轮椅网球、排球十八个大项。

北京残奥会　即第十三届夏季残奥会，是中国首次举办的残奥运动会，二〇〇八年九月六日在北京国家体育场开幕。本次残奥会设置20个项目：射箭、田径、硬地滚球、自行车、马术、五人制足球、七人制足球、盲人门球、盲人柔道、举重、赛艇、帆船、射击、游泳、乒乓球、坐式排球、轮椅篮球、轮椅击剑、轮椅橄榄球、轮椅网球等。除马术比赛在香港举行、帆船比赛在青岛举行外，其余项目均在北京举行。参赛运动员来自147个国家和地区，达4011名。279项残疾人世界纪录和339项残奥会纪录被刷新。中国体育代表团以89金、70银、52铜，总计211块奖牌的成绩蝉联金牌榜和奖牌榜的榜首。克雷文称赞此届残奥运动会是“有史以来最伟大的残奥会”。北京残奥会会徽以天、地、人和谐统一为主线，由红、蓝、绿三色构成的“之”字形；吉祥物为福牛“乐乐”；主题口号为“同一个世界，同一个梦想”。

生命阳光馆　二〇一〇年上海世博会为了体现残疾人的尊严和价值，呼唤人道主义，促进残疾人事业发展，在世博会一百五十多年的历史上首次设立残疾人综合馆——生命阳光馆。生命阳光馆围绕上海世博会“城市，让生活更美好”这一主题，从“平等·参与·共享”的角度展示世界科技、文明进程中与残疾人息息相关的种种成就,对于世界残疾人事务进程有着里程碑式的非凡意义。

生命阳光馆的主题是“消除歧视、摆脱贫穷、关爱生命、共享阳光”,理念是“城市,让残疾人生活更美好”;标识为“七彩叶”,寓意不同的生命在世界多样性中孕育生机舒展活力,表达包括残疾人在内的整个人类期盼美好的愿望;吉祥物为“阳光鸟”,象征阳光的多彩、生活的激情和人类对生命的赞美。

生命阳光馆位于世博会主题展馆“城市人馆”内,面积为一千二百平方米,是上海世博会的人文亮点之一。展馆选择“尊严”、“贡献”、“关爱”、“未来”四个具有广泛认知度的概念,作为展示的基本要素,演绎残疾人事业“平等·参与·共享”的主题,提高全社会对残疾人能力和贡献的认识,思考在城市发展中如何帮助残疾人解决生存、发展、环境等方面的困难和问题,从残疾人群体这一角度诠释“和谐城市”的理念。

联合国人权奖 联合国人权奖始于一九六六年,是联大为庆祝《世界人权宣言》发布二十周年而通过决议设立的。此后每五年颁发一次。二○○三年十二月十日,在联合国总部举行的颁奖仪式上,邓朴方被授予当年“联合国人权奖”,成为获得此奖的第一位中国人,也是世界上第一位获得此奖的残疾人。

奋发文明进步奖 为促进和推动残疾人事业的发展,大力弘扬人道主义精神和扶残助残的社会风尚,由中国残疾人联合会与有关部委联合设立,一九九八年中宣部批准为全国性评奖,旨在奖励新闻、宣传、文化、艺术等领域中成绩突出,为残疾人事业做出重要贡献的作者(包括演员、编导、编辑等)的最高奖,分集体和个人奖,下设影视、文艺、图书等分项。每四年评奖一次。

一家纪念奖 韩国“一家纪念财团”设立的奖金,创始人金容基先生一生致力于韩国农村改革和社会福利事业,倡导“福民主义”,鼓励处于社会不利地位的人们通过自身的努力,实现自身价值,走向富裕生活,主张实现社会公平与公正和全民福利。“福民主义”理论与实践对韩国经济和社会发展具有积极意义。邓朴方被评选为一九九九年度“一家纪念奖”获奖者并赴汉城出席颁奖仪式。

国际残奥委勋章 国际残奥委员会的最高荣誉,专门奖励对残奥运动做出突出贡献的个人,创立于一九九四年,最初每两年颁发一次,从一九九八年开始改为每年颁发一次。二〇〇五年十一月二十日,邓朴方同志作为中国残疾人联合会主席、北京奥组委执行主席被授予"国际残奥委勋章",成为获得此奖的第一位中国人,国际残奥会执委会对他的评价是:"中国乃至世界的残疾人领袖和社会活动家。在他的带领下,中国残疾人体育事业在二十多年里取得了全世界瞩目的进步。"

"三项康复"　一九八八年八月,民政部、卫生部、国家计委、财政部、总后和中国残联发起的贯彻落实《中国残疾人事业五年工作纲要(1988 年—1992 年)》提出的"三项康复"任务:五年内完成白内障复明手术 50 万例、小儿麻痹后遗症矫治手术 30 万人次、对 3 万名聋儿进行听力语言训练。

阳光家园计划　中国残疾人联合会和财政部共同实施的智力、精神和重度残疾人托养服务项目。采取公共财政直接投放方式,主要对符合规定条件的智力、精神和重度残疾人托养服务机构,居家照料智力、精神和重度残疾人的家庭给予资助。从二〇〇九年至二〇一一年,中央财政每年安排两亿元、共六亿元专项资金,用于补助各地开展就业年龄段智力、精神和重度残疾人托养服务工作。"十二五"和"十三五"期间,继续实施"阳光家园计划",共为残疾人托养服务提供四百多万人次补助。

中国青年志愿者助残阳光行动　共青团中央、中国残联于二〇一四年二月开始实施的大型志愿助残服务项目,旨在发挥青年志愿者在助残工作中的积极作用,动员广大青年和社会公众积极参与志愿助残服务。阳光行动以"心手相牵,共享阳光"为主题,服务对象以残疾青少年为主,并尽力帮助其他残疾人及其家庭,重点围绕日常照料、就业支持、支教助学、文体活动、爱心捐赠等方面内容开展志愿助残服务。在服务机制上,坚持"团队帮扶 + 结对接力"的项目实施模式,鼓励以团队的形式开展结对接力服务。通过努力,"阳光行动"已基本覆盖城镇残疾青少年、惠及绝大部分农村残疾青少年,并实现常态化、长效化运行,成为社会知名志愿服务品牌。

中国信息无障碍论坛　二〇〇二年,联合国亚太经社会通过《琵琶湖千年行动纲要》,明确指出,要优先推进信息无障碍建设,充分利用现代信息通信技术,解决残疾人困难。自二〇〇四年起,工信部、中国残联、中国互联网协会、中国残疾人福利基金会每年举办一届中国信息无障碍论坛,已成功举办九届。信息无障碍理念已逐步深入人心,社会影响日益增大。在政府部门和相关单位的推动下,信息无障碍的标准、技术、产品、解决方案以及应用推广和普及都取得可喜成果,越来越多的残疾人获得便利与实惠。

视觉第一・中国行动 一九九〇年,国际狮子会发起“视觉第一”行动,筹集一亿四千六百万美元用于全球的防盲治盲工作,成为国际狮子会有史以来最庞大的慈善服务活动。经国务院批准,中国残联、卫生部于一九九七年开始与国际狮子会合作,在我国开展“视觉第一・中国行动”项目,国际狮子会资助中国在五年内施行一百七十五万例白内障手术工程。一九九九年三月五日宣布一九九九年为“国际狮子会中国视觉年”。

《长江新里程计划》 一九九一年,李嘉诚先生及属下公司捐款一亿元港币支持《中国残疾人事业“八五”计划纲要(1991—1995年)》的制定与实施,资助改善残疾人状况急需的八个项目。在二十一世纪初,为扶助残疾人开创人生新里程,与全国人民一道迈向新生活,李嘉诚先生及其属下公司决定再次捐款六千万元港币,与中国残疾人联合会合作,实施第一期项目《长江新里程计划(2000—2005年)》。《计划》宗旨:(1)适应残疾人教育培训、康复医疗的迫切需求,采取措施缩小其在基本需求方面与经济社会发展水平的差距,使众多残疾人直接受益;(2)针对薄弱环节和发展需要,创造条件、建立基础、形成机制,促进残疾人事业与经济社会协调的持续发展。计划由五个项目组成:长江普及型假肢项目、聋儿语训教师培养项目、中西部地区盲童入学项目、贫困地区基层残疾人综合服务项目、盲人保健按摩师培训项目。计划任务纳入残疾人事业发展计划,在各级政府领导及残疾人工作协调委员会的统一协调下,由中国残疾人联合会及其地方组织会同有关部门组织实施。之后继续实施了第二期(2007—2012年)、第三期(2014—2018年)。

通向明天——交通银行残疾青少年助学计划 交通银行在二〇〇七年纪念重组二十周年暨成立一百周年之际,决定向基金会捐赠一亿元支持中国残联开展残疾青少年教育。二〇一一年至二〇一六年共捐赠五千万元，五年间开展了资助家庭经济困难残疾高中生和大学新生、补贴特教师资培训、表彰优秀特教教师并发放奖金、举办"交通银行残疾大学生励志奖"等活动，累计一万五千名师生受益。二〇一四年五月，在第五次全国自强模范暨助残先进表彰大会上，该项目组荣获"全国助残先进集体"称号。

中途之家　针对脊髓损伤残疾人（亦称截瘫患者），由专家和专业康复机构指导，落实在社区，医务工作者、社会工作者、伤者、家属相结合开展康复培训和活动的一种新型康复模式。它既是残疾人从医院到家庭康复、适应重新生活的中途家庭，也是残疾人从家庭封闭环境融入社会大环境的中途家庭，是脊髓损伤者交流、康复和心理疏导的温馨家园。二〇〇九年，"中途之家"在中国残联和中国残疾人福利基金会的支持下开始启动。"中途之家"立足社区康复平台，利用现有社会政策和康复资源，搭建起医院、家庭与社会之间的有效桥梁，实现了机构训练和社区训练相结合、专业指导与伤友互助相结合、集中训练与自主训练相结合，使脊髓损伤者重新回归主流社会。二〇一七年四月，中国肢协脊髓损伤者中途之家正式更名为中国肢协脊髓损伤者希望之家。截至二〇一七年底，全国已建立希望之家一百一十家。

扶残维权行动　由于自身的影响和客观环境的障碍，大多数残疾人生活水平较低，他们在遇到法律纠纷时，普遍存在着咨询难、请律师难、打官司难、无力支付法律服务费等问题。随着残疾人参与社会生活日益广泛和法律意识的觉醒，这一问题将日益突出。为了推动残疾人法律服务和维权工作深入开展，依法维护残疾人权益，帮助残疾人特别是中西部地区的残疾人解决打官司难问题，中国残疾人福利基金会从二〇〇三年起连续五年每年出资一百万元，开展"扶残维权行动"，对亟需法律帮助（以区别于法律援助）的涉残案件给予一定的办案经费补贴，从而使相关残疾人得到及时有效的法律帮助。

听力重建·启聪行动　二〇〇五年，台塑企业董事长王永庆向中国残疾人福利基金会捐赠人工耳蜗，启动"听力重建·启聪行动"项目，旨在让我国更多贫困听力残疾儿童得到人工耳蜗资助。

集善工程 为了完成邓朴方会长提出的“创建公开、透明、高效率和高公信力的世界一流基金会”的目标,中国残疾人福利基金会把“集善”作为工作理念,以“集善工程”作为公益活动品牌,意为“集天下之善心,谋残疾人之福祉”,围绕此品牌设立了集善嘉年华行动、启明行动、助听行动、助行行动、助学行动、助困行动、信息无障碍行动等七大行动。其中,“助听行动”是为重度以上听力障碍儿童免费配戴助听器、植入人工耳蜗、重建听力的公益项目。“助行行动”是为贫困肢体残疾人装配假肢、配备轮椅、拐杖以改善其生活状况,帮助他们走出家门、回归社会的项目。“助学行动”是资助贫困残疾少年儿童接受义务教育的项目。“助困行动”是资助贫困残疾人改善生活状况、提高生活质量的项目。“信息无障碍行动”是依据联合国亚太经社会《琵琶湖千年行动纲要》,利用现代信息通讯技术,惠及残疾人的公益项目。通过实施“集善工程”,推进了残疾人康复、教育、就业、文化、体育等事业的发展,帮助广大残疾人得到了切实的帮助和实惠,激励了残疾人“自尊、自信、自强、自立”,倡导了理解、尊重、关心、帮助残疾人的社会风尚。

集善嘉年华 “集善工程”七大行动之一,由中国残疾人福利基金会、中国残疾人联合会共同主办的规格高、规模大、极富影响力的慈善盛会,二〇〇四年以来连续举办十届。党和国家领导人、中央和国务院有关部门领导及众多文化、艺术、体育、企业界名人出席活动。至二〇一三年,项目募集善款已资助建设十余所特教学校,救助五千五百多名贫困残疾儿童重返校园,资助四川、新疆、内蒙古和广西等地建设特教学校和特教班,资助出版国内第一部完整的盲文版现代汉语小词典,资助中国康复研究中心、北京大学附属精神卫生研究所的儿童自闭症综合康复与研究项目,为北京残奥会中国残疾人体育代表团购置器械设备,为地震致残儿童免费安装更换假肢,帮助灾区截瘫残疾人接受三到六个月的系统康复训练,为一千二百名重度听力残疾儿童植入人工耳蜗,为一千二百名轻度听力残疾儿童配备助听器并接受康复训练,资助西部基层聋儿康复机构基础设施建设和师资队伍培养,在全国范围内为农民工子女筹建九十六个“集善之家”,为三万七千名残疾农民工子女和农民工残疾子女购买保险等,帮扶农村建设残疾人扶贫基地帮助贫困残疾人脱贫等,约十万名残疾人及农民工子女受益。至二〇一六年，活动累计筹集款物二亿七千万元，受益残疾人达十六万七千人，支持了残疾人康复、教育、就业、文化出版和体育事业。

集善工程·启明行动　“集善工程”七大行动之一，是救助贫困白内障盲人免费实施复明手术，根本消除因贫困导致的白内障致盲现象的公益项目。白内障是中国主要的致盲原因，二〇〇六年全国第二次残疾人抽样调查结果显示，全国有一千二百三十三万视力残疾人，其中有相当一部分是由白内障造成的。目前，全国仍有白内障患者约三百万人，每年新增四十五万人。二〇〇六年六月，中国残疾人福利基金会发起“启明行动”，目标是力争用五年时间，让现已入档的全国贫困白内障盲人重见光明，同时在全国开展启明行动的地方普遍建立针对白内障盲人复明手术的社会保障制度和长效工作机制。启明行动实施以来，共为七万余名贫困白内障患者免费实施了复明手术。二〇一一年，该项目荣获第六届中华慈善奖“最具影响力慈善项目奖”。

集善扶贫健康行公益项目　党的十八大以来，以习近平总书记为核心的党中央高度重视扶贫开发工作，积极推进实施精准扶贫战略。为贯彻落实党中央齐心协力打赢脱贫攻坚战的战略部署，落实邓朴方会长关于残疾人扶贫工作的一系列讲话精神，按照民政部社会组织管理局和中国残联党组的要求，在国家有关部委的指导下，中国残疾人福利基金会实施了包括眼病复明、骨关节置换、孤独症康复、麻风救助、互联网就业和强直性脊柱炎健康扶贫等六项“集善扶贫健康行”公益项目，有力推动了西部深度贫困地区残疾人和贫困人群脱贫解困工作。项目实施以来，共募集资金两亿六百八十四万元，在全国三十个省区市开展活动，累计十四万六千人受益。

集善扶贫健康行·骨关节置换项目　二〇一五年以来，西部贫困人群骨关节疾病致残致贫的情况引起中国残疾人福利基金会的高度重视，基金会通过媒体向社会机构和爱心企业介绍骨关节疾病给贫困人群造成的痛苦和贫困，呼吁给予关心和帮助，并确定设立该项目。项目与中国康复中心签订合作协议，北京博爱医院关节病诊疗中心负责组织专家团队，并全面负责项目的具体执行。中华医师协会积极参与项目，为保证手术治疗质量，从全国抽调经验丰富的院长级和主治医师级骨科专家参加专家医疗队。截至二〇二一年六月,累计投入资金一千五百多万元,义诊会诊患者达四千多人,免费实施膝、髋关节置换手术近六百例。

集善扶贫健康行·眼病项目 目前,我国视力残疾人有两千多万。据不完全统计,我国白内障眼病患者每年新增四十多万,特别是在西部贫困地区,由于医疗资源有限,很多贫困患者得不到及时有效的治疗,最终因贫致盲,严重影响正常生活和劳动。眼病复明项目是中国残疾人福利基金会长期实施的公益慈善项目,需要深入贫困山区、牧区残疾人病患者家中逐一筛查,建档立卡,及时提交项目执行报告,为康复专家医疗队实施手术治疗做大量准备工作,为眼病复明项目的顺利开展提供有力保障。同时,在西部各省区的农村乡镇和偏远山区、牧区开展普及眼睛健康知识宣传,检查项目实施情况,慰问手术救治的贫困残疾人。二〇一六年项目开展以来,共筹集资金一亿三千八百五十三万元,遍及西藏、新疆、甘肃、陕西、内蒙古等二十六个省区,筛查贫困眼病患者四十余万人,完成十五万余例贫困眼病患者提供手术资助。

集善扶贫健康行·孤独症康复项目 中国残疾人福利基金会长期开展的重要公益项目。孤独症(又称“自闭症”)是一种广泛性发育障碍性疾病,多数患者起病于婴幼儿期,严重影响患者的感知、语言、情感,尤其是社会交往等多种功能的发展,发病年龄在三岁以内,以社交交流和交互作用障碍、兴趣狭窄及刻板重复的行为方式为主要临床表现。二〇〇六年,基金会就积极推动孤独症儿童康复工作的开展,提出建立一南一北的孤独症康复基地的构想。之后利用公益平台,集合社会资源,在海南省残基会、海口市政府的支持下,利用海口市的地缘优势,建立了国内第一家设施相对完备、设备相对齐全、康复教学规范、康复专业教材科学完整、面向全社会的公建民营性质的国家层面的孤独症康复基地。康复基地采取医教康研辅五位一体的运营方式,引入国际先进技术设备,除开展 PT、OT、ST、CE、音乐、绘画等常规的训练课程外,还开展了海豚、马术、轮滑、游泳(水疗)、心理、艺术、VR 互动等填补国内空白的康复训练项目,为孤独症儿童和家庭提供设施设备配套、康复教学精准的训练服务。二〇一七年底,海口孤独症康复训练基地正式成立。项目开展至今共募集资金两千五百二十三万元，给来自吉林、海南、山西、陕西、宁夏、黑龙江等十余个省区市的七百余名孤独症患儿和家庭提供了康复治疗、培训等服务。

集善扶贫健康行·麻风病救助项目　长期以来，由于麻风病病理知识科学普及不够和社会观念落后，人们对麻风病谈虎色变，拒之千里。实际上，麻风菌是比较弱的病菌，身体健康时一般不会染病。只有营养缺乏时，受伤的皮肤接触到麻风菌才会得病。我国现有麻风病院、村五百九十二所，现症病人三千余人，麻风病治愈者二十万。现有麻风病治愈存活者中，约十万人存在可见性的残疾，百分之七十的麻风病残疾人丧失劳动能力。全国麻风疫情分布不平衡，部分边陲贫困地区和少数民族地存在疫情；麻风患者及康复者的畸残防治和康复医疗任务十分繁重；康复者老年病多发、缺医少药的现象依然存在。因此，麻风病防治工作仍很艰巨。目前，国家卫健委疾控中心负责一百〇二所麻风病院的管理，还有四百九十个麻风病村未纳入政府和疾控中心的管理，有的麻风病人和康复者仍处于环境贫瘠，甚至居无定所、营养缺乏的贫困之中。二〇一七年起，中国残疾人福利基金会着力谋划麻风救助项目，为改善麻风患者和康复者的生活条件及医疗康复提供帮助，推动各地政府及社会关注麻风患者和康复者，并动员社会力量开展募捐。截至二〇二一年六月，项目共募集一千三百万元，在云南、贵州、甘肃、四川等地区近百所麻风院（村）开展工作，为五千多名麻风患者及康复者提供资助，包括防疫、生活等用品及医疗救助等服务。

集善扶贫健康行·互联乐业——残疾人网络就业项目　在我国八千五百万残疾人中，就业年龄段的持证残疾人有一千七百〇四万，已就业的仅有九百五十二万四千人，残疾人就业扶贫工作任重而道远。就业是残疾人摆脱贫困的根本途径，是残疾人改善生活状况、提高社会地位、参与社会生活、共享社会物质文化成果的基础，是实现其人生价值的关键。二〇一六年起，中国残疾人福利基金会紧密结合残疾人脱贫攻坚的时代要求，坚定走“劳动福利型”的发展道路，勇挑残疾人就业脱贫重担，组织开展“集善扶贫健康行·互联乐业——残疾人网络就业”项目，广泛动员社会支持，合作共建“集善·互联乐业”项目就业培训基地,以“残健融合”为核心理念,为残疾人、残疾人家属和贫困群众提供工作岗位,初步形成残疾人集中和居家就业共同推进的良好态势,有效探索了社会化推动残疾人就业创业新模式。项目已在全国建立了六个就业培训基地,累计培训两千多人,八百多人实现了就业,残疾人累计增收六百多万元。

集善扶贫健康行·强直性脊柱炎健康扶贫项目 我国每年有近二分之一的强直患者因得不到及时治疗而造成不同程度的残疾,多是由于家庭经济条件困难无力支付医疗费用而放弃治疗,导致终身瘫痪。强直性脊柱炎被称为“不死的癌症”,我国建档立卡贫困强直患者约十万人,属中晚期强直患者约两万人。中晚期强直性脊柱炎治疗费用较高,贫困人口很难承担,目前也没有针对建档立卡贫困人口实施的强直性脊柱炎免费救助。二〇一九年三月,三生国健药业(上海)股份有限公司向中国残疾人福利基金会分批捐赠一亿八千万元资金用于开展强直患者救助项目。项目由国务院扶贫办指导,中国扶贫志愿服务促进会和中国残疾人福利基金会共同发起并作为执行单位。项目旨在让建档立卡贫困中重度强直患者,在享受有关医保、大病保险、医疗救助、民政救助、商业健康补充保险等已有政策之后,免费接受救治,提高贫困人口健康水平。截至二〇二一年六月,项目共募集资金六百三十三万一千元,来自河北、海南、河南、青海、广西、新疆等二十余个省区的三千二百一十七名强直性脊柱炎患者得到治疗救助服务。